墨子

[战国] 墨翟 ◎ 著

王学典 ◎ 编译

江苏凤凰科学技术出版社 · 南京

图书在版编目（CIP）数据

墨子 /（战国）墨翟著；王学典编译．— 南京：江苏凤凰科学技术出版社，2018.9（2022.5 重印）

ISBN 978-7-5537-8263-8

Ⅰ．①墨… Ⅱ．①墨… ②王… Ⅲ．①墨家②《墨子》–译文③《墨子》–注释 Ⅳ．① B224

中国版本图书馆 CIP 数据核字 (2017) 第 118824 号

墨子

著　　者　【战国】墨翟
编　　译　王学典
责任编辑　祝　萍
责任监制　方　晨

出版发行　江苏凤凰科学技术出版社
出版社地址　南京市湖南路 1 号 A 楼，邮编：210009
出版社网址　http://www.pspress.cn
印　　刷　天津旭丰源印刷有限公司

开　　本　718 mm × 1 000 mm　1/16
印　　张　20
插　　页　2
字　　数　359 000
版　　次　2018 年 9 月第 1 版
印　　次　2022 年 5 月第 2 次印刷

标准书号　ISBN 978-7-5537-8263-8
定　　价　45.00 元

前言

墨子，名翟，战国时鲁国人（或说宋国人），墨家学派创始人。据考证，墨子生卒年份约在公元前468 ~前376年。《史记·孟荀列传》中说墨子是“宋之大夫”，《吕氏春秋·当染》中认为他是鲁国人，也有的说他原为宋国人，后来长期住在鲁国。

墨子也许出身低微，自称“今翟上无君上之事，下无耕农之难”，所以他可能是一个接近手工业劳动者的读书人。因而养成了注重节俭、劳身苦志的作风，“量腹而食，度身而衣”，吃的是“藜藿之羹”，穿的是“短褐之衣”，足登“跂蹻”。他注重实践，善于制作。相传他的木工技术，与鲁班齐名。在学术上，初受孔子影响，“学儒者之业，受孔子之术”，后逐渐创建了与儒家相对立的墨家学派。儒和墨两派互相驳辩，在先秦首先揭开了百家争鸣的序幕。人们常把孔墨、儒墨并提。墨子在战国时代乃是流誉四方、最具影响力的大思想家之一。他“平生足迹所及，则尝北之齐，西使卫，又屡游楚，前至郢，后客鲁阳，复欲适越而未果”（孙诒让《墨子传略》），“席不暖”“衣不黔”，真有孟子所说的“摩顶放踵利天下为主”的精神。

两千多年来一直流传着墨子止楚攻宋的传说。他拒绝楚王赐地而去，晚年到齐国，企图劝止项子牛伐鲁，未成功。越王邀墨子做官，并许以五百里封地。他以“听吾言，用我道”为前往条件，而不计较封地与爵禄，目的是为了实现他的政治抱负和主张。正因如此，他的智慧、品德博得了历代人民的尊敬。

墨子哲学思想的主要贡献是在认识论方面。他以“耳目之实”的直接感觉经验为认识的唯一来源。他认为，判断事物的有与无，不能凭个人臆想，而要以大家所看到的和所听到的为依据。墨子从这一朴素唯物主义经验论出发，提出了检验认识真伪的标准。墨子也是中国古代逻辑思想的重要开拓者之一。在《墨子》中，他比较自觉地、大量地运用了逻辑推论的方法，以建立或论证自己的政治、伦理思想。墨子最早提出“名实必须相符”的思想。他还在中国逻辑史上第一次提出了辩、类、故等逻辑概念。

《墨子》的主要思想包括以下四方面。一是基本政治纲领：尚贤尚同。“官无常贵，民无常贱。有能则举之，无能则下之。”墨子否定天命，提出尚贤是为政之本；二是基本道德观念：建立在理想国基础上的功利主义。孔子讲仁，而墨子说利，他言功利，不是利己，而是主张普天同利；三是兼爱：“利人者，人必从而利之”“爱人者，人必从而爱之”。这是古往今来，四海之内皆可通融的道理。由兼爱派生出非攻、节用、节葬、非乐的主张；四是认识论：把知识按来源分为亲知、闻知和说知。这种唯物主义的认识已达到了相当高度。另外还有“三表”逻辑方法，否定儒家的天命，代之以“天志”说等。

到了宋代，《墨子》一书只剩下了六十一篇，而明正统十年刊道藏本有五十三篇，今藏于北京白云观。在现存的五十三篇中，《经》上、下和《经说》上、下四篇，以及《大取》《小取》六篇统称为《墨经》。后人多认为《墨经》的内容包括了哲学、逻辑学、自然科学等方面，也被称为中国历史上第一部自然科学专著。

墨家主张兼爱，强调爱人若己，这一思想有利于打破长期以来以血缘家庭为本位的宗法观念，是一种典型的人道主义思想。因此后人对墨子的评价是——中国的西方哲人。墨家还宣扬绝对的利他主义精神，以此激励历代仁人志士为民族的独立富强而孜孜奋斗，并成为取之不尽、用之不竭的动力之源。在当今中国，倡导一下墨子的节用、利他、自苦精神，也是有现实意义的。

另外，墨家还创造了中国历史上第一个完整的逻辑学体系，具有独特的理论和文化价值。可惜它在后来未得到进一步发展。这不仅是墨学的不幸，更是中国历史文化的不幸。假若墨学能为后人所发展，中国文化也许是另一种局面。在自然科学方面，墨家还建立了一套较系统的理论，所取得的辉煌成就在先秦百家争鸣中是独树一帜的。

《墨经》中有一句话：“天下无人，子墨子之言也犹在。”这句充满哲理与豪情的名言，充分显示了墨家学派对自己学说的坚定信心。几千年来，儒家独盛，墨家衰微。但在今天，当我们重新领略墨家的学说与精神时，必会对中国文化的振兴，民主与科学的发展产生积极的推动作用。

目录

亲士[1]

※ 原文

入国[2]而不存其士，则亡国矣。见贤而不急，则缓其君矣。非贤无急，非士无与虑国。缓贤忘士，而能以其国存者，未曾有也。

昔者文公出走而正天下；桓公去国而霸诸侯；越王勾践遇吴王之丑而尚摄中国之贤君。三子之能达名成功于天下也，皆于其国抑而大丑也。太上无败，其次败而有以成，此之谓用民。

※ 注释

1 亲士：亲近贤能之人。2　入国："入"疑"乂"之形误，乂国即治国。

※ 译文

治理一个国家而不关心贤士，那么这个国家就会灭亡。见到贤德的人而不急于任用，他们就不会尽心尽力辅佐君主。没有比任用贤能的人更急迫的事情了，没有贤德的人才，就没有人与国君一起谋划天下大事。怠慢贤才，轻视贤士，而又能使国家长治久安的事，那是从未有过的。

从前，晋文公曾经长期流亡国外，而后来成为天下盟主；齐桓公也曾出走国外，最后称霸诸侯；越王勾践受过吴王战败的受辱，最终成为威慑中原诸国的贤君。这三个国君之所以能够成功地扬名于天下，都是由于他们的国家曾遭受困境、个人曾蒙受奇耻大辱的缘故。最高明的当然是不失败，其次是失败了但能反败为胜，有所成就，这才叫善于用人。

※ 原文

吾闻之曰："非无安居也，我无安心也；非无足财也，我无足心也。"是故君子自难而易彼，众人自易而难彼。君子进不败其志，内[1]究其情，虽杂庸民，终无怨心，彼有自信者也。是故为其所难者，必得其所欲焉；未闻为其所欲，而免其所恶者也。是故偪臣[2]伤君，谄下伤上。君必有弗弗[3]之臣，上必有詻詻[4]之下，分议者延延[5]，而支苟[6]者詻詻，焉可以长生保国。

臣下重其爵位而不言，近臣则暗，远臣则唫，怨结于民心。谄谀在侧，善议障塞，则国危矣。桀纣不以其无天下之士邪？杀其身而丧天下。故曰：归国宝，不若献贤而进士。

※ 注释

1 内：依俞樾校，读“纳”（即“退”的意思）。2 偪臣：权臣。3 弗：通“拂”。违背。4 詻（è）詻：同“谔谔”，直言争辩。5 延延：通“炎炎”。各执一词不退让的样子。6 支苟：互相谴责。

※ 译文

我听说过这样的话：“不是没有安定的居处，而是自己没有一颗安定的心；也不是我个人没有足够的财产，而是自己没有一颗满足的心。”所以君子要自己勤于操劳，做那些难办的事，而让别人承担容易的事；一般人则恰恰相反，常常自己办理容易的事情，而把困难推给别人。君子得志时不改变他们的志向，失意时能深刻反省，即使处于逆境或于平庸的百姓中间，也始终没有怨恨之心，这是因为他们有很强的自信心的缘故。所以愿意去办那些难办的事情，就一定能实现自己的愿望；但是没有听说过拈轻怕重的人，可以避免他所厌恶的结果。因此，权臣会危及国君，谄媚的臣下会伤害君长。国君一定要有敢于进谏的臣下，上级一定要有直言进谏的下属，分辩议事，可以激烈争辩，直言无忌，只有如此，才能够保国长存。

大臣如果只看重自己的禄位，而不进谏，国君左右的人都默不作声，地方官员也闭口暗叹，那么百姓的怨恨就会郁结于心。国君身边的那些谄谀奉承之人，好的建议、主张都被他们拦截了，那么国家就危险了。夏桀、商纣不正是因为他们没有贤士吗？结果呢？自己被杀而且丧失了天下。因此说：送给他国家重宝，还不如推举贤德的人。

※ 原文

今有五锥，此其铦，铦者必先挫。有五刀，此其错[1]，错者必先靡。是以甘井近竭，招木近伐，灵龟近灼，神蛇近暴。是故比干之殪，其抗也；孟贲之杀，其勇也；西施之沉，其美也；吴起之裂，其事也。故彼人者，寡不死其所长，故曰：太盛难守也。

故虽有贤君，不爱无功之臣；虽有慈父，不爱无益之子。是故不胜其任而处其位，非此位之人也；不胜其爵而处其禄，非此禄之主也。良弓难张，然可以及高入深；良马难乘，然可以任重致远；良才难令[2]，然可以致君见尊。是故江河不恶小谷之满己也，故能大。圣人者，事无辞也，物无违也，故能为天下器。是故江河之水，非一源之水也；千镒之裘，非一狐之白也。夫恶有同方取不取同而已者乎？盖非兼王之道也！是故天地不昭昭，大水不潦潦，大火不燎燎，王德不尧尧者，乃千人之长也。

其直如矢[3]，其平如砥，不足以覆万物。是故溪陕者速涸，逝浅者速竭，墝埆[4]

者其地不育。王者淳泽，不出宫中，则不能流国矣。

※ 注释

1 错：同“厝”，磨刀石。2 令：驾御，役使。3 矢：弓箭。4 墝埆（qiāo què）：土地坚硬而瘠薄。

※ 译文

现在有五把锥子，其中一把最锋利，而这一把必定最先用坏。有五把刀，其中一把磨得最快，那么这一把必先损坏。所以水最甜的井将最先被吸干，高大结实的树木最容易被砍伐，神灵的宝龟最先被火灼占卦，神异的蛇最先被曝晒求雨。同样，比干之所以被杀，是因为他刚正不屈；孟贲之所以被杀，是因为他的勇力过人；西施之所以被沉江中，是因为她长得太美丽；吴起之所以被车裂，是因为他的才能太过杰出。可见，这些人罕有不死于他们的过人之处的。所以说：太盛了就难以为继。

所以说，即使是最贤明的君主，也不会爱那些没有功劳的臣子；即使是最慈爱的父亲，也不会喜欢没有能力的儿子。因此，才能不足以胜任其职位的，即使占据了职位也不算这个职位上的人；贤德不足以拥有其爵位的，即使领取那个爵位的俸禄也称不上是这些俸禄的主人。良弓不容易张开，但可以射得很高很远；千里马不容易驾驭，但可以负重致远；好的人才不容易驾驭，但可以使国君受人尊重。因此，长江黄河不抛弃小溪的水来充实自己，因而能够成为大江大河。圣人遇到事情不推辞，办事合乎规律，所以能够成为治理天下的英才。因此，江河里的水，绝不是从同一水源流下的，价值千金的狐白裘，不是从一只狐狸腋下集成的。哪有不选择同道的人，而只选择与自己意见相同的人的道理呢？那不是兼爱天下的君王的原则呀。所以，天地之昭昭，大水之潦潦，大火之燎燎，王德之尧尧，在他面前都黯然失色，这样的人才能做千万人的首领。

像箭一样直，像磨刀石一样平，那就不足以覆载万物了。所以狭隘的小溪干得快，水浅的川泽枯竭得快，贫瘠的土地不会有好的收成。做君王的，如果他的深恩厚泽被局限在宫墙之内，那么他一定不会造福全国。

※ 解读

墨子是以兼爱作为自己思想的核心内容，此篇重在尚贤，尚贤是为政之本，所谓尚贤者，也是以兼爱作为其根本的。

此篇名为《亲士》，是《墨子》一书的首篇作品，这正表达了墨家思想的兼爱与尚贤的关系。

明清时期的杨碧川在读《亲士》这篇文章时，曾评论说：“通篇议论国之所以存在于亲士，国之所以亡在于不亲士，此等议论，既吾儒不能易也。”对墨子学说的赞誉溢于言表。

本篇主要通过以齐桓公、晋文公、越王勾践等贤君与夏桀、商纣等昏君在对待贤才时的两种截然不同的态度做比，说明一个国家是否能繁荣昌盛，首要的就是国君是否能任人唯贤，是否善于选拔利用人才，另外，国君要做到亲士用贤，除了那些自任其难的爱士以外，还必须具备宽容、体谅的态度。

“非无安居也，我无安心也；非无足财也，我无足心也。”这句话正好反映了这样一个心理，即“人的欲望是无止境的”。墨子是通过这句话来说明人与人之间应该怎样交往，在复杂的人际关系中，我们要切忌不要为了自己的私欲，而失去更多的机会。

一个国君应当做到“亲士”，广泛地吸收各种人才，让他们各抒己见，充分发挥他们的才能，使他们为国家所用。这样他的国家才能昌盛。这是一个国家的治国之道。

※ 事例

我们知道一个国家要想昌盛，国君就必须做到“亲士”。从“良才难令，然可以致君见尊”我们知道要想得到真正的贤才，首要的就是国君要尊重其贤才。现在我们来看看刘备是怎样对待贤才的。

刘备三顾茅庐

琅琊诸葛亮居襄阳的隆中，经常把自己比作管仲和乐毅；但当时人们并不认可，只有颍川人徐庶认为确是如此。

刘备在荆州向襄阳人司马徽询访人才。司马徽说：“一般的儒生与俗士怎么能认清时务？能认清时务的只有俊杰之士，在襄阳这地方，自有伏龙与凤雏。”刘备问他们是谁，司马徽说：“就是诸葛亮与庞统。”徐庶在新野县见到刘备，刘备对徐庶很是器重。徐庶对刘备说：“诸葛亮乃是卧龙，将军愿见他吗？”刘备说：“请你与他一起来。”徐庶说：“这个人，您可以去见他，但不可以召唤他来，将军应当亲自去拜访他。”

刘备于是拜访诸葛亮，一共去了三次，才见到诸葛亮。刘备让左右的人都出去，对诸葛亮说道：“汉朝王室已经衰败，奸臣窃据朝政大权，我不度德量力，打算伸张正义于天下，但智谋短浅，以致遭受挫折，到了今天这个地步。但我的雄心壮志仍然还在，您认为应当如何去做？”诸葛亮说：“如今，曹操已经拥有百万大军，挟持天子以号令天下，确实不可与他争锋。孙权占据江东，已经经营三代，地势险要，民心归附，贤能人才都为他尽力，此人可以与他联盟，却不可算计他。荆州地区，北方以汉水、沔水为屏障，南方直通南海，东边连接吴郡、会稽，西边可通巴郡、蜀郡，正是用武之地，但主人刘表却不能守卫。这恐怕是上天赐给将军的资本。益州四边地势险阻，中有沃野千里，是天府之地，而益州牧刘璋昏庸懦弱，平庸无能。北边还有张鲁相邻，虽然百姓富庶，官府财力充足，却不知道珍惜，智士贤才都希望能有一个圣明的君主。将军是汉朝王族，如果与孙权结盟，对内修明政治，对外观察时局变化，这样，就能建成霸业，复兴汉朝王室了。”刘备说：“很好！”从此与诸葛亮的情谊日益亲密。

关羽、张飞对此感到不满，刘备向他们解释说：“我得到诸葛亮，是如鱼得到了水，希望你们不要再说了。”关羽、张飞才停止抱怨。

修身[1]

※ 原文

君子战虽有陈[2]，而勇为本焉；丧虽有礼，而哀为本焉；士虽有学，而行为本焉。是故置本不安者，无务丰末；近者不亲，无务求远；亲戚不附，无务外交；事无终始，无务多业；举物而暗，无务博闻[3]。

※ 注释

1 修身：指自身品德的修养。2 陈：同“阵”，作战阵形。3 无务博闻：不必努力去广见博闻。

※ 译文

君子作战虽然有阵势，但勇气却是最根本的东西；办理丧事虽然有诸多礼仪，但哀伤却是根本；做官虽然需要学问，但德行却是根本。因此，根基扎得不牢固，就不会有枝叶繁茂的大树；和周围的人处不好关系，就说不上招徕远方的贤人；连自己的亲戚都不能归附，又从何说起可以对外开展交际活动；办事有始无终，就不要贪图办许多事情；连一件事物都不能弄明白，那就不要追求博闻广见了。

※ 原文

是故先王之治天下也，必察迩[1]来远[2]，君子察迩而迩修者也。见不修行，见毁，而反[3]之身者也，此以怨省而行修矣。谮慝[4]之言，无入之耳；批扞[5]之声，无出之口；杀伤人之孩[6]，无存之心，虽有诋讦[7]之民，无所依[8]矣。故君子力事日彊，愿欲日逾，设壮日盛。君子之道也：贫则见廉[9]，富则见义，生则见爱，死则见哀；四行者不可虚假，反之身者也。藏于心者无以竭爱[10]；动于身者无以竭恭；出于口者无以竭驯。畅之四支，接之肌肤，华发隳颠，而犹弗舍者，其唯圣人乎！

※ 注释

1 迩：近，左右。2 来远：引来远方之人。3 反：反省。4 谮慝（zèn tè）：诽谤陷害。5 批扞（hàn）：诋毁，批驳。6 孩：为“刻”之误，残酷，残暴。7 诋讦（jié）：诋毁、攻击他人。8 依：凭借，效仿。9 见廉：表现为廉洁。见，同“现”。10 无以竭爱：无止境的爱。

※ 译文

因此古代的圣王治理天下，一定要先明察左右，而后方能招徕远方的人。君子能够明察左右的人以提高自己的修养。由于道德修养不够而行为受到批评的，去自我反省，因此，人们的怨气少而自身品行的修养也提高了。（对于）谗言恶语的话，不用去听，攻击他人的话，不要去说，残害人的念头，不要放在心里。那么，喜欢诋毁、攻击他人的人，也就无计可施了。因此君子每天勤勉地做事，志向也日益远大，功业也日益兴盛。君子的德行：贫穷时能够廉洁自守，富足时能够表现道义，对众生者表示出无限的爱心，对死者表现出无比的哀痛。这四种德行不是可以伪装出来的，而是必须自身所具备的。蕴藏在内心的是无限的慈爱，体现在身体上的，是无尽的谦恭，嘴上说的，都是文雅之词。这种修养应贯穿于全身，直到白头如雪，仍然持之以恒，达到这种境界的大概只有圣人吧。

※ 原文

志不强者智不达，言不信者行不果。据财不能以分人者，不足与友；守道不笃，偏物不博、辩[1]是非不察者，不足与游。本不固者末必几，雄而不修者其后必惰，原浊者流不清，行不信者名必耗[2]。名不徒生，而誉不自长，功成名遂，名誉不可虚假，反之身者也。务言而缓行，虽辩必不听；多力而伐功，虽劳必不图。慧者心辩而不繁说，多力而不伐功，此以名誉扬天下。言无务为多而务为智，无务为文而务为察。故彼[3]智无察，在身而情[4]，反其路者也。善无主于心者不留，行莫辩于身者不立。名不可简而成也，誉不可巧而立也，君子以身戴[5]行者也。思利寻焉，忘名忽焉，可以为士于天下者，未尝有也。

※ 注释

1 辩：同“辨”。2 耗：失。3 彼：借为“非”。4 情：为“惰”之形讹。5 戴：同“载”。

※ 译文

意志不坚强的人他的思想不会明达；说话不讲信用的，行动一定不会有善果。拥有财富而不肯分给人的，也不值得和他相交；遵守道义不专一，辨别事物不能从大处着眼，辨别是非不清楚的人，也不值得和他来往。根基不牢固的必然会出现危机，有勇气而不注重修养的人，他以后一定堕落，源头浑浊的水流不会清澈，行为不诚实的人，名声必定会受损伤。名声不会凭空而来，荣誉不会自己增长。功成名就，名誉不可虚假，是由于自我反省、从自身修养中取得的。致力于空谈而行动迟缓，即使能言善辩，也不会有人相信。出力多而自诩其功劳的人，即使辛劳也无所可取。真正有智慧的人心里明明白白，嘴上却不多说，努力做事而不夸耀自己，因此名扬天下。说话不在多少，而在有无智慧，不在言语华丽，而在思路是否清晰。因此，有智慧又能明察的人，如果十分懒惰，那就不能长久保持美德。善良如果不是发自内心的，留也留不住，高尚的德行如果自身不能申辩的，就不能树立；名声不能轻易得到，荣誉也不能用巧诈的方式获得，君子必须是言行合一的。而利欲熏心，轻易忘记名声，却可以成为天下贤士的人，则是从来没有过的。

※ 解读

墨子生活在孔子之后，孟子之前。当时的社会，儒家文化盛行。据《淮南子·要略》所记，墨子是“学儒者之业，受孔子之术”。当时，为了纠正孔门儒学“礼烦扰而不悦，厚葬糜财而贫民，久服伤生而害声”，墨子背周道而用夏政，另辟新说。这篇《修身》正是他在转变时期所做的，他所接受的学派是儒学，因此这篇还带有很多的儒学色彩。

本篇主要讨论品行修养与君子人格问题，强调品行为治国的根本，君子必须以品德修养为重。篇中提出：“君子之道”应包括“贫则见廉，富则见义，生则见爱，死则见哀”以及明察是非、讲究信用、注重实际等内容。

本篇从修身养性出发，强调一个人的修养关系到社会的进步，民族的兴亡。修养不是针对某个人而言，而是针对整个社会而言的。但在当今的社会中，有时会出现尔虞我诈、钩心斗角，人与人的交往不是建立在互相信任的基础上，而是互相猜疑。这时修身养性就显得非常重要了。怎样做人？做一个什么样的人？这是值得我们每一个人思考的事。墨子在《修身》这篇文章中提出：一个人要想有所作为，首要的是先学会做人。

※ 事例一

我们知道一个人要想有所成就，首先必须善于做人。那怎样做人呢？修身养性是最为重要的，现在我们来看看沈攸之是怎样做到让众军士都信服的呢？

沈攸之的风度

殷孝祖凭仗自己对刘家王朝的忠心，瞧不起别人。建康的将士中有家属在叛军中的，他都准备严惩。因此整支军队的士气大受打击，人心涣散，没有人愿意为之效命。与之形成强烈对比的是宁相将军沈攸之，他对内极力安抚下属，与兵士打成一片，对外则与其他将领关系良好，处处以和为贵。他的做法获得了全体将士的尊敬和信赖。

殷孝祖每次作战时都要带上战鼓和统帅用的华盖，军队中的人对此不以为然，议论纷纷："他这样做简直是自寻死路。如果跟叛军打起仗来，他还用这些仪仗来显示自己的身份，岂不是把主帅的位置暴露给敌人了吗？叛军只要找来十多个神射手对准他发箭，他还活得下来吗？！"果不其然，三月初三，叛军水陆并进，攻打赭圻，陶亮带兵前来增援。在一片混战中，仍不忘自己排场的殷孝阻身中流矢而死。他手下的将领范潜率领了五百名兵士投降陶亮，这对朝廷的军队来说，无疑是雪上加霜。失去统帅的军队顿时乱了阵脚，人人惶恐不安，大家只好推荐沈攸之代替殷孝祖指挥全军。

当时，沈攸之被不利的局势搅得焦头烂额。一方面，陶亮等叛军得到官方主帅已死的消息，必然会趁机发动攻势。如果不能果断出兵，先发制人，在气势上就比敌手弱了一截，对往后的战斗形势非常不利。所以无论如何要在当天晚上选出新的统帅，稳定军心，以争取战争的主动权。而另一方面，与自己同在军营中的江方兴是个心高气盛的人，加上他与自己的官位相当，一定不会甘心屈居于自己之下接受指挥。如果沈攸之此刻应大家的要求接替主帅之位，必定会让江方兴十分不满，甚至引起内乱，这反而给了敌人可乘之机。思前想后，沈攸之考虑了每种方案可能会带来的问题，最后决定率领各将领到江方兴的驻地，他拜见江方兴时说："现在全国各地叛军四起，朝廷所能控制的地方只有百里之内。大家把期望都放在殷孝祖身上，不料才刚交战他就不幸战死沙场。文武百官都十分失望，朝廷内外一片惊慌，但现在也只能靠我们自己，成功与否就看明日一战了。如果失败，我们就大势已去、胜算不大了。说到明天的战斗，有几位将领提议由我统率全军，但我自知缺乏果断的判断力和指挥大军的胆识，才干与谋略也远远不如您。所以想推举您为总帅，我们一定竭尽全力杀敌，听从您的指挥。”江方兴听了这一席话，不觉飘飘然，心中大喜，立刻同意了。

从江方兴驻地出来之后，将领们都埋怨沈攸之的自作主张。沈攸之说：“我的目的是救国家于危难之中，保全我那一家老小，用得着计较官职的高低吗？这点我做得到，但江方兴不会心甘情愿居于我之下。如今形势这般危急，怎么能先起内讧呢？”

这就是沈攸之可以深得人心，成为众军士心目中的头领的原因。

※ 事例二

墨子说：“思利寻焉，忘名忽焉，可以为士于天下者，未尝有也。”也就是说谋利之心很重，忘记名声又很快，却可以成为天下的贤士，则是从来没有的。那么让我们来看看宋弘的魅力何在吧。

宋弘的人格魅力

刘秀的姐姐湖阳公主新婚守寡，刘秀和她一块儿评论朝臣，暗中观察她的心意。公主说：“宋弘的威仪容貌，道德气度，群臣没有人能赶得上他。”刘秀说：“我正计划这件事。”不久，宋弘被刘秀召见，刘秀事先让公主坐在屏风后，然后对宋弘说：“俗话说‘地位高了换朋友，财富多了换妻子’，这符合人情吧？”宋弘说：“我听说，贫贱时的朋友不能忘记；贫贱时的妻子不能分离。”刘秀回头对公主说：“事情办不成了！”

所染[1]

※ 原文

子墨子言见染丝者而叹曰：染于苍则苍，染于黄则黄。所入者变，其色亦变，五入必，而已则为五色矣！故染不可不慎也！

非独染丝然也，国亦有染。舜染于许由[2]、伯阳[3]，禹染于皋陶[4]、伯益[5]，汤染于伊尹[6]、仲虺[7]，武王[8]染于太公[9]、周公。此四王者所染当，故王天下，立为天下，功名蔽天地。举天下之仁义显人，必称此四王者。

夏桀染于干辛、推哆，殷纣染于崇侯、恶来，厉王染于厉公长父、荣夷终，幽王染于傅公夷、蔡公穀。此四王者，所染不当，故国残身死，为天下僇[10]。举天下不义辱人，必称此四王者。

※ 注释

1 所染：本篇以染丝比喻君王择亲取士必须慎重。2 许由：传说中唐尧时代的隐士。3 伯阳：传说舜七友之一。4 皋陶：传说中东夷族首领，虞舜时任掌管刑法的官。5 伯益：传说中畜物和狩猎行家，曾助禹治水。6 伊尹：商汤大臣，助汤灭夏建国。7 仲虺（huǐ）：汤时大臣。8 武王：周文王之子。9 太公：姜尚，佐武王伐纣而封于齐。10 僇：同“戮”，杀戮。

※ 译文

墨子看到染丝而感叹说：“洁白的丝放进青色的染料中，就会变成青色，放入黄色的染料中，就变成黄色。放进去的染料不同，染出的丝的颜色也跟着变化，放进去五种不同的染料，就一定会出现五种不同的颜色了。所以对于染这件事不能不谨慎啊！”

不单单染丝是这样，国君也受周围环境的影响。舜受到许由、伯阳的影响，禹受到皋陶、伯益的影响，汤受到伊尹、仲虺的影响，武王受到太公、周公的影响，这四位君王受到的影响正确得当，因此能称王于天下，被立为天子，功盖四方，名扬天下。要列举天下仁义、显达的人，一定会举出这四个帝王。

夏桀受到干辛、推哆的熏染，殷纣受到崇侯、恶来的熏染，周厉王受到厉公长父、荣夷终的熏染，周幽王受到傅公夷、蔡公穀的熏染。这四个帝王所受到的熏染不当，因此国破身亡，被天下人羞辱。要列举天下不义、蒙受耻辱的人，一定会举出这四个帝王。

※ 原文

齐桓染于管仲、鲍叔，晋文染于舅犯[1]、高偃[2]，楚庄染于孙叔、沈尹，吴阖闾染于伍员[3]、文义，越勾践染于范蠡、大夫种[4]。此五君者所染当，故霸诸侯，功名传于后世。

范吉射[5]染于长柳朔、王胜，中行寅[6]染于藉秦、高强，吴夫差染于王孙雒、太宰嚭，知伯摇[7]染于智国、张武，中山尚[8]染于魏义、偃长，宋康[9]染于唐鞅、佃不礼。此六君者所染不当，故国家残亡，身为刑戮，宗庙破灭，绝无后类[10]，君臣离散，民人流亡。举天下之贪暴苛扰者，必称此六君也。

※ 注释

1 舅犯：即狐偃，辅晋文公夺取政权。2 高偃：晋大夫郜偃。3 伍员：即伍子胥，春秋时吴国大夫。4 大夫种：即文子禽，越国大夫。5 范吉射：春秋末年晋卿范献子士鞅之子。6 中行寅：春秋末年晋卿中行穆子之子，内讧中败于赵简子。7 知伯摇：又称智伯。春秋末年晋为六卿专权，知伯一度势力最盛，后为韩、赵、魏三家所灭。8 中山尚：战国时中山国君，亡于魏。9 宋康：即宋王偃，为齐湣王所灭。10 绝无后类：断子绝孙。

※ 译文

齐桓公受到管仲、鲍叔牙的影响，晋文公受到狐偃、郭偃的影响，楚庄王受到孙叔敖、沈尹茎的影响，吴王阖闾受到伍子胥、文义的影响，越王勾践受到范蠡、文子禽的影响。这五位君主因为受到的影响得当，所以能称霸诸侯，功名流传到后代。

范吉射受到长柳朔、王胜的影响，中行寅受到籍秦、高强的影响，吴王夫差受到王孙雒、太宰嚭的影响，智伯摇受到智国、张武的影响，中山尚受到魏义、偃长的影响，宋康王受到唐鞅、佃不礼的影响。这六位君主因为所受的影响不得当，所以国破家亡，身遭杀戮，宗庙毁灭，子孙灭绝，君臣离散，百姓逃亡。要列举天下贪婪残暴、苛刻扰民的人，一定会举出这六个君主。

※ 原文

凡君之所以安者何也？以其行理也。行理性于染当。故善为君者，劳于论人，而佚[1]于治官。不能为君者，伤形费神，愁心劳意，然国逾危，身逾辱。此六君者，非不重其国爱其身也，以不知要故也。不知要者，所染不当也。

非独国有染也，士亦有染。其友皆好仁义，淳谨畏令，则家日益，身日安，名日荣，处官得其理矣，则段干木、禽子、傅说之徒是也。其友皆好矜奋，创作比周[2]，则家日损，身日危，名日辱，处官失其理矣，则子西、易牙、竖刀之徒是也。《诗》曰“必择所堪[3]，必谨所堪”者，此之谓也。

※ 注释

1 佚：同“逸”，安逸。2 创作比周：兴风作浪乱结私党。3 堪：当读为“湛”，浸染之意。

※ 译文

国君能够稳定地统治一个国家，是什么原因呢？是由于他的举措合乎道理。举措合乎道理是由于所受的影响得当。所以，会做国君的，主要精力用于选拔使用干部，而对官中政事轻松处理。而不善于做国君的人，则劳神伤身，心烦意乱，然而国家却更危险，自己更受屈辱。这六位国君，并非不重视他们的国家、爱惜他们的身体，而是因为他们不懂得治国要领的缘故。不知道治国要领，是因为所受到的影响不得当。

不仅国君有受影响的情况，士人也是这样。一个人，如果他的朋友都爱好仁义，都淳朴谨慎，畏惧法令，那么他的家族就会一天天富裕，身体也日益安康，名声也一天天光耀，居官治政也就合乎正道了，如段干木、禽子、傅说等人就是这样。一个人所交的朋友如果都喜欢夸耀，兴风作浪，结党营私，那么他的家族就日益受损，自身也日益危险，名声也日益受辱没，居官从政失去正道，如子西、易牙、竖刀等人就是这样。《诗经》上说："一定要选择合适的染料"，谨慎地选择染料，说的就是这个意思。

※ 解读

本篇主要是通过大量的例子来说明环境的重要性，一个人处在什么样的环境下，就会成为什么样的人。本篇一开头就用染丝做比喻，丝用什么染料染，就会被染成什么颜色。紧接着通过仁义的君主与不义的君主之间的比较，来说明天子、诸侯、大夫、士人在选择自己的朋友和亲信时，一定要谨慎，选对了朋友和亲信，并能从他们身上获得良好的、积极的影响，这对个人的成长十分有利。而影响的好坏不同，则直接关系着事业的成败、国家的兴亡，因此国君对此要十分谨慎。

墨子这篇文章旨在说明一个国家的建设，最重要的是贤才，怎样才可以得到贤才呢？这就是孔子所说的交友之道，交到好的朋友你将受益终身，而坏的朋友则使你遗憾终身。

诗曰："必择所堪。"必谨所堪者，此之谓也。这也说明一个人只有交到好的朋友，得到好的影响，他的前景才是美好的。这也说明人所处的环境的重要性。

※ 事例一

"必择所堪"，也就是说环境的重要性，一个国君如果能得到贤才，并从他们那里学习治理国家之道，那么他的国家就能富强。现在我们来看看刘邦是怎样联合众诸侯攻打秦国的。

刘邦与郦食其

刘邦到了高阳的住处，派人召郦食其来见。郦食其到了，进去拜见刘邦。这时刘邦正叉开两腿坐在床上，让两个女子帮他洗脚，他便这样地接见了郦食其。郦食其见状，只是拱手高举行相见礼而不跪拜，说道："您是想要我协助秦朝攻打诸侯国呢，还是想要我率领各路诸侯击败秦朝呢？"

刘邦骂道："没见识的儒生！天下的人共同受秦朝暴政苦累已很久了，所以各国相继起兵攻秦，怎么说是协助秦朝攻打诸侯呢！"郦食其说："您若是真想聚集天下群雄、联合正义军队去讨伐暴虐无道的秦王朝，就不该如此傲慢无礼地接见年长的人！"

刘邦于是停止洗脚，起身整理好衣服，请郦食其在尊客席上就座，并向他道歉。郦食其便向他谈起了六国合纵连横的史事。刘邦很高兴，请郦食其吃饭，并问道："计策将如何制定啊？"郦食其说："您从一群乌合之众中起事，收拢了一些散兵游勇，部众还不足一万人，想靠此径自去攻打强大的秦朝，这叫作用手去掏虎口！陈留是天下的要冲，四通八达的枢纽地区，现在该城中又贮存有许多粮食，而我恰与陈留县令交情不错，请您让我出使陈留，劝他向您投降；假如他不听从劝告，您就领兵攻城，我做内应。"刘邦于是派郦食其动身，自己率军跟随在后。最后陈留降服了，刘邦便封郦食其为广野君。郦食其对其弟郦商说了这些事。当时郦商就召集青年，共四千人，前来归附刘邦，刘邦任用郦商为将军，命他率领陈留的部队相随。郦食其则常常作为说客，出使各诸侯国。

※ 事例二

众所周知，唐太宗时期被称为"开元盛世"，但此时有一个人却不得不提，那就是魏徵。魏徵去世后，唐太宗称自己少了一面镜子。

唐太宗与魏徵

魏徵在历史上有"万世流芳一谏臣"之称。据史书记载：长乐公主是皇后的女儿，在她即将出嫁时，唐太宗下令给她的馈赠是永嘉公主的两倍。魏徵知道后，向太宗进谏说："从前汉明帝欲封皇子，说他自己的儿子怎能与先帝的儿子相比，于是下令依楚、淮阳的一半来封。现在馈送给永嘉公主的是长乐公主的两倍，难道不是与汉明帝的做法相差得太远了吗？"皇上同意他的话，进入内宫告诉皇后。皇后感叹说："我多次听到陛下称赞魏徵，不知道为什么，今日看他引礼义来抑制人主的私情，才明白他是社稷之臣！我与陛下结发做夫妻，曲承恩惠礼遇，每次说话还必须查看皇上的脸色，不敢轻易冒犯您的威严；他以人臣的身份，竟敢如此直言，陛下不可不听从。”

有一次，皇上罢朝下来，大怒说：“我一定要杀掉这个田舍汉！”皇后问是谁，皇上说：“魏徵多次在朝廷上侮辱我。”皇后退去，穿戴朝服站在宫廷，皇上惊讶地问她何故，皇后说：“我听说主明然后臣直，如今魏徵正直，是因陛下贤明啊！我怎敢不向皇上恭贺呢？”皇上这才转怒为喜。

后来，魏徵卧病在家，太宗派遣使者看望他的病情，并且赠送他药材，探问的人络绎不绝。皇上遣中郎将李安俨住在他的家里，把他的一举一动都向皇上报告。皇上又和太子一同到他的家里，并表示要把衡山公主嫁给他的儿子叔玉。魏徵死后，皇上命令九品以上的官吏都要参加丧礼，并且赠送葆幢鼓吹，陪葬在昭陵。魏徵的妻子说：“魏徵一生都非常节俭朴素，现在用一品官的礼仪来埋葬，不符合死者的原意。”于是全都辞谢不肯接受。皇上追念魏徵不已，常说：“以铜为镜，可以正衣冠；以史为镜，可以见兴替；以人为镜，可以知得失。魏徵死了，我丧失了一面镜子！”

这也许就是唐太宗时期被称为“开元盛世”的原因吧！

法仪

※ 原文

子墨子曰：天下从事者，不可以无法仪。无法仪而其事能成者，无有也。虽至士之为将相者皆有法。虽至百工从事者亦皆有法。百工为方以矩，为圆以规，直以绳，正以县[1]。无巧工不巧工，皆以此五者为法。巧者能中之，不巧者虽不能中，放依[2]以从事，犹逾己。故百工从事，皆有法所度。

※ 注释

1 县：即“悬”的本字，用绳悬一重物以测定垂直的工具。2 放依：仿效。放，通“仿”。

※ 译文

墨子说：天下从事各种工作的人，都不能没有法则。没有法则而能够把事情办成的，那是从来没有的。即使士人贵为将相，全都有一定的法则。即使是从事于各种行业的工匠，也都有自己的法则。工匠们用矩画方形，用圆规画圆形，用绳墨画直线，用悬锤测定偏正，用水平器测定平面。不论是能工巧匠还是一般工匠，都是以这五种仪器为法则而操作的。能工巧匠高明的地方，在于能够恰到好处地使用这些仪器。一般工匠虽然不能做到这样的水平，但仿照工具的标准去做，还是要胜过自己凭直觉去做。所以各行各业都有自己的法度可以遵循。

※ 原文

今大者治天下，其次治大国，而无法所度，此不若百工辩[1]也，然则奚以为治法而可？当皆法其父母奚若？天下之为父母者众，而仁者寡，若皆法其父母，此法不仁也。法不仁，不可以为法。当皆法其学奚若？天下之为学者众，而仁者寡，若皆法其学，此法不仁也。法不仁，不可以为法。当皆法其君奚若？天下之为君者众，而仁者寡。若皆法其君，此法不仁也。法不仁，不可以为法。故父母、学、君三者，莫可以为治法。

然则奚以为治法而可？故曰：莫若法天。天之行广而无私，其施厚而不德[2]，其明久而不衰，故圣王法之。既以天为法，动作有为必度于天。天之所欲则为之，天所不欲则止。然而天何欲何恶者也？天必欲人之相爱相利，而不欲人之相恶相贼也。奚以知天之欲人之相爱相利，而不欲人之相恶相贼也？以其兼而爱之，兼而利之也。奚以知天兼而爱之、兼而利之也？以其兼而有之、兼而食之也。

※ 注释

1 辩：通“辨”，辨察，明辨。2 不德：不自居功德。

※ 译文

现在的社会，大到治理天下，其次治理一个国家，却没有法则可以遵循，从这个意义上可以说，天下和国家的管理者还不如一般工匠高明。这已是不争的事实。那么，用什么来作为治理国家的法则才合适呢？假如大家都以自己的父母为法则，怎么样？天下做父母的很多，但仁爱的很少。倘若大家都以自己的父母为法则，这就是效法不仁。效法不仁，这自然不可以作为法则。假如大家都以自己的老师为法则怎样？天下为人师表的很多，但其中仁者却很少。倘若大家都以自己的老师为法则，这就是效法不仁。效法不仁，这自然是不可以作为法则的。假如大家都以自己的国君为法则怎样？天下做国君的很多，但仁爱的少。倘若大家都以自己的国君为法则，这就是效法不仁。效法不仁，这自然是不可以作为法则的。所以父母、老师和国君三者，都不可以作为治理国家的法则。

如此说来，用什么作为治理国家的法则才可以呢？所以说：不如效法天。天的品行博大无私，它给予很多，但不自认为有功德，它光明而长久不衰，所以圣王都效法。既然以天为法则，那么所作所为就一定要以天意来衡量。天意所希望的就去做，天意所不希望的就不做。那么天意希望什么、不希望什么呢？天意肯定希望人们之间相互友爱、相互帮助，而不希望人们之间相互憎恨、相互残害。怎么知道天意希望人们之间相爱相利，而不希望人们之间相互憎恨和残害呢？这是因为天意对所有的人是全都爱和全都帮助的缘故。怎么知道天对人是全都爱和全都帮助呢？因为人类都为天所有，天全部供给他们吃的。

※ 原文

今天下无大小国，皆天之邑也；人无幼长贵贱，皆天之臣也。此以莫不犓[1]羊，豢犬猪，絜为酒醴粢盛，以敬事天，此不为兼而有之、兼而食之邪？天苟兼而有食之，夫奚说以不欲人之相爱相利也？故曰：爱人利人者，天必福之；恶人贼人者，天必祸之。曰：杀不辜者，得不祥焉。夫奚说人为其相杀而天与祸乎？是以知天欲人相爱相利，而不欲人相恶相贼也。

昔之圣王禹汤文武，兼爱天下之百姓，率以尊天事鬼，其利人多，故天福之，使立为天子，天下诸侯皆宾事之。暴王桀纣幽厉，兼恶天下之百姓，率以诟[2]天侮鬼，其贼人多，故天祸之，使遂[3]失其国家，身死为僇于天下，后世子孙毁之，至今不息。故为不善以得祸者，桀纣幽厉是也；爱人利人以得福者，禹汤文武是也。爱人利人以得福者有矣，恶人贼人以得祸者亦有矣！

※ 注释

1 犓（chú）：同“刍”，喂草。2 诟（gòu）：谩骂。3 遂：坠，失。

※ 译文

现在天下不论大国小国，都是上天的城邑；人不论长幼贵贱，都是上天的臣民。因此人们都饲养牛羊、养猪狗，准备干净丰盛的好酒食祭品，恭敬地祭奠上天。这不就是说明上天拥有和养育了全人类吗？如果说上天拥有和养育了全人类，那么怎么能说上天下希望人们相爱相利呢？所以说：爱别人、帮助别人的人，上天必定会让他幸福；相互厌恶和残害的人们，上天必定会降祸给他们。所以说：杀害无辜的人，后果一定不祥。怎么解释人们之间相互残杀，上天就降祸给他们呢？这是因为知道上天希望人们相互友爱相互帮助，而不希望人们相互憎恨相互残害。

从前的圣王夏禹、商汤、周文王、周武王，兼爱天下所有的百姓，率领天下的百姓尊崇上天、侍奉鬼神，他们给人们带来的利益多，所以上天就降福给他们，立他们为天子，天下的诸侯，都恭敬地服从他们。暴虐的君王夏桀、商纣、周幽王、周厉王，对天下的百姓全部厌恶、憎恨，带领他们咒骂上天，侮辱鬼神。他们残害的人多，所以上天就降祸给他们，使他们丧失了国家，身遭杀戮，还要受天下人羞辱，后代子孙责骂他们，直到现在还不停止。所以，因为做坏事而得祸害的，夏桀、商纣王、周幽王、周厉王即是这类人；爱人利人而得福的，夏禹、商汤、周文王、周武王即是这类人。爱人利人而得福者大有人在，憎恨人、残害人而得祸者也大有人在。

※ 解读

“天下从事者，不可以无法仪；无法仪而其事能成者，无有也。”墨子的这句话正好印证了这句俗语：“无规矩不成方圆。”因此，要想成就一番事业，就必须有所约束才行。人既是一个自由体，又是一个不自由体。任何事物都是相对的。墨子的这篇文章通过比较古代圣王和暴君，来说明“爱人利人”即可得福，“恶人贼人”必然招祸。墨子认为，天子、诸侯要想治理天下，首要的就是以天为法，顺应天意，不能违背天理。而所谓天意，实际上就是墨家学派所主张的兼爱兼利原则，这是墨子思想中最为重要的部分，他认为兼爱是治理国家的根本，一切祸乱、战事都起于不相爱。墨子思想中的兼爱是贯穿本书始终的，一切都以兼爱为根本。他所提倡的兼爱是无等级的爱。

有一首歌唱得好：“只要人人都献出一点爱，世界将变成美好的人间……”这不正是墨子所提倡的“兼爱”吗？

从墨子的这篇《法仪》中也可看出：我们现在所提倡的“依法治国”，不也是墨子所提倡的“兼爱”吗？

※ 事例一

子墨子曰：天下从事者，不可以无法仪；无法仪而其事能成者，无有也。现在我们就来看看汉明帝是怎么治国的。

善于治国的汉明帝

汉明帝奉行光武帝创建的制度，不敢随意改变更动。皇后妃子之家都不得封侯参政。馆陶公主曾为儿子请求郎官之职，汉明帝不许，只赏一千万钱。他对群臣说：“郎官与天上的星宿相应，派到地方是一县之长，如果任人不当，那么人民将受其害，所以我拒绝这一请求。”掌管皇宫大门的官署公车，每逢凶日“反支日”都不接受奏章。明帝听到这一情况后责怪道：“人民丢掉自己的农耕桑蚕之业，远行到宫门拜谒投诉，却又受到这种禁忌的限制，这难道是为政的本意吗！”于是取消了这项制度。

尚书阎章有两个妹妹是贵人，他本人研究并且精通过去的典章和制度，早就应当提升要职，但汉明帝因他是后宫妃子的亲属，竟不擢用。由于汉明帝施政得当，所以官吏称职胜任，人民安居乐业，远近蛮夷敬畏臣服，人口户数大增。

※ 事例二

前面我们已经说过制定法律的重要性，那么现在我们来看看执法的重要性，制定法律只能给人一个限制，而执法则是一个国家稳定的最重要的保证。

晋武帝执法

司隶校尉、上党人李熹，揭发从前的立进县令刘友、前尚书山涛、中山王司马睦、尚书仆射武陔等都有霸占官府稻田的行为，请求免去山涛、司马睦等人的官职，而武陔已经亡故，则请求降其谥号。晋武帝下诏："刘友欺凌掠夺百姓，迷惑朝廷官吏，应对其拷问处死以惩戒邪佞之人。如果山涛等人不再重犯以往的过错，对他们就免于追究。李熹一心为公，对官员行使职责，堪为邦国中之司直了。汉光武帝尝言：'贵戚尚且缩起手以躲避二鲍。'即指整肃百官群僚，使他们各自慎于职守。所以，宽容的恩典不是应该经常使用的！"

七患[1]

※ 原文

子墨子曰：国有七患。七患者何？城郭沟池不可守，而治宫室，一患也；边[2]国至境，四邻莫救，二患也；先尽民力无用之功，赏赐无能之人，民力尽于无用，财宝虚于待客，三患也；仕者持禄，游者爱佼[3]，君修法讨臣，臣慑而不敢拂，四患也。君自以为圣智而不问事，自以为安强而无守备，四邻谋之不知戒，五患也。所信者不忠，所忠者不信，六患也。畜种菽粟不足以食之，大臣不足以事之，赏赐不能喜，诛罚不能威，七患也。

以七患居国，必无社稷；以七患守城，敌至国倾。七患之所当，国必有殃。

※ 注释

1 七患：国家应重视的七种祸患。2 边："敌"字之误。3 佼：通"交"，交接，交游。

※ 译文

墨子说：一个国家，有七种大祸患值得重视。这七种祸患是什么呢？都城的内外城郭和护城河都没有修好，不能守御，却去大肆修建宫殿，这是第一种祸患。敌国军队压境，四面邻国都不愿来救援，这是第二种祸患。把人民的力量都耗尽在无用的事情上，把国家的财物宝货虚耗于送往迎来的待客上，这是第三种祸患。做官的人只求保住俸禄，游学未仕的人只顾结交朋友，国君修订法律以惩罚臣子，臣子畏惧而不敢违逆，这是第四种祸患。国君自以为神圣而聪明，而不过问国事；自以为国家安稳强盛，而不做防御准备，四面邻国在图谋攻打他，而自己却不知戒备，这是第五种祸患。国君所信任的人不忠实，而忠于国君的人不被信任，这是第六种祸患。贮藏和种植的粮食不够吃，大臣不足以信任重用，赏赐不能使人高兴，惩罚不能使人畏惧，这是第七种祸患。

这七种祸患如存于一个国家，那么这个国家就一定会灭亡；在存在七种祸患的情况下守御着城池，敌军一到，一定会顷刻瓦解。七种祸患存在于哪个国家，哪个国家必有祸殃。

※ 原文

凡五谷者，民之所仰也，君之所以为养也。故民无仰则君无养，民无食则不可事。故食不可不务也，地不可不力也，用不可不节也。五谷尽收，则五味尽御于主，不尽收则不尽御。一谷不收谓之馑，二谷不收谓之旱，三谷不收谓之凶，四谷不收谓之馈[1]，五谷不收谓之饥。

岁馑，则仕者大夫以下皆损禄五分之一；旱，则损五分之二；凶，则损五分之三；馈，则损五分之四；饥，则尽无禄，禀食[2]而已矣。故凶饥存乎国，人君彻鼎食五分之五[3]；大夫彻县[4]，士不入学，君朝之衣不革制；诸侯之客，四邻之使，雍[5]食而不盛；彻骖騑，涂不芸[6]，马不食粟，婢妾不衣帛，此告不足之至也。

※ 注释

1 馈：通“匮”，缺乏。2 禀食：只供饭吃。3 五分之五：疑作“五分之三”。4 县：通“悬”，此指钟磬等悬挂的乐器。5 雍：当作“饔”，指早餐和晚餐。6 涂：通“途”。涂不芸：道路不加整修。

※ 译文

粮食，是人们所赖以生存的必需品，也是国君用以养活自己和民众的物质。所以如果百姓失去生存的依赖，国君也就没有了供给；百姓没有东西吃，就什么事也干不成。所以，粮食生产储备这件事就不能不努力去做，田地不能不尽力耕作，粮食的使用不可不节俭。粮食全部丰收，那么各种美味都能让国君尽享；如果有一种粮食绝收，国君就不能尽情享受。一谷不收叫作馑，二谷不收叫作旱，三谷不收叫作凶，四谷不收叫作匮，五谷不收叫作饥。

遇到馑年，做官的自大夫以下都减去俸禄的五分之一；遇到旱年，就减去俸禄的五分之二；遇到凶年，就减去俸禄的五分之三；遇到匮年，就减去俸禄的五分之四；遇到饥年，那么全部没有俸禄，只供给饭吃。所以一个国家遇到凶饥，国君就减去鼎食的五分之三，大夫撤去悬挂的乐器，读书人不上学而去种地，国君上朝的衣服虽旧，不更新重做；接待诸侯的客人、邻国的使者，早餐、晚餐都不丰盛，驾车的四匹马撤掉左右两匹，道路不加修理，马不喂粮食，婢妾不穿丝绸。这些表明匮乏到极点了。

※ 原文

今有负其子而汲者，队[1]其子于井中，其母必从而道[2]之。今岁凶，民饥，道饿，重其子此疚于队，其可无察邪？故时年岁善，则民仁且良；时年岁凶，则民吝且恶。夫民何常此之有？为者疾[3]，食者众，则岁无丰。

故曰：财不足则反之时，食不足则反之用。故先民以时生财，固本而用财，则财足。故虽上世之圣王，岂能使五谷常收而旱水不至哉？然而无冻饿之民者何也？其力时急，而自养俭也。故《夏书》曰："禹七年水。"《殷书》曰："汤五年旱。"此其离[4]凶饿甚矣，然而民不冻饿者，何也？其生财密，其用之节也。故仓无备粟，不可以待凶饥；库无备兵，虽有义不能征无义。城郭不备全，不可以自守；心无备虑，不可以应卒[5]，是若庆忌无去之心，不能轻出。

※ 注释

1 队：通"坠"。2 道：通"导"，导引，牵引。3 疾：当为"寡"。4 离：通"罹"，遭受。5 卒：通"猝"。

※ 译文

现在有一人背着孩子到井边打水，如果孩子不小心掉到井里，那么这位母亲必定想方设法把孩子从井中救出。现在遇到饥年，路上有饿死的人，这种情况比孩子掉入井中更为严重，能忽视这种局面吗？年成好的时候，老百姓就仁慈驯良；年成遇到凶灾，老百姓就吝啬凶恶。百姓哪有什么固定不变的品行呢？从事生产的人少了，吃饭的人多了，那么就不可能有丰年。

所以说：财用不够时，就反省有没有抓住有利的生产时机，粮食不够时，就反省粮食消费上有无漏洞。因此，古代贤人按农时生产财富，巩固农业这个根本，节省开支，财用自然就充足。所以，即使是古代的圣王，哪能使五谷永远丰收，并且水旱之灾不降临呢！但是那时却从无受冻挨饿之民，这是为什么呢？这时因为他们努力按农时耕种而自奉俭朴。《夏书》说："禹时有七年水灾。"《殷书》说："汤时有五年旱灾。"那时遭受的凶荒够大的了，然而老百姓却没有受冻挨饿，这是什么缘故呢？就是因为他们生产时财物丰足，而使用时很节俭。所以，粮仓中没有储备的粮食，就不能对付凶年饥荒；兵库中没有储备的武器，即使是正义的也不能去征讨不正义的。城郭修筑不完备，就不能自行防守；心中没有周密的考虑，就不能应付突然的变故。这就好像庆忌没有逐走要离之意，就不可轻易出走。

※ 原文

夫桀无待汤之备，故放；纣无待武之备，故杀。桀、纣贵为天子，富有天下，然而皆灭亡于百里之君者，何也？有富贵而不为备也。故备者，国之重也；食者，国之宝也；兵者，国之爪也；城者，所以自守也。此三者，国之具也。

故曰：以其极赏[1]，以赐无功；虚其府库，以备车马衣裘奇怪；苦其役徒，以治宫室观乐；死又厚为棺椁，多为衣裘。生时治台榭，死又修坟墓，故民苦于外，府库单[2]于内，上不厌[3]其乐，下不堪其苦。故国离寇敌则伤，民见凶饥则亡，此皆备不具[4]之罪也。且夫食者，圣人之所宝也。故《周书》曰："国无三年之食者，国非其国也；家无三年之食者，子非其子也。"此之谓国备。

※ 注释

1 极赏：最高奖赏。2 单：通"殚"，耗尽。3 厌：通"餍"，满足。4 备不具：没做好防备。

※ 译文

夏桀没有对付商汤的准备，所以被商汤放逐；商纣王没有防御周武王的准备，所以被杀。桀和纣虽贵为天子，富有天下，然而都被方圆百里的小国之君所灭，这是为什么呢？是因为他们虽然富贵，但都不加防备。所以说防备，是国家最重要的事情，粮食是国家的宝物，兵器是国家的爪牙，城郭是用来自我守卫的：这三者是治理国家的工具。

所以说：用那最高的奖赏，去赏赐给无功之人，耗尽国库中的贮藏，用以置备车马、衣裘和稀奇古怪之物，让奴隶劳苦不堪，去建造宫室和观赏游乐的建筑，死后又做厚重的棺椁，做很多陪葬衣服。活着时修亭台楼榭，死后又修造坟墓。因此，老百姓在外受苦，内部的国库耗尽，国君满足不了享乐，百姓忍受不了痛苦。所以，国家一遇敌寇就受损伤，百姓遇到饥荒就会死亡，这都是防备不周全的罪过啊！再说，粮食也是圣人所最为珍惜的。所以《周书》上说："一个国家如果没有储备三年的粮食，国家就不是合格的国家了；一个家庭如果不储备三年的粮食，子孙就不是合格的子孙了。"粮食的储备，这就叫作国家的根本贮备。

※ 解读

墨子自称自己是"上无君上之事，下无耕农之难"。所以他不属于贵族阶级，但他也不是直接从事生产的小农或手工业者。正是他的这种特殊的身份，使他认识到一个国家最重要的是粮食的生产。一个国家要想长久不衰，就必须避免这七种祸患，而这七种祸患中，最重要的还是粮食。

本篇首先分析了给国家造成危亡的七种祸患，然后指出国家怎样去预防这些祸患，得出的结论是，一个国家要想长久不衰，最根本的就在于增加生产和节省财用，粮食的储备是一个国家的根本储备，并对当时统治者竭尽民力和府库之财以追求享乐生活的做法提出了严正警告。

墨子认为，统治者只有减少劳动人民的负担，在灾荒之年有饭吃不至于饿死，百姓们才会感谢他们，才会更加顺从他们，这样，国家治理起来才容易。也就是说，只有预防上述七种祸患，才是治理国家之道。

《周书》曰："国无三年之食者，国非其国也；家无三年之食者，子非其子也。"此之谓国备。从中可以看出一个国家的强盛，粮食的储备是最重要的。

※ 事例

一个国家的治理是困难的，同时一个地区的治理也很困难。现在我们就来看看周处是怎样处理祸患的。

周处对待祸患

当初，周鲂的儿子周处，体力超过常人，他不拘小节，乡里的百姓都认为他是祸患。周处曾经询问乡里的老人说："如今四时谐调，又是丰收之年，而人们却不高兴，这是为什么？"老人叹气说："三害没有除掉，岂会快乐！"周处说："三害是什么？"老人说："南山的白额虎，长桥的蛟龙，再加上你就是三害了。"周处说："如果大家所忧的只限于这三害，那我就能把它除了。"于是，周处进山搜寻老虎，将老虎射死；他跳到河里，与蛟龙搏斗，杀死蛟龙；然后他跟随陆机、陆云，向他们求学，专心致志地读书，磨炼操守与德行。过了一年，州郡的官府争相征召他去做官。

辞过[1]

※ 原文

子墨子曰："古之民未知为宫室时，就陵阜而居，穴而处。下润湿伤民，故圣王作为宫室。为宫室之法，曰："室高足以辟[2]润湿，边足以圉风寒，上足以待雪霜雨露，宫墙之高，足以别男女之礼，谨[3]此则止。凡费财劳力不加利者，不为也。役[4]，修其城郭，则民劳而不伤；以其常正[5]，收其租税，则民费而不病。民所苦者非此也，苦于厚作敛于百姓。是故圣王作为宫室，便于生，不以为观乐也；作为衣服带履，便于身，不以为辟怪也。故节于身，诲于民，是以天下之民可得而治，财用可得而足。

※ 注释

1 辞过：本篇通过对宫室、衣服、饮食、舟车、蓄私的古今对照，批判统治者的奢靡生活。2 辟：通"避"。3 谨：通"仅"。4 役：指常役。5 正：通"征"。

※ 译文

墨子说："远古时代，人们还不知道建造房屋时，都找一个稍高一点的地方安顿下来，或挖个洞穴住在那里面，由于地下潮湿有害于人民的身体，所以圣王开始建造房屋。建造房屋的法则是："地基的高度足以避免潮湿，四面墙壁足以抵御风寒，屋顶能够防备霜雪雨露，宫墙的高度足以分隔内外，使男女有别而符合礼仪，只要达到以上要求就行了。"至于劳民伤财而没有更多实惠的事，是不会做的。按照平常规定的劳役去修筑城郭，那么人民虽然劳累但不致受伤害；按照常规征收租税，那么人民虽破费但不至困苦。人民感到困苦的不是这些，而是苦于在他们身上横征暴敛。因此圣王制造房屋，只是为了适应生存的需要，并不是为了观赏和娱乐。圣人制作衣服、腰带、鞋子，只是为了适合身体的需要，而不是为了显示奇装异服。所以，圣王自身节俭，并教导人民，因而天下的百姓得以治理，财物用度得到满足。

※ 原文

当今之主，其为宫室则与此异矣。必厚作敛于百姓，暴夺民衣食之财以为宫室台榭曲直之望、青黄刻镂之饰。为宫室若此，故左右皆法象[1]之，是以其财不足以待凶饥，振[2]孤寡，故国贫而民难治也。君欲实天下之治而恶其乱也，当为宫室不可不节。

古之民未知为衣服时，衣皮带茭，冬则不轻而温，夏则不轻而清。圣王以为不中人之情，故作诲妇人治丝麻，梱布绢，以为民衣。为衣服之法：冬则练帛之中，足以为轻且暖；夏则絺绤[3]之中，足以为轻且凊，谨此则止。故圣人之为衣服，适身体，和肌肤而足矣。非荣耳目而观[4]愚民也。当是之时，坚车良马不知贵也，刻镂文采不知喜也。何则？其所道之然。故民衣食之财，家足以待旱水凶饥者何也？得其所以自养之情，而不感[5]于外也。是以其民俭而易治，其君用财节而易赡也。府库实满，足以待不然；兵革不顿，士民不劳，足以征不服。故霸王之业可行于天下矣。

※ 注释

1 法象：效法，效仿。2 振：通“赈”，救济。3 絺绤：葛制的衣物。4 观：迷惑。5 感：诱惑。

※ 译文

现在的君主，他们修建宫室却与以往不同：他们必定要向百姓横征暴敛，连百姓穿衣吃饭的钱也剥夺来修建富丽堂皇的宫殿台榭，极尽其雕刻装饰之能事。国君像这样建造宫室，身边的大臣也效法这种做法，所以国家的财物不能应付凶年饥年，救济孤寡之人，因此，国家贫穷而人民难以治理。如果国君确实希望天下得到治理，而不至于出现社会动乱，那么，他在修建宫室时，就不能不有所节制。

远古的时候，人们还不知道缝制衣服时，披着兽皮、围着草绳，冬天既不轻便又不温暖，夏天既不轻便又不凉爽。圣王认为这样不符合人们的需要，所以开始教妇女使用丝麻、编织布匹，以它做人的衣服。制造衣服的法则是：冬天穿白色熟绢做的中衣，只求其轻便而温暖；夏天穿葛布制的中衣，只求其轻便而凉爽。仅此而已。所以圣人制作衣服只图身体合适、肌肤舒适就够了，并不是夸耀耳目、迷惑愚民。在那个时候，虽有坚固的车子和宝马，人们也不知道它特别珍贵，对于精雕细刻的艺术品，也不知道有什么值得特别喜欢的。这是为什么呢？这是圣人引导百姓的结果。所以人民除了穿衣吃饭的费用，家家户户的储备都是足以防患水旱饥荒的年景，这又是什么缘故呢？因为他们懂得什么是最好的自我保全方法，因而不受外界事物的诱惑和困扰，所以那时的人民节俭而容易管理，那时的国君使用财力很有节制，所以国家财力富足。国库充实，足以应付各种突发的事件；武器、兵甲精良，兵士、百姓精神饱满，用这些力量足以征讨不肯臣服的诸侯，而实现称霸天下的愿望了。

※ 原文

当今之主，其为衣服，则与此异矣，冬则轻煗[1]，夏则轻凊，皆已具矣，必厚作敛于百姓，暴夺民衣食之财，以为锦绣文采靡曼之衣，铸金以为钩，珠玉以为珮，女工作文采，男工作刻镂，以为身服。此非云益燠之情也，单[2]财劳力毕归之于无用也。以此观之，其为衣服，非为身体，皆为观好。是以其民淫僻而难治，其君奢侈而难谏也。夫以奢侈之君御好淫僻之民，欲国无乱不可得也。君实欲天下之治而恶其乱，当为衣服不可不节。

※ 注释

1 燠：同“暖”。轻燠：轻便暖和。2 单：通“殚”，尽。

※ 译文

现在的君主，他们制造衣服却与此不同。冬天的衣服轻便而暖和，夏天的衣服轻便而凉爽，这都已经具备了。他们还一定要向百姓横征暴敛，连百姓穿衣吃饭的钱也剥夺来做锦绣华丽的衣服，用黄金做成衣带钩，拿珠玉做成佩饰；女工做刺绣，男工做雕刻，用来制作身上的穿戴。但这并没有增加一点暖和的感觉。劳民伤财，全部消耗在没用的地方。由此看来，他们做衣服，不是为身体舒适，而是为了显耀好看。因此百姓邪僻而难以治理，国君奢侈而难以进谏。以奢侈的国君去统治邪僻的民众，想要国家不乱，是不可能的。国君确实希望天下治理好而不发生动乱，那么制作衣服时就不可不节俭。

※ 原文

古之民未知为饮食时，素食而分处，故圣人作，诲男耕稼树艺，以为民食。其为食也，足以增气充虚，强体养腹而已矣。故其用财节，其自养俭，民富国治。今则不然，厚作敛于百姓，以为美食刍豢，蒸炙鱼鳖，大国累百器[1]，小国累十器，前方丈，目不能徧视，手不能徧操，口不能徧味，冬则冻冰，夏则饰[2]食壹。人君为饮食如此，故左右象之，是以富贵者奢侈，孤寡者冻馁，虽欲无乱，不可得也。君实欲天下治而恶其乱，当为食饮不可不节。

古之民未知为舟车时，重任不移，远道不至，故圣王作为舟车，以便民之事。其为舟车也，全固轻利，可以任重致远，其为用财少，而为利多，是以民乐而利之。故法令不急而行，民不劳而上足用，故民归之。当今之主，其为舟车与此异矣。全固轻利[3]皆已具，必厚作敛于百姓，以饰舟车。饰车以文采，饰舟以刻镂。女子废其纺织而修文采，故民寒。男子离其耕稼而修刻镂，故民饥。人君为舟车若此，故左右象之，是以其民饥寒并至，故为奸衺。奸邪多则刑罚深，刑罚深则国乱。君实欲天下之治而恶其乱，当为舟车不可不节。

※ 注释

1 累百器：指有上百样的菜肴。2 饰："馂"的误字。3 全固轻利：坚固完备轻便好用。

※ 译文

远古的时候，人们四处寻找食物分散居住，所以圣人就教导男人从事耕耘栽种，用来生产粮食。他们做食物的原则：只求增加元气、补虚弱，强身饱腹就够了。所以他们用财节省，供养自己省俭，百姓富足，国家安定。现在却不是这样，国君向老百姓厚敛钱财，用来享受美味牛羊，蒸烤鱼鳖，大国之君集有上百样的菜，小国之君也有上十样的菜，摆在前面一丈见方的地方，眼不能全看到，手不能全捡取到，嘴也不能全尝到（吃不完的食物）。这么多美食冬天结冻，夏天臭烂，国君如此摆设饮食，左右大臣都效法他。因此富贵的人奢侈，孤寡的人挨冻受饿。即使不希望国家混乱，也是不可能的。国君确实希望天下治理好而不发生混乱，那么在饮食方面，就不可不节俭。

远古的时候，人民还不会制造船和车时，沉重的东西无法搬运，遥远的地方也到不了，所以圣明的君王就教人民制造船和车，方便百姓办事。他们制造船和车，只要求坚固轻便，可以运载重物到很远的地方，费用花的少，而得到的利益很大，所以百姓喜欢，认为它很便利。法令不用催促而可行使，百姓不用劳苦而财用充足，所以百姓都归顺国君。现在的君主，制造船和车则与此不同。船和车已经坚固轻巧便利了，他们还要向百姓横征暴敛，用以装饰船和车。用漂亮的花纹装饰车辆，用雕刻来装饰舟船。女子放弃纺织而去描绘花纹，所以百姓受冻；男子脱离耕种而去从事雕刻，所以百姓挨饿。国君这样制造船和车，左右大臣跟着仿效，所以民众饥寒交迫，不得已而做奸邪之事。奸邪之事一多，刑罚就重，刑罚重了，国家就乱了。国君如果确实希望天下治理好而厌恶天下混乱，那么制造船和车就不可不节俭。

※ 原文

凡回于天地之间，包于四海之内，天壤之情，阴阳之和，莫不有也，虽至圣不能更也。何以知其然？圣人有传：天地也，则曰上下；四时也，则曰阴阳；人情也，则曰男女；禽兽也，则曰牝牡雌雄也。真天壤之情，虽有先王不能更也。虽上世至圣，必蓄私不以伤行，故民无怨；宫无拘女，故天下无寡夫。内无拘女，外无寡夫，故天下之民众。当今之君，其蓄私也，大国拘女累千，小国累百，是以天下之男多寡无妻，女多拘无夫，男女失时，故民少。君实欲民之众而恶其寡，当蓄私不可不节。

凡此五者，圣人之所俭节也，小人之所淫佚也；俭节则昌，淫佚则亡，此五者不可不节。夫妇节而天地和，风雨节而五谷孰，衣服节而肌肤和。

※ 译文

凡是生存在天地之间、活动于四海之内的一切事物，都有自己的天地之情，阴阳和合的规律，即使最高明的圣人也无法改变。从什么地方知道这些呢？圣人书上说：天地，称作上下；四时，称作阴阳；人，分为男女；禽兽，分为牝牡、雌雄。这确实是天地间的真实情况，即使有先代贤王也不能更改。虽然上古时代的圣人也蓄养侍妾，但不因此而损害其品行，所以人民没有怨言。宫中没有拘禁的女子，所以天下没有鳏夫。宫城内无拘禁之妇，宫城外无鳏夫，男女适时婚嫁，因而天下人民众多。而现在的国君蓄养姬妾，大国拘禁女子数千，小国数百，所以天下男子大多没有妻子，女子多遭拘禁而没有丈夫。男女错失婚嫁的时机，所以百姓减少。国君如果真想人民增多而厌恶其减少，养侍妾就不可不节制。

以上所说的五个方面，都是圣人的节俭之处，小人奢侈放荡之处。俭朴有节制就昌盛，淫逸无度就意味着灭亡，以上五方面，不能不有所节制。夫妇生活协调，天地之间就和顺，风调雨顺，五谷就丰登，衣服合身节俭，身体肌肤就舒适。

※ 解读

在墨子生活的时代，贵族奢侈浪费，享乐腐化；同时，这批寄生分子还利用生活的过分享受来表示其社会地位、政治地位的优越。墨子针对当时贵族的奢侈腐化生活进行攻击，这是有极大的进步意义的。而这些贵族阶级为什么敢如此猖狂呢？就是因为国君的纵容，他的奢侈浪费、享乐腐化，才导致这一切。

这篇文章名为《辞过》，即要求国君改掉自己的过失。通过宫室、衣服、饮食、舟车、蓄私的古今鲜明对比，说明了在上古时期的圣王们一切为了人民，一切从实用出发，创造了国富民强的国家。而现今的统治者过着奢华富贵的生活，为了炫耀的自己的财富，不管百姓的死活。通过对比，强烈地批判了当时统治者的奢侈生活，从中反映了一个国家要想富强，统治者就必须学会节制自己的奢华生活，从俭入手。

这篇文章的主旨与《节用》篇相同，都是为了批判国君的奢侈浪费，享乐腐化，同时提倡国君要从俭入手。对于一个国家来说，国君的作用是不可忽视的，就像《所染》篇中所提倡的一个人只有受到好的影响，这个人才能功成名就，这并不仅仅是对于国君而言的。同样，国君对下面的臣子也是一样。如果这个国家的君主是一个圣明的君主，下面的臣子也会如此。

※ 事例一

国君治理国家，首要的就是善待人民，有了过失之后应该及时改正，这才是真正的国君。唐太宗就是这样一个人。现在我们来看看他是怎样防止盗贼的。

唐太宗防盗

唐太宗与大臣们讨论防止盗贼的问题。有人请求皇上用严刑重法来防止盗贼，唐太宗微笑着说：“老百姓之所去要去偷盗，是由于赋税多徭役重，官吏贪污受贿，老百姓饥寒交迫，才不顾廉耻去偷盗。朕认为应该杜绝奢侈浪费，减少徭役，少收赋税，选用廉吏，让老百姓衣食有余，就不会去做盗贼了，何必要使用重法呢？”从此数年之后，国家太平，路不拾遗，夜不闭户，商人旅客在野外露宿也照样平安。

唐太宗曾经对左右大臣说：“君王依靠国家，国家依靠百姓。剥削老百姓来供给君王过奢侈生活，这就像割下自己身上的肉来填饱自己的肚子一样，肚子饱了，身子却垮了，君主富了，国家却灭亡了。所以人君的忧患，不是来自外面，而是自身造成的。所以，人君的欲望多花费就大，花费大赋税就重，赋税重百姓就愁苦，百姓愁苦国家就危险，国家危险君王就会垮台。朕经常考虑这些问题，因而不敢放纵自己的欲望。”

唐太宗曾对裴寂说：“近来很多人上奏谈论国家大事，朕都把这些奏章贴在寝宫的墙壁上，以便进出时观看。我常常思考治理国家的办法，有时到深夜才能睡觉。你们也应当恪尽职守，协助朕治理好国家。”

※ 事例二

国君如果不能意识到自己的错误，而臣子也没有敢指出，那么这个国家真的就会一日不如一日。唐太宗为什么说魏徵是他的一面镜子？是因为只有他敢指出唐太宗的过错，这才是一个忠臣的表现。而有人指出，国君却不改正的话，这个国家也就不能长久。

孔伋与卫侯

孔伋，字子思，他向卫国国君提起苟变说：“此人的才能可统领五百辆车。”卫侯说：“我知道他是个将才，然而苟变为官时，在一次征税中，吃了百姓两个鸡蛋，所以我不用他。”孔伋说：“圣人选人任官，就好比木匠使用木料，取其所长，弃其所短；因此，一根合抱的良木，只有几尺朽烂处，高明的工匠是不会扔掉它的。现在国君您处在战国纷争之世，正要收罗锋爪利牙的人才，却因为两个鸡蛋而舍弃了一员可守一城的大将，这事可不能让邻国知道啊！”卫侯一再拜谢说：“我接受你的指教。”

卫侯提出了一项不正确的计划，大臣们却齐声附和。孔伋说：“我看卫国，真是‘君不像君，臣不像臣’呀！”公丘懿子问道：“你为什么这样说呢？”孔伋说：“君主自以为是，大家便不提出自己的意见。即使事情处理对了，君王没有采纳众议，也是排斥了众人的意见，更何况现在众人都附和错误见解而助长邪恶之风呢！不考察事情的是非曲直，只满足于让别人赞扬，是无比的昏庸；不判断事情是否有道理而一味阿谀奉承，是无比的谄媚。君主昏庸而臣下谄媚，这样居于百姓之上，人民是不会同意的。长此下去，国家就不像国家了。”

孔伋对卫侯说：“你的国家将要一天不如一天了。”卫侯问：“为什么？”孔伋答说：“事出有因，国君你说话自以为是，卿大夫等官员没有人敢纠正你的错误；于是他们也自以为是，士人百姓也不敢提出其错误。君臣都自以为贤能，下属又同声称贤，称赞贤能则和顺而有福，指出错误则忤逆而有祸，这样，怎么会有好的结果！《诗经》上说：‘都称道自己是圣贤，乌鸦雌雄谁能辨？’不也像你们这样的君臣吗

三辩[1]

※ 原文

程繁问于子墨子曰：“夫子曰：‘圣王不为乐。’昔诸侯倦于听治，息于钟鼓之乐；士大夫倦于听治，息于竽瑟之乐；农夫春耕夏耘，秋敛冬藏，息于聆缶[2]之乐。今夫子曰：‘圣王不为乐。’此譬之犹马驾而不税[3]，弓张而不弛，无乃非有血气者之所不能至邪！”

※ 注释

1 三辩：阐明圣王应节制声乐享受专心治国。2 聆缶（fǒu）：聆，通“铃”。缶，瓦制打击乐器。3 税（táo）：同“脱”，马脱缰。

※ 译文

程繁问墨子说：“先生说：‘圣王不听音乐。’可是，从前的诸侯处理政务疲倦了，就听听钟鼓演奏的音乐来休息一下；士大夫处理政务感到疲倦了，就听听竽瑟演奏的音乐来休息一下；农夫春天耕种、夏天除草，秋天收获、冬天贮藏，也要借敲击瓦盆土缶的音乐方式自娱自乐，进行休息。现在先生您说：‘圣王不听音乐。’

这就好比马套上车永不卸下，弓拉开后永不松弛，这恐怕是靠气血运转而活着的人无法做到的吧！”

※ 原文

子墨子曰：“昔者尧舜有茅茨者，且以为礼，且以为乐；汤放桀于大水，环天下自立以为王，事成功立，无大后患，因先王之乐，又自作乐，命曰《护》，又修《九招》；武王胜殷杀纣，环天下自立以为王，事成功立，无大后患，因先王之乐，又自作乐，命曰《象》；周成王因先王之乐，又自作乐，命曰《驺虞》。周成王之治天下也，不若武王；武王之治天下也，不若成汤；成汤之治天下也，不若尧舜。故其乐逾[1]繁者，其治逾寡。自此观之，乐非所以治天下也。”

程繁曰：“子曰：‘圣王无乐。’此亦乐已，若之何其谓圣王无乐也？”子墨子曰：“圣王之命也，多寡之[2]。食之利也。以知饥而食之者智也，因为无智矣。今圣有乐而少，此亦无也。”

※ 注释

1 逾：通“愈”，更加。2 多寡之：多则寡之。

※ 译文

墨子说：“以前尧舜只有茅草盖的屋子，只是简单地制定一些礼仪，姑且作乐而已。后来汤把桀流放到大水，统一天下，自立为王，大功告成，没有后患，于是就承袭先王的音乐，自己又创造新的音乐，乐章取名为《护》，又创造了古代乐章《九招》。周武王战胜殷朝，杀死纣王，统一天下，自立为王，没有后患，于是继承了先王的音乐，自己又创造新的音乐，取名为《象》。周成王继承先王的音乐，自己创造了新的音乐，取名为《驺虞》。周成王治理天下不如周武王；周武王治理天下不如商汤王；商汤王治理天下不如尧舜。所以他们的音乐越是繁复，他们治理天下的政绩就越差。由此看来，音乐不是用来治理国家的。”

程繁说：“先生说：‘圣王没有音乐。’但这些就是音乐，怎么能说圣王没有音乐呢？”墨子说：“圣王做事的原则是：根据具体情况有所损益。饮食于人有利，若因知道饥饿去吃饭就叫有智慧的话，那么天下也就没有智慧了。现在圣王虽然有乐，但它像吃饭一样不可少，所以也等于没有音乐。”

※ 解读

本篇通过墨子与程繁对音乐的讨论，可以看出墨子的“非乐”思想。他认为统治者喜好音乐，必定会妨碍社会生产，浪费社会财富，加重劳动人民的负担，使劳动人民衣食不足，从而造成社会的混乱和国家的灭亡。因此，他认为圣人治理天下重在事功，而非音乐，他反对追求音乐享受，他认为音乐会使国君劳民伤财，沉浸在奢华享受中。这对批判当时统治者的享乐生活有现实意义。

他在最后说："圣王之命也，多寡之，食之利也。"凡是太盛的东西就容易减损它，这与第一篇《亲士》中的"太盛难守也"有异曲同工之妙。西施死于自己的美丽；孟贲死于自己的勇敢……什么事情都需要保持一个度，超越这个度就只能得到相反的结果。

"今圣有乐而少"从这句话中可以看出他是把音乐看成与吃饭一样的事情，前面我们已经说过他是小生产者的代言人，从这里更可以看出。"食必求饱，衣必求暖，然后才求美"，他把音乐看作是奢侈品。而且他认为音乐越繁复，治理国家的政绩就越少，因此他主张"非乐"。

※ 事例

墨子提出"非乐"的思想，主张"音乐越繁复，治理国家的政绩就越少"，而且统治者喜爱音乐，必定会无心听政，沉迷于音乐中，人民无力从事劳动，严重阻碍社会生产。但唐太宗不这样认为，他认为音乐是由人的内心决定的，而不是音乐本身。唐太宗统治期间，国富民强，而他却大肆提倡音乐，音乐真的与政治的兴衰有关吗？

太宗论音乐

太常寺少卿祖孝孙认为，梁、陈两朝的音乐大多为吴、楚一带地区的音调；北周、北齐的音乐，大多为胡、夷的音调，于是斟酌南北的音乐，用古代的音乐来进行考订，制作了《唐雅乐》，总共有八十四调、三十一曲、十二和。唐太宗下诏命令协律郎张文收和祖孝孙共同修定。六月初十，祖教孙等人演奏新乐。唐太宗说："礼乐是圣人根据人们的感情创制出来作为教化用的。政治的兴衰更替，哪里是由礼乐来决定呢？"御史大夫杜淹说："北齐将要灭亡的时候，制作了《伴侣曲》；陈朝将要灭亡时，制作了《玉树后庭花》。它的声调哀怨缠绵，就是过路的人听了之后都要悲伤流泪。怎么能说政治的兴衰、朝代的更替与音乐没有关系呢？"唐太宗说："不对。音乐能感动人，心情愉快的人听到会高兴，心情愁闷的人听到会悲伤。高兴和悲伤都是由人的内心所决定的，并非由音乐来决定。即将灭亡的国家政治，一定使民众有太多的忧愁，因而听到音乐就悲伤。现在这两首曲子都还在，我为你们演奏，你们会悲伤落泪吗？"右丞魏徵说："古人说'礼呀礼呀，难道仅仅是指玉帛说的吗？音乐呀音乐呀，难道仅仅是指钟鼓说的吗？'音乐的确在于人心的愁与乐，而不仅仅在于曲调本身。"

尚贤（上）

※ 原文

子墨子言曰：“今者王公大人为政于国家者，皆欲国家之富，人民之众，刑政之治。然而不得富而得贫，不得众而得寡，不得治而得乱，则是本失其所欲，得其所恶。是其故何也？”子墨子言曰：“是在王公大人为政于国家者，不能以尚贤事能为政也。是故国有贤良之士众，则国家之治厚；贤良之士寡，则国家之治薄。故大人之务，将在于众贤而已。”

※ 译文

墨子说：“现在的王公大人管理国家，都希望国家富强，人民众多，刑政得到治理，然而没有收到富强的效果而得到了贫穷，人口没有增加反而减少，社会没有得到治理反而发生动乱，这就是从根本上失去了想要得到的，而得到了他们原本十分厌恶的，这是什么原因呢？”墨子说：“这是因为王公大人治理国家时，不能做到尊贤使能。在一个国家中，如果贤良之士多，那么国家就能被治理得很好；如果贤良之士少，那么国家的治理也就相应地差。所以王公大人的主要任务，就是使贤人增多。”

※ 原文

曰：“然则众贤[1]之术将奈何哉？”子墨子言曰：“譬若欲众其国之善射御之士者，必将富之、贵之、敬之、誉之，然后国之善射御之士，将可得而众也。况又有贤良之士厚乎德行，辩乎言谈，博乎道术者乎！此固国家之珍，而社稷之佐也。亦必且富之、贵之、敬之、誉之、然后国之良士，亦将可得而众也。”是故古者圣王之为政也，言曰：不义不富，不义不贵，不义不亲，不义不近。是以国之富贵人闻之，皆退而谋曰：始我所恃[2]者，富贵也。今上举义不辟[3]贫贱，然则我不可不为义。亲者闻之，亦退而谋曰：始我所恃者亲也。今上举义不辟疏，然则我不可不为义。”近者闻之，亦退而谋曰：“始我所恃者近也，今上举义不辟远，然则我不可不为义。远者闻之，亦退而谋曰：“我始以远为无恃，今上举义不辟远，然则我不可不为义。逮至远鄙郊外之臣、门庭庶子[4]、国中之众、四鄙之萌人[5]闻之，皆竞为义。是其故何也？曰：上之所以使下者，一物也；下之所以事上者，一术也。譬之富者有高墙深宫，墙立既谨，上为凿一门，有盗人入，阖[6]其自入而求之，盗其无自出。是其故何也？则上得要也。

※ 注释

1 众贤：网罗很多贤人。2 恃：依赖，凭借。3 辟：通“避”。4 庶子：此指诸侯之同族与卿大夫之子。5 萌人：民人。6 阖：关闭。

※ 译文

那么，怎样使贤人增多呢？墨子说：譬如说要想使一个国家善于射箭和驾车的人增多，就必须使他们富裕，使他们显贵，尊敬他们，赞誉他们，这以后国家善于射御的人就可以增多了。何况那些贤良之士，道德高尚，言谈雄辩，学问广博！这本来是国家的宝贵财富、社稷的良佐呀！当然也必须使他们富裕、高贵，敬重他们，给他们以荣誉，然后国家的栋梁之材才能多起来。所以古时圣王施政，说道：不义的人不能让他们富裕，不义的人不能让他们显贵，不义的人不能做亲信，不义的人不能放在朝廷做官。因此国内富贵的人听到这个消息后，就在私下商议说：原来我所依靠的是我的钱多而位高，现在国君只举用为义的人而不管贫贱与否，那么今后我不能不按义的要求办事。国君亲信的人听到这个消息后，也在私下里议论说：过去我所依仗的是国王的亲信，现在国君举用为义的人而不问亲疏，那么今后我只有按义的要求办事了。在朝廷做事的官员听到这个消息后，也私下商量说：过去我所依仗的是在国王身边工作，现在国王举用为义的人不管是不是身边的人，所以我今后只有按照义的规矩办事了。那些与国王关系疏远的人听到这个消息后，也在私下商议说：过去我担心与国王关系远而没有依靠，现在国王举用为义的人而不问关系远近，那么今后我也不能不按义的原则行事。及至遥远的边疆郊外的臣僚，官吏们的庶子、国内的民众，四野的农夫听到，都纷纷按义的准则规范自己的行为，这是什么缘故呢？这是因为君上之所以使用臣下的，是同一事物；臣下用来侍奉君上的也是同一方法。这就好比富人有高墙深宫，墙垣坚固，只开一个门。有强盗进去，把门关起来，强盗就无法出去了。这是什么原因呢？这是因为从上面抓住了事情的要领。

※ 原文

故古者圣王之为政，列德而尚贤，虽在农与工肆之人，有能则举之，高予之爵，重予之禄，任之以事，断予之令。曰：爵位不高，则民弗敬；蓄禄不厚，则民不信；政令不断，则民不畏。举三者授之贤者，非为贤赐也，欲其事之成。故当是时，以德就列，以官服事，以劳殿[1]赏，量功而分禄。故官无常贵，而民无终贱。有能则举之，无能则下之，举公义，辟私怨，此若言之谓也。

故古者尧举舜于服泽之阳，授之政，天下平。禹举益于阴方之中，授之政，九州成；汤举伊尹于庖厨之中，授之政，其谋得；文王举闳夭泰颠于罝[2]罔之中，授之政，西土服。故当是时，虽在于厚禄尊位之臣，莫不敬惧而施[3]；虽在农与工肆之人，莫不竞劝而尚意。故士者所以为辅相承嗣也。故得士则谋不困，体不劳，名立而功成，美章[4]而恶不生，则由得士也。是故子墨子言曰："得意贤士不可不举，不得意贤士不可不举。尚欲祖述[5]尧舜禹汤之道，将不可以不尚贤。夫尚贤者，政之本也。"

※ 注释

1 殿：定。2 罝：捕兽的网。3 施：上疑脱"不"字。4 章：通"彰"。5 祖述：效仿前人。

※ 译文

所以古代的圣王施政，崇尚贤士，使有德者有位。即使是务农或从事农业或手工业、商业的人，只要有特殊才能的就选拔他，给他高爵，给他厚禄，给他职责，授予他权力。也就是说，爵位不高，百姓不会敬重他；俸禄不多，百姓不会信任他；权力不大，百姓不会畏惧他。拿这三种东西给贤人，并不是为了赏赐贤人，而是为了把事情办成。所以在这时，是根据一个人的德行来确定他的位置，按照他的官职确定他的职责，根据他的业绩来确定奖励等级，根据他的功劳来确定他的工薪待遇，所以当官的不会永远富贵，而百姓不会永远贫贱。有才能的就让他上去，没有才能的就罢黜他们。举用急公好义的人，任用与己有怨的人，这就是我所说的尚贤的意思。

所以古时尧把舜从服泽之阳选拔出来，授予他政事，结果天下被治理得很好。大禹把伯益从阴方之中选拔出来，授予他政事，结果九州统一。商汤把伊尹从庖厨之中选拔出来，授予他政事，结果他的谋划得以变成现实。周文王把闳夭、泰颠从狩猎者中选拔出来，授予他政事，结果西部地区成了文王的天下。所以在当时，即使是处在厚禄尊位的大臣，没有谁不敬重畏惧而行的，即使是农民、手工业者、商人，没有谁不竞相劝导而崇尚道德的。所以贤士是用来作为辅佐和接替君主的人选。因此，得到了贤士，国君谋划就不困难，身心也不会过于劳乏，名成功就，而不会发生坏的事情。这都是因为得到贤士的结果。所以墨子说道："得意的时候，不能不任用贤士，不得意的时候，也不能不任用贤士。如果想继承尧舜禹汤的大事业，就不能不尊崇贤士。崇尚贤士，这是为政的根本。"

※ 解读

墨子从小手工业者上升到"士"，他是比较接近农工商人的知识分子。他的思想中渗透着对小手工业者的偏爱，一直争取改善他们的社会地位，并提出了著名的"尚贤尚同"学说。本篇是尚贤说的上部分。

本篇主要通过探讨尚贤与政治的关系，提出尚贤是“为政之本”，主张统治者打破血统界限，从各阶层中选拔真才实学之人，给他们地位和权力，同时将那些尸位素餐的贵族老爷统统撤免。这对当时广大平民阶级争取政治权力的斗争无疑有着现实意义和理论指导意义。

他提出了改革奴隶主贵族制度的要求，只有对贤者，才可以“富而贵之”，对不肖者，才可以“贫而贱之”。贤者为官长，不贤者为奴役。这对当时在奴隶社会制度下，只有富贵者才是官长，贫贱者才是奴役的社会现实是一个很大的挑战。但这种改革并不彻底，因为他们本身的力量很薄弱，只能依靠一定的强大的阶级。

墨子提倡“尚贤”，目的是为了通过贤才来治理国家，而贤才的得来不是通过找关系、走后门，靠的是真才实学。只有这些人才能治理好国家。当今的社会如果也能采取墨子的这种“尚贤”学说，那么国家将会变得更加富强。

※ 事例一

墨子说：“夫尚贤者，政之本也。”可见贤士对于一个国家的治理至关重要，因此，国君在选拔贤士时一定要慎重。吴王就是一个典型的例子，这也就是在他的统治时期国力强盛的原因。

吴王与顾雍

吴丞相孙劭去世。当初，吴国要设置丞相一职，大家首推张昭。吴王说：“如今是多事之秋，职位越高，责任越重，这一职务对张昭来说，并非合适。”孙劭去世，文武官员再次推举张昭，吴王又说：“孤岂会不敬爱张子布？只是丞相负责的政务繁多，而张昭性情刚烈，我若不听从他，他就会不满和怨怼，这对他并没有什么好处。”六月，吴王任太常顾雍为丞相，兼任尚书令。顾雍为人沉默寡言，举止稳妥，吴王曾赞叹说：“顾君不说话则已，说话即能抓住要害。”每次设筵饮酒作乐，大臣们都害怕酒后失态被顾雍看到，所以不敢开怀畅饮。吴王也说：“顾公在座，使人人不乐。”可见大臣们和吴王多么害怕他。顾雍刚兼任尚书令的时候，被封为阳遂乡侯；拜过爵位后，顾雍回到官邸，家人仍不知道他已被封侯，后来听说这个消息，都很吃惊。及至受任为丞相，他选用文官武将，都各按才能加以任用，而不夹杂自己的好恶。常常私下到民间访查政治得失，若非亲眼所见，决不妄加评论。吴王有事情，常令中书郎向顾雍咨询。如果顾雍同意，觉得此事可以施行，便与中书郎反复讨论研究，并为他预备酒饭；如果顾雍不同意，顾雍便表情严肃，默然无语，什么都不预备。中书郎回去将情况报告吴王，吴王说：“顾公高兴，说明此事应该办；他不发表意见，表明办法还不稳当，孤应当反复考虑。”驻守长江岸边的将领，都想建功立业，报效国家，很多人上书，认为时机有利，应发兵袭击魏军。吴王就此事问顾雍的意见，顾雍说：“我听说贪图小利乃兵家所戒，他们这些条陈，是为自己邀取功名，而不是为国家着想。陛下应加以制止，如果不能扬我威风，重创敌人，就不应听从。”吴王采纳了顾雍的意见。

※ 事例二

墨子说：“贤士此乃国家之珍而社稷之佐也，亦必且富之、贵之、敬之、誉之、然后国之良士，亦将可得而众也。”要想让贤士归附于你，首要的就是你对待贤士的态度。慕容廆之所以能拥有那么多的贤士，最重要的也就在此。

慕容氏善待贤才

裴嶷清廉公正，具有办事的才能和谋略，曾任晋昌黎太守，其兄裴武任玄菟太守。裴武去世，裴嶷与裴武的儿子裴开送丧回故乡，在经过慕容廆那里时，慕容廆恭敬地待之以礼，离开时，又送给他们丰厚的资财。走到辽西，道路不通，裴嶷想回去投奔慕容廆。裴开说：“故乡在南方，怎么能向北走呢？再说同样是流离失所寄人篱下，段氏强大，慕容氏微弱，何必离开这里而到慕容廆那里去呢？”裴嶷说：“中原处于死丧战乱之中，现在去中原，是一起投入虎口。再说道路遥远，怎么才能到达呢？如果等待中原清明畅通，又不是可以按年月期待的。现在想找一个寄托立足的地方，怎么能不谨慎地选择这样的人。你看段氏几兄弟，难道他们有远大的谋略吗，能够很好地对待士人吗？慕容公修养德行，有仁义，有实现霸王之业的志向，加上他国富民安，现在去追随他，对上可以建立功名，对下可以庇护宗族，你还有什么可怀疑的吗？”裴开于是听从了叔父裴嶷的安排。裴开到了以后，慕容廆非常高兴。

阳耽清廉耿直，沉毅机敏，任辽西太守。慕容翰在阳乐打败段氏时，俘获阳耽，慕容廆待之以礼而任用他。游邃、逄羡、宋奭都曾经担任昌黎太守，与黄泓一起都在蓟地避乱，后来才投奔慕容廆。王浚曾多次亲笔写信征召游邃的哥哥游畅，游畅想应召前往，游邃说：“王浚不整饬刑法政务，华人、戎人都叛离了他，依我推测，他一定不能长久，哥哥你暂且逗留一段时间等等看。”游畅说：“王浚残忍而多疑，近来流民往北而来，他命令部下追杀他们。现在亲笔写信，态度殷勤，我停留在这儿不去，将要牵累你。再说乱世当中，宗族应当分开，以期望留下宗族的后代。”游邃这才同意了，但不久游畅与王浚都死了。宋该与平原人杜群、刘翔都是先依靠王浚，转而又依靠段氏，后来认为他们都不值得寄托，才又带领各流亡的家族一起归附慕容廆。东夷校尉崔毖请皇甫岌担任长史，用谦恭的态度劝说他，但终究没有能把皇甫岌召来。而慕容廆礼遇他们，皇甫岌与弟弟皇甫真便一起投效他。辽东张统占据乐浪、带方二郡，与高句丽王乙弗利交战，连年不断。乐浪人王遵劝说张统带领所辖百姓一千多家投奔慕容廆，慕容廆为他设置乐浪郡，让张统任太守，王遵任参军。

尚贤（中）

※ 原文

子墨子言曰："今王公大人之君人民，主社稷，治国家，欲修保而勿失，故[1]不察尚贤为政之本也！何以知尚贤之为政本也？曰：自贵且智者，为政乎愚且贱者，则治；自愚贱者，为政乎贵且智者，则乱。是以知尚贤之为政本也。

故古者圣王甚尊尚贤而任使能，不党[2]父兄，不偏贵富，不嬖[3]颜色。贤者举而上之，富而贵之，以为官长；不肖者抑而废之，贫而贱之，以为徒役。是以民皆劝其赏，畏其罚，相率而为贤者。以贤者众，而不肖者寡，此谓进贤。然后圣人听其言，迹其行，察其所能，而慎予官，此谓事能。故可使治国者，使治国；可使长官者，使长官；可使治邑者，使治邑。凡所使治国家、官府、邑里，此皆国之贤者也。

※ 注释

1 故：通"胡"，何，怎么。2 党：偏袒。3 嬖（bì）：宠爱。

※ 译文

墨子说：现在王公大人君临天下，掌握政权，治理国家，都希望永久保持下去而不失去，为什么不研究崇尚贤士这个为政的根本问题呢！怎么知道崇尚贤士是为政的根本呢？回答道：由高贵而智慧的人去治理愚蠢而低贱的人，那么，国家便能治理好；由愚蠢而低贱的人去治理高贵而智慧的人，那么，国家就会混乱。因此知道崇尚贤士是为政的根本。

因此古代的圣王都很尊崇贤人、任用能人，而不以父母兄弟作为自己的党羽，不偏袒富贵人家，不宠幸女色。只要是贤者，就选拔出来，使他们富贵，让他们做行政长官；对于不肖的，不仅不让他晋升，而且还要免去他的职务，让他遭受贫穷，地位低下的，让他们做奴仆。因此人民为他的奖赏所激励，同时也畏惧他的惩罚，因此大家都积极争取成为贤者，于是贤人就多了而不肖的人少了，这便叫进贤。贤者选拔出来之后，圣人要听其言，观其行，察其才能，慎重地授予相应的官职，这就叫事能。

因此，能够治理国家大事的，就让他掌管国家大事；能够管理一个部门的，就让他管理一个部门；能够负责一个县的，就让他做一个县的负责人。凡是派去治理国家、官吏、乡邑的，都是国家的贤人。

※ 原文

贤者之治国也，蚤朝晏退[1]，听狱治政，是以国家治而刑法正。贤者之长官也，夜寝夙兴，收敛关市、山林、泽梁之利，以实官府，是以官府实而财不散。贤者之治邑也，蚤出莫[2]入，耕稼、树艺、聚菽粟，是以菽粟多而民足乎食。故国家治则刑法正，官府实则万民富。上有以絜为酒醴粢盛，以祭祀天鬼；外有以为皮币，与四邻诸侯交接；内有以食饥息劳，将养其万民；外有以怀天下之贤人。是故上者天鬼富之，外者诸侯与之，内者万民亲之，贤人归之。以此谋事则得，举事则成，入守则固，出诛则强。故唯昔三代圣王尧、舜、禹、汤、文、武之所以王天下、正诸侯[3]者，此亦其法已。

※ 注释

1 蚤朝晏退：早上朝而晚退朝。蚤：通“早”。晏：晚。2 莫：通“暮”。3 正诸侯：为诸侯之王。正，长。

※ 译文

贤者治理国家，早上朝而晚退朝，审听刑狱，处理政务，因而国家政治清明而刑法严正。贤者主持一个政府部门，是夙兴夜寐，征收聚敛关口、市场、山林、湖泊的赋税之利，用以充实官府，因此国库充实而财用不散。贤者治理一个县，早出晚归，翻耕种植，栽种果木，收聚豆粟，因此粮食多而百姓在食用方面充足。因此国家治理而刑法严正，官府充实而万民富足。在上的统治者就能够安排清洁丰盛的酒食祭品，去祭祀上天鬼神；外能制造皮币，与四邻诸侯交易，内可以使饥者得食，使劳者休息，保养万民；招徕天下的贤人。所以在上，天帝鬼神使他富足，在外，诸侯与他结交，在内，万民亲附，贤人归顺。因此谋事有得，做事能成，守国坚固，出外征伐强大。故从前三代圣王尧、舜、禹、汤、文、武所以能在天下称王，为诸侯之长的原因，即在于此。

※ 原文

既曰若法，未知所以行之术，则事犹若未成。是以必为置三本。何谓三本？曰：爵位不高则民不敬也，蓄禄不厚则民不信也，政令不断，则民不畏也。故古圣王高予之爵，重予之禄，任之以事，断予之令。夫岂为其臣赐哉，欲其事之成也。《诗》曰："告女[1]忧恤，诲女予爵，孰能执热，鲜不用濯。"则此语古者国君诸侯之不可以不执善承嗣辅佐也。譬之犹执热之有濯也，将休其手焉。古者圣王，唯毋得贤人而使之，般[2]爵以贵之，裂地以封之，终身不厌。贤人唯毋得明君而事之，竭四肢之力以任君之事，终身不倦。若有美善则归之上，是以美善在上而所怨谤在下，宁乐在君，忧慼在臣。故古者圣王之为政若此。

※ 注释

1 女：通"汝"。2 般：即"颁"。

※ 译文

既已说明了这种方法，但不知怎么去实行，那么事情似乎还是办不成的。因此必须为此定下三个基本原则。什么叫三个基本原则呢？答道：爵位不高，百姓不会敬重他，俸禄不多，百姓不会信任他，政令不果断，百姓不会畏惧他。所以古代圣王给贤人高的爵位，厚的俸禄，任命他们以政事，给他们以决断的权利。这难道是给臣下以赏赐吗？这是为了要把事情办成呀！《诗经》说："告诉你忧天下之忧，教导你安排爵位。谁能手执热物，而不用冷水洗手呢？"这是说古代的国君诸侯不可不亲善那些继承和辅佐的贤士，就如同拿了热物然后要用冷水洗濯一样，以使自己的手得到休息。古时的圣王得到贤人而使用他，颁赐爵位使他显贵，分割土地作他封邑，终身都不厌倦。贤人唯以获得明君而侍奉他，必竭尽全力来担任国君的工作，终身不倦。如果有了美好的功德，就归之国君。所以，功德美名在国君，而怨恨诽谤在臣下；安宁欢乐在国君，而忧愁悲戚在臣下。古代圣王掌管天下政事，都是这样的。

※ 原文

今王公大人亦欲效人，以尚贤使能为政，高予之爵，而禄不从也。夫高爵而无禄，民不信也。曰："此非中实爱我也，假藉而用我也。"夫假藉之民，将岂能亲其上哉！故先王言曰："贪于政者不能分人以事，厚于货者不能分人以禄。"事则不与，禄则不分，请问天下之贤人将何自至乎王公大人之侧哉？

若苟贤者不至乎王公大人之侧，则此不肖者在左右也。不肖者在左右，则其所誉不当贤，而所罚不当暴，王公大人尊[1]此以为政乎国家，则赏亦必不当贤，而罚亦必不当暴。若苟赏不当贤而罚不当暴，则是为贤者不劝而为暴者不沮矣。是以入则不慈孝父母，出则不长弟[2]乡里，居处无节，出入无度，男女无别。使治官府则盗窃，守城则倍畔[3]，君有难则不死，出亡则不从，使断狱则不中，分财则不均，与谋事不得，举事不成，入守不固，出诛不强。故虽昔者三代暴王桀纣幽厉之所以失措其国家，倾覆其社稷者，已此故也。何则？皆以明小物而不明大物也。

※ 注释

1 尊：通“遵”。2 长弟：即“长悌”，敬重。3 倍畔：即“背叛”。

※ 译文

现在王公大人也想效法古人为政，尊敬贤者，任用能者，给他们高爵位，但俸禄却不随着增加。爵位高而没有相应的俸禄，百姓不会信任他们的。贤人说：“这不是真正的爱我，是假借虚名而利用我罢了。”像这样被假借利用，百姓怎能亲附君上呢？所以先王说：“贪图政权的人，不愿把政事交给别人；把钱财看得很重的人，不愿把俸禄分给别人。”既不给行政权力，又不给物质待遇，请问：天底下的贤人，怎么会到王公大人的身边来呢？

如果贤人不来到王公大人的身边，那就只有不肖之徒在王公大人左右了。不肖之徒在左右，那么他们所称赞的不会是贤人，而所惩罚的也不会是暴徒。王公大人遵从这些人在国家施政，那么所赏的也一定不会是贤人，所罚的也一定不会是暴徒。如果奖赏不在贤人，惩罚不在暴徒，那么做贤人的得不到劝勉，而作为暴徒的人也得不到阻止了。因此在家不孝敬父母，出外不懂得敬重乡里。居处没有节制，出入没有限度，男女没有区别。让他治理官府，就会监守自盗，让他保卫城池，就会背叛，国君有难，他不会拼死保卫，国君出走，他不会跟随。让他判案就不会公正，让他分配财物，就不会平均，和他谋划政事，就得不到要领，让他办事，则一事无成，派他防守城池则不坚固，让他出战又打败仗。所以像夏商周的暴君桀、纣、幽、厉等，使他们的国家灭亡，社稷颠覆的唯一原因，就是这个缘故。为什么呢？因为他们都只懂得了小道理而不懂得大道理。

※ 原文

今王公大人有一衣裳不能制也，必藉良工；有一牛羊不能杀也，必藉良宰。故当若之二物者，王公大人未知以尚贤使能为政也。逮至其国家之乱，社稷之危，则不知使能以治之，亲戚则使之，无故富贵、面目佼好[1]则使之。夫无故富贵、面目佼好则使之，岂必智且有慧哉？若使之治国家，则此使不智慧者治国家也。国家之乱既可得而知已。

且夫王公大人有所爱其色而使，其心不察其知[2]而与其爱。是故不能治百人者，使处乎千人之官；不能治千人者，使处乎万人之官。此其故何也？曰：处若官者爵高而禄厚，故爱其色而使之焉！夫不能治千人者，使处乎万人之官，则此官什倍也。夫治之法将日至者也，日以治之，日不什修，知以治之，知不什益。而予官什倍，则此治一而弃其九矣。虽日夜相接以治若官，官犹若不治。此其故何也？则王公大人不明乎以尚贤使能为政也。故以尚贤使能为政而治者，夫若言之谓也；以下贤为政而乱者，若吾言之谓也。以下贤为政而乱者，若吾言之谓也。今王公大人中实将欲治其国家，欲修保而勿失，胡不察尚贤为政之本也？

※ 注释

1 佼好：美丽可爱。佼，通“姣”。2 知：通“智”。

※ 译文

现在的王公大人，有一件衣裳不能缝制，必定要请手艺高超的裁缝；有一头牛羊不能宰杀，必定要请技艺娴熟的屠夫。所以在对待这两件事情上，王公大人还知道以尚贤使能为重。但一到国家发生动乱，社稷倾危，就不知道运用尚贤使能来治理天下了，而是亲戚，就使用他们，无缘无故得到富贵的，面孔漂亮的就任用他们。对于那些无缘无故得到富贵的，面孔漂亮的，难道他们必定有智慧吗？如果让他们治理国家，那么这是使没有智慧的人治理国家呀！国家的混乱，也就可以知道了。

况且王公大人因爱一个人的美貌而任用他，心中并不察知他的智慧而给他以宠爱。所以不能治理百人的，却使他处在治理千人的官职上；不能治理千人的，却使他处在治理万人的官职上。这是为什么呢？回答说：做这种官的人，爵位高而俸禄厚，只因爱其美色而给他这个职位。不能治理一千人的，让他做一万人的官，这是授予的官职超过其能力的十倍了。治理国家的原则是每天都必须去治理，但他治理国家的日子，却不能延长十倍，按才智去治理天下，才智也不能增加十倍，可是却给了十倍于才能的官职，那么，这样一来，他就只能治理其中的一份而放弃其他九份了。即使日夜不停地治理官府事务，官府事务仍然治不好。这是什么原因呢？是王公大人不明白尚贤使能的缘故呀！所以，用尚贤使能的主张来施政治理天下，如前文所说的那样。因鄙视贤能来施政而紊乱天下的，就像我所说的一样。现在的王公大人，心中真正想治理国家，为什么不去体察“尚贤为政”这个根本呢？

※ 原文

且以尚贤为政之本者，亦岂独子墨子之言哉？此圣王之道，先王之书《距年》之言[1]也。《传》曰：“求圣君哲人，以裨辅而[2]身。”《汤誓》曰：“聿求元圣，与之戮力同心，以治天下。”则此言圣之不失以尚贤使能为政也。

故古者圣王唯能审以尚贤使能为政，无异物杂焉，天下皆得其利。古者舜耕历山，陶河濒，渔雷泽。尧得之服泽之阳，举以为天子，与接天下之政，治天下之民。伊挚，有莘氏女之私臣，亲为庖人。汤得之，举以为己相，与接天下之政，治天下之民。傅说被褐[3]带索，庸[4]筑乎傅岩，武丁得之，举以为三公，与接天下之政，治天下之民。此何故始贱卒而贵，始贫卒而富？则王公大人明乎以尚贤使能为政，是以民无饥而不得食，寒而不得衣，劳而不得息，乱而不得治者。

※ 注释

1 距年之言：长者的话。距，通“居”。2 而：通“尔”。3 被褐：穿粗布衣。被，通“披”。4 庸：通“佣”，雇佣工。

※ 译文

把尚贤使能作为政治的根本，又岂止是墨子的观点呢？这原是圣王的道理，是先王的《距年》书上所写，是长者的话。《传》记说：“寻求圣君和哲人，以辅助你自己。”《汤誓》说：“寻求大圣人，和他同心努力，用来治理天下。”这些都说明圣人不放弃以尚贤使能治理国家。

所以古代的圣王只因能以尚贤使能治理政事，没有其他事情掺杂在内，因此天下都得其好处。古时的舜，在历山耕地，在河滨制陶器，在雷泽捕鱼，尧帝在服泽北岸找到他，推举他作天子，让他掌管天下的政事，治理天下的百姓。伊尹，本是有莘氏女儿陪嫁的仆人，亲自当厨子，商汤得到他，任用他为宰相，让他掌管天下的政事，治理天下的百姓。傅说身穿粗布衣，腰里围着绳索，在傅岩受佣筑墙。武丁得到他，任用他为三公，让他掌管天下的政事，治理天下的百姓。他们开始时卑贱而后来尊贵，开始时贫穷而后来富有，这是什么缘故呢？是因为王公大人懂得以尚贤使能治理国政，所以百姓没有饥不得食，寒不得衣，劳不得息，乱不得治的。

※ 原文

故古圣王以审以尚贤使能为政，而取法于天。虽天亦不辩贫富、贵贱、远迩、亲疏，贤者举而尚之，不肖者抑而废之。

然则富贵为贤，以得其赏者谁也？曰：若昔者三代圣王尧、舜、禹、汤、文、武者是也。所以得其赏何也？曰：其为政乎天下也，兼而爱之，从而利之，又率天下之万民，以尚尊天、事鬼，爱利万民。是故天鬼赏之，立为天子，以为民父母。万民从而誉之曰“圣王”，至今不已。则此富贵为贤，以得其赏者也。然则富贵为暴，以得其罚者谁也？曰：若昔者三代暴王桀、纣、幽、厉者是也。何以知其然也？曰：其为政乎天下也，兼而憎之，从而贼之，又率天下之民以诟天侮鬼，贼傲万民。是故天鬼罚之，使身死而为刑戮，子孙离散，室家丧灭，绝无后嗣，万民从而非之曰“暴王”，至今不已。则此富贵为暴，而以得其罚者也。

※ 译文

所以古代的帝王确实能以尚贤使能来治理国政的，这是取法于上天。唯有上天不分贫富、贵贱、远近、亲疏的人，只要是贤人就推举重用他，凡是不肖之徒就压制和遗弃他。

既然这样，那么，那些富贵而行仁政的，受到奖赏的是谁呢？回答说：像从前几代的圣王尧、舜、禹、汤、文、武等都是。他们是因为什么而得到上天赏赐呢？回答说：他们治理天下，仁爱天下，为人民造福，又率领天下万民崇尚尊天事鬼，爱护百姓。所以天地鬼神赏赐他们，立他们为天子，做百姓的父母。百姓从而称赞他们为“圣王”，直到现在还颂扬不止。这就是富贵而又行仁政因而得到上天的赏赐的人。那么富贵行暴而得到惩罚的又是哪些人呢？回答说：像夏商周三代的暴君桀、纣、幽、厉就是。怎么知道呢？回答说：他们统治天下，互相仇恨和残害，又率领天下的百姓咒骂上天，侮辱鬼神，残害万民。所以上天鬼神惩罚他们，使他们被刑戮，子孙后代流离失所，家室毁灭，没有后代，万民从而毁骂他们为“暴王”，直到现在还没有休止。这就是富贵行暴而得到的惩罚。

※ 原文

然则亲而不善，以得其罚者谁也？曰：若昔者伯鲧，帝之元子，废帝之德庸，既乃刑之于羽之郊，乃热照无有及也，帝亦不爱。则此亲而不善以得其罚者也。

然则天之所使能者，谁也？曰：若昔者禹、稷、皋陶是也。何以知其然也？先王之书《吕刑》道之曰：“皇帝清问下民，有辞有苗[1]。曰：‘群后之肆在下，明明不常，鳏寡不盖。德威维威，德明维明。’。乃名三后[2]，恤功于民。伯夷降典，哲民维刑。禹平水土，主名山川。稷隆播种，农殖嘉谷。三后成功，维假[3]于民。”则此言三圣人者，谨其言，慎其行，精其思虑，索天下之隐事遗利，以上事天，则天乡[4]其德；下施之万民，万民被其利，终身无已。故先王之言曰：“此道也，大用之天下则不窕[5]，小用之则不困，修用之则万民被其利，终身无已。”

※ 注释

1 有辞有苗：谴责有苗部落。2 名三后：命令伯夷、大禹、后稷三人。3 假：降福，受福。4 乡：通“享”5 窕：不满。

※ 译文

那么，作为君王的亲族由于做不好事而受到惩罚的又有哪些呢？回答说：如从前的伯鲧，是帝颛顼的长子，败坏了颛顼帝的功德，被流放到羽山的郊野，那是终年暗无天日的地方，舜帝一点也不可怜他。这就是与君王有亲但是做不好事，而受到上天惩罚的例子。

那么，上天所能任用的是哪些人呢？回答说：像古代的大禹、后稷、皋陶就是。怎么知道是这样呢？先王留下的书籍《吕刑》说过："尧帝询问百姓所患，百姓都回答有苗部落是最大的祸害。尧帝说：'各位君主以及在下执事之人，凡是有德之人即可显用，鳏寡之人也没有关系。建立在德上的威严才是真正的威严，建立在德上的明察才是真正的明察。'于是命令伯夷、大禹、后稷三君，为人民办事。伯夷制定典礼，使百姓有法可依；大禹平治水土，为山川命名；后稷指导农业生产，让百姓多收粮食。这三君的成功，有恩于民。"这说的是三位圣人，谨言慎行，深思熟虑，寻求天下不被注意的事情和遗漏的利益，以此来敬奉上天，那么上天享用他们的功德；以此来下施于万民，那么人民将大受其惠，终身受用无穷。所以先王说："这个就是道，大而用之，无穷无尽，小而用之，不困不顿，长远用之，民受其惠，终身享用不尽。"

※ 原文

《周颂》道之曰："圣人之德，若天之高，若地之普，其有昭于天下也；若地之固，若山之承[1]，下坼不崩。若日之光，若月之明，与天地同常。"则此言圣人之德，章明、博大、埴固以修久也。故圣人之德盖总乎天地者也。今王公大人欲王天下、正诸侯，夫无德义，将何以哉？其说将必挟震威强。今王公大人将焉取挟震威强哉？倾者民之死也！民生为甚欲，死为甚憎，所欲不得而所憎屡至。自古及今，未尝能有以此王天下、正诸侯者也。今大人欲王天下，正诸侯，将欲使意得乎天下，名成乎后世，故[2]不察尚贤为政之本也？此圣人之厚行也。

※ 注释

1 承：耸立。2 故：与"胡"同。

※ 译文

《周颂》上说："圣人的德行，像天一样崇高，像地一样宽广，昭明天下。像大地一样坚固，像山一样耸立，不开裂、不崩塌；像太阳一样光芒万丈，像月亮一样无比光明，跟天地一样长久。"这说明圣人的德行彰明博大，坚牢而长久。所以圣人的德行，是能够总括天地的一切美德。现在的王公大人想一统天下，称霸诸侯，如果没有德和义，那将凭借什么呢？他们说将用实力政策对付强硬的对手。现在王公大人怎么能使用威力对付强大的对手呢？这只能带来人民的死亡。人民的生存愿望都是十分强烈的，对死亡却十分厌恶。人民得不到自己所希望的，而常常得到他们所厌恶的。从古到今，还没有人能靠这一统天下、称霸诸侯的。现在的王公大人想一统天下，称霸诸侯，把自己的愿望推行于当代，又名垂于后世，为什么不研究崇尚贤士这一为政的根本呢？这是圣人崇高的德行呀！

※ 解读

墨子主张举贤应该“不避亲”“不辟疏”，任用贤才要“高予之爵，重予之禄”“任之以事，断予之令”，对有能者要“举而上之，富而贵之，以为官长”，对无能者要“抑而废之，贫而贱之，以为徒役”。这是对贤者的重视，对无能者的遗弃，一切都以自己的能力为重，当时东方各国还比较普遍地实行世卿制，楚王斥责墨子之道为“贱人之言”。而秦国实行的客卿制则大异其趣。尤其是商鞅变法之后，更是对无军功的宗室子弟一概废除其爵位，而按军功重新确定爵秩等级。

“圣人听其言，迹其行，察其所能而慎予官，此谓事能。故可使治国者使治国，可使长官者使长官，可使治邑者使治邑。”从这句话中我们可以看到他初步的法治思想，一个国家该怎样治理？该怎样对待贤士能人？

而他的“官无常贵，民无终贱”的观点已经朦胧地反映了春秋向战国过渡的新倾向，它标志着奴隶主贵族制度终归消灭而代之以官僚政治的必然趋势。

本篇墨子通过古代圣王崇尚贤才，使国家繁荣富强，来反衬今天的王公大臣，他们效仿古人，但不能给予贤人以应有的东西，贤人即使想为他效忠，也因得到不公平的待遇而退缩。现在的王公大臣，内心虽然想要治理好国家，可却忽视了一个重要的原因：“尚贤为政”。因此说，一个国家要想富强，重要的就是“尚贤”。而尚贤最重要的就是做到表里如一，给贤人应有的待遇。这在今天这个经济飞速发展、科技日益进步的时代，同样是很适用的。比如说在一家公司怎样才能把效益提上去？必须依靠人才，而这时就要给这些人才应有的待遇，要不然公司是留不住人才的，因为人往高处走，水往低处流。

※ 事例一

唐太宗统治时期之所以能出现“开元盛世”，这与他举贤使能有一定的关系，他对待贤人论功行赏。他曾说过：你们是国家的栋梁之材，正是由于你们国家才得以昌盛。

太宗唯才是举

唐太宗曾与群臣当面确定功臣长孙无忌等人的爵位和封邑，命令陈叔达在殿下唱名公布，唐太宗说："朕授予你们的功劳赏赐，如果有不恰当的地方，你们可以自己申诉。"于是各位将领竞相争功，议论纷纷。淮安王李神通说："臣在关西起兵，首先回应义旗。现在房玄龄、杜如晦等人只能舞文弄墨，功劳却超过了我，臣心中难以服气。"唐太宗说："义旗刚刚举起时，叔父虽然最先起兵响应，但也是想躲避灾祸。等到窦建德占领山东，叔父全军覆没；刘黑闼重新集合残部，叔父望风而逃。房玄龄等人运筹帷幄，深谋远虑，安定了大唐天下，论功行赏，本来功劳就该在叔父之上。叔父是皇室至亲，我确实非常爱您，但也不能徇私赏赐，与勋臣同等对待啊！"各位将领都说："陛下行赏非常公平，即使是淮安王也不袒护，我们这些人怎么能不安本分呢？"因此他们都心悦诚服。房玄龄曾说："秦王府的老部下没有升官的都埋怨说他们在皇帝身边侍候，已有很多年了，现在授官，反而不如前太子东宫和齐王府的人了。"唐太宗说："君王大公无私，所以能让天下人心服。朕与你们平常的衣食，都取之于百姓。因此设置官位规定职守，都是为了民众，应当选择贤能之人来任用，岂能按照新人旧人的标准来选拔人才呢？如果新人有才能，旧人无才能，又怎能放弃新人而任用旧人呢？现在是贤能的或不是贤能的，都在埋怨，这岂是为政之道呢？"

※ 事例二

一个国家的兴盛与衰败，国君起着重大的作用，只有国君贤明，他才能选拔人才独树一帜，选出真正的人才。现在我们来看看齐威王是如何使自己的国家强盛的。

贤明的齐威王

齐威王朝拜周烈王。当时周王室已十分衰微，各诸侯国都不来朝拜，唯独齐威王仍来朝拜，因此天下人愈加称赞齐威王贤德。

齐威王召见即墨大夫，对他说："自从你到即墨任官，每天都有指责你的话传来。然而我派人去即墨察看，却是田野开辟整齐，百姓生活富足，官府相安无事，东方因而十分安定。于是我知道这是你不巴结我的左右内臣谋求内援的缘故。"便封即墨大夫享用一万户的俸禄。齐威王又召见阿地大夫，对他说："自从你到阿地镇守，每天都有称赞你的好话传来。但我派人前去察看阿地，只见田地荒芜，百姓贫困饥饿。当初赵国攻打鄄地，你不救；卫国夺取薛陵，你不知道。于是我知道你用重金来买通我的近臣在我面前为你说好话。当天，齐威王下令烹死阿地大夫及替他说好话的左右近臣。于是臣僚们毛骨悚然，不敢再弄虚作假，都尽力务实办事，齐国因此大治，成为天下最强盛的国家。

尚贤（下）

※ 原文

子墨子言曰：天下之王公大人皆欲其国家之富也，人民之众也，刑法之治也。然而不识以尚贤为政其国家百姓，王公大人本失尚贤为政之本也。若苟王公大人本失尚贤为政之本也，则不能毋举物示之乎？

今若有一诸侯于此，为政其国家也，曰：“凡我国能射御之士，我将赏贵之；不能射御之士，我将罪贱之。”问于若国之士，孰喜孰惧？我以为必能射御之士喜，不能射御之士惧。我赏[1]因而诱之矣，曰：“凡我国之忠信之士，我将赏贵之；不忠信之士，我将罪贱之。”问于若国之士，孰喜孰惧？我以为必忠信之士喜，不忠不信之士惧。今惟毋以尚贤为政其国家百姓，使国为善者劝，为暴者沮[2]。大以为政于天下，使天下之为善者劝，为暴者沮。然昔吾所以贵尧舜禹汤文武之道者，何故以哉？以其唯毋临众发政[3]而治民，使天下之为善者可而劝也，为暴者可而沮也。然则此尚贤者也，与尧舜禹汤文武之道同矣。

※ 注释

1 赏：当作“尝”，曾经。2 沮：阻止。3 临众发政：面对民众发布政令。

※ 译文

墨子说：天下的王公大人都想让自己的国家富足，人民众多，政治安定。但他却不懂得在他的国家中推行崇尚贤能的政策，王公大人从来就不知道尚贤是政治的根本。如果王公大人丧失了尚贤为政这一根本，那么不能举出些事例来启示他吗？

现在假定这里有一位诸侯，在他的国内实行政治治理，说道：“凡是我国会射箭和驾车的人，我都将奖赏他们并使他们尊贵；不能射箭和驾车的人，我都将治他们的罪并使他们贫贱。”请问这个国家的士人，谁高兴谁害怕呢？我认为必定是善于射箭驾车的人高兴，不善于射箭驾车的人害怕。我因而尝试诱导他们说：“凡是忠实而讲信用的人，我都将奖赏他们并使他们尊贵；不忠实不讲信用的人，我都将治他们的罪并使他们贫贱。”请问这个国家的士人，谁高兴谁害怕呢？我认为必定是忠实而讲信用的人高兴，不忠实不讲信用的人害怕。现在只有在人民中推行崇尚贤士的政策，使良善的人得到鼓励，而使作恶的人受到打击。推而广之，在普天之下都推行崇尚贤士的政策，使全天下行善的人都受到鼓励，而使作恶的人受到打击。我以前推重尧、舜、禹、汤、文、武之道，为什么呢？因为他们君临天下，行使政治，治理万民，使天下行善的人都受到鼓励，作恶的人受到打击。这就是崇尚贤士，这和尧、舜、禹、汤、文、武之道是相同的。

※ 原文

而今天下之士君子，居处言语[1]皆尚贤；逮至其临众发政而治民，莫知尚贤而使能。我以此知天下之士君子，明于小而不明于大也。何以知其然乎？今王公大人有一牛羊之财不能杀，必索良宰；有一衣裳之财不能制，必索良工。当王公大人之于此也，虽有骨肉之亲、无故富贵、面目美好者，实知其不能也，不使之也。是何故？恐其败财也。当王公大人之于此也，则不失尚贤而使能。

王公大人有一罢[2]马不能治，必索良医；有一危弓不能张，必索良工。当王公大人之于此也，虽有骨肉之亲、无故富贵、面目美好者，实知其不能也，必不使。是何故？恐其败财也。当王公大人之于此也，则不失尚贤而使能。逮至其国家则不然，王公大人骨肉之亲，无故富贵、面目美好者，则举之。则王公大人之亲其国家也，不若亲其一危弓、罢马、衣裳、牛羊之财与？我以此知天下之士君子皆明于小，而不明于大也。此譬犹瘖者而使为行人，聋者而使为乐师。是故古之圣王之治天下也，其所富，其所贵，未必王公大人骨肉之亲、无故富贵、面目美好者也。

是故昔者舜耕于历山，陶于河濒，渔于雷泽，灰于常阳。尧得之服泽之阳，立为天子。使接天下之政，而治天下之民。昔伊尹为莘氏女师仆，使为庖人。汤得而举之，立为三公，使接天下之政，治天下之民。昔者傅说居北海之洲，圜土[3]之上，衣褐带索，庸筑于傅岩之城。武丁得而举之，立为三公，使之接天下之政，而治天下之民。是故昔者尧之举舜也，汤之举伊尹也，武丁之举傅说也，岂以为骨肉之亲、无故富贵、面目美好者哉？惟法其言，用其谋，行其道，上可而利天，中可而利鬼，下可而利人，是故推而上之。

※ 注释

1 居处言语：时常挂在嘴上。2 罢：同“疲”，疲乏，病。3 圜（yuán）土：牢狱。

※ 译文

而今天下的士君子，平时行动言论都崇尚贤士，而等到他们面对民众发布政令以治理人民时，就不知道尚贤使能了。所以我认为天下的士大夫、君子们，只懂得小道理而不懂得大道理。怎么知道是这样呢？现在的王公大人有一只牛羊不会杀，一定去找好的屠夫；有一件衣裳不会做，一定去找好的裁缝来做。在这时，即使是王公大人的骨肉之亲、无缘无故得到富贵者，以及面貌漂亮的人，确实知道他们没有能力，就不会让他们去做。为什么呢？因为怕他们败坏财富。王公大人在这些小事上，还知道崇尚贤能。

王公大人有一匹病马不能治，一定要找好的兽医，有一张坏弓拉不开，一定要找好的工匠来修理。王公大人在遇到这些小事时，即使有骨肉之亲、无缘无故得到富贵者，以及面貌美丽的人，确实知道他们没有这种能力，就不会使他们去做。为什么呢？因为怕他们败坏财物。当王公大人处理这些小事的时候，还知道尚贤使能。但一到他治理国家就不这样了，王公大人的骨肉之亲，无缘无故富贵以及面貌美丽的人，都受到举用。如此看来，王公大人爱他自己的国家，还不如爱他的一张坏弓、一匹病马、一件衣裳、一只牛羊？我因此知道天下的士君子都只懂得小道理，而不懂得大道理。这就好像一个哑巴去充当外交人员，一个聋子去充当乐师一样。所以古代圣王治理天下，他们所富有的人、他们所尊贵的人，未必是他的骨肉之亲、无故富贵者，以及面貌美丽的人。

所以，古时候的舜，在历山耕地，在黄河边制造陶器，在雷泽捕鱼，在常阳烧石灰，尧帝在服泽的北边找到他，让他继位为天子，掌管天下的政事，治理天下的百姓。从前，伊尹本是有莘氏女儿陪嫁的仆人，亲自当厨子，商汤发现并举用了他，任用他为宰相，让他掌管天下的政事，治理天下的百姓。傅说身穿粗布衣，围着绳索，在傅岩受佣筑墙，武丁发现并举用了他，任用他为三公，让他掌管天下的政事，治理天下的百姓。由此看来，从前尧举用舜，汤举用伊尹，武丁举用傅说，难道是因为他们是骨肉之亲、没有功劳却富贵者以及面貌美丽的人吗？只不过是言听计从，照他们的方针办事而已，上可以有利于天，中可以有利于鬼，下可有利于人，所以就把他们推举上来。

※ 原文

古者圣王既审尚贤欲以为政，故书之竹帛，琢之槃盂，传以遗后世子孙。于先王之书《吕刑》之书然，王曰："於！来！有国有士，告女讼刑[1]。在今而安百姓，女何择言[2]人？何敬不刑？何度不及？"能择人而敬为刑，尧、舜、禹、汤、文、武之道可及也。是何也？则以尚贤及之。于先王之书、竖年之言然，曰："晞[3]夫圣、武、知人，以屏辅而耳。"此言先王之治天下也，必选择贤者以为其群属辅佐。

曰：今也天下之士君子，皆欲富贵而恶贫贱，曰：然女何为而得富贵而辟贫贱？莫若为贤，为贤之道将奈何？曰：有力者疾以助人，有财者勉以分人，有道者劝以教人。若此，则饥者得食，寒者得衣，乱者得治。若饥则得食，寒则得衣，乱则得治，此安生生。

※ 注释

1 告女讼邢：告诉你们讼邢之道。女，通“汝”。2 言：此处意为“不”，不择良才。3 晞：通“希”，寻求。

※ 译文

古代的圣王明白崇尚贤士并让他们当政的道理，所以把它写在竹帛上，琢雕在槃盂上，留给后世子孙。在先王留下的典籍《吕刑》中这样记载，周王说：“啊！你们过来！拥有国家和封邑的人们，告诉你们用刑之道。现在当务之急是使百姓安定，你们除了贤人，还有什么可选择的呢？除了刑罚，还有什么可慎重的呢？还有什么是思考不能达到的呢？”只要谨慎地选拔人才，慎重地行使法律，就能消除和尧、舜、禹、汤、文、武之道的差距。为什么呢？由于崇尚贤士可以赶得上他们。在先王的书上、老人的话中这样说道：“寻求圣人、武人、智人来辅佐自身。”这是说先王治理天下，一定要选择贤能的人做他的助手辅佐。

现在天下的士君子，都希望富贵而厌恶贫贱。但是你怎么做才能得到富贵而避免贫贱呢？最好是做贤人。怎样才能成为贤士呢？回答说：有力气的赶快去帮助他人，有钱财的就主动与人共享，有学问道德也努力教给他人。这样，饥饿的人就有饭吃，寒冷的人就有衣服穿，混乱的地方就可以得到治理。如果饥饿的人有饭吃，寒冷的人有衣穿，混乱的地方可以得到治理，那么整个社会和人民就会安生。

※ 原文

今王公夫人其所富，其所贵，皆王公大人骨肉之亲，无故富贵、面目美好者也。今王公大人骨肉之亲、无故富贵、面目美好者，焉故必知哉？若不知，使治其国家，则其国家之乱可得而知也。

今天下之士君子皆欲富贵而恶贫贱，然女何为而得富贵而辟贫贱哉？曰：莫若为王公大人骨肉之亲，无故富贵、面目美好者。王公大人骨肉之亲、无故富贵、面目美好者，此非可学能者也。使不知辩，德行之厚若禹、汤、文、武，不加得也；王公大人骨肉之亲，躄瘖、聋、暴为桀纣，不加失也。是故以赏不当贤，罚不当暴，其所赏者已无故矣，其所罚者亦无罪。是以使百姓皆攸[1]心解体，沮以为善，垂[2]其股肱之力而不相劳来也，腐臭余财，而不相分资也，隐匿良道而不相教诲也。若此则饥者不得食，寒者不得衣，乱者不得治。

※ 注释

1 攸：疑为“散”字之误，攸心解体：人心涣散。2 垂：“堕”之借字，怠惰，懒散。

※ 译文

现在的王公大人，让他富裕的、让他高贵的都是王公大人们的骨肉之亲、无缘无故富贵者以及面貌美丽的人，这些人怎么一定有智慧呢？如果没有智慧，派他治理国家，那么国家的动乱就是可想而知的事了。

现在天下的士大夫、君子们，都希望富贵而讨厌贫贱，但是怎样才能得到富贵而避免贫贱呢？回答说：不如做王公大人的骨肉之亲、无缘无故富贵者以及面貌美丽的人。然而王公大人的骨肉之亲、无缘无故富贵者以及面貌美丽的人，却不是靠后天学习所能得来的啊。假使不辨是非，即使遇上禹、汤、文、武的醇德厚行，也不会多得到什么；而王公大人的骨肉之亲，即使是跛、哑、聋、瞎，乃至暴虐如桀纣，也不会失去什么。由于奖赏的不是该奖赏的贤人，惩罚的不是该惩罚的恶人，因而他所赏的人是没有功劳的，所惩罚的也是没有罪过的。所以使百姓人心涣散，没有心情做好事善事：宁可垂手坐视，也不愿帮别人一把；宁可让多余的财物腐烂变质，也不分给别人；自己有好的道德学问，只是藏在自己心里，而不愿教给别人。如此一来，饥饿的人就没有饭吃，寒冷的人没有衣服穿，混乱的社会就得不到治理。

※ 原文

推而上之以，是故昔者尧有舜，舜有禹，禹有皋陶，汤有小臣，武王有闳夭、泰颠、南宫括、散宜生，而天下和，庶民阜。是以近者安之，远者归之。日月之所照，舟车之所及，雨露之所渐，粒食之所养，得此莫不劝誉。且今天下之王公大人士君子，中实将欲为仁义，求为上士，上欲中圣王之道，下欲中国家百姓之利，故尚贤之为说，而不可不察此者也。尚贤者，天鬼百姓之利，而政事之本也。

※ 译文

所以从前，唐尧有虞舜，虞舜有大禹，大禹有皋陶，商汤有伊尹，周武王有闳夭、泰颠、南宫括、散宜生，从而天下太平，百姓富足，所以，周围的人都安居乐业，远方的人纷纷来归。凡是日月所普照的地方、车船等交通人迹所到的地方，雨露滋润所到的地方、靠吃粮食过活的人们，没有不交口称赞的。现今天下的王公大人及士君子，如果心中确实想实行仁义，想成为高级人士，上要符合圣王之道，下要满足国家与百姓的利益，那就不可不认真考虑尚贤这一说法了。尚贤是天帝、鬼神、百姓的利益所在，也是国家政事的根本。

※ 解读

从“知天下之士君子，明于小而不明于大也”这句话中，我们可以知道天下的一些士大夫、君子们，只明白小道理而不懂得大道理，这是为什么？墨子提出这个问题，然后通过事例来说明不要以偏概全，片面地看问题。而应该时时处处考虑到国家的利益，国家利益重于一切。

这篇文章同前两篇文章一样，也是从尚贤的角度来说明治理国家时，贤才的重要性。本篇通过大量的例子来阐述贤才的重要性、重视贤才。贤才未必就是王公大人们的骨肉之亲，但他们有自己的真才实学。他们能为国家繁荣富强出谋划策，能为了国家的事业奉献自己的一切。而现今许多王公大臣治理国家、选拔人才时，并不是从贤才入手，而是从亲戚、富贵者、面孔漂亮的人入手，选拔出这样的人才，最终只能自食恶果。

贤才的获得不在于出身的卑微，而在于是否有能力处理国家事务。通过舜、伊尹、傅说这三个人的例子来说明地位，卑微者虽不是王公大人们的骨肉之亲，但只要有才，就一定能成为国家的栋梁之材。

※ 事例一

燕国被齐国攻破后，昭王继位，他怎样才能重振国家呢？墨子曾经说过：“贤士是一个国家为政的根本。”现在我们来看看燕王是怎样从各国招揽贤士的，怎样对待他们的？

燕王寻求贤士

燕昭王在燕国被齐国攻破后即位。他凭引死者，探望孤贫，与百姓同甘共苦，并放下身段，用重金招募人才。他对郭槐说：“齐国趁我们内乱而攻破燕国，我深知燕国国小力弱，无力报仇。然而，招揽贤才共同治国，始终是我的愿望。先生如果发现了人才，一定要推荐给我，我愿亲自服侍他。”

郭槐说：“古时候，有个君主派人用千金去购求千里马，那个人找到一匹已死的千里马，便用五百金买下马头带了回来。君主大怒，那人解释说：‘死马你尚且要买下，何况活马呢？天下人知道你喜爱千里马，很快就会有人送上门来的。’果然，不到一年，就有三匹千里马被送到君主那儿。现在大王打算招聘人才，就请先从我郭槐开始。那些比我更好的人才，就会不远千里来投靠您了。”

于是，燕王为郭槐重建府第，并尊他为师。各地的贤士果然争相来到燕国：乐毅从魏国来，剧辛从赵国来。燕昭王委任乐毅为亚卿，将国家大事都交由他主持。

※ 事例二

武则天统治时期，狄仁杰任宰相，武则天认为大臣中没有人能比得上他的。狄仁杰年迈之后，多次想告老还乡，武则天不同意，就让他推荐贤士。墨子曾说过：一个人有能力做什么事，就给他什么官职。狄仁杰也认为如此。

狄仁杰推荐贤士

太后信任、重用内史梁文惠公狄仁杰，大臣中没有谁比得上他，太后常常称他为国老而不叫其姓名。狄仁杰习惯于在朝堂直面谏诤，太后常常听从他的意见，即使这样做，违背自己的心愿也是如此。有一次狄仁杰陪同太后巡游，风把狄仁杰的头巾吹落在地，他乘坐的马受惊又无法控制，太后便命令太子李显追上惊马，抓住它的辔头拴好。狄仁杰曾多次提出，自己年老病多请求退养，太后始终不同意。狄仁杰入朝参见时，太后常常不让他行跪拜礼，对他说："每当我看见您行跪拜礼的时候，我的全身都在发痛。"太后还不让狄仁杰晚上在宫中轮流值班，并告诉他的同僚说："如果没有重要的军国大事，不要去麻烦国老。"九月，狄仁杰去世，太后流着眼泪说："朝堂失去栋梁了！"从此以后，朝廷一有军国大事，如果群臣不能决断，太后就会叹息着说："上天为什么这么早就要把我的国老夺走呢！"

太后曾经问狄仁杰："朕想得到一位奇才而重用他，您看谁能担当大任？"狄仁杰问："不知陛下想任命他什么职务？"太后说："想用作将相。"狄仁杰回答说："如果您要找文章学问好的人才，那么苏味道、李峤本来是合适的人选；如果您一定要用出类拔萃的奇才，那么荆州长史张柬之就很好了。张柬之虽然人已老了，但的确是宰相之才。"太后听后，便提升张柬之为洛州司马。几天后，太后又要狄仁杰推荐贤才，狄仁杰说："前几天推荐的张柬之，还没有用啊。"太后说："已经升官了。"狄仁杰说："我推荐的是做宰相的人，并不是司马啊。"于是，太后便任命张柬之为秋官侍郎，最终任命为宰相。狄仁杰还向太后推荐了夏官侍郎姚元崇、监察御史曲阿人桓彦范、太州刺史敬晖等数十人，这些人都成了唐朝名臣。有人对狄仁杰说："治理天下的贤臣，都出在您门下。"狄仁杰说："举荐贤才是为国家打算，并不是为我个人考虑啊。"

尚同[1]（上）

※ 原文

子墨子言曰：古者民始生，未有刑政之时，盖其语，人异义。是以一人则一义，二人则二义，十人则十义。其人兹[2]众，其所谓义者亦兹众。是以人是其义，以非人之义，故交相非[3]也。是以内者父子兄弟作怨恶，离散不能相和合。天下之百姓，皆以水火毒药相亏害，至有余力，不能以相劳，腐余财不以相分；隐匿良道不以相教。天下之乱，若禽兽然。

※ 注释

1 尚同：指人们的意见应该统一于上级，直至天子统一于天。2 兹：通“滋”。3 交相非：互相攻击、非议。

※ 译文

墨子说：远古人类刚刚诞生，还没有刑法制度的时候，也没有统一的语言，所以人们说话所表达的意思各不相同。因而同是一句话，一个人有一种意思，两个人就有两种不同的意思，十个人就有十种不同的意思。人越多，各种不同的意思也就越多。每个人都坚持自己的意见是对的而别人的意见是错的，因而相互攻击。所以在家庭内，父子兄弟常因意见不同而相互怨恨，分崩离析，而不能互相和睦共处。天下的百姓，都用水、火、毒药这些东西相互残害，以致有多余力量的人也不互相帮助，有多余财物的人宁愿财物腐烂，也不拿来分给别人；有好的学问见解也隐藏在自己心里，不肯教给别人。天下的混乱，就像飞禽走兽一样乱成堆。

※ 原文

夫明虖[1]天下之所以乱者，生于无政长。是故选天下之贤可者，立以为天子。天子立，以其力为未足，又选择天下之贤可者，置立之以为三公。天子、三公既以立，以天下为博大，远国异土之民，是非利害之辩，不可一二而明知，故画分万国，立诸侯国君。诸侯国君既已立，以其力为未足，又选择其国之贤可者，置立之以为正长[2]。

※ 注释

1 虖：通“乎”，于。2 正长：即“政长”，行政长官。

※ 译文

明白了天下大乱的原因，是由于没有行政长官，所以人们就选择天下有贤能的人，立他为天子。虽立了天子，但是一个人的力量毕竟有限，于是又选拔天下的贤人，把他们立为三公。天子、三公都已经有了，由于天下实在太大，远方小国的人民的是非利害冲突不是一下子能说清楚的，因而就把天下划分为许多的诸侯国，每个国都立一个国君。诸侯国君已经有了，但是诸侯的力量仍然很有限，所以又选择国内贤德的人，让他们做各级行政长官。

※ 原文

正长既已具，天子发政于天下之百姓，言曰："闻善而不善，皆以告其上。上之所是，必皆是之；所非，必皆非之。上有过则规谏之，下有善则傍荐[1]之。上同而不下比者，此上之所赏而下之所誉也。意若闻善而不善，不以告其上；上之所是弗能是，上之所非弗能非；上有过弗规谏，下有善弗傍荐；下比不能上同者，此上之所罚而百姓所毁也。"上以此为赏罚，甚明察以审信。是故里长者，里之仁人也。里长发政里之百姓，言曰："闻善而不善，必以告其乡长。乡长之所是，必皆是之；乡长之所非，必皆非之。去若不善言[2]，学乡长之善言；去若不善行，学乡长之善行。"则乡何说以乱哉？察乡之所治者，何也？乡长唯能壹同乡之义，是以乡治也。

※ 注释

1 傍荐：广为推举。傍，通"旁"，广；荐，推举，推选。2 去若不善言：去掉你们不好的言谈。去，去掉，放弃。

※ 译文

行政长官既已具备，天子就向天下的百姓发布政令，说道："你们听到好的、不好的，都要把它报告给上面。上面认为是对的，大家都必须认为对；上面认为它是错的，大家都必须认为错。上面有过失，就应该规劝进谏；下面有好的典型，要及时向上推荐。是非与上面一致，而不与下面勾结，这是上面所赞赏，下面所称誉的。假如听到好的或坏的事情，却不向上面报告；上面认为对的，也不认为对，上面认为错的，也不认为错；上面有过失不能规谏，下面有好的典型也不能广泛地向上面推荐；与下面勾结而不与上面一致，这是上面所要惩罚，也是百姓所要非议的。"上面根据这些方面来行使赏罚，就必然十分审慎、可靠。所以里长就是这一里内的仁人。里长对里内百姓发布政令，说道："听到好的和坏的事情，必须报告给乡长。乡长认为对的，大家都必须认为对；乡长认为错的，大家都必须认为错。去掉你的不好的言辞，学习乡长的文明话语；去掉你们的不良行为，学习乡长的好行为。"那么这个乡里怎么会乱呢？考察这一乡得到治理的原因是什么呢？是由于乡长能够统一全乡的意见，所以乡内就治理好了。

※ 原文

乡长者，乡之仁人也。乡长发政乡之百姓，言曰："闻善而不善者，必以告国君。国君之所是，必皆是之；国君之所非，必皆非之。去若不善言，学国君之善言；去若不善行，学国君之善行。"则国何说以乱哉？察国之所以治者，何也？国君唯能壹同国之义，是以国治也。

国君者，国之仁人也。国君发政国之百姓，言曰："闻善而不善，必以告天子。天子之所是，皆是之；天子之所非，皆非之。去若不善言，学天子之善言；去若不善行，学天子之善行。"则天下何说以乱哉？察天下之所以治者，何也？天子唯能壹同天下之义，是以天下治也。

※ 译文

乡长是这一乡的仁人。乡长对乡内的百姓发布政令，说道："听到好的和坏的事情，必须把它报告给国君。国君认为是对的，大家都必须认为对；国君认为是错的，大家都必须认为错。去掉你的不好的言辞，学习国君的文明话语；去掉你们的不良行为，学习国君的好行为。"那么，还怎么能说国内会混乱呢？考察一国得到治理的原因是什么呢？是因为国君能统一国中的意见，所以国内就治理好了。

国君是这一国的仁人。国君发布政令于国中百姓，说道："听到好的和坏的事情，必须报告给天子。天子认为是对的，大家都必须认为对；天子认为是错的，大家都必须认为错。去掉你的不好的言辞，学习天子的文明话语；去掉你们的不良行为，学习天子的好行为。"那么，还怎么能说天下会乱呢？我们考察天下治理得好的原因是什么呢？是因为天子能够统一天下的意见，所以天下就治理好了。

※ 原文

天下之百姓皆上同于天子，而不上同于天，则菑犹未去也。今若天飘风苦雨，溱溱而至者，此天之所以罚百姓之不上同于天者也。是故子墨子言曰："古者圣王为五刑，请[1]以治其民。譬若丝缕之有纪，网罟[2]之有纲[3]，所连收天下之百姓不尚同其上者也。"

※ 注释

1 请：通"诚"。2 罟：网。3 纲：网上的总绳。

※ 译文

天下的老百姓都知道与天子一致，而不知道与上天一致，那么灾祸还不能彻底除去。现在假如天刮大风下大雨，频频而至，这就是上天惩罚百姓不跟上天统一的原因。所以墨子说："古时圣王制定五种刑法，确实是用它来治理人民，就好比丝线有总头、渔网有钢绳一样，是用来约束天下百姓不跟他的上级保持一致的人的。"

※ 解读

"尚同"即"上同"，也即人们的意见应当统一于上级，并最终统一于天。墨子认为人们的意见如果不统一，就会导致天下混乱。这也是墨子针对当时的实际情况——国家混乱而提出的政治纲领。

墨子把天下混乱残害的根源，归结为：一是由于缺乏共同的认识。二是由于缺乏共同的政治领袖。因为没有符合天意的好的首领，因此主张选择"仁人""贤者"来担任各级领导，由他们来统治管理国家。但他根据他的"天志"说，推论出国家的最高统治者（天子）的选立是由"上天、鬼神"的意志决定的。这种思想与"尚贤"说在本质上基本一致，都是对当时贵族统治的批判。提倡"尚贤"，追求"尚同"。

"尚同"说的基本思想在于说明贤者所规定的是非标准有真理的价值，而在上的统治者也应当是贤者，所以在上者所规定的是非标准有真理的价值。

※ 事例

墨子提出"尚同"的思想是要人们把自己所看到所听到的事情报告给上级，让上级尽快知道发生了什么事情，好进行统一的管理。"去若不善言，学天子之善言；去若不善行，学天子之善行。"学习天子好的东西。孝文帝就是这样，以身作则，才使鲜卑族很快融入了汉族之中。

孝文帝改革

北魏孝文帝发现汉族文化十分博大精深，有许多是鲜卑民族所比不上的。如果肯认真学习，接纳汉人，对于北魏的发展有极大的帮助。但最大的问题在于要先改变国民的观念，让他们接受更为先进的东西。孝文帝经过深思熟虑，决定要让北魏少数民族逐渐与汉族文明相融合。

孝文帝想要先改革鲜卑族的旧的风俗习惯，并决定从服饰下手。建武元年（公元 494 年）十二月二日，孝文帝下诏要求全国民众、官员学习汉族人的装束，禁止穿鲜卑族的服装。命令一公布，没有人敢不执行，也没有人敢当着他的面反对，但有许多人对此事颇为不满。

建武二年（公元 495 年）五月，魏太子在宗庙里举行了冠礼。孝文帝决定趁此机会正式开始对鲜卑族的文化习俗进行改革。他召集文武百官问道："你们是愿意我的统治超过远古时的商、周，还是希望我的统治连汉、晋时的都不如？”咸阳王拓跋禧回答：“我们当然希望您能超越他们。”孝文帝接着又问：“那么我们应该大胆改革，移风易俗，还是因循守旧，一成不变呢？”拓拔禧回答说：“我们希望陛下治理的国家能时常更新、进步。”孝文帝又问：“我们的江山是到我这一代就结束呢，还是子子孙孙永远留传下去？”拓拔禧回答说：“希望江山能万古长存。”孝文帝看时机已经成熟，紧接着就说：“既然你们都这样认为，那么就一定要实施彻底的改革，谁都不许违抗！”群臣异口同声地回答：“皇上您下的命令我们一定会遵守，怎么敢违抗呢？”孝文帝表情严肃地说：“古人说‘名不正，言不顺，则礼乐不兴’。现在我决定停止使用鲜卑语，一律说汉语。三十岁以上的人已经养成了习惯，要一下改过来也不容易，可以慢慢努力，暂时不作严格的要求。但三十岁以下的朝廷官员就必须马上改说汉语，不准再说鲜卑语。如果有不听诏令、执意不改的人，一律降低或罢黜官职。这一点我说到做到，希望各位都牢记在心中，认真执行。大家觉得我这样做对吗？”

众臣回答说：“谨遵圣旨。”孝武帝又教训这群唯唯诺诺的臣子：“如果我的决定有不对的地方，你们应当立刻指出来与我商议、争论。为什么当时不说出自己的不满，上朝时口口声声同意，退朝之后却又不照办呢？”六月初二他再次下诏：“在朝廷之内不准使用鲜卑语，凡是违反了的就免除他的职务。”

六月十六日，孝文帝下令搜集各种宫廷内从缺、但又十分有用的书籍，一律付给十分丰厚的赏赐。

不久有关官员上奏请求：“广川王妃死后葬在代都平城，现在广川王死了是应该葬在平城呢，还是把王妃的墓迁过来与他一同葬在洛阳？”孝文帝想了想回答：“凡是迁居到洛阳的人，死后都埋葬在洛阳东部的山上。如果丈夫在迁都前就死在了平城，那么他的妻子就可以到平城与之合葬。但如果丈夫死于洛阳，就不允许与其妻葬在平城。其他各州的人听随自便。”六月十九日颁布了正式的条例，规定：“迁居到洛阳的民众死后就葬在黄河以南，不得迁回黄河以北。”从此，南迁的鲜卑人才真正在洛阳扎下根来，慢慢融入了汉族。

尚同（中）

※ 原文

子墨子曰：方今之时，复古之民始生，未有正长之时，盖其语曰：“天下之人异义。”是以一人一义，十人十义，百人百义。其人数兹众，其所谓义者亦兹众。是以人是其义，而非人之义，故相交非也。内之父子兄弟作怨仇，皆有离散之心，不能相和合。至乎舍余力，不以相劳，隐匿良道，不以相教，腐余财不以相分，天下之乱也，至如禽兽然，无君臣上下长幼之节、父子兄弟之礼，是以天下乱焉。

明乎民之无正长以一同天下之义，而天下乱也。是故选择天下贤良、圣知、辩慧之人，立以为天子，使从事乎一同天下之义。天子既以立矣，以为唯其耳目之请[1]，不能独一同天下之义，是故选择天下赞阅、贤良、圣知、辩慧之人，置以为三公，与从事乎一同天下之义。天子三公既已立矣，以为天下博大，山林远土之民，不可得而一也，是故靡分天下，设以为万诸侯国君，使从事乎一同其国之义。国君既已立矣，又以为唯其耳目之请，不能一同其国之义，是故择其国之贤者，置以为左右将军大夫，以远至乎乡里之长与从事乎一同其国之义。天子、诸侯之君、民之正长，既已定矣，天子为发政施教曰：“凡闻见善者，必以告其上；闻见不善者，亦必以告其上。上之所是，必亦是之；上之所非，必亦非之。己有善，傍荐之；上有过，规谏之。尚同义其上，而毋有下比之心。上得则赏之，万民闻则誉之。意若闻见善，不以告其上；闻见不善，亦不以告其上。上之所是不能是，上之所非不能非。己有善不能傍荐[2]之，上有过不能规谏之。下比而非其上者，上得则诛罚之，万民闻则非毁之。”故古者圣王之为刑政赏誉也，甚明察以审信。是以举天下之人，皆欲得上之赏誉而畏上之毁罚。

※ 注释

1 请：通“情”。2 傍荐：广为推荐。傍，同“旁”。

※ 译文

墨子说：与现在相比，远古初有人类还没有行政长官的时候，人们的语言所表达的意思是各不相同的，那时候一个人有一种意思，十个人有十种意思，一百个人有一百种意思，人数越多，意思也就越多。而且每人都认为自己的意思是对的，认为别人的是错的，所以相互攻击。在一个家庭内，父子、兄弟相互怨恨，人心离散，不能和睦相处。以致有余力的不愿意帮助别人，有好的道理也隐藏起来，不愿意教给别人，有多余的财物腐烂了，也不愿意分给别人，因此天下混乱，如同禽兽一般，没有君臣、上下、长幼的区别，没有父子、兄弟之间的礼节，因此天下大乱。

明白了百姓没有行政长官来统一天下的意见，天下就会大乱，所以就选择天下的贤才、圣智和口才好的人，推举他为天子，让他担当起统一天下不同意见的重任。天子已经有了，只是觉得一个人的见闻有限，无论如何不能够统一天下的意见，所以就选择天下人民赞赏的贤才、圣智和口才好的人，推举为三公，参与从事统一天下的意见。天子、三公已经立定了，又因天下地域太广，远方山野的人民，不可能得到统一，所以划分天下，设立了数以万计的诸侯国君，让他们从事于统一他们各国的意见。诸侯国君既然已经有了，认为仅以他自己耳目所闻所见的实情，尚不能统一一国的意见，所以又在他们国内选择一些贤人，立为国君左右的将军、大夫，以及远至乡里之长，让他们参加从事统一国内的意见的工作。

天子、诸侯国君、人民的行政长官既然已经确定，天子就发布政令，说："凡听到或看到好的典型，一定要向上级报告；凡听到或看到不好的典型，也必须报告给上级。上级认为是对的，必须也加以肯定；上级认为是错的，也必须加以否定。自己有好的想法，要及时向上报告；上级有了过失，要批评和规劝。与上级意见保持一致，而不能有与下面勾结的私心。这样，上级得知就会赏赐他，百姓听见了就会赞美他。假如听到或看到好的典型，而不报告给上级；凡听到或看到不好的典型，也不报告给上级。上级认为对的，不肯认同，上级认为错的，不肯否定。自己有好的想法也不能及时地给上级建议，上面有过失也不批评也不规谏。与下面勾结而毁谤上级，凡是遇到这种情况就要予以惩处，百姓听见了也要谴责他们。"所以古代圣王制定刑法赏誉，都非常明察而且从实际出发。因此凡是天下的百姓，都希望得到上级的赏赐赞扬，而害怕上级的批评与惩罚。

※ 原文

是故里长顺天子政，而一同其里之义。里长既同其里之义，率其里之万民，以尚同乎乡长，曰："凡里之万民，皆尚同乎乡长，而不敢下比，乡长之所是，必亦是之；乡长之所非，必亦非之。去而[1]不善言，学乡长之善言；去而不善行，学乡长之善行。"乡长固乡之贤者也，举乡人以法乡长，夫乡何说而不治哉？察乡长之所以治乡者，何故之以也？曰唯以其能一同其乡之义，是以乡治。

乡长治其乡而乡既已治矣，有[2]率其乡万民，以尚同乎国君，曰："凡乡之万民，皆上同乎国君，而不敢下比。国君之所是，必亦是之；国君之所非，必亦非之。去而不善言，学国君之善言；去而不善行，学国君之善行。"国君固国之贤者也，举国人以法国君，夫国何说而不治哉？察国君之所以治国，而国治者，何故之以也？曰：唯以其能一同其国之义，是以国治。

※ 注释

1 而：通"尔"。2 有：通"又"。

※ 译文

所以里长顺从天子的政令，统一该里万民的意志。里长已经统一了全里人民的意见，于是就率领里内的人民向上与乡长意见保持一致，说：“凡是我们这个里内的人民，都应该上同于乡长，而不敢与下面勾结。乡长认为是对的，大家都必须加以肯定；乡长认为错的，大家也都必须加以否定。去掉你们不文明的语言，学习乡长的文明语言；去掉你们不良行为，学习乡长的好行为。”乡长本来就是整个乡最贤良的人士，全乡人都以他为榜样，那这个乡还有什么不能治理的？考察乡长能把乡内治好的原因是什么呢？回答说：只因为他能使全乡意见一致，所以乡内就治理好了。

乡长治理他的乡，而乡内已经治理好了，又率领他乡内的万民，与国君保持一致，说：“凡是我们乡内的万民，都应与国君保持一致，而不可与下面勾结。国君认为是对的，大家也必须加以肯定；国君认为错的，大家也必须加以否定。放弃你们不好的话语，学习国君的善言；去掉你们不良的行为，学习国君的好行为。”国君本来就是全国最贤德的人士，全国人民都以国君为榜样，那么这个国家还有什么不能治理好呢？考察国君能把国内治好的原因是什么呢？回答说：“只因为他能统一全国的意见，所以国内就治理好了。”

※ 原文

国君治其国，而国既已治矣，有率其国之万民，以尚同乎天子，曰：“凡国之万民，上同乎天子，而不敢下比。天子之所是，必亦是之；天子之所非，必亦非之。去而不善言，学天子之善言；去而不善行，学天子之善行。”天子者，固天下之仁人也，举天下之万民以法天子，夫天下何说而不治哉？察天子之所以治天下者，何故之以也？曰：唯以其能一同天下之义，是以天下治。夫既尚同乎天子，而未上同乎天者，则天菑将犹未止也。故当若天降寒热不节，雪霜雨露不时，五谷不孰，六畜不遂，疾菑戾疫，飘风苦雨，荐臻[1]而至者，此天之降罚也，将以罚下人之不尚同乎天者也。

故古者圣王，明天鬼之所欲，而避天鬼之所憎，以求兴天下之害[2]。是以率天下之万民，齐[3]戒沐浴，洁为酒醴粢盛，以祭祀天鬼。其事鬼神也，酒醴粢盛不敢不蠲[4]洁，牺牲不敢不腯肥，珪璧币帛不敢不中度量，春秋祭祀不敢失时几，听狱不敢不中，分财不敢不均，居处不敢怠慢。曰：其为正长若此，是故上者天鬼有厚乎其为政长也，下者万民有便利乎其为政长也。天鬼之所深厚而能强从事焉，则天鬼之福可得也。万民之所便利而能强从事焉，则万民之亲可得也。其为政若此，是以谋事得，举事成，入守固，出诛胜者，何故之以也？曰：唯以尚同为政者也。故古者圣王之为政若此。

※ 注释

1 荐臻：联绵词，连续不断，频繁之意。2 此句当为："以求兴天下之利，除天下之害。"3 齐：通"斋"。4 蠲：通"涓"，清洁。

※ 译文

国君治理他的国家，而国内已治理好了，又率领他自己国内的百姓，与天子保持一致，说："凡是国内的万民，都要同天子保持一致，而不敢与下面勾结。天子认为是对的，大家也必须认为对；天子认为错的，大家也必须认为错。去掉你们不文明的语言，学习天子文明的语言；去掉你们不良的行为，学习天子的好行为。"天子本来就是天下最仁德的人，如果天下的万民都以天子为榜样，那么天下还有什么治理不好的呢？考察天子能把天下治理好的原因是什么呢？回答说：只因为他能统一天下的意见，所以天下就治理好了。但是仅仅与天子保持一致，而还没有同上天保持一致，那么天灾还是无法免除。所以当遇到气候的寒热失调，雪霜雨露降得不是时候，五谷不熟，六畜不蕃，疾疫流行，暴风骤雨等，这就是上天降下的惩罚，惩罚那些不与上天保持一致的人们。

所以古代的圣王，知道天帝鬼神所希望的，从而能避免天帝鬼神所憎恶的东西，以求兴天下之利，除天下之害。所以率领天下的万民，斋戒沐浴，预备了洁净而丰盛的酒饭，用来祭祀天帝鬼神。他们对鬼神的奉祀，对酒食祭品不敢不清洁，猪牛羊三牲不敢不肥硕；圭、璧、币、帛不敢不符合数量，春秋两季的祭祀，不敢错过时间，审理狱讼，不敢不公正，分配财物，不敢不均匀，待人处事不敢怠慢礼节。这就是说：他们这样当行政长官，在上的天帝鬼神优厚地看待他，在下的万民也得到便利。天地鬼神优厚地看待他，而他们能努力办事，那么天地鬼神的降福就可得到。百姓有所便利，而他们能努力办事，那么他就可以得到万民的爱戴了。他们这样治理政事，谋划问题，就有眉目，办事就能成功，保卫城池坚不可摧，出战征讨一定取胜，这是什么原因呢？回答说：只因为他在治理政事上能统一意见。所以古代圣王治理政事是这样的。

※ 原文

今天下之人曰："方今之时，天下之正长犹未废乎天下也，而天下之所以乱者，何故之以也？"子墨子曰："方今之时之以正长，则本与古者异矣。譬之若有苗之以五刑然。昔者圣王制为五刑以治天下，逮至有苗之制五刑，以乱天下，则此岂刑不善哉？用刑则不善也。是以先王之书《吕刑》之道曰：'苗民否用练[1]，折则刑，唯作五杀之刑，曰法。'则此言善用刑者以治民，不善用刑者以为五杀。则此岂刑不善哉？用刑则不善，故遂以为五杀。是以先王之书《术令》之道曰：‘唯口出好兴戎。’则此言善用口者出好，不善用口者以为谗贼寇戎，则此岂口不善哉？用口则不善也，故遂以为谗贼寇戎。”

故古者之置正长也，将以治民也。譬之若丝缕之有纪，而罔罟之有纲也。将以运役天下淫暴，而一同其义也。是以先王之书《相年》之道曰：“夫建国设都，乃作后王君公，否用泰也。轻大夫师长，否用佚也。维辩[2]使治天均。”则此语古者上天鬼神之建设国都，立正长也，非高其爵，厚其禄，富贵佚而错[3]之也。将此为万民兴利除害，富贵贫寡，安危治乱也。故古者圣王之为若此。

※ 注释

1 练：与“灵”“命”一声之转。2 辩：通“辨”，分设。3 错：通“措”。

※ 译文

现在天下的人都说：“当今天下的各种行政长官还没有废除，而天下却发生混乱，是什么原因呢？”墨子说：“现代的行政长官，根本就和古代不同，就好像有苗制订五刑那样。古代的圣王制定五刑，用来治理天下；有苗制定五刑，却用来扰乱天下。这难道就是刑法不好吗？只不过是不善于适当运用刑法罢了。所以先王留下来的书籍《吕刑》上这样记载：‘苗民不服从政令，就制定刑罚。他们制定了五种意在杀戮的刑罚，也叫正法。’这就是说，善于运用刑罚可以治理百姓，不善用刑罚就变成五种杀刑了。这难道是刑法不好吗？这是运用刑律不得当，所以就变成了五种杀刑。所以先王的书《术令》（即《说命》）记载说：‘人之口，可以产生好事，也可以产生战争。’这说的就是善用口的，可以产生好事；不善用口的，就可以产生谗贼战争。这难道是口不好吗？是由于不善用口，所以就变成谗贼战争。”

所以古时候设置行政长官，是拿来治理人民的。就好像丝线有总头、渔网有钢绳一样，他们是用来管束天下淫暴之徒，并使之与上面协同一致的。因此在先王的书中、用老年人的话说过：“建立国家，设立都城，于是做帝王君王，但不能因而骄恣。用大夫师长辅佐，但不能因此逸乐。唯以普遍分别治理上天的公平之道。”这就是说古代上天、鬼神建设国都，设置行政长官，并不是为了提高他们的爵位，增加他们的俸禄，使他们过富贵淫佚的生活，而是让他们给万民兴利除害，使贫者富，使民少者众，使危者安，使乱者治。所以古代圣王的作为是这样的。

※ 原文

今王公大人之为刑政则反此：政以为便譬、宗于父兄故旧，以为左右，置以为正长。民知上置正长之非正以治民也，是以皆比周隐匿，而莫肯尚同其上。是故上下不同义。若苟上下不同义，赏誉不足以劝善，而刑罚不足以沮暴。何以知其然也？

曰：上唯毋立而为政乎国家，为民正长，曰："人可赏，吾将赏之。"若苟上下不同义，上之所赏，则众之所非。曰：人众与处，于众得非，则是虽使得上之赏，未足以劝乎！上唯毋立而为政乎国家，为民正长，曰："人可罚，吾将罚之。"若苟上下不同义，上之所罚，则众之所誉。曰：人众与处，于众得誉，则是虽使得上之罚，未足以沮乎！若立而为政乎国家，为民正长，赏誉不足以劝善，而刑罚不沮暴，则是不与乡[1]吾本言"民始生未有正长之时"同乎？若有正长与无正长之时同，则此非所以治民一众之道。

故古者圣王唯而审以尚同，以为正长，是故上下情请[2]为通。上有隐事遗利，下得而利之；下有蓄怨积害，上得而除之。是以数千万里之外，有为善者，其室人未遍知，乡里未遍闻，天子得而赏之；数千万里之外，有为不善者，其室人未遍知，乡里未遍闻，天子得而罚之。是以举天下之人，皆恐惧振动惕慄，不敢为淫暴，曰："天子之视听也神！"先王之言曰："非神也。夫唯能使人之耳目助己视听，使人之吻助己言谈，使人之心助己思虑，使人之股肱助己动作。"助己视听者众，则其所闻见者远矣；助之言谈者众，则其德音之所抚循者博矣，助之思虑者众，则其谈谋度速得矣；助之动作者众，即其举事速成矣。故古者圣人之所以济事成功，垂名于后世者，无他故异物[3]焉，曰：唯能以尚同为政者也。

※ 注释

1 乡：通"向"，过去。2 请：通"情"。3 他故异物：其他的原因别的东西。

※ 译文

现今的王公大人施政却与此相反：为政是依靠乖巧的小人、宗族父老兄弟和老部下老相识，把他们安排在身边做行政长官。百姓知道天子设立行政长官并不是真的为了治理百姓，因此大家都结党营私，隐瞒良道，不肯与上级保持一致。因此，上下级之间意见不统一。假如上下级之间意见不一致，那么给予奖赏荣誉就不能起到鼓励好人好事的作用,给予刑罚处分也不能收到震慑坏人坏事的效果。怎么知道是这样呢?

回答说：假定处在上位、管理着国家、作为人民行政长官的人说："这个人应该奖赏，我要奖赏他。"如果上下级之间意见不一致，上级所赏的人，正是大家所非议的人，于是大家就说：平日我们与他相处，大家都认为他不好。那么，这人即使得到上级的奖赏，也无法起到鼓励大家的作用！假定处在上位，管理着国家，作为人民行政长官的人说："这个人应该处罚，我将要处罚他。"如果上下级之间意见不一致，上级所罚的人，正是大家所赞誉的人，于是大家就说：平日我们与他相处，大家都赞誉他好。那么，这人即使得到惩罚，但是不能够起到震慑坏人坏事的作用！假定处在上位、管理着国家，作为人民行政长官的人，奖赏不能鼓励人心向善，刑罚不能够制止暴徒，难道不是与我前面所说过的“百姓还处在原始生活还没有行政长官的时候”的情况一样了吗？如果有行政长官与没有行政长官的时候一样，那么这就不是治理百姓、统一民众的正道了。

所以古代的圣王，只能实实在在地用与上级保持一致的人做各级行政长官，上下融洽，也就很容易沟通了。上面没有考虑到的好事，下面的人能够随时兴办，使他得到好处；下面有怨恨不平，上面能够主动为他消除。所以远在数千里或数万里之外，如果有人做了好事，他的家人还未完全知道，他的乡人也未完全听到，天子就已知道并赏赐他；远在数千里或数万里之外，如果有人做了坏事，他的家人还未完全知道，他的乡人也未完全听到，天子就已知道并惩罚了他。所以天下的人十分害怕和震动战栗，不敢做淫暴的事。说：“天子的视听如神。”先王说：“这不是神，只是能够使他人的耳目帮助自己看、自己听；使他人的嘴帮助自己说话，使他人的心帮助自己思考，使他人的四肢帮助自己做事。”帮助自己看、自己听的人多，那么他的所见所闻就远；帮助他说话的人多，那么他的好心所安抚的范围就广阔了；帮助自己思考的人多，那么他出主意想办法就在点子上；帮助自己做事的人多，那么他所做的事情很快就能成功了。所以古代的圣人之所以能够把事情办成、名垂后世，没有别的原因，只不过是用与上级保持一致的办法来行使政治教化罢了。

※ 原文

是以先王之书《周颂》之道之曰：“载来见彼王，聿求厥章[1]。”则此语古者国君诸侯之以春秋来朝聘天子之廷，受天子之严教，退而治国，政之所加，莫敢不宾。当此之时，本无有敢纷天子之教者。《诗》曰：“我马维骆，六辔沃若，载驰载驱，周爰咨度。”又曰：“我马维骐，六辔若丝，载驰载驱，周爰咨谋[2]。”即此语也。古者国君诸侯之闻见善与不善也，皆驰驱以告天子。是以赏当贤，罚当暴，不杀不辜，不失有罪，则此尚同之功也。是故子墨子曰：“今天下之王公大人士君子，请将欲富其国家，众其人民，治其刑政，定其社稷，当若尚同之不可不察，此之本也。”

※ 注释

1 聿求厥章：寻求车服礼仪等文章制度。2 咨谋：询问筹划。

※ 译文

所以先王的书《周颂》上曾说过："拜见那个君王，寻求车服礼仪的文章制度。"这就是说，古代诸侯国的君主在春秋二季，到天子的朝廷来定期朝见，接受天子严厉的教令，然后回去治理他们的国家，因此政令所到之处，没有人敢不服。在这个时候，根本没有人敢扰乱天子的教令。《诗经》上说："我的马是黑色鬃毛的白马，六条马缰绳柔美光滑，在路上或快或慢地跑，在所到之处普遍地询访查问。"又说："我的马是青黑色毛片的，六条马缰绳像丝一般光滑，在路上或快或慢地跑，在所到之处普遍地询问谋划。"说的就是这个意思。古代的诸侯国君主听见或看到的事物不管好坏，都要赶快报告给天子。因此奖赏的是贤人，惩罚的是暴徒，不杀害无辜之人，也不放过有罪之人，这就是与上级保持一致的功绩。所以墨子说："现今天下的王公大人士大夫君子们，如果确实想让他们的国家富有，人民众多，刑政治理，国家安定，就不可不考察尚同，因为这是施政的根本。"

※ 解读

本篇与上篇一样，都是从"尚同"，即服从天子的角度来治理国家。一个国家需要一个统治者来管理，要不然这个国家将成为一盘散沙，无法管理，最终这个国家只能消亡。因此，国君治理国家需要"尚同"。众所周知，意见太多，很难统一，而国家的治理需要的就是统一的观点。但"尚同"也不是凭空而来的，他同样需要"尚贤"，尊重贤者，把贤者的观点统一起来，让他为天子服务。

虽然在墨子的主观愿望上以为"尚同"是上天和鬼神的意志，是最公平合理的，但在客观上，这种尚同于天下的说法，乃是帮助当时王公大人巩固在人民面前已经动摇的威信的。

墨子说："今天下之王公大人士君子，请将欲富其国家，众其人民，治其刑狱，定其社稷，当若尚同之不可不察，此之本也。"墨子认为尚同是为政的根本，他认为尚同可以避免灾祸，使国家富强。而他所提倡的"尚同"思想乃是以"天志"说为基础的。认为这所有的一切都必须听从于上天的安排。

※ 事例

墨子说尚同是一个国家为政的根本，只有大家都统一于一个观点，凝聚一心，国家才能更好更容易地得到治理。只要是有利于国家发展的，就应该万众一心，共同改革。

赵武灵王胡服骑射

赵武灵王与大臣肥义商议让百姓穿短衣胡服，学骑马与射箭。他说："愚蠢的人会嘲笑我，但聪明的人可以理解。即使天下的人都嘲笑我，我也这样做，我相信一定能把北方胡人的领地和中山国都夺过来！"于是带头改穿胡服。

国中的士人有不少都持反对意见，公子成假称有病，不来上朝。赵武灵王派人前去说服他："家事听从父母，国政服从国君，现在我和人民宣传改变服装，而叔父您不穿，我担心天下人会议论我徇私。治理国家有一定章法，但要以对人民有利为根本；办理政事有一定常规，执行命令是最重要的。宣传道德要先针对卑贱的下层，而推行法令必须从贵族近臣做起。所以我希望能借助叔父您为榜样来完成改穿胡服的功业。"公子成拜谢道："我听说，中原国家是在圣贤之人的教化下，用礼乐仪制使远方国家前来游观，是让四方夷族学习效法的地方。现在君王您舍此不顾，反而去仿效远方外国的服装，这是擅改传统习俗、违背人心的举动，我希望您慎重考虑。"使者回报赵武灵王。赵武灵王便亲自登门解释说："我国东面有齐国、中山国；北面有燕国、东胡；西面是楼烦，与秦、韩两国接壤，如果没有骑马射箭的训练，怎么能守得住呢？先前中山国倚仗齐国的强兵，侵犯我们领土，掠夺人民，又引水围灌鄗城，如果不是老天保佑，鄗城几乎失守了。此事先王深以为耻。所以我决心改变服装，学习骑射，想以此抵御四面的灾难，以报中山国之仇。而叔父您一味依循中原国家的旧俗，厌恶改变服装，已经忘记了鄗城的奇耻大辱，我对您深感失望啊！"公子成如梦初醒，欣然从命，赵武灵王亲自赐给他胡服，第二天他便穿戴入朝。于是，赵武灵王正式下达改穿胡服的法令，提倡学习骑马射箭。

尚同（下）

※ 原文

子墨子言曰："知者之事，必计国家百姓所以治者而为之，必计国家百姓之所以乱者而辟[1]之。"然计国家百姓之所以治者，何也？上之为政，得下之情则治，不得下之情则乱。何以知其然也？上之为政，得下之情，则是明于民之善非也。若苟明于民之善非也，则得善人而赏之，得暴人而罚之也。善人赏而暴人罚，则国必治。上之为政也，不得下之情，则是不明于民之善非也。若苟不明于民之善非，则是不得善人而赏之，不得暴人而罚之。善人不赏而暴人不罚，为政若此，国众必乱。故赏不得下之情，而不可不察者也。

然计得下之情，将奈何可？故子墨子曰：“唯能以尚同一义为政，然后可矣！”何以知尚同一义之可而为政于天下也？然胡不审稽[2]古之治为政之说乎？

古者天之始生民，未有正长也，百姓为人。若苟百姓为人，是一人一义，十人十义，百人百义，千人千义。逮至人之众，不可胜计也；则其所谓义者，亦不可胜计。此皆是其义，而非人之义，是以厚者有斗，而薄者有争。是故天下之欲同一天下之义也，是故选择贤者，立为天子。天子以其知力为未足独治天下，是以选择其次，立为三公。三公又以其知力为未足独左右天子也，是以分国建诸侯。诸侯又以其知力为未足独治其四境之内也，是以选择其次，立为卿之宰。卿之宰又以其知力为未足独左右其君也，是以选择其次，立而为乡长、家君。是故古者天子之立三公、诸侯、卿之宰、乡长、家君，非特富贵游佚而择[3]之也，将使助治乱刑政也。故古者建国设都，乃立后王君公，奉以卿士师长，此非欲用说[4]也，唯辩而使助治天明也。

※ 注释

1 “辟”：通“避”，避开。2 稽：考察。3 “择”为“怿”，字之误，快乐。4 “说”通“悦”。

※ 译文

墨子说道：“智者的主要事务，是一定会优先考虑去做那些能够让国家百姓得到安定的事情，还一定要考虑国家百姓动乱的根源并去避免它。”然而考虑国家百姓能被治理好的原因是什么呢？上级了解下面的实情，就治理得好，不能得到下面的实情就治理不好。怎么知道是这样呢？上级领导行使政令，得到了下边实情，就明白了百姓的善恶好坏，那么就可以了解到善人而奖励他，了解到恶人而惩罚他。善人得到奖赏而恶人得到惩罚，那么国家就一定能够被治理好。如果上级领导行使政令，不能得知下面的实情，那就不知道民众的善恶是非，也就不能够了解到善人而奖励他，不能够了解到恶人而惩罚他。善人得不到赏赐而恶人得不到惩罚，一个国家的政令如果是这个样子，那么国家民众就一定会混乱。所以赏（罚）若得不到下面的实情，就不能不慎重对待了。

然而要得到下边的实情，将怎么办才可以呢？所以墨子说：“唯一切实可行的办法，就是实行与上级保持一致的尚同办法来行使政令就可以了。”怎么知道尚同这办法可以在天下为政呢？那就应该认真考察古代得以治理的为政的办法。

远古的时候，天地之间刚刚有人类，还没有行政长官的时候，天下百姓人人都是自己的主人。一个人有一个道理，十个人有十个道理，一百个人有一百个道理，一千人就有一千个道理。到了人数多得不可胜数，那么他们所谓的道理也就多得不可胜数。这样人们都认为自己的道理正确，而认为别人的道理不正确，因此严重的发生斗殴，轻微的发生争吵。所以上天希望统一天下的不同道理，因此就选择贤人立为天子。天子认为单靠他的智慧能力还不足以治理天下，所以又选拔其他贤良的人立为三公。三公又认为自己的智慧能力也不足以单独辅佐天子，所以分封建立诸侯。诸侯又认为自己的智慧能力不足以单独治理他国家的四境之内，因此又选择其下的贤士做卿和宰。卿、宰又认为自己的智慧能力不足以单独辅佐他的君主，因此又选拔其下的贤士让他们做乡长、家君。所以古时天子设立三公、诸侯、卿、宰、乡长、家君，不是让他们富贵享乐的，而是让他们协助自己治理天下推行政令的。所以古时建立国家，设置都城，就有了帝王和君主，并让卿士师长等官员辅助他们，这不是为了取悦什么人，而是为了帮助上天实现清明的政治的。

※ 原文

今此何为人上而不能治其下？为人下而不能事其上，则是上下相贼也。何故以然？则义不同也。若苟义不同者有党[1]，上以若人为善，将赏之，若人唯使得上之赏而辟[2]百姓之毁；是以为善者必未可使劝，见有赏也。上以若人为暴，将罚之，若人唯使得上之罚，而怀百姓之誉；是以为暴者必未可使沮，见有罚也。故计上之赏誉，不足以劝善，计其毁罚，不足以沮暴。此何故以然？则义不同也。

然则欲同一天下之义，将奈何可？故子墨子言曰：然胡不赏使家君，试用家君发宪布令其家？曰："若见爱利家者，必以告；若见恶贼家者，亦必以告。"若见爱利家以告，亦犹爱利家者也，上得且赏之，众闻则誉之；若见恶贼家不以告，亦犹恶贼家者也，上得且罚之，众闻则非之。是以遍若家之人，皆欲得其长上之赏誉，辟其毁罚。是以善言之，不善言之；家君得善人而赏之，得暴人而罚之。善人之赏，而暴人之罚，则家必治矣。然计若家之所以治者，何也？唯以尚同一义为政故也。

家既已治，国之道尽此已邪？则未也。国之为家数也甚多，此皆是其家，而非人之家，是以厚者有乱，而薄者有争。故又使家君总其家之义，以尚同于国君，国君亦为发宪布令于国之众，曰："若见爱利国者，必以告；若见恶贼国者，亦必以告。"若见爱利国以告者，亦犹爱利国者也，上得且赏之，众闻则誉之；若见恶贼国不以告者，亦犹恶贼国者也，上得且罚之，众闻则非之。是以遍若国之人，皆欲得其长上之赏誉，避其毁罚。是以民见善者言之，见不善者言之；国君得善人而赏之，得暴人而罚之。善人赏而暴人罚，则国必治矣。然计若国之所以治者何也？唯能以尚同一义为政故也。

※ 注释

1 党：偏私，偏爱。2 “辟”上疑脱“不”字。

※ 译文

现在为什么居人之上的人不能治理他的下属，居人之下的人不能侍奉他的上级？这就是上下之间相互残害。什么原因造成这样呢？就是由于各人的见解主张不同。假若见解主张不同的人双方有所偏袒，上面认为这人是好人，要赏赐他，这人虽然得到了上面的赏赐，却免不了百姓的非议；而真正做好事的人却未必就从中受到鼓励。上面认为这人是个恶人，要惩罚他，此人虽得到了上司的惩罚，却在百姓中享有盛誉；所以真正作恶的人未必就会受到抑制。所以思考上面的奖赏荣誉，还不能起到引人向善的效果，他的批评惩罚也不能够遏制邪恶势力。这是什么缘故使之如此呢？就是各人见解主张不同。

既然如此，那么想统一天下各人的不同意见，怎么办呢？墨子说：为何不试着使家君对他的下属发布政令？说：“你们见到爱护和有利于家族的，必须把它报告给我；你们见到憎恨和危害家族的也必须把它报告给我。”你们见到爱护和有利于家族的报告给我，也和爱护和有利家族一样，上面得知了将赏赐他，大家听到了将赞誉他；你们见到了憎害家族不拿来报告，也和憎害家族的人一样，上面得知了将惩罚他，大家听到了将非议他。以此遍告这全家的人。人们都希望得到长上的赏赐赞誉，而避免非议惩罚。所以，见了好的来报告；见了不好的也来报告。家君了解到善人就赏赐他，了解到恶人就惩罚他。善人受到奖励，恶人受到惩罚，那么家族就会被治理好。然而考察家族被治理好的原因是什么呢？唯一的原因就是在家族之内实行了统一各种不同意见的“尚同”这一主张。

家族已经被治理好了，治国之道就尽在这里了吗？那还不是的。国家是由许多家族构成的，它们都认为自己的家族是正确的而别人的家族是不正确的，所以严重的就发生动乱，轻微的就发生争执。所以又使家君总结其家族的道理，尚同于国君，国君也对国中民众发布政令，说：“你们看到爱护和有利于国家的必定拿它来报告；你们看到憎恶和残害国家的，也必定拿它来报告。你们看到爱护和有利于国家的把它上报了，也和爱护和有利国家的一样，上面得悉了将予以赏赐，大家听到了将予以赞誉；你们看到了憎恶和残害国家的不拿来上报，也和憎恶和残害国家的人一样，上面得悉了将予以惩罚，大家听到了将予以非议。以此遍告这一国的人，人们都希望得到长上的赏赐赞誉，避免他的非议惩罚。所以人民见到好的来报告，见到不好的也来报告；国君得到善人予以赏赐，得到恶人而予以惩罚。善人得到奖赏而恶人受到惩罚，那么国家必然被治理好。然而考察这一国被治理好的原因是什么呢？只是能够用统一不同意见的“尚同”主张施行政教。

※ 原文

国既已治矣，天下之道尽此已邪？则未也。天下之为国数也甚多，此皆是其国，而非人之国，是以厚者有战，而薄者有争。故又使国君选其国之义，以尚同于天子。天子亦为发宪布令于天下之众，曰：“若见爱利天下者，必以告；若见恶贼天下者，亦以告。”若见爱利天下以告者，亦犹爱利天下者也，上得则赏之，众闻则誉之；若见恶贼天下不以告者，亦犹恶贼天下者也，上得且罚之，众闻则非之。是以遍天下之人，皆欲得其长上之赏誉，避其毁罚，是以见善、不善者告之。天子得善人而赏之，得暴人而罚之，善人赏而暴人罚，天下必治矣。然计天下之所以治者，何也？唯而[1]以尚同一义为政故也。

天下既已治，天子又总天下之义，以尚同于天。故当尚同之为说也，尚用之天子，可以治天下矣；中用之诸侯，可而治其国矣；小用之家君，可而治其家矣。是故大用之治天下不窕[2]，小用之治一国一家而不横者，若道之谓也。故曰：治天下之国若治一家，使天下之民若使一夫。意独子墨子有此，而先王无此其有邪？则亦然也。圣王皆以尚同为政，故天下治。何以知其然也？于先王之书也。《大誓》之言然，曰：“小人见奸巧乃闻，不言也，发罪钧。”此言见淫辟不以告者，其罪亦犹淫辟者也。

※ 注释

1 “而”通“能”。2 窕：不满。

※ 译文

国家已经得到治理了，治理天下的办法尽在这里了吗？那还没有。天下国家为数很多，这些国家都认为自己的国家对而别人的国家不对，所以严重的就发生动乱，轻微的就发生争执。因此又使国君统一各国的意见，用来上同于天子。天子也对天下民众发布政令说：“你们看到爱护和有利于天下的必定拿它来报告，你们看到憎恶和残害天下的也必定拿它来报告。”你们看到爱护和有利于天下而拿来报告的，也和爱护和有利于天下的一样。上面得悉了将予以赏赐，大家听到了将予以赞誉；你们看到了憎恶和残害天下的而不拿来上报的，也和憎恶和残害天下的一样，上面得悉了将予以惩罚，大家听到了将予以非议。以此遍告天下的人，人们都希望得到长上的赏赐赞誉，避免遭受非议惩罚，所以看到好的来报告、看到不好的也来报告。天子得到善人予以赏赐，得到恶人而予以惩罚。天下必定被治理的了。然而考察天下被治理好的原因是什么呢？是用“尚同”这个同意不同意见的办法实行政教的缘故。

天下已经得到治理了，天子又统一整个天下的道理，用来尚同于上天。所以尚同作为一种主张，它上而用之于天子，可以用来治理天下；中而用之于诸侯，可以用来治理他的国家；小而用之于家长，可以用来治理他的家族。所以大而用之治理天下没有缺憾，小而用之治理一国、一家也无不顺利，说的就是（尚同）这个道理。所以说：治理天下、国家，就如同治理一个家庭，支使天下的人民就像支使一个人。难道只有墨子有这个主张，而先王就没有呢？前代先王也是这样的。圣王都用尚同的原则治政，所以天下得到治理。从何知道这样呢？在先王的书《大誓》里说过："小人看到奸诈虚伪的事而不报告的，一经发现，他的罪行与作奸犯科者均等。"这说的就是看到淫僻之事不拿来报告的，他的罪行也和淫僻者的一样。

※ 原文

故古之圣王治天下也，其所差论以自左右羽翼者皆良，外为之人，助之视听者众。故与人谋事，先人得之；与人举事，先人成之；光誉令闻[1]，先人发之。唯信身而从事，故利若此。古者有语焉，曰："一目之视也，不若二目之视也；一耳之听也，不若二耳之听也；一手之操也，不若二手之强也。"夫唯能信身而从事，故利若此。是故古之圣王之治天下也，千里之外，有贤人焉，其乡里之人皆未之均闻见也，圣王得而赏之。千里之内，有暴人焉，其乡里未之均闻见也，圣王得而罚之。故唯毋以圣王为聪耳明目与？岂能一视而通见千里之外哉？一听而通闻千里之外哉？圣王不往而视也，不就而听也，然而使天下之为寇乱盗贼者，周流天下无所重足者，何也？其以尚同为政善也。

是故子墨子曰："凡使民尚同者，爱民不疾，民无可使，曰：必疾爱而使之，致信而持之，富贵以道[2]其前，明罚以率[3]其后。为政若此，唯欲毋与我同，将不可得也。"

是以子墨子曰："今天下王公大人士君子，中情将欲为仁义，求为上士，上欲中圣王之道，下欲中国家百姓之利，故当尚同之说而不可不察。尚同，为政之本而治要也。"

※ 注释

1 光誉令闻：荣誉与好名声。2 "道"通"导"，引导。3 率：督促。

※ 译文

所以古时候的圣王治理天下，他所选择的辅佐自己的都是贤良的士人，在外边做事的人，帮助他察看和听闻的人很多。所以他和大家一起谋划事情，要事先比别人考虑周到；和大家一起办事，要比别人先成功；他的荣誉和美好的名声要比别人先传扬出去。只因为使用耳目努力办事，好处是如此多。古时有这样的话，说：“一只眼睛看东西不如两只眼睛看东西；一只耳朵听不如两只耳朵听；一只手干活不如两只手干活。”因为能够使用耳目，努力工作，就有这样多的好处。所以古代圣王治理天下，千里之外的地方有个贤人，那一乡里的人还未全都听到或见到，圣王已经得悉而予以赏赐了。千里之外的地方有一个恶人，那一乡里的人还未全部听到或见到，圣王已经得悉而予以惩罚了。所以只是因为圣王是耳聪目明能够一下洞悉千万里以外的事物吗？圣王不是亲自去看的，不是亲自去听的，然而能使天下的盗贼寇乱到处流窜而没有落脚的地方，是什么原因呢？那也是以尚同的原则来实行政治教化的结果。

所以墨子说：“凡是使百姓尚同的，如果爱民不深，百姓就不会听你的。就是说：一定要深爱他们才能使用他们，讲究信用才能拥有百姓，用富贵在前面引导，用严明的惩罚在后面督促。如此处理政务，百姓就自然与你保持一致了。”

因此墨子说：“现今天下的王公大人、士大夫君子们，如果心中确实想要实行仁义，追求做高尚之士，上要符合圣王之道，下要符合国家百姓之利益，因此对尚同这一主张不可不予以审察。因为，尚同是施政的根本和统治的关键。”

※ 解读

本篇还是从尚同的角度来阐明治国之道。“一个人有一个观点，两个人有两个观点，十个人有十个观点……”，而且每个人都认为自己的观点是正确的，这时如果没有一个确定的观点，如果没有天子出来主持公道，就一定会发生战争。比方说西历史上著名的特洛伊战争，只为追求一个“美”。

但因墨子是一个唯心主义者，因此他的唯心主义世界观决定了他的“尚同”说的荒谬，他认为世界上的一切存在的东西都是按照上天的意志，为了人民的需要创造出来的，山河、草木、风雨、日月的存在都是为了人民、国家，也是遵循了上天的意志，为了人民的利益而建立的。他本想用“天志”说来限制一下国君的权威，让他们知道在他们的头上还有更有力量的上天存在，他们是操持着赏罚之权的。

在这篇文章中已经渗透出了他的另一个著名观点：兼爱。每个人都认为自己的是对的，而别人的是不对的，结果就相互争斗。这一切皆源于不相爱，如果大家都彼此相爱，就不会发生战争。

“必疾爱而使之，致信而持之”，深爱他们才能使用他们，做事讲究信用你才能拥有他们。现在不管你从事什么职业，诚信都是最重要的，尤其是作为一个领导者，首先必须深入民心，与他们同甘苦，共患难，不能因为你处在领导阶层就看不起下面的人，对他们说过的话不兑现，这样你的领导地位也不会长久。

※ 事例

最底层的意见才是最真实、最可靠的。治理国家时，要想得到一个真正客观的意见，就必须深入基层。基层者的言语才是最真实的。

嘉言自至

张寔下达命令：所属的官吏、百姓有能指出我的过错的，奖赏他布帛羊米。贼曹佐（绢）隗瑾说："现在您处理政事，事无巨细，都是自己来决断，有时出兵发布命令，州府的其他官员都不知道，万一有什么失误，别人也分担不了责任。下级官吏们畏惧您的权威，都服从您的成命罢了。像这样，即使赏赐千金，终究也还是不敢说。我认为您应当稍微抑制一点儿您的聪明才智，凡是各种政事，都拿到下级官员们中去访求意见，使他们把心里所想的都说出来，然后选择采用，有益的建议自然会来，何必赏赐呢？"张寔很高兴，采纳了这个建议，并将隗瑾连升三级。

兼爱[1]（上）

※ 原文

圣人以治天下为事者也，必知乱之所自起，焉能治之；不知乱之所自起，则不能治。譬之如医之攻[2]人之疾者然：必知疾之所自起，焉能攻之；不知疾之所自起，则弗能攻。治乱者何独不然[3]？必知乱之所自起，焉能治之；不知乱之所自起，则弗能治。圣人以治天下为事者也，不可不察乱之所自起。

※ 注释

1 兼爱：兼爱是要求人们爱人如己，不存在等级与地域的限制。2 攻：治疗。3 何独不然：为什么不是那样。

※ 译文

圣人是以治理天下为己任的人，一定要知道混乱从哪里产生，才能够治理天下。如果不知道混乱从哪里产生，就无法进行治理。这就好像医生给病人治病一样，一定要知道疾病从哪里起的，然后才能进行医治；如果不知道疾病产生的根源，就不能医治。治理天下混乱的局面又何尝不是这样呢？一定要知道混乱产生的根源，才能进行治理；如果不知道混乱产生的根源，就不能治理。圣人以治理天下为己任，不能不考察混乱从哪里来。

※ 原文

当察乱何自起？起不相爱。臣子之不孝君父，所谓乱也。子自爱，不爱父，故亏父而自利；弟自爱，不爱兄，故亏兄而自利；臣自爱，不爱君，故亏君而自利，此所谓乱也。虽父之不慈子，兄之不慈弟，君之不慈臣，此亦天下之所谓乱也。父自爱，也不爱子，故亏子而自利；兄自爱也不爱弟，故亏弟而自利；君自爱也不爱臣，故亏臣而自利。是何也？皆起不相爱。

※ 译文

我尝试考察混乱起源于何处？是产生于人与人不相爱。臣下不尊敬君长，儿子不孝敬父母，这就是所谓的乱。儿子只爱自己，而不爱父母，所以损害父亲而自利；弟弟只爱自己，而不爱兄长，所以损害兄长以自利；臣下只爱自己，而不爱君上，所以损害君上以自利，这就是所谓的混乱。反过来，父亲不爱儿子，兄长不爱弟弟，君上不爱臣下，这也是天下所谓的混乱。父亲爱自己，而不爱儿子，所以损害儿子以自利；兄长爱自己，而不爱弟弟，所以损害弟弟以自利；君上爱自己，而不爱臣下，所以损害臣下以自利。这是为什么呢？都是起源于相互之间没有爱心。

※ 原文

虽至天下之为盗贼者，亦然：盗爱其室不爱其异室，故窃异室以利其室；贼爱其身不爱人，故贼人以利其身。此何也？皆起不相爱。虽至大夫之相乱家、诸侯之相攻国者，亦然：大夫各爱其家，不爱异家，故乱异家以利其家；诸侯各爱其国，不爱异国，故攻异国以利其国。天下之乱物，具此而已矣。察此何自起？皆起不相爱。

※ 译文

即使是天底下做盗贼的人，也是这样：盗贼只爱自已的家，不爱别人的家，所以盗窃别人的家以利自己的家；盗贼只爱自身，不爱别人，所以残害别人以利自己。这是什么原因呢？都起于不相爱。即使士大夫之间相互争夺封邑，诸侯之间相互攻伐侵略，也是同样的道理。士大夫各自爱他自己的家族封邑，不爱别人的家族封邑，于是抢夺别人的家族封邑以利他自己的家族封邑；诸侯各自爱他自己的国家，不爱别人的国家，所以攻伐别人的国家以利他自己的国家。天下的乱事，全部都在这里了。考察这些是从哪里产生的呢？都起于不相爱。

※ 原文

若使天下兼相爱，爱人若爱其身，犹有不孝者乎？视父兄与君若其身，恶[1]施不孝？犹有不慈者乎？视弟子与臣若其身，恶施不慈？故不孝不慈亡[2]有。犹有盗贼乎？故视人之室若其室，谁窃？视人身若其身，谁贼？故盗贼亡有。犹有大夫之相乱家，诸侯之相攻国者乎？视人家若其家，谁乱？视人国若其国，谁攻？故大夫之相乱家，诸侯之相攻国者亡有。若使天下兼相爱，国与国不相攻，家与家不相乱，盗贼无有，君臣父子皆能孝慈，若此，则天下治。

故圣人以治天下为事者，恶得不禁恶而劝爱。故天下兼相爱则治，交相恶则乱。故子墨子曰："不可以不劝爱人者，此也。"

※ 注释

1 恶（wū）：何。2 亡：通"无"。

※ 译文

假若天下的人都能相亲相爱，爱别人就如同爱自己一样，那么还会有不孝的吗？对待父亲、兄弟和君上像对待自己一样，哪里还有不孝的行为？哪里还会有不慈爱的事？对待弟弟、儿子与臣下像对待自己一样，哪里还会有不慈爱的行为？所以不孝顺、不慈爱的事情都没有了。那还会有盗贼吗？看待别人的家像自己的家一样，谁还会去盗窃？看待别人就像自己一样，谁还会去害人？所以盗贼没有了。那么还有大夫相互侵扰家族、诸侯相互攻伐封国吗？看待别人的家族就像自己的家族，谁会去侵犯？看待别人的封国就像自己的封国，谁还会去攻伐？所以大夫相互侵扰家族、诸侯相互攻伐封国都没有了。假若天下的人都相亲相爱，国家与国家不相互攻打，家族与家族不相互侵扰，盗贼没有了，君臣父子间都能孝敬慈爱，像这样，天下也就得到治理了。

所以圣人以治理天下为己任，怎么能不禁止相互仇恨而劝导人们相亲相爱呢？所以天下人相亲相爱，天下就治理得好，相互仇恨天下就乱。所以墨子说："不可以不劝导人们要爱别人的道理就在这里。"

※ 解读

兼爱是墨家学派最有代表性的理论之一。所谓兼爱，其本质是要求人们爱人如己，彼此之间不要存在血缘与等级差别的观念。墨子认为，不相爱是当时社会混乱最大的原因，只有通过"兼相爱，交相利"才能达到社会安定的状态。这种理论具有反抗贵族等级观念的进步意义，但同时也带有强烈的理想色彩。

“圣人以治天下为事者也，必治乱之所自起，焉能治之；不知乱之所自起，则不能治。……当察乱何自起？起不自爱。”从这段话中，我们可以知道，墨子认为国与国之间的战争都是由于“不相爱”，如果要天下治而不乱，那只有人人都做到“兼相爱，交相利”。

墨子反对一切掠夺战争，并且企图消除一切掠夺战争发生的根源，于是提出了消灭和避免战争但极不现实的办法：“兼爱”说。但墨子的世界观是唯心主义的，因此他的“兼爱”学说也没有脱离唯心主义，他并没有找到侵略战争和相互争夺的社会根源，而只是用唯心主义的观点来证明：之所以会发生侵略战争和掠夺，是由于他们不明白“兼爱”的道理。要是社会安定，不发生战争，就必须“兼相爱，交相利”。这是国家稳定、人民安居乐业的前提。

※ 事例一

墨子所提倡的兼爱是“无差别的爱”。囚犯也是人，他们也有七情六欲，他们也希望自由。只要人人都以诚相待，就不会有那么多的人罪犯了。王伽之所以敢释放囚犯，是因为他相信只要以诚心待他们，他们必定也会以诚心待自己的。

王伽释放囚犯

齐州行参军章武人王伽负责押送李参等七十多名被判刑流放的犯人到京师，走到荥阳时，王伽可怜其辛苦，对他们说：“你们自己触犯了国家的律法，身受这样的绳索捆绑之苦，是理所应当的；可是却连累士兵们陪你们受苦，难道心里不愧疚吗？”李参等人连忙谢罪。王伽见他们都有悔过之意，便把他们身上的枷锁全解开了，又让随行押送犯人的士兵们先回去，语重心长地对这七十多名囚犯说：“某日之前你们一定要到京师，如果没来的话，我就只有替你们受死了。”说完便把犯人们释放，随后自己也离开了。这些要被流放的犯人们对王伽心怀感激，全都如期到达京师，没有一个背弃诺言的。文帝听说之后吃惊不已，召见了王伽，对他称赞不已。之后又把那些犯人全部召集起来，让他们携带自己的妻子、孩子一起到皇宫来，在殿庭设宴款待并赦免了他们。为此文帝颇有感触，不久下诏说；“凡是有生命的人，都是有灵性、禀性善良的，都懂得善恶并且能区别是非。若是以至诚之心对待他们，明确地加以劝导，则恶俗一定会改变，人人都变得善良。以往国内战乱不断，人民流离失所，家破人亡，道德不行，教化颓废，官吏没有慈爱之心，百姓心怀奸诈之意。我想遵循从前圣明的君主所施行的以道德来教化百姓的方法，王伽能深刻地领会我的用意，用诚挚的心教诲引导，使李参等人深受感动且省悟过来，自己到京城受罚。这证明天下百姓并不是难以教导的。如果官吏们都能以王伽为榜样，而人民则都像李参等人一样，那么离废除刑罚的日子也就不远了。”为了表彰王伽，文帝任命他为雍州县令。

※ 事例二

孙权为什么能战胜关羽？是他的将士勇猛、兵器精锐吗？不是的，是因为他有一员大将吕蒙。吕蒙知道怎样笼络人心，知道百姓才是他们的衣食父母。甚至为了百姓的利益他杀死了自己的亲兵。这与墨子所提倡的兼爱“无等差的爱”是相通的。

关羽战败

十月，吕蒙到达江陵，把被囚的曹军将领于禁释放，控制了关羽及将士们的家属，对他们都给以抚慰，对军中下令：“不得骚扰百姓和向百姓索取财物。”吕蒙帐下有一名亲兵与吕蒙是同郡人，他从百姓家中拿了一个斗笠遮盖官府的铠甲。铠甲虽然是公物，但吕蒙认为他违反了军令，自己也不能因为是同乡的缘故而破坏军纪，便流着眼泪将这个亲兵处斩了。于是全军震惊畏惧，南郡因此道不拾遗。吕蒙还在早晨和晚间派亲信去慰问和抚恤老人，询问他们的生活有什么困难，给病人送去医药，对饥寒的人赐予衣服和粮食。关羽库存的财物、珍宝，全部被封存起来，等候孙权前来处理。

关羽多次派使者与吕蒙联系，吕蒙每次都厚待关羽的使者，允许他们在城中各处观光浏览，向关羽部下亲属表示慰问，还亲笔写信托他带走。知道家中平安，所受对待也超过了从前，关羽的将士便无心再战了。

十一月，关羽自知孤立无援，走投无路，便向西退守麦城。孙权派人诱降，关羽假装投降，树着幡旗，做了些假人立在城墙上，然后逃遁，士兵都跑散了。跟随关羽的只有十余名将兵。孙权已事先命令朱然、潘璋切断了关羽的去路。

十二月，潘璋手下的司马忠在章乡擒获关羽及其儿子关平，将他们斩首。于是，孙权占据了荆州。

兼爱（中）

※ 原文

子墨子言曰：“仁人之所以为事者，必兴天下之利，除去天下之害，以此为事者也。”然则天下之利何也？天下之害何也？子墨子言曰：“今若国之与国之相攻，家之与家之相篡，人之与人之相贼，君臣不惠忠，父子不慈孝，兄弟不和调，此则天下之害也。”

然则崇[1]此害亦何用生哉？以不相爱生邪？子墨子言：“以不相爱生。”今诸侯独知爱其国，不爱人之国，是以不惮举其国，以攻人之国。今家主独知爱其家，而不爱人之家，是以不惮举其家，以篡人之家。今人独知爱其身，不爱人之身，是以不惮举其身，以贼人之身。是故诸侯不相爱，则必野战；家主不相爱，则必相篡；人与人不相爱，则必相贼；君臣不相爱，则不惠忠；父子不相爱，则不慈孝；兄弟不相爱，则不和调。天下之人皆不相爱，强必执弱，富必侮贫，贵必敖[2]贱，诈必欺愚。凡天下祸篡怨恨，其所以起者，以不相爱生也。是以行[3]者非之。

※ 注释

1 “崇”为“察”字之误。2 “敖”通“傲”。3 “行”为“仁”字之误。

※ 译文

墨子说：“仁人所要做的政事，一定是兴天下之利、除天下之害，并以此作为原则来处理国家事务。”既然如此，那么天下的利是什么，天下的害又是什么呢？墨子说：“现在如果诸侯国之间相互攻伐，家族与家族之间相互掠夺，人与人之间相互残害，君不惠、臣不忠，父不慈、子不孝，兄弟不和睦，那么这就是天下的大害了。”

既然这样，那么考察这些天下的大害，又是从什么地方产生的呢？是因不相爱而产生的吗？墨子说：“是由于相互之间不相爱而产生的。”现在各国的诸侯们，都只知道爱自己的国家，而不爱别人的国家，所以毫无忌惮地发动自己国家的力量，去攻打别人的国家。现在的家族宗主只知道爱自己的家族，而不爱别人的家族，因而毫无忌惮地发动他自己家族的力量，去掠夺别人的家族。现在的人只知道爱自己，而不爱别人，因而毫无忌惮地运用全身的力量去残害别人。所以诸侯不相爱，就一定会发生野外大战；家族宗主不相爱，就一定会相互争夺；人与人不相爱，就一定会相互残害；君与臣不相爱，则君不惠、臣不忠；父与子不相爱，则父不慈，子不孝；兄与弟不相爱，则兄弟不和睦。天下的人都不相爱，那么力量强大的就会欺凌弱小的，富足的一定会欺侮贫困的，尊贵的一定会傲视卑贱的，狡猾的就必然欺骗愚笨的。凡是天下的祸患、强取豪夺、埋怨、愤恨等这些坏事的根源，都是由于人们的不相爱而产生的。所以仁人是坚决反对这些不相爱的现象的。

※ 原文

既以非之，何以易之？子墨子言曰：“以兼相爱、交相利之法易之。”然则兼相爱、交相利[1]之法将奈何哉？子墨子言：视人之国，若视其国；视人之家，若视其家，视人之身，若视其身。是故诸侯相爱，则不野战；家主相爱，则不相篡；人与人相爱，则不相贼；君臣相爱，则惠忠；父子相爱，则慈孝；兄弟相爱，则和调。天下之人皆相爱，强不执弱，众不劫[2]寡，富不侮贫，贵不敖贱，诈不欺愚。凡天下祸篡怨恨，可使毋起者，以相爱生也。是以仁者誉之。

※ 注释

1 交相利：互惠。2 劫：强迫。

※ 译文

既然认为不相爱是不对的，那用什么去改变它呢？墨子说道："用彼此相爱、交相互利的方法来改变它。"既然这样，那么彼此相爱、交相互利的方法具体是什么样呢？墨子说道："对待别人的国家就像对待自己的国家，对待别人的家族就像对待自己的家族，对待别人的身体就像对待自己的身体。"所以诸侯之间相爱，就不会发生野战；家族宗主之间相爱，就不会发生掠夺；人与人之间相爱就不会相互残害；君臣之间相爱，则君惠臣忠；父子之间相爱，则父慈子孝；兄弟之间相爱，则和睦相处。天下的人都相爱，强大者就不会欺凌弱小者，人多者就不会欺凌人少者，富足者就不会欺凌贫困者，尊贵者就不会傲视卑贱者，狡诈者就不会欺骗愚笨者。举凡天下的祸患、掠夺、埋怨、愤恨可以不使它产生的原因，是相爱。所以仁者称赞它。

※ 原文

然而今天下之士君子曰："然！乃若兼则善矣；虽然，天下之难物于[1]故也。"子墨子言曰："天下之士君子，特不识其利、辩其故也。今若夫攻城野战，杀身为名，此天下百姓之所皆难也。若君说[2]之，则士众能为之。况于兼相爱、交相利，则与此异！夫爱人者，人必从而爱之；利人者，人必从而利之；恶人者，人必从而恶之；害人者，人必从而害之。此何难之有？特上弗以为政、士不以为行故也。"昔者晋文公好士之恶衣，故文公之臣，皆牂羊[3]之裘，韦[4]以带剑，练帛之冠，入以见于君，出以践于朝。是其故何也？君说之，故臣为之也。昔者楚灵王好士细要[5]，故灵王之臣，皆以一饭为节，胁息然后带，扶墙然后起。比期年，朝有黧黑之色。是其故何也？君说之，故臣能之也。昔越王句践好士之勇，教驯其臣，和合之焚舟失火，试其士曰："越国之宝尽在此！"越王亲自鼓其士而进之，士闻鼓音，破碎[6]乱行，蹈火而死者，左右百人有余。越王击金而退之。是故子墨子言曰："乃若夫少食、恶衣、杀人而为名，此天下百姓之所皆难也。若苟君说之，则众能为之；况兼相爱、交相利，与此异矣！夫爱人者，人亦从而爱之；利人者，人亦从而利之；恶人者，人亦从而恶之；害人者，人亦从而害之。此何难之有焉？特上不以为政而士[7]不以为行故也。

※ 注释

1 “于”为“迂”之假借字。2 “说”通“悦”。3 牂羊：母羊。4 韦：熟牛皮。5 细要：细腰。6 “碎”疑为“阵”字之误。7 “士”为“上”之误。

※ 译文

然而现今天下的士大夫、君子们却说：“你的话是对的！兼爱固然是好的；但是，天下的事难办得很啊，兼爱也正是这样的事情。”墨子说道：“天下的士大夫、君子们，特别地不能认识兼爱的利益、不能辨别兼爱的意义。现在攻城野战，需要牺牲自己的生命来换取一个好名声，这本来是人们很不愿意做的事。但是如果最高统治者喜欢这样干，那么他的臣下也就跟着做。何况是兼相爱、交相利，同以上所说的杀身以成名有根本上的不同！凡是爱别人的人，别人也一定会爱他；有利于别人的人，别人也一定会有利于他；讨厌别人的人，别人也一定会讨厌他；损害别人的人，别人也一定会报复他。兼爱这件事有什么难办的？只是由于居上位的人不用它行之于政，士人不用它实之于行的缘故。”从前晋文公喜欢士人穿丑陋的衣服，所以文公的臣下都穿着母羊皮缝的皮袄，围着牛皮带来挂佩剑，头戴厚布做的帽子，进可以参见君上，出可以往来朝廷。这是什么缘故呢？因为君主喜欢这样，所以臣下就这样做。从前楚灵王喜欢细腰之人，所以灵王的臣下就吃一顿饭来节食，收着气然后才系上腰带，扶着墙然后才站得起来。等到一年，朝廷之臣都面有深黑之色。这是什么缘故呢？因为君主喜欢这样，所以臣下能够如此。从前越王勾践喜欢将士勇猛，训练他的臣下时，先把他们集合起来，放火烧船，考验他的将士说：“越国的财宝全在这船里。”越王亲自擂鼓，让将士前进，将士听到鼓声，打破行列秩序乱冲横行，蹈火而死的人，近臣达一百人有余。越王于是敲锣，让他们退下。所以墨子说道：“像那些穿丑陋的衣服、减少食量、牺牲生命以换取荣誉，这些都是天下百姓看起来很难做到的事。但是只要君主喜欢，那么众人就都能做到；何况兼相爱、交相利，跟这些又不相同呀！爱别人的人，别人也一定会爱他；有利于别人的人，别人也一定会有利于他；讨厌别人的人，别人也一定会讨厌他；损害别人的人，别人也一定会损害他。这兼爱有什么难以做到的呢？只不过君主没有把它作为大政来推行，而在下的臣子也无从响应执行罢了。

※ 原文

然而今天下之士君子曰：“然！乃若兼则善矣，虽然，不可行之物也。譬若挈太山越河、济也。”子墨子言：“是非其譬也。夫挈太山而越河、济，可谓毕劫有力矣，自古及今，未有能行之者也。况乎兼相爱、交相利，则与此异，古者圣王行之。”何以知其然？古者禹治天下，西为西河、渔窦，以泄渠、孙、皇之水；北为防原、泒，注后[1]之邸、嘑池之窦，洒为底[2]柱，凿为龙门，以利燕、代、胡、貉与西河之民；东方漏之[3]陆，防孟诸之泽，洒为九浍，以楗东土之水，以利冀州之民。南为江、汉、淮、汝，东流之注五湖之处，以利荆、楚、於越与南夷之民。此言禹之事，吾今行兼矣。昔者文王之治西土，若日若月，乍光于四方，于西土。不为大国侮小国，不为众庶侮鳏寡，不为暴势夺穑人黍稷狗彘。天屑临文王慈，是以老而无子者，有所得终其寿；连[4]独无兄弟者，有所杂于生人之间；少失其父母者，有所放依而长。此文王之事，则吾今行兼矣。昔者武王将事泰山，隧[5]传曰：“泰山，有道曾孙周王有事。大事既获，仁人尚作，以祗[6]商夏、蛮夷丑貉。虽有周亲，不若仁人。万方有罪，维予一人。”此言武王之事，吾今行兼矣。

是故子墨子言曰：“今天下之君子，忠实欲天下之富，而恶其贫，欲天下之治，而恶其乱，当兼相爱、交相利。此圣王之法，天下之治道也，不可不务为也。”

※ 注释

1 “后”为“召”之误。2 “底”为“底”之误。3 “之”为“大”之误。4 “连”为“矜”之假借字，病。5 “隧”疑为“遂”字之误，于是。6 祗：拯救。

※ 译文

然而现在天下的士大夫、君子们说：“话是不错！兼爱固然是好的，但它是不可实行的事。就像要举起泰山越过黄河、济水一样。”墨子说道：“这个比喻不恰当。举起泰山而越过黄河、济水，可以说是力大无比了，但自古及今，没有人能做得到。而兼相爱，交相利与此相比则是完全不同的，它们是可执行的，古时的圣王就曾做到过。”怎么知道是这样的呢？古时大禹治理天下，西边疏通了西河、渔窦，用来排泄渠水、孙水和皇水；北边疏通防水、原水、泒水，使之注入召之邸和滹沱河，在黄河中的底柱山分流，凿开龙门以有利于燕、代、胡、貉与西河地区的人民；东边穿泄大陆的迂水，拦入孟诸泽，分为九条河，以此限制东土的洪水，用来利于冀州的人民。南边疏通长江、汉水、淮河、汝水，使之东流入海，以此灌注五湖之地，以利于荆、楚、吴越和南夷的人民。这是大禹确实实行过的兼爱的事，我们今天也应该实行兼爱啊。从前周文王治理西土，好像日月经天，射出的光辉照耀四方和西周大地。他不倚仗大国而欺侮小国，不倚仗人多而欺侮鳏寡孤独，不倚仗强暴势力而掠夺农夫的粮食牲畜。上天眷顾文王的慈爱，所以让年老无子的人，有人供养以享天年；孤苦无兄弟的人可以生活在社会大家庭中，有所作为；幼小无父母的孤儿，也能有所依靠而长大成人。这是文王实行的兼爱的事。我们现在也应当实行兼爱这件事。从前周武王将行巡祭祀泰山，传记记载说："泰山啊！有道的曾孙周王有祭事。伐纣的大事已经有收获，那批仁人崇尚作为，用以拯救商夏遗民及四方少数民族。即使是至亲，也不如仁人。万方之人有罪，由我一人承当。"这是周武王实行的兼爱的事，我们今天也应当实行它。

所以墨子说道："现在天下的君子，如果内心确实希望天下富足，而讨厌天下贫穷，希望天下被治理好，而讨厌天下混乱，那就应当同时相爱、交互得利。这是圣王的法则，是天下的大治，也是我们不可不努力去做的事啊。"

※ 解读

本篇是接着上篇继续讨论兼爱的问题。得出"兼相爱，交相利"是治国之道。

本篇通过晋文公、楚灵王、越王勾践三个人的例子来说明他们从"兼相爱，交相利"中获得的益处，最后用周武王的例子说明只有实行兼爱才是圣王之道。

但墨子把父子的关系与国君与人民之间的关系看作是同类性质的关系，这是原则上的错误。因为国君和人民根本不可能"兼相爱，交相利"，他们之间的关系实质上是剥削与被剥削的关系。墨子生活在春秋战国时期，当时正是奴隶制社会，各诸侯国之间相互争夺权力，战乱频繁，而墨子反对一切掠夺战争，提出了他的著名观点：非攻，但"非攻"也是建立在"兼爱"的基础上的，他认为只要人与人相爱，国与国相爱，那么就不会发生战争。但"兼爱"思想是建立在他的唯心主义世界观上的，因此是不现实的。

但"兼爱"思想有其进步意义，那就是他提倡人与人之间相爱。

"交相利"的"利"不是功利、利己的，而是主张普天同利，"利人者，人必从而利之"，这就好比"爱人者，人必从而爱之"一样。万事万物都是相互的，只有你对他好，他才会对你好。

※ 事例一

俗话说："尺有所短，寸有所长。"每个人都有自己的长处，怎样发挥自己的长处，成为有用的人才，这至关重要。但最为重要的是有人赏识，墨子说：人都是平等的，无所谓上等人、下等人。他所提倡的"兼爱"就是无等差的爱。而孟尝君之所以能成为"战国四君子"之一，就在于他能兼爱所有的人。

孟尝君待人

靖郭君田婴有四十个儿子，其中一个由地位卑贱的小妾所生，取名叫田文。田文风流通达、富有智谋。他建议靖郭君广散钱财，蓄养贤能之士。靖郭君便让他主持家政，接待宾客门人。宾客门人都在靖郭君面前争相夸赞田文，建议让他做继承人。靖郭君死后，田文果然接替了他，做了薛公，号为孟尝君。他广为招揽收留各国游士和有罪逃亡的人才，为他们置办家产，给予丰厚待遇，甚至还接济他们的亲戚。这样一来，孟尝君门下收养的食客常达几千人，而这些人都认为孟尝君跟自己很亲近，孟尝君的声名也因此天下皆知。

孟尝君曾代表齐国前往楚国访问，楚王送给他一张象牙床。孟尝君令登徒直先把象牙床护送回国。登徒直却不愿意。他对孟尝君的一个门人公孙戌说：“象牙床价值千金，倘若有一丝一毫的损伤，我就是卖了妻子儿女也赔不起啊！你要是有办法让我躲过这趟差事，我有一把祖传的宝剑，情愿送给你。”公孙戌答应了。

他去见孟尝君，说：“很多小国家之所以都请您担任国相，是因为您能使贫者富、弱者强、亡者存、绝者继，钦佩您的仁义、仰慕您的廉洁。现在您刚到楚国就接受了象牙床这样的重礼，那些您还没有去的国家又拿什么来接待您呢？”

孟尝君说：“你说得有理。”于是他决定谢绝楚王的这份厚礼。

公孙戌告辞后快步离去，还没走到中庭，孟尝君就把他叫了回来，问道：“您为什么那么趾高气扬、喜不自胜呢？”

公孙戊只得把赚了宝剑的事如实禀报了。

孟尝君于是在门板上写道：“无论何人，只要能弘扬我田文的名声，劝止我的过错，即使他私下接受了别人的馈赠，我也不会加罪于他，请赶快来进谏吧。”

※ 事例二

墨子提倡“兼爱”，他认为所有的祸乱都起于不相爱，相爱就是无等差的爱。唐太宗也认为相爱是无等差的爱，他对待自己的臣子，甚至是兵士都如此，他说，我把四海看作是一家人，他们都是我的臣民，我对任何人都可以推心置腹，同时我也相信他们同样会这样对我。这也许就是唐朝昌盛的原因之一。

宫中习武

九月二十三日，唐太宗带领护卫将士在显德殿的庭院中练习射箭，他告诫将士：“戎狄等族人侵犯中原，这是自古就有的事情。最令人担忧的是，边境有一点安宁，君王就享乐游玩，忘却了战争的祸患，因此敌人一来进犯就无法抵御。现在我不派你们去修池榭筑宫苑，而是专门学习拉弓射箭。平常闲着没事的时候，朕就是你们的老师；如果突厥来侵犯，朕就是你们的将帅；这样，中原国家的民众也许能得到安宁！”于是唐太宗每天都带领几百人在宫殿庭院中教习他们射箭，并亲自测试他们，射技好的人赏赐给弓、刀、布帛，带领他们的将帅也加封上等功。大臣们多次劝谏唐太宗说："按照大唐法令，带着武器到皇帝住所的人要判处绞刑。现在陛下叫那些地位卑微的人张弓挟箭在宫殿侧边，陛下又在他们中间，万一有亡命徒放肆胡作非为，出现意外事故，大唐江山将不稳啊。"韩州刺史封同人假称有事上奏，乘驿马来朝廷直言规劝。唐太宗全然不听，他说："君王把四海看作是一家人，大唐所管辖的区域之内，都是朕的臣民。我对任何人都能推心置腹相待，你们怎么能胡乱猜忌保护朕的卫士呢？"从此以后，人人都想着勤勉自励，几年之后，这些卫士都成了精锐的将士。

唐太宗曾说："朕年轻时就南征北伐，转战四方，非常懂得用兵之道。每次观察敌军的布阵，就知道它的强弱所在，并常常用我方弱兵去抵抗对方强兵，用我方的强兵去打击对方的弱兵。敌人追赶我军弱兵，不过只走几百步；而我军进攻对方的弱兵，就一定要迂回到他的背面反过来攻击，这样无不把敌军打得四散奔逃。朕之所以能够取得胜利，其原因就在于此。"

兼爱（下）

※ 原文

子墨子言曰："仁人之事者，必务求兴天下之利，除天下之害。"然当今之时，天下之害，孰为大？曰：若大国之攻小国也，大家之乱小家也，强之劫弱，众之暴寡，诈之谋愚，贵之敖[1]贱，此天下之害也。又与为人君者之不惠也，臣者之不忠也，父者之不慈也，子者之不孝也，此又天下之害也。又与今人之贱人，执其兵刃、毒药、水、火，以交相亏贼，此又天下之害也。姑尝本原若众害之所自生。此胡自生？此自爱人、利人生与？即必曰："非然也。"必曰："从恶人、贼人生。"分名乎天下，恶人而贼人者，兼与？别与？即必曰："别也。"然即之交别者，果生天下之大害者与？是故别非也。

子墨子曰："非人者必有以易之，若非人而无以易之，譬之犹以水救火也，其说将必无可焉。"是故子墨子曰："兼以易别。"然即兼之可以易别之故何也？曰：藉为人之国，若为其国，夫虽[2]独举其国以攻人之国者哉？为彼者，由为己也。为人之都，若为其都，夫谁独举其都以伐人之都者哉？为彼犹为己也。为人之家，若为其家，夫谁独举其家以乱人之家者哉？为彼犹为己也。然即国都不相攻伐，人家不相乱贼，此天下之害与？天下之利与？即必曰天下之利也。

※ 注释

1 敖：通“傲”。2 “虽”为“谁”字之误。

※ 译文

墨子说道：“仁人所做的事情，务必是在追求兴起天下之利，除去天下之害。”然而在现在的社会条件下，天下最大的危害是什么呢？回答说：“例如大国攻打小国，大家族扰乱小家族，强大的强夺弱小的，人多的欺凌人少的，狡诈的算计愚蠢的，尊贵的傲视卑贱的，这就是天下的祸害。又如，做国君的不仁惠，做臣下的不忠诚，做父亲的不慈爱，做儿子的不孝敬，这又都是天下的祸害。又如，现在的贱民，手握兵刃、毒药、水、火，用来相互残害，这又是天下的祸害。姑且试着推究这许多祸害产生的原因。这是从哪儿产生的呢？这是从爱人、利人所产生的吗？则必然会说：“不是这样的。”而一定会说：“这是仇恨别人、残害别人的必然结果。”现在让我们分析一下事情的来源：世上憎恶别人和残害别人的人，是兼相爱、还是别相恶呢？则必然会说：“是别相恶。”既然如此，那么这种别相恶，果然是产生天下大害的原因吗？所以别相恶是不对的。

墨子说：“如果以为别人不对，那就必须有东西去替代它，如果说别人不对而又没有东西去替代它，就好像用水救水，用火救火，那种理论也将没有什么可取之处。”所以墨子说：“要用兼相爱来代替视人与己不同的别相恶。”既然如此，那么兼相爱可以代替别相恶的原因是什么呢？回答说：“假如对待别人的国家，像对待自己的国家，谁还会用自己国家的力量，去攻打别人的国家呢？为别人考虑，就像为自己打算一样。对待别人的都城，像对待自己的都城，谁还会动用自己都城的力量，去攻打别人的都城呢？对待别人就像对待自己一样。对待别人的家族，就像对待自己的家族，谁还会动用自己的家族，去侵扰别人的家族呢？对待别人就像对待自己。既然如此，那么国家、都城不相互攻伐，个人、家族不相互侵扰残害，这是天下的祸乱呢，还是天下的好事呢？一定会说这是天下的好事。

※ 原文

姑尝本原若众利之所自生。此胡自生？此自恶人贼人生与？即必曰：“非然也。”必曰：“从爱人利人生。”分名乎天下，爱人而利人者，别与？兼与？即必曰：“兼也。”然即之交兼者，果生天下之大利者与？是故子墨子曰：“兼是也。”且乡[1]吾本言曰：仁人之事者，必务求兴天下之利，除天下之害。今吾本原兼之所生，天下之大利者也；吾本原别之所生，天下之大害者也。是故子墨子曰：别非而兼是者，出乎若方也。

※ 注释

1 “乡”：即“向”。

※ 译文

姑且试着推究这许多利益所产生的原因。这是哪儿发生的呢？这是从憎恶人残害人产生的吗？则必然会说：“不是这样的。”，必然会说：“是从爱人、利人所产生的。分别研究天下爱人并给人以好处的，是别呢？还是兼呢？则必然会说是兼相爱。既然如此，这个相互有利、彼此相爱，果真是对天下大有好处的吗？所以墨子说：“兼爱的理论确实是对的。”而且从前我曾说过：“仁人所做的事情，必然努力追求兴起天下之利，除去天下之害。现在我推究由兼相爱产生的，都是天下的大利；我推究由别相恶所产生的，都是天下的大害。所以墨子说：别相恶是错误的、兼相爱是对的，就是出于这个道理。

※ 原文

今吾将正求与天下之利而取之[1]，以兼为正。是以聪耳明目相与[2]视听乎！是以股肱毕强相为动宰乎[3]！而[4]有道肆相教诲，是以老而无妻子者，有所侍养以终其寿；幼弱孤童之无父母者，有所放依以长其身。今唯毋以兼为正，即若其利[5]也，不识天下之士，所以皆闻兼而非者，其故何也？

然而天下之士，非兼者之言犹未止也，曰：“即善矣，虽然，岂可用哉？”子墨子曰：“用而不可，虽我亦将非之；且焉有善而不可用者。”姑尝两而进[6]之。谁[7]以为二士，使其一士者执别，使其一士者执兼。是故别士之言曰：“吾岂能为吾友之身，若为吾身？为吾友之亲，若为吾亲？”是故退睹其友，饥即不食，寒即不衣，疾病不侍养，死丧不葬埋。别士之言若此，行若此。兼士之言不然，行亦不然。曰：“吾闻为高士于天下者，必为其友之身，若为其身；为其友之亲，若为其亲。然后可以为高士于天下。”是故退睹其友，饥则食之，寒则衣之，疾病侍养之，死丧葬埋之。兼士之言若此，行若此。若之二士者，言相非而行相反与？当[8]使若二士者，言必信，行必果，使言行之合，犹合符节[9]也，无言而不行也。然即敢问：今有平原广野于此，被甲婴胄，将往战，死生之权，未可识也；又有君大夫之远使于巴、越、齐、荆，往来及否，未可识也。然即敢问：不识将恶托家室？奉承亲戚、提挈妻子而寄托之，不识于兼之有是乎？于别之有是乎？我以为当其于此也，天下无愚夫愚妇，虽非兼之人，必寄托之于兼之有是也。此言而非兼，择即取兼，即此言行费[10]也。不识天下之士，所以皆闻兼而非之者，其故何也？

※ 注释

1 此句疑“正”字当删，“与”为“兴”字之误，兴起。2 “与”为“为”字之误。3 “毕强”即“毕劼”，有力的样子。“动宰”为“助宰”。宰，佐治。4 “而”疑为“是以”之误。5 即若其利：则其利若此。6 “进”为“尽”之假借字。7 “谁”为“设”字之误。8 “当”如“尝”，试。9 符节：古时朝廷传达命令或调兵遣将所用的凭证。10 “费”通“拂”，违背。

※ 译文

现在我将努力兴办对天下有利的事情，以兼相爱来施政。所以大家都耳聪目明，相互帮助看东西听东西，用强劲有力的四肢相互帮助做事情，并且用道义相互勉励和教诲；因此那些年老而没有妻室子女的，也能有所奉养而得以享尽天年；没有父母的幼弱孤童，也能有所依靠而长大其身。现在用兼相爱来治理天下，有这样大的好处，但是令人不解的事，天下的士人听到“兼爱”这件事，都加以反对，这是怎么回事呢？

然而天下的士子，否定兼相爱的言论还没有中止，他们说：“即使兼相爱是好事，但是，有哪里可以用呢？”墨子说：“一种理论，经过使用，证明它不行，即使是我也会否定它的；姑且试着让主张‘兼相爱’和主张‘别’的两种人各按自己的主张行事。”假设有两个士子，其中一士主张“别相恶”，另一士主张“兼相爱”。主张“别相恶”的士子说：“我怎么能把我朋友的身体看得如同我自己的身体，把我朋友的双亲看成如同我自己的双亲一样呢？”所以他看到朋友挨饿时，不给他吃，受冻时，不给他穿，生病时，也不照顾他；朋友死了也不给埋葬。主张‘别相恶’的士子是这样说的，也是这样做的。主张‘兼相爱’的士子的说法不是这样，行为也不是这样。他说：“我听说作为天下的高士，必须会把朋友的身体看得如同自己的身体，看待朋友的双亲如同自己的双亲。这以后就可以成为天下的高士。”所以他看到朋友饥饿时，就给他吃，受冻时，就给他穿，有疾病时前去服侍，死亡后给予埋葬。主张兼相爱的士人是这样说的，也是这样做的。这两个士子，他们的言论是相互否定的，行为也是相反的吗？假使这有两个士子，言出必信，行为必果，言行一致，没有一句话是说了不做的。既然如此，那么请问：现在这里有一平原旷野，人们将披甲戴盔前往作战，生死难料；又有国君的大夫出使遥远的巴、越、齐、楚等地，千山万水，能否生还，也不知道；那么不妨多问一句：不知道将怎么保护其家室？奉养父母、照料自己的妻子，究竟是把他们托付给主张兼相爱的人呢？还是托付给主张别相恶的人呢？我认为在这个时候，无论天下多么愚蠢的男女，即使反对兼相爱的人，也必然要托付给主张兼相爱的人。在口头上即使不赞成兼爱的，具体行动却又选择兼爱，这就是言行相违背。我不知道天下的人都听到兼相爱就反对它，这原因又是什么呢？

※ 原文

然而天下之士，非兼者之言，犹未止也，曰："意可以择士，而不可以择君乎？"姑尝两而进之。谁[1]以为二君，使其一君者执兼，使其一君者执别。是故别君之言曰："吾恶能为吾万民之身，若为吾身？此泰[2]非天下之情也。人之生乎地上之无几何也，譬之犹驰驷而过隙也。"是故退睹其万民，饥即不食，寒即不衣，疾病不侍养，死丧不葬埋。别君之言若此，行若此。兼君之言不然，行亦不然，曰："吾闻为明君于天下者，必先万民之身，后为其身，然后可以为明君于天下。"是故退睹其万民，饥即食之，寒即衣之，疾病侍养之，死丧葬埋之。兼君之言若此，行若此。然即交若之二君者，言相非而行相反与？常使若二君者，言必信，行必果，使言行之合，犹合符节也，无言而不行也。然即敢问：今岁有疠疫，万民多有勤苦冻馁，转死沟壑中者，既已众矣。不识将择之二君者，将何从也？我以为当其于此也，天下无愚夫愚妇，虽非兼者，必从兼君是也。言而非兼，择即取兼，此言行拂也。不识天下所以皆闻兼而非之者，其故何也。

※ 注释

1 "谁"为"设"字之误。2 "泰"通"太"。

※ 译文

然而天下的士子，攻击兼爱的言论还是没有停止，说道："兼爱的理论诚如以上所说，但是兼爱大概只可以选择士大夫，恐怕不能选择君王吧？"那么姑且让我们按照"兼相爱"和"别相恶"两种思路展开看看究竟如何吧。假设这里有两个国君，其中一个主张"兼相爱"的观点，另一个主张"别相恶"的观点。所以主张"别相恶"的国君会说："我怎能对待我的万民之身，就像对待自己之身呢？这太不合天下人的情理了。人生在世上并没有多少时间，就好像马车奔驰缝隙那样短暂。"所以他看到他的万民挨饿，也不给吃，受冻也不给穿，有疾病也不给疗养，死亡后不给埋葬。主张"别相恶"的国君是这样说的，也是这样做的。主张"兼相爱"的国君的言论不是这样，行为也不是这样。他说："我听说在天下做一位明君，必须先看重万民之身，然后才看重自己之身，这以后才可以在天下做一位明君。"所以他看到他的百姓挨饿，就给他吃，受冻就给他穿，生了病就给他疗养，死亡后就给予埋葬。主张兼相爱的君主是这样说的，也是这样做的。既然这样，那么这两个国君，他们言论不同而行为也相反吗？假使这两个国君，言必信，行必果，使言行符合得像符节一样，没有说过的话不能实现。既然如此，那么请问：假如今年有瘟疫，万民大多因劳苦和冻饿而辗转死于沟壑之中的，已经很多了。不知道从这两个国君中选择一位，你将会跟随哪一位呢？我认为在这个时候，无论天下多么愚蠢的人，即使是反对“兼相爱”的人，也必定跟随主张“兼相爱”的国君了。在言论上反对“兼相爱”，而在行动上又选择“兼相爱”，这就是言行相违背。不知道天下的人听到“兼相爱”的主张而非难它的做法，其原因是什么。

※ 原文

然而天下之士，非兼者之言也，犹未止也，曰：“兼即仁矣，义矣；虽然，岂可为哉？吾譬兼之不可为也，犹挈泰山以超江、河也。故兼者，直愿之也，夫岂可为之物哉？”子墨子曰：“夫挈泰山以超江、河，自古之及今，生民而来，未尝有也。今若夫兼相爱、交相利，此自先圣六王者亲行之。”何知先圣六王之亲行之也？子墨子曰：“吾非与之并世同时，亲闻其声、见其色也；以其所书于竹帛、镂于金石、琢于槃盂，传遗后世子孙者知之。”《泰誓》曰：“文王若日若月乍照，光于四方，于西土。”即此言文王之兼爱天下之博大也，譬之日月，兼照天下之无有私也。即此文王兼也。虽子墨子之所谓兼者，于文王取法焉！

※ 译文

然而天下的士子，否定兼爱的言论还是没有停止，他们说：“兼相爱算得上是仁，也算得上是义了；即使如此，难道可以实行吗？我认为兼相爱无法实行，打个比方，就好像让你提着泰山而跳过长江、黄河一样无法做到。所以兼相爱只不过是一种良好的愿望而已，哪里是可以实行的东西啊？”墨子说：“提举泰山跳越长江、黄河，自古至今，自有人类以来，确实还不曾有过。至于现在说到兼相爱、交相利，这则是自先圣六王就亲自实行过的。”怎么知道先圣六王亲自实行了呢？墨子说：“我并不和他们处于同一时代，能亲自听到他们的声音，亲眼见到他们的容色；我是从他们书写在简帛上、镂刻在钟鼎石碑上、雕琢在槃盂上，并留给后世子孙的文献中知道这些的。”《泰誓》上说：“文王如日如月，光芒无际，普照四方和西周大地。”这就是说文王兼爱天下，无比广大，就像日月普照大地，没有私心。这就是文王的兼爱。墨子所说的兼爱，正是取法于周文王的！

※ 原文

且不唯《泰誓》为然，虽《禹誓》即亦犹是也。禹曰："济济有众，咸听朕言！非惟小子，敢行称乱。蠢兹有苗，用天之罚。若予既率尔群对诸群[1]，以征有苗。"禹之征有苗也，非以求以重富贵，干福禄，乐耳目也；以求兴天下之利，除天下之害。即此禹兼也。虽子墨子之所谓兼者，于禹求焉。

且不唯《禹誓》为然，虽汤说即亦犹是也。汤曰："惟予小子履，敢用玄牡，告于上天后曰：'今天大旱，即当朕身履，未知得罪于上下，有善不敢蔽，有罪不敢赦，简在帝心，万方有罪，即当朕身；朕身有罪，无及万方。'"即此言汤贵为天子，富有天下，然且不惮以身为牺牲，以祠说于上天鬼神。即此汤兼也。虽子墨子之所谓兼者，于汤取法焉。

※ 注释

1 "若"疑为"兹"之误。"既"为"即"假借字。"群对诸群"当为"群邦诸辟"，指众邦国诸君。

※ 译文

而且不只《泰誓》这样记载，即使大禹的誓言也这样说。大禹说："众位军士，请听我说：不是我斗胆妄为，发动战争，而是有苗民在蠢蠢欲动，因而上天对他们降下惩罚。现在我率领众邦的各位君长，去征讨有苗。"大禹征讨有苗，不是为了追求富贵和福禄，也不是为了追求耳目之娱，而是为了兴天下之利，除天下之害。这就是大禹的兼相爱。墨子所说的兼相爱，也是从大禹那里取法的！

而且并不只《禹誓》这样记载，汤的言辞也是如此。汤说："我叫商履，请允许我用黑色的公牛，祭告于皇天后土。'现在天大旱，我自己也不知道什么缘故得罪了天地。于今有善不敢隐瞒，自身有罪也不敢宽饶，这一切都鉴察在上天的心里。万方有罪，由我一人承担；我自己有罪，不要累及万方。'"这说的是商汤贵为天子，富有天下，然而尚且不惜以身作为牺牲祭品，用言辞向上天鬼神祷告。这就是商汤的兼相爱。墨子的兼相爱，也是从汤那里取法的。

※ 原文

且不惟《誓命》与《汤说》为然，《周诗》即亦犹是也。《周诗》曰："王道荡荡，不偏不党；王道平平，不偏不党。其直若矢，其易若底[1]。君子之所履，小人之所视。"若吾言非语道之谓也，古者文、武为正，均分贵贤罚暴，勿有亲戚弟兄之所阿[2]。即此文、武兼也，虽子墨子之所谓兼者，于文、武取法焉。不识天下之人，所以皆闻兼而非之者，其故何也。

※ 注释

1 “底”即“砥”。2 阿：私，偏袒。

※ 译文

而且不只是《誓命》和《汤说》是这样，《周诗》也有这类的话。《周诗》上说：“治国之道，非常宽广，没有偏向，没有私党。治国之道，非常便便，没有党育，没有私偏。治国之道，正直如箭矢，平平如磨刀石。君子所践履的，下民都看在眼里。”如果以为我所说的话不符合道理的话，则古时周文王、周武王为政公平，重视贤能处罚暴虐，对父母兄弟也不偏私。这就是周文王、周武王的兼爱，即使墨子所说的兼爱，也是从周文王、周武王那里取法的。不知道天下的人一听到兼爱就非难，究竟是什么原因。

※ 原文

然而天下之非兼者之言，犹未止。曰：“意不忠亲之利，而害为孝乎？”子墨子曰：“姑尝本原之孝子之为亲度者。吾不识孝子之为亲度[1]者，亦欲人爱、利其亲与？意欲人之所恶、贼其亲与？以说观之，即欲人之爱、利其亲也。然即吾恶先从事即得此？若我先从事乎爱利人之亲，然后人报我爱利吾亲乎？意我先从事乎恶人之亲，然后人报我以爱利吾亲乎？即必吾先从事乎爱利人之亲，然后人报我以爱利吾亲也。然即之交孝子者，果不得已乎？毋先从事爱利人之亲者与？意以天下之孝子为遇[2]而不足以为正乎？姑尝本原之。先王之所书，《大雅》之所道，曰：“无言而不雠[3]，无德而不报。投我以桃，报之以李。”即此言爱人者必见爱也，而恶人者必见恶也。不识天下之士，所以皆闻兼而非之者，其故何也。

※ 注释

1 度：筹划。2 遇：“愚”的假借字。3 雠（chóu）：应答。

※ 译文

然而天下的人反对兼相爱的主张，还是没有停止。他们说：“这个兼相爱，恐怕有不符合双亲之利，而有害于人们成为孝子。”墨子说：姑且让我们一起来考察一下孝子是怎样为父母考虑的。我不知道孝子为双亲考虑，是希望别人爱护和有利他的双亲呢？还是希望憎恶、残害他的双亲呢？按照常理来看，当然希望别人爱护和有利于他的双亲。既然如此，那么怎样从事才能得到这个呢？假若我先从事于爱护和有利于别人的双亲，然后别人会以爱护和有利于我的双亲来报答我吗？还是我先从事于憎恶别人的双亲，然后别人以爱护和有利于我的双亲呢？则必然是我先从事于爱护和有利于别人的双亲，然后别人以爱护和有利于我的双亲来报答我。然则这一交相利的孝子，果真是出于不得已，才先从事于爱护和有利于别人的双亲呢？还是以为天下的孝子都是愚笨，完全不值得善待呢？姑且试着探究这一问题。先王的书《大雅》说道："没有什么话我不践履，没有什么恩德我不报答。人家赠给我桃，我就报人以李。"这就是说，爱别人的一定为别人所爱，讨厌他人的也一定为他人所厌恶。不知天下的人，一听到兼相爱就反对，究竟原因在哪里。

※ 原文

意以为难而不可为邪？尝有难此而可为者，昔荆灵王好小要，当灵王之身，荆国之士饭不踰乎一，固据而后兴，扶垣而后行。故约食为其难为也，然后为，而灵王说之，未踰于世而民可移也，即求以乡[1]其上也。昔者越王勾践好勇，教其士臣三年，以其知为未足以知之也，焚舟失火，鼓而进之。其士偃前列，伏水火而死有[2]不可胜数也。当此之时，不鼓而退也，越国之士，可谓颤[3]矣。故焚身为其难为也，然后为之，越王说之，未踰于世，而民可移也，即求以乡上也。昔者晋文公好苴服。当文公之时，晋国之士，大布之衣，牂羊之裘，练帛之冠，且苴之履，入见文公，出以践之朝。故苴服为其难为也，然后为而文公说之，未踰于世，而民可移也，即求以乡其上也。是故约食、焚舟、苴服，此天下之至难也，然后为而上说之，未踰于世而民可移也，何故也？即求以乡其上也。今若夫兼相爱、交相利，此其有利，且易为也，不可胜计也，我以为则无有上说之者而已矣。苟有上说之者，劝之以赏誉，威之以刑罚，我以为人之于就兼相爱、交相利也，譬之犹火之就上、水之就下也，不可防止于天下。

故兼者，圣王之道也，王公大人之所以安也，万民衣食之所以足也，故君子莫若审兼而务行之。为人君必惠，为人臣必忠，为人父必慈，为人子必孝，为人兄必友，为人弟必悌。故君子莫若欲为惠君、忠臣、慈父、孝子、友兄、悌弟，当若兼之不可不行也。此圣王之道，而万民之大利也。

※ 注释

1 "乡"通"向"。2 "有"为"者"字之误。3 "颤"读为"惮"，恐惧，害怕。

※ 译文

难道兼相爱是难以做到的事情吗？然而历史上有许多比兼相爱更难的事都做出

来了，从前楚灵王喜欢细腰，当灵王在世时，楚国的士人每天吃饭不超过一次，用力扶稳后才能站起，扶着墙壁然后才能走路。节食本是他们难以做到的，然而这样做后灵王喜欢，所以没有经过多久时间，民风却可以转移。则这无非是为迎合君主之意罢了。从前越王勾践喜欢勇猛，训练他的将士三年，但还拿不准这些士兵是不是真的可用，于是故意放火烧船，擂鼓命将士前进。他的将士前仆后继，倒身于水火之中而死的不计其数。当这个时候，如停止擂鼓而撤退的话，越国的将士可以说害怕的了。所以说焚身是很难的事，但却做到了，因为越王喜欢，于是世事没有变化，民风却变了，这是人们君王所好的结果。从前晋文公喜欢穿粗布衣，当文公在世时，晋国的人士都穿粗布的衣服和母羊皮的袍子，戴厚帛做的帽子，穿粗糙的鞋子，这身打扮进可见晋文公，出可在朝廷来往。穿粗陋的衣服是难做到的事，然而因为文公喜欢，没过多长时间，民风却可以转移，这是为追求迎合君主罢了。所以说节食、焚舟、穿粗衣服，这本是天下最难做的事，然而这样做可使君主喜欢，因此没过多长时间，民风便可以转移，这是什么缘故呢？这是为追求迎合君主罢了。现在至于兼相爱、交相利，这是有利而容易做到，并且不可胜数的事。我认为只是没有君上的喜欢罢了。只要有君上喜欢的，用奖赏称赞来勉励大众，用刑罚来威慑大众，我认为众人对于兼相爱、交相利，会像火一样的向上，水一样的向下，在天下是不能防止得住的。

所以说兼爱是圣王治理天下的大道，是王公大人能够使社会安定的原动力，也是万民百姓得以衣食丰足之源，所以君子最好审察兼爱的道理而努力实行它。做人君的一定要仁惠，做人臣的一定要忠诚，做人父的一定要慈爱，做人子的一定要孝敬，做人兄的一定要友爱其弟，做人弟的一定要敬顺兄长。所以君子假如想要做惠君、忠臣、慈父、孝子、友兄、悌弟，那么兼爱是必不可少的。这是圣王的大道，百姓的大利。

※ 解读

墨子从兼爱的角度阐述了治国之道。他所提出的“兼爱”是“无等差之爱”，比儒家提出的以血缘为准则的“差等之爱”更有号召力，更能取得广大民众的拥护，他认为，一个国家要想繁荣富强，百姓获益，就必须实行“兼相爱，交相利”。他主张像爱自己的亲人一样去爱他家之人，从而营造一种人人相爱、其乐融融的社会环境。

墨子以“兼”来代替“别”，“兼”在墨子看来是大公无私、不分彼此的，关心别人就如同关心自己一样的高贵品质，和“兼”相对立的是只顾自己，不为旁人设想的自私自利的恶劣品质，墨子把这种品质叫作“别”，“别”是很坏的，是不道德的。

但“兼爱”的实际意义在于维持摇摇欲坠的贵族制度，他企图使统治者与被统治者之间相安无事，和平共处，尽量做到“强不劫弱，众不暴富，诈不谋愚，贵不傲贱”。但墨子的学说只是延缓了旧制度崩溃的作用，企图用阶级调和来缓和当时阶级斗争的紧张局势，也是不现实的。

“兼爱”的思想始终贯穿墨子全书，墨子提出的“兼爱”思想，目的是为了给大家创造一个友好的和谐的社会氛围，不是整天钩心斗角，尔虞我诈。整天处在一个恐怖、阴森的环境中，到处提防着别人，害怕一不小心就落入陷阱。这个思想在当今这个物欲横流的社会中值得提倡，但却很困难。

※ 事例一

墨子说：“故兼者，圣王之道也。”而作为人君，他一定要施惠于百姓，那样国家才能昌盛。隋文帝统治时期，为什么人民都安居乐业？这主要是因为他体恤人民，处处为人民着想，他知道只有人民生活好了，国家才能繁荣，才不会被侵略。

隋文帝体恤下民

有关官员上奏：“国库中物品堆放满了，再也装不下了，只能堆积在厢房中。”隋文帝对此颇为吃惊：“我不断削减人民的赋税，还经常大量地赏赐功臣，怎么还有这么多物品存在库里？”官员回答：“这是因为收入远大于支出。每年赏赐的加上花费的一共百万吨左右，故而库存并没有什么减损。”于是又开辟了左藏院来存放财物。隋文帝下诏：“宁可把钱财积存于百姓家中也不要贮存在府库中。今年黄河的北部、东部地区田租减去三分之一，士兵减半，租调全部免去不收。”当时全国人数每年都在增加，京城周围及河北、河南、河东地区地少人多，百姓衣食贫乏。隋文帝派遣使者到各地，把普天下的田地尽量平均分配，许多地少人多的地方每个成年男丁才得以分到二十亩的地，老人及孩子要少一些。

开皇十四年，关中地区大旱，一片饥荒，人民饥寒交迫。隋文帝派身边的亲信去视察民情，他们把百姓们吃的豆屑杂糠带回来献给隋文帝。隋文帝流着泪把这些东西给群臣看，感到惭愧不已，深深地责备自己，因为这件事，隋文帝整整一年没有吃肉喝酒。八月初九，隋文帝亲自率领受灾的百姓到洛阳度过饥荒，严令卫士不准驱赶侮辱民众。男女老少参差地夹杂在仪仗、卫队之间。遇到扶老携幼的人，隋文帝总是拉住马让他们先走，轻言细语地安慰、鼓励他们。走到路途艰险的地方，隋文帝看见身负重担的人，便命令身边的人去帮助他。

※ 事例二

“战国四君子”之一的孟尝君善于结交各式各样的人物。不管什么样的人，只要来到他的门下，他都会以礼相待。正是因为他仁慈，爱护门客，因此在他遇到困难时，都有人暗中相救。这也是他“兼爱”的结果。

鸡鸣狗盗

有人劝告秦王：“孟尝君做秦国丞相，一定会先照顾齐国然后才考虑秦国，秦国实在危险！”秦王于是仍任楼缓为丞相，囚禁孟尝君，想杀掉他。孟尝君派人向秦王宠爱的姬妾求情，姬妾说：“我希望得到你那件白狐皮袍。”孟尝君确实有件白狐皮袍，但已经献给了秦王，无法满足姬妾的要求。他的幕僚中有个人善于像狗一样钻洞盗窃，便潜入秦宫藏库，盗出白狐皮袍送给那个姬妾。姬妾于是替孟尝君说情，秦王便释放他回国了。可是事后秦王又后悔了，马上派人去追。孟尝君急忙逃到边关，按照守关制度，要等鸡叫才能放行过客，而这时天色还早。秦王派来追他的人马上就到。幸亏孟尝君的幕僚中有人善学鸡叫，四野的鸡一听他的叫声都跟着引颈长鸣，孟尝君才得以出关脱身。

非攻[1]（上）

※ 原文

今有一人，入人园圃，窃其桃李，众闻则非之，上为政者得则罚之。此何也？以亏人自利也。至攘人犬豕鸡豚者，其不义，又甚入人园圃窃桃李。是何故也？以亏人愈多，其不仁兹甚，罪益厚。至入人栏厩、取人牛马者，其不仁义，又甚攘人犬豕鸡豚。此何故也？以其亏人愈多。苟亏人愈多，其不仁兹甚[2]，罪益厚。至杀不辜人也，扡[3]其衣裘、取戈剑者，其不义，又甚入人栏厩，取人牛马。此何故也？以其亏人愈多。苟亏人愈多，其不仁兹甚矣！罪益厚。当此，天下之君子皆知而非之，谓之不义。今至大为攻国，则弗知非，从而誉之，谓之义。此可谓知义与不义之别乎？

※ 注释

1 非攻：意为反对兼并战争。2 兹甚：更深。兹，通“滋”。3 “扡”同“拖”，夺取。

※ 译文

现在有这样一个人，进入别人的果园和菜圃，偷摘人家的桃子、李子。大家知道后一定说他的不是，上边当权的如抓到他一定会罚他。这是为什么呢？因为他损人利己。至于盗窃别人家的鸡犬、牲猪，他的不义又超过到别人的果园、菜圃里去偷桃李。这是什么缘故呢？因为他给别人造成的损失更大，他也就更不仁义，他的罪过也就越大。至于进入别人的牛栏马厩内，偷取别人的牛马，他的不仁不义，又超过了盗窃别人鸡犬、牲猪的。这是什么缘故呢？因为他给别人造成的损害更严重。如果给别人造成的损害越重，那么他的不仁也就越重，罪过也就越重。至于枉杀无辜的人，剥夺别人衣服的人、抢走人家武器的人，他的不义又超过了进入别人的牛栏马厩盗取别人牛马的。这是什么缘故呢？因为他给别人造成的损害特别严重。如果给别人造成的损害特别严重，那么他的不仁也就特别严重，他的罪恶也就特别重大。遇到这些事，天下的君子都能明辨是非而加以反对，称他为不义。可是现在有大规模地攻伐别人的国家，却不知指责其错误，反而去赞誉他，称之为义。这难道能叫懂得义与不义的区别吗？

※ 原文

杀一人，谓之不义，必有一死罪矣。若以此说往，杀十人，十重[1]不义，必有十死罪矣；杀百人，百重不义，必有百死罪矣。当此天下之君子皆知而非之，谓之不义。今至大为不义攻国，则弗知非，从而誉之，谓之义。情[2]不知其不义也，故书其言以遗后世。若知其不义也，夫奚说[3]书其不义以遗后世哉？

※ 注释

1 十重：十倍。2 情：通“诚”，确实。3 奚说：怎么解释。

※ 译文

杀一个人，叫作不义，必定有一项死罪。如果按照此种说法类推，杀掉十个人，有十倍不义，则必然有十重死罪了；杀掉百个人，有百倍不义，则必然有百重死罪了。对这些事，天下的君子都知道并且指责它，称他为不义。但是现今有人大规模地攻打别人的国家做出不义之事，却不知道指责其错误，反而称赞他，并称之为义举。他们确实不懂得那是不义的，所以记载那些称赞攻国的话遗留给后代。倘若他们知道那是不义的，又怎么解释记载这些不义之事，用来遗留给后代呢？

※ 原文

今有人于此，少见黑曰黑，多见黑曰白，则以此人不知白黑之辩矣；少尝苦曰苦，多尝苦曰甘，则必以此人为不知甘苦之辩矣。今小为非，则知而非之；大为非攻国，则不知非，从而誉之，谓之义。此可谓知义与不义之辩乎？是以知天下之君子也，辩义与不义之乱也。

※ 译文

假如现在这里有一个人，看见少许黑色就说是黑的，看见很多黑色却说是白的，那么人们就会认为这个人黑白不分。少尝一点苦味就说是苦的，而吃到很多苦的东西却说是甜的，那么人们就会认为这个人甘苦不分。现在看到别人做了一点点坏事，都知道指责其错误；可是碰上了大的不对，像侵略别的国家这样的事情，却不知道反对，反而随声附和、大加赞赏，说这是“义”。这难道是懂得义与不义的区别吗？因此我知道天下的君子，把义与不义的分辨弄得很混乱了。

※ 解读

墨子生活的时代正是“战国七雄并立”局势形成之前，诸侯激烈兼并的时期。针对战争频仍的社会现实，墨子提出了“非攻”主张。墨子认为，战争是天下的“巨害”，无论对战胜国还是战败国都将造成巨大损害，因之既不合于“圣王之道”，也不合于“国家百姓之利”。在文中，他对各种为攻战进行辩护的言论做出了批驳，并进一步将大国对小国的“攻”与有道对无道的“诛”区别开来。

他所提出的“非攻”，表达了当时人民群众的主观要求，但由于当时历史条件的限制，虽然也曾想划分战争的性质——正义与非正义，把以“百姓人民之利”作为正义战争的标准，但他不可能从历史发展上认清什么战争是对“百姓人民有利”的战争。

本篇通过几个简单的事例，逐层深入，主要由以下几个方面来表达他的“非攻”思想：

第一，通过为人所不齿的偷盗行为来比喻不义之战。比如：开篇就用有人进入别人的园圃去偷窃桃李，最后引出攻打别人的国家，得出这是不义之战。

第二，通过“义、仁”来作为衡量战争性质的准则。很多人把攻打别人的国家，叫作“义”，并且赞誉它。

※ 事例

战争对于劳动人民来说是百害无一利，既劳民伤财，又耽误耕种的时间。因此，墨子主张“非攻”。其实，人们都厌恶战争，王羲之不仅仅是一名书法家，也是一名军事家，他知道战争给人民带来的危害，因此他主张停止战争。

王羲之与殷浩

殷浩北伐的时候，中军将军王羲之曾写信劝止他，但他不听。后来殷浩没有成功，计划再一次举兵。王羲之写信劝他说：现在仅有小小的江左，天下人都恐怕不能自保，这种情况已经很久了，竭力争取军事功劳，这不是你现在应该做的。最近处理朝廷事务的人，都不做深远的考虑，各随自己的心愿去做，竟然一点功劳都没有，使得天下出现分崩离析的趋势；你担任这个职务，怎能推卸天下混乱的责任呢？现在军队打败仗，库房里财物消耗尽，保卫淮水不是你能做到的，早点回来保卫长江吧！你应该好好治理，减轻人民的田赋和徭役，帮助人民重新开始。你肩挑天下的重任，担当统帅的大任，而今已经到了这种地步，恐怕会引起朝中大臣的指责和诽谤。你还是停止北伐，做好你自己的本职工作，守卫好长江吧！

非攻（中）

※ 原文

子墨子言曰：“古[1]者王公大人，为政于国家者，情欲毁誉之审[2]，赏罚之当，刑政之不过失。”是故子墨子曰：“古者有语：‘谋而不得，则以往知来，以见[3]知隐。’谋若此，可得而知矣。”

今师徒唯毋兴起，冬行恐寒，夏行恐暑，此不可以冬夏为者也。春则废民耕稼树艺，秋则废民获敛。今唯毋废一时，则百姓饥寒冻馁而死者，不可胜数。今尝计军上[4]：竹箭、羽旄、幄幕、甲盾、拨劫[5]，往而靡弊腑冷不反者[6]，不可胜数；又与矛、戟、戈、剑、乘车，其列住[7]碎折靡弊而不反者，不可胜数。与其牛马，肥而往，瘠而反，往死亡而不反者，不可胜数。与其涂道之修远，粮食辍绝而下继，百姓死者，不可胜数也。与其居处之不安，食饭之不时，饥饱之不节，百姓之道疾病而死者，不可胜数。丧师多不可胜数，丧师尽不可胜计，则是鬼神之丧其主后[8]，亦不可胜数。

※ 注释

1“古”为“今”字之误。2 誉之审：应为“毁誉之神”。审，审慎。3“见”通“现”。4“上”为“出”字之误。5“拨”同“觙”，大盾牌。“劫”同“鉣”（马），刀柄，指代刀。6“腑”为“腐”之假借字。“冷”当作“泠”，零乱。“反”通“返”。下同。7“列住”为“往则”之误。8 主后：后代祭祀。

※ 译文

墨子说道："现在的王公大人掌握国家行政大权，确实想做到批评和表扬准确，赏罚恰当，行政政务没有差错。"所以墨子说："古时有这样的话，'筹划而不能得出满意的办法，那就根据以往的推断未来的，根据明显的推知隐微的。'如此谋划，就可以得出高明的办法而知道该怎么做了。"

假如现在军队启程出发，冬天出兵怕遇上寒冷，夏天出兵怕遇上暑热，这样就不可以在冬、夏二季行军打仗了。春天出兵，就要影响百姓耕田播种，秋天出兵，又会有误农时，使百姓无法收割庄稼储藏粮食。这又是不能在春秋两季行军的原因了。现在如果荒废了一个季度，那么因饥寒而冻死、饿死的百姓就多得数不胜数。现在我们试着计算一下：出兵时所用的竹箭、羽旄、帐幕、铠甲、大小盾牌和刀柄，随军行动损坏腐烂而带不回来的东西，又是多得数不胜数。再加上戈矛、剑戟、兵车，用后破碎损坏而不可返回的，多得数不胜数。再说，牛马带去时都很肥壮，回来时全部瘦弱，至于去后死亡而不能返回的，多得数不胜数。战争时因为道路遥远，粮食的运输有时中断不继，百姓因而死亡的，也多得数不胜数。战争时人民居处都不安定，饥饱没有节制，老百姓在道路上生病而死的，多得数不胜数。丧师之事多得数不胜数。军士因而阵亡的更是无法计算，鬼神因此丧失后代祭祀的，也多得数不胜数。

※ 原文

国家发政，夺民之用，废民之利，若此甚众，然而何为为之？曰："我贪伐胜之名，及得之利，故为之。"子墨子言曰："计其所自胜，无所可用也；计其所得，反不如所丧者之多。"今攻三里之城、七里之郭，攻此不用锐，且无杀，而徒得此然也？杀人多必数于万，寡必数于千，然后三里之城、七里之郭且可得也。今万乘[1]之国，虚数于千，不胜而入；广衍数于万，不胜而辟[2]。然则土地者，所有馀也；王民[3]者，所不足也。今尽王民之死，严下上之患，以争虚城，则是弃所不足，而重所有馀也。为政若此，非国之务者也！

※ 注释

1 乘：战车，一车四马，配甲士三人，步卒七十二人。2 辟：开辟。3 王民：应为"士民"，兵士和百姓。下同。

※ 译文

国家发动战争，剥夺百姓的财用，荒废百姓的利益，如此众多，然而又为什么还去做这种事呢？（他们）回答说："我要的是攻伐战胜的美名，和通过战争所获得的利益，战争使我名利双收，所以要这样做。”墨子说：“如果是为了胜利的美名，这美名是没有什么用处的；如果说战争可以得到实惠，那得到的实惠还没有他在战争中失去的多。”现在进攻一个三里大小的内城和七里大小的外城，攻占这些地方，难道不用精锐之师，不经过拼死血战，而能白白地得到它吗？争城一战，死亡多的有上万人，少的也有几千人，然后这三里之城、七里之郭才能得到。现在拥有万辆战车的大国，管辖的小城邑有上千座，分兵把守还来不及；领土辽阔有上万里，许多地方还没有开辟。这样看来，大国的统治者多的是土地，而缺少的是士兵和人民；现在发动战争，让士兵和百姓去送死，加重了全国上下的祸患，去争夺一座虚城，这实际上是扔掉自己本来就缺少的，而看重自己本来就多余的东西。这样来行使国家大权，不能说是抓住了治国的要务！

※ 原文

饰攻战者言曰：“南则荆、吴之王，北则齐、晋之君，始封于天下之时，其土地之方，未至有数百里也；人徒之众，未至有数十万人也。以攻战之故，土地之博，至有数千里也；人徒之众，至有数百万人。故当攻战而不可为也。”子墨子言曰：“虽四五国则得利焉，犹谓之非行道也。譬若医之药人之有病者然，今有医于此，和合其祝药之于天下之有病者而药之。万人食此，若医四五人得利焉，犹谓之非行药也。故孝子不以食其亲，忠臣不以食其君。古者封国于天下，尚者以耳之所闻，近者以目之所见，以攻战亡者，不可胜数。”何以知其然也？东方有莒之国者，其为国甚小，间于大国之间，不敬事于大，大国亦弗之从而爱利，是以东者越人夹削其壤地，西者齐人兼而有之。计莒之所以亡于齐、越之间者，以是攻战也。虽南者陈、蔡，其所以亡于吴、越之间者，亦以攻战。虽北者且、不一著何，其所以亡于燕代、胡貊之间者，亦以攻战也。是故子墨子言曰：“古者王公大人，情欲得而恶失，欲安而恶危，故当攻战，而不可不非。”

※ 译文

掩饰攻战的人说道：“南方有楚国、吴国的君王，北方则有齐国、晋国的君王，他们最初被封于天下的时候，他们的土地城郭方圆还不到数百里；人民的总数，还不到数十万。因为攻战的缘故，土地扩充到数千里；人口增多到数百万。所以攻战是不可以不进行的。”墨子说道：“即使有四五个国家因攻战而得到利益，也还不能说明它是正道。打个比方，就像医生给病人开药方一样，假如现在有个医生在这里，他拌好他的药剂给天下有病的人服药。一万个人服了药，若其中有四五个人的病治好了，还不能说这是可通用的药。所以孝子不拿它给父母服用，忠臣不拿它给君主服用。古时在天下封国，年代久远的可由耳目所闻，年代近的可由亲眼所见，由于攻战而亡国的，多得数都数不清。”怎么知道如此呢？东方有个莒国，这国家很小，处于（齐、越）两个大国之间，不敬事大国，大国也不给它好脸色，东面的越国来侵削他的疆土，西面的齐国兼并并占有了它。考虑莒国被齐、越两国所灭亡的原因，乃是由于攻战。即使是南方的陈国、蔡国，它们被吴、越两国灭亡，也是攻战的缘故。即使北方的柤国、不屠何国，它们被燕、代、胡、貉灭亡，也是攻战的缘故。所以墨子说道：“当今的王公大人如果真想有天下而不失去，真想安定而不倾危，那么对于攻战这一类事情，是不能不坚决反对的。”

※ 原文

饰攻战者之言曰：“彼不能收用彼众，是故亡；我能收用我众，以此攻战于天下，谁敢不宾服哉！”子墨子言曰：“子虽能收用子之众，子岂若古者吴阖闾哉？”古者吴阖闾教七年，奉甲执兵，奔三百里而舍焉。次注林，出于冥隘之径，战于柏举，中楚国而朝宋与及鲁。至夫差之身，北而攻齐，舍于汶上，战于艾陵，大败齐人而葆[1]之大山；东而攻越，济三江五湖，而葆之会稽。九夷之国莫不宾服。于是退不能赏孤，施舍群萌[2]，自恃其力，伐其功，誉其志，怠于教。遂筑姑苏之台，七年不成。及若此，则吴有离罢之心[3]。越王勾践视吴上下不相得，收其众以复其仇，入北郭，徙大内[4]，围王宫，而吴国以亡。昔者晋有六将军，而智伯莫为强焉。计其土地之博，人徒之众，欲以抗诸侯，以为英名攻战之速。故差论其爪牙之士，皆列其车舟之众，以攻中行氏而有之，以其谋为既已足矣。又攻兹范氏而大败之，并三家以为一家而不止，又围赵襄子于晋阳。及若此，则韩、魏亦相从而谋曰：“古者有语：‘唇亡则齿寒。’赵氏朝亡，我夕从之；赵氏夕亡，我朝从之。《诗》曰：‘鱼水不务[5]，陆将何及乎！’”是以三主之君，一心戮力，辟门除道，奉甲兴士，韩、魏自外，赵氏自内，击智伯，大败之。

是故子墨子言曰：“古者有语曰：‘君子不镜于水，而镜于人。镜于水，见面之容；镜于人，则知吉与凶。’今以攻战为利，则盖[6]尝鉴之于智伯之事乎？此其为不吉而凶，既可得而知矣。”

※ 注释

1 “葆”通“保”，守。2 “萌”通“氓”，人民。3 离罢之心：离散之心。“罢”为“披”之假借字，散。4 “内”为“舟”字之误。5 务：通“骛”，游行疾速。6 “盖”通“盍”，何不。

※ 译文

为攻战辩饰的人又说："他们不能收揽、利用他们的民众士卒，所以灭亡了；我能收揽、利用我的民众士卒，用他们在天下攻战，所向无敌，谁敢不心悦诚服呢？"墨子说道："您收揽、利用您的民众士卒，难道比得上古时的吴王阖闾吗？"古时的吴王阖闾教战七年，士卒披甲执刃，奔走三百里才停止歇息。驻扎在注林，取道冥隘的小径，在柏举大战一场，占领楚国中央的都城，并使宋国与鲁国被迫来朝见。及至吴王夫差即位，向北攻打齐国，驻扎在汶上，大战于艾陵，大败齐人，使之退保泰山；向东攻打越国，渡过三江五湖，迫使越人退保会稽。东方各个小部落没有谁敢不归附。战罢班师回朝之后，吴王不能抚恤阵亡将士的遗族，也不施舍民众，自恃自己的武力，夸大自己的功业，吹嘘自己的才智，怠于教练士卒。于是建筑姑苏台，历时七年，尚未造成。至此吴人都有离异疲惫之心。越王勾践看到吴国上下不融洽，就收集他的士卒用以复仇，从吴都北郭攻入，迁走吴王的大船，围困王宫，而吴国因这灭亡。从前晋国有六位将军，而其中以智伯为最强大。他估量自己的土地广大，人口众多，想要跟诸侯抗衡，以为用攻战的方式取得英名最快。所以指使他手下的谋臣战将，排列好兵船战车士卒，以之攻打中行氏，并占据其地。他认为自己的谋略已经高超到极点，又去进攻范氏，并大败之，合并三家作为一家却还不肯罢手，又在晋阳围攻赵襄子。到此地步，韩、魏二家也互相商议道："古时有话说'唇亡则齿寒'。赵氏若在早晨灭亡，我们晚上将随之；赵氏若在晚上灭亡，我们早晨将随之。《诗经》说'鱼在水中不快跑，到了陆地，怎么还来得及呢？'"因此韩、魏、赵三家之主，同心协力，开门清道，令士卒们穿上铠甲出发，韩、魏两家军队在外面，赵氏军队从城内，合击智伯。智伯大败。

所以墨子说道："古时有话说'君子不使用水来照自己，而是用人来照自己。用水照自己，只能看到自己的面貌；用人来照自己，则可以知吉凶'。现在用攻战已取得好处，那么为什么不将智伯好战亡国的事件作为鉴戒呢？这样做不是吉而是凶，这是可以知道的啊。"

※ 解读

墨子的"非攻"主张的核心是："战争是否合于义与利。"从战争是否获利，还是从战争是否正义的观点出发，来阐述战争的弊大于利，提倡人们之间、国家之间应该相互兼爱，而不是通过战争来扩大自己的疆域、领土，应该实行"兼相爱，交相利"的政治思想来治理国家。

"春则废民耕稼树艺，秋则废民获敛。今唯毋废一时，则百姓饥寒冻馁而死者，不可胜数。……国家发政，夺民之用，废民之利，若此甚众。然而何为为之？"从中可以看出战争根本没有给人民带来任何好处，相反却给人们带来了深重的灾难。墨子因为出身接近劳动者，因此同情小生产者，对他们在战争中的痛苦有深刻的认识，因而他们反对掠夺战争的思想感情也是非常强烈的，他坚决地、无情地揭发了当时的掠夺战争给广大人民群众带来的灾难。

※ 事例

古者有语曰："君子不镜于水，而镜于人。镜于水，见面之容；镜于人，则知吉与凶。"唐太宗就曾把魏徵比作自己的一面镜子，他曾问魏徵："为君怎样才能明，怎样才是暗？"魏徵说："兼听则明，偏听则暗。"他非常赞同这个见解。魏徵病逝后，他痛哭流涕，悲伤地说："人用铜作镜子，可以正衣冠；用史作镜子，可以见兴亡；用人作镜子，可以知得失。魏徵死去，我就失去一面镜子了。"

安定社稷

魏徵向唐太宗上奏说："人君能够善始的多，能够善终的却很少，难道是攻取天下容易，而守住天下困难吗？大概是因为有忧患就会尽心竭力为天下民众办事，平安逸乐就骄傲放纵而轻视他人。尽力为民众办事，即使是外族人也会与你同心同德；轻视他人，即使是亲戚朋友都会离心离德，就是用威怒来恐吓他们，也只能是表面服从而内心不服。人君如果能够真正做到：看见能引起欲望的东西时，便想到知足；将要兴建土木工程时，便想到适可而止；处在高位时，便想到谦虚卑贱；面临充足饱和时，便想到俭省；遇到享乐时，应想到克制；在平安时，要想到后患；为了避免被蒙蔽，就应当想到采纳不同意见；怨恨谗言邪恶，就应想到自身端正；赏赐爵禄时，应想到因为自己的欢喜而给予太多；实施刑罚时，应想到因为自己的愤怒而处罚过重。常常想到这十点，又选拔任用有才有德的人，就可以达到无为而治，又何必自己去身体力行，辛苦操劳，而代行有关部门的职责呢？"

非攻（下）

※ 原文

子墨子言曰：今天下之所誉善者，其说将何哉？为其上中[1]天之利，而中中鬼之利，而下中人之利，故誉之与？意亡非为其上中天之利，而中中鬼之利，而下中人之利，故誉之与？虽使下愚之人，必曰："将为其上中天之利，而中中鬼之利，而下中人之利，故誉之。"今天下之所同意[2]者，圣王之法也。今天下之诸侯，将犹多皆免[3]攻伐并兼，则是有誉义之名，而不察其实也。此譬犹盲者之与人，同命白黑之名，而不能分其物也，则岂谓有别哉！是故古之知者之为天下度[4]也，必顺虑[5]其意而后为之行。是以动则不疑，速通成[6]，得其所欲，而顺天、鬼、百姓之利，则知者之道也。是故古之仁人有天下者，必反大国之说，一天下之和，总四海之内，焉率天下之百姓，以农臣事上天、山川、鬼神。利人多，功故又大，是以天赏之，鬼富之，人誉之，使贵为天子，富有天下，名参乎天地，至今不废。此则知者之道也，先王之所以有天下者也。

※ 注释

1 中：合。2 "意"为"义"字之误。3 "免"即"勉"，勉力。4 度：考虑、筹谋。5 顺虑：审慎考虑。顺，通"慎"。6 "成"为"诚"之假借字。

※ 译文

墨子说道：当今天下所称道赞扬的道义，将是什么样呢？是他在上能符合上天的利益，在中能符合鬼神的利益，在下能符合人民的利益，所以大家才赞誉它呢？还是它在上不能符合上天的利益，在中不能符合鬼神的利益，在下不能符合人民的利益，所以大家才赞誉它呢？即使是最愚蠢的人，也必定会说："是它在上能符合上天的利益，在中能符合鬼神的利益，在下能符合人民的利益，所以人们才赞誉它。"现在天下所共同遵循的道义，是圣王的法则。现今天下的诸侯，大概还有很多在尽力做攻战兼并，那就只是仅有誉义的虚名，而不考察道义的实际。这就好比瞎子与正常人，一同能叫出白黑的名称，却不能辨别那个物体一样，这难道能说会辨别吗？所以古时的智者为天下谋划，必先考虑此事是否合乎义，然后去做它。行为依义而动，则号令不疑而速通于天下，诚然都满足了自己的愿望，又顺从了上天、鬼神、百姓的利益，这就是智者之道。所以古时仁人享有天下，必然反对大国攻伐的说法，使天下统一和睦，总领四海之内，于是率领天下百姓务农，以臣礼事奉上天、山川、鬼神。给人民的好处很多，功劳又大，所以上天赏赐他们，鬼神使他们富裕，人们赞誉他们，使他们贵为天子，富有天下，名声与天地并列，至今不废。这就是智者之道，也是先王之所以能有天下的原因。

※ 原文

今王公大人、天下之诸侯则不然。将必皆差论其爪牙之士，皆列其舟车之卒伍，于此为坚甲利兵，以往攻伐无罪之国，入其国家边境，芟刈其禾稼，斩其树木，堕[1]其城郭，以湮其沟池，攘杀其牲牷[2]，燔溃[3]其祖庙，劲杀其万民，覆其老弱，迁其重器[4]，卒进而柱[5]乎斗，曰："死命为上，多杀次之，身伤者为下；又况失列北桡乎哉？罪死无赦！"以譂[6]其众。夫无兼国覆军，贼虐万民，以乱圣人之绪。意将[7]以为利天乎？夫取天之人，以攻天之邑，此刺杀天民，剥振[8]神之位，倾覆社稷，攘杀其牺牲，则此上不中天之利矣。意将以为利鬼乎？夫杀之人，灭鬼神之主，废灭先王，贼虐万民，百姓离散，则此中不中鬼之利矣。意将以为利人乎？夫杀之人，为利人也博[9]矣！又计其费此，为周生之本，竭天下百姓之财用，不可胜数也，则此下不中人之利矣。

※ 注释

1 "堕"通"隳"，毁坏。2 牲牷：牲口。3 燔溃：烧毁。4 重器：国家的宝器。5 "柱"通"拄"，支持。6 譂：即"惮"，畏惧。7 意将：还是。8 "振"为"振"字之误。9 "博"为"悖"字之误。

※ 译文

当今的王公大人、天下的诸侯却不是这样。他们一定都是精选将士，排列其兵船战车的队伍，在这个时候准备用坚固的铠甲和锐利的兵器，去攻打无罪之国，侵入别的国家的边境，割掉其庄稼，砍伐其树木，摧毁其城郭，填塞其沟池，夺杀其牲畜，烧毁其祖庙，屠杀其人民，灭杀其老弱，搬走其宝器，军队疾速前进拼死作战，而且高声呼喊："死于君命是莫大的光荣，能多杀敌人的次之，战斗中受伤的为下。至于畏缩不前和后退的，则杀无赦！"用这些话使他的士卒畏惧。其目的是兼并他国覆灭敌军，残杀虐待百姓，以破坏圣人的功业。还认为这样有利于上天吗？用上天造出来的人，去攻打天下的城邑，这就是杀死上天的人民，毁坏神位，倾覆江山社稷，掠夺人家的六畜，那么这就是对上不符合上天的利益了。还将认为这样有利于鬼神吗？屠杀了这些人民，就灭掉了鬼神的祭主，废灭了先王，残害虐待万民，使百姓分散，那么这就在中不符合鬼神的利益了。还将认为这样利于人民吗？认为杀他们的人民是利人，这是相矛盾的。又计算那些费用，原都是人民的衣食之本，所竭尽的天下百姓的财用，就不可胜数了，那么，这就对下不符合人民的利益了。

※ 原文

今夫师者之相为不利者也，曰："将不勇，士不分，兵不利，教不习，师不众，率不利和[1]，威不圉，害[2]之不久，争之不疾，孙[3]之不强，植心不坚，与国诸侯疑。与国诸侯疑，则敌生虑而意羸矣。"偏具此物，而致从事焉，则是国家失卒[4]，而百姓易务也。今不尝观其说好攻伐之国？若使中兴师，君子庶人也，必且数千，徒倍十万，然后足以师而动矣。久者数岁，速者数月。是上不暇听治，士不暇治其官府，农夫不暇稼穑，妇人不暇纺绩织纴。则是国家失卒，而百姓易务也。然而又与其车马之罢弊也，幔幕帷盖，三军之用，甲兵之备，五分而得其一，则犹为序疏矣。然而又与其散亡道路，道路辽远，粮食不继傺，食饮之[5]时，厕役以此饥寒冻馁疾病，而转死沟壑中者，不可胜计也。此其为不利于人也，天下之害厚矣。而王公大人，乐而行之。则此乐贼灭天下之万民也，岂不悖哉！今天下好战之国，齐、晋、楚、越，若使此四国者得意于天下，此皆十倍其国之众，而未能食其地也，是人不足而地有余也。今又以争地之故，而反相贼也，然则是亏不足而重有余也。

※ 注释

1 疑应为"卒不和"。2 "害"通"曷"，阻遏。3 "孙"为"系"字之误。4 "卒"应为"率"，法度。5 "之"为"不"字之误。

※ 译文

现在率领军队的人一致认为不利的因素就是："将领不勇敢，兵士作战不勇猛，武器不锐利，训练较少，兵源不足，将士不团结，受到威胁而不能抵御，防守不能长久，战斗力不强，凝聚力不够，信心不足，同盟诸侯间不够信任。同盟诸侯间不信任，那么相互间就产生敌对情绪，产生敌对情绪，共同对敌的意志就削弱了。"假若完全具备了这些不利条件而竭力从事战争，那么国家就会损兵折将，百姓就得被迫丢下自己的职业而去从军打仗了。现在何不试着看看那些喜欢攻伐征战的国家，仅就国家发动一场中等规模的战争而言，必须征用君子庶人数千人，运送粮草辎重也要十万人，然后才得以成为一支像样的队伍而行动了。时间久的战争需要数年，快的数月。这使在上位的人无暇听政，官员无暇治理他的官府之事，农夫无暇耕种，妇女无暇纺织，那么国家就会失去法度，而百姓也只能被迫放下自己的本业。如果再加上兵车战马的损失，帐幕帷盖的损失，三军的费用，兵甲的设备等，最后能剩下五分之一，那已经是好得不能再好了。然而又如那种士卒在道路上散亡，由于道路遥远，粮食不继，饮食不时，厮役们因饥寒冻饿发生疾病而辗转死于沟壑之中的，又不极其数。这样对人民非常不利，给天下带来的祸害也非常大。但王公大人却喜欢这些事并且乐此不疲，那么这就是喜欢祸害天下万民了，这不是十分荒唐吗？现在天下好战的国家为齐、晋、楚、越，如果让这四国得意于天下，那么，即使他们的人口增加十倍，也不能耕种全部土地，这是人口不足而土地有余呀！现在又因争夺土地的缘故而互相残杀，既然这样，那么这就是亏损不足而增加有余了。

※ 原文

今遝[1]夫好攻伐之君，又饰其说以非子墨子曰："以攻伐之为不义，非利物与？昔者禹征有苗，汤伐桀，武王伐纣，此皆立为圣王，是何故也？"子墨子曰："子未察吾言之类，未明其故者也。彼非所谓'攻'，谓'诛'也。昔者三苗大乱，天命殛之。日妖宵出，雨血三朝，龙生于庙，犬哭乎市，夏水[2]，地坼及泉，五谷变化，民乃大振。高阳乃命[3]玄宫，禹亲把天之瑞令，以征有苗。四[4]电诱祗，有神人面鸟身，若瑾以侍[5]，搤矢有苗之祥[6]，苗师大乱，后乃遂几。禹既已克有三苗，焉磨[7]为山川，别物上下，卿制大极[8]，而神民不违，天下乃静。则此禹之所以征有苗也。遝至乎夏王桀，天有酷命，日月不时，寒暑杂至，五穀焦死，鬼呼国，鹤鸣十夕余。天乃命汤于镳宫：'用受夏之大命，夏德大乱，予既卒其命于天矣，往而诛之，必使汝堪之。'汤焉敢奉率其众，是以乡有夏之境，帝乃使阴[9]暴毁有夏之城。少少有神来告曰：'夏德大乱，往攻之，予必使汝大堪之。予既受命于天，天命融隆火于夏之城间西北之隅。'汤奉桀众以克有夏，属诸侯于薄，荐章天命，通于四方，而天下诸侯莫敢不宾服。则此汤之所以诛桀也。遝至乎商王纣，天不序[10]其德，祀用失时。兼夜中，十日，雨土于薄，九鼎迁止，妇妖宵出，有鬼宵吟，有女为男，天雨肉，棘生乎国道，王兄自纵也。赤鸟衔珪，降周之岐社，曰："天命周文王，伐殷有国。'泰颠来宾，河出《绿图》，地出乘黄。武王践功，梦见三神曰：'予既沉渍殷纣于酒德矣，往攻之，予必使汝大堪之。'武王乃攻狂夫，反商之周，天赐武王黄鸟之旗。王既已克殷，成帝之来，分主诸神，祀纣先王，通维四夷，而天下莫不宾。焉袭汤之绪，此即武王之所以诛纣也。若以此三圣王者观之，则非所谓'攻'也，所谓'诛'也。"

※ 注释

1"遝"通"逮"。2"水"为"冰"字之误。3"乃命"后疑脱"禹于"二字。4"四"为"雷"字之误。5"瑾""侍"分别为"谨""持"之误。6"祥"为"将"字之误。7"磨"为"磿"字之误，离，分别。8即"飨制四极"，节制四方。9"阴"为"隆"字之误。"暴"为"爆"之假借字。10"序"为"享"字之误。

※ 译文

现在所涉及的喜好攻伐的国君，又掩饰其说，用以非议墨子说："（你）认为攻战为不义，不是有利的事物吗？从前大禹征讨有苗，商汤讨伐夏桀，周武王讨伐商纣，这些人都被立为圣王，这是什么缘故呢？"墨子说："您没有理解我说法的类别，是不明白其中的缘故。他们的讨伐不叫作'攻'，而叫作'诛'。从前三苗大乱，上天下命处死他。太阳在晚上出来而成为妖，连续下了三天血雨，在祖庙里出现青龙，狗在市上哭叫，夏天水结成冰，土地开裂而下及泉水，五谷不按季节成熟，百姓于是大为震惊。古帝高阳于是在玄宫向禹下达命令，大禹亲自拿着天赐的玉符，去征讨有苗。雷电大震，有一位人面鸟身的神，恭谨地侍立，用箭射死有苗的将领，苗军大乱，后来就衰微了。大禹既已战胜三苗，于是就划分山川，区分了事物的上下，节制四方，神民和顺，天下安定，这就是大禹征讨有苗。等到夏王桀的时候，上天降下严命，太阳月亮不按时升落，寒暑杂至紊乱，五谷枯死，国都有鬼叫，鹤鸣达十余个晚上。上天于是给镳宫的汤下命令：'去接替夏朝的天命，夏王的德行已大乱，我已在天上把他的命运中断，你前去诛灭他，一定使你戡定他。'汤于是敢奉命率领他的部队，向夏边境进军，天帝派神暗中毁掉夏的城池。少顷，有天神来通告说：'夏德大乱，去攻打他，我一定让你彻底戡定他。我既已受命于上天，上天命令火神祝融和雷神丰隆降火在夏都西北角。'汤接受夏的民众而战胜了夏，在薄地会合诸侯，表明天命，并向四面八方通告，而天下诸侯没有敢不归附的。这就是商汤诛灭夏桀。涉及商纣王，上天不能享用其德，祭祀失时，连续十天半夜出太阳，在薄地下了泥土雨，九鼎迁移位置，女妖夜晚出现，有鬼晚上叹喟，有女子变为男人，天下了一场肉雨，国都大道上生了荆棘，而纣王更加放纵自己了。有只赤鸟口中衔圭，降落在周的岐山社庙上，圭上写道：'上天授命周文王，讨伐殷邦。'贤臣泰颠来投奔帮助，黄河中浮出《绿图》地下冒出乘黄神马。周武王即位，梦见三位神人说：'我已经使殷纣沉湎在酒色之中，你去攻打他，我一定使你彻底戡定他。'武王于是去攻打狂妄的纣，灭商建周，上天赐给武王黄鸟之旗。武王既已战胜殷商，承受上天的赏赐，命令诸侯分祭诸神，并祭祀纣的祖先，政教通达四方，而天下没有不归附的。于是继承了汤的功业，这即是武王诛纣。如果从这三位圣王来看，则这种战争不应该叫'攻'，而应叫作'诛'。"

※ 原文

则夫好攻伐之君，又饰其说以非子墨子曰："子以攻伐为不义，非利物与？昔者楚熊丽始封[1]此睢山之间，越王繄亏，出自有遽，始邦于越，唐叔与吕尚邦齐、晋。此皆地方数百里，今以并国之故，四分天下而有之。是故何也？"子墨子曰："子未察吾言之类，未明其故者也。古者天子之始封诸侯也，万有余；今以并国之故，万国有余皆灭，而四国独立。此譬犹医之药万有余人，而四人愈也，则不可谓良医矣。"

※ 注释

1 "讨"为"封"字之误。

※ 译文

但是那些喜好攻伐的国君，又辨饰其说来非议墨子道：“您以攻战为不义，是不好的事情吗？从前楚世子熊丽，最初封于睢山之间；越王繄亏出自有遽，始在越地建国；唐叔和吕尚分别建邦于齐国、晋国。他们这时的地方都不过方圆数百里，现在因为兼并别国的缘故，这些国家四分天下而占有之，这是什么缘故呢？”墨子说：“您没有理解我说法的类别，不明白其中的缘故。从前天下最初分封的诸侯，万有余国；现在因为并国的缘故，万多国家都已覆灭，唯有这四个国家独自存在。这譬如医生给万余人开药方，而其中仅四个人被治好了，那么就不能说是良医了。”

※ 原文

则夫好攻伐之君又饰其说，曰：“我非以金玉、子女、壤地为不足也，我欲以义名立于天下，以德求诸侯也。”子墨子曰：“今若有能以义名立于天下，以德求诸侯者，天下之服，可立而待也。”夫天下处攻伐久矣，譬若傅[1]子之为马然。今若有能信效，先利天下诸侯者，大国之不义也，则同忧之；大国之攻小国也，则同救之；小国城郭之不全也，必使修之；布粟之绝，则委之[2]；币帛不足，则共之。以此效[3]大国，则小国之君说。人劳我逸，则我甲兵强。宽以惠，缓易急，民必移，易攻伐以治我国，攻必倍。量我师举之费，以争[4]诸侯之毙，则必可得而序[5]利焉。督以正，义其名，必务宽吾众，信吾师，以此授[6]诸侯之师，则天下无敌矣，其为[7]下不可胜数也。此天下之利，而王公大人不知而用，则此可谓不知利天下之巨务矣。

是故子墨子曰：“今且天下之王公大人士君子，中情将欲求兴天下之利，除天下之害，当若繁为攻伐，此实天下之巨害也。今欲为仁义，求为上士，尚欲中圣王之道，下欲中国家百姓之利，故当若‘非攻’之为说，而将不可不察者，此也！”

※ 注释

1 “傅”当为“孺”。2 “之”为“乏”字之误。3 效：较量，报复。4 “争”为“竫”字之误，安抚，安定。5 “序”为“厚”字之误。6 “授”为“援”字之误，援助。7 “其为”之后脱“利天”二字。

※ 译文

但是喜好攻伐的国君又辩饰其说道：“我不是因为我的金玉、子女、土地不足，而是想使义名立于天下，想用德来使天下诸侯归顺我啊。”墨子说：“现在如果真有以义名立于天下，用德使天下诸侯归顺的人，那么让天下的人服从他，真是可以指日可待了。”因为天下人受攻战之苦真是太久了，这就像小孩把竹竿当作马骑一样。现在若有能先以义以利天下诸侯的，凡是大国有不义的行为，大家共同考虑怎么对付它；大国攻打小国，大家就一起去援助；小国的城郭不完整，一定让他修理好；布匹粮食不足的，大家一起接济他；货币不足的，大家去帮助他。以此与大国周旋，那么小国的君主一定会高兴。别人劳顿而我安逸，则我的兵力就会加强。宽厚而恩惠，以从容取代急迫，民心必定归附，改变攻伐之心来治理我们的国家，功效必定加倍。计算我们兴师的费用，以安抚诸侯的疲敝，那么一定能获得厚利了。以正道行世，立义名于天下，务必宽待我们的民众，用诚信取信于我们的军队，用这样的军队去援助诸侯小国的军队，那将是无敌于天下了。这是天下最大的好事，但王公大人不知道去利用，那么可以说是不知道什么是有利于天下的最紧急的事情了。

所以墨子说："现在天下的王公大人士大夫君子们，内心确实想求得兴天下之利，除天下之害，那么，频繁地进行攻战，这实际就是天下巨大的祸害。现在想要实行仁义，做一流人才，就必须努力做到：上要符合圣王之道，下要符合国家百姓之利，所以对于'非攻'这样的主张，就不能不认真考虑和体察了。"

※ 解读

这篇是接着上两篇继续讨论"非攻"的问题。墨子认为：对国家有利的前提条件是：对人民有利，而对人民有利，就必须要使大家和平共处，而非通过战争来实现。战争带来的祸害要远大于战争带来的利益。

但墨子所提倡的"非攻"并非反对一切战争，而是反对具有掠夺性的战争，是"强凌弱，众暴寡"的非正义战争，但他不反对抵抗暴力、保卫和平的战争，如商汤讨伐夏桀，周武王讨伐商纣王的战争，他认为这是上天代表人民除残去暴的正义行为，应该支持。他反对战争，完全是为了反对统治者的侵略和掠夺，他时时处处都是为了劳动者、小私有者的利益着想的。他希望实现和平，希望"饥者得食，寒者得衣，劳者得息"，他认为这是劳动者获得生存能力的最基本的条件。

墨子的这种憎恨侵略战争，向往和平的优良传统，直到今天也还鼓舞着我们，也是几千年来中国人民爱好和平的共同信念。他热爱和平、反抗掠夺战争的思想，体现了中国古代劳动人民质朴、善良、坚贞不渝的性格。

※ 事例

墨子说"诛除"与"攻伐"不同，他认为诛除是正义的战争，而攻伐是非正义的战争。他认为一个国君只有实行仁义，国家才能不衰败，才不会被上天所诛伐。三苗氏地势优越，但因不实行仁义，最后被夏禹剿灭。这正说明了仁义道德的重要性。他虽然提倡非攻，但他不反对正义的战争。因此国君必须实行仁政。现在我们来看看吴起的才识怎样。

吴起的才识

吴起，卫国人，在鲁国为官。齐国攻打鲁国，鲁国想任吴起为将，但吴起所娶的妻子是齐国人，鲁国人对他有些不放心。吴起便杀掉妻子，当上了大将，率军大败齐军。

有人在鲁侯跟前谗毁吴起，说："吴起当初曾经师从曾参，母亲去世他不奔丧服孝，曾参为此与他断绝关系；如今，为了一个大将之职，他居然杀了自己的结发妻子。吴起真是个残忍无德的人啊！况且，小小的鲁国，战胜了强敌，未必是好事。有此名声，各国都要一齐来对付鲁国了。"

吴起知道此事，担心鲁国治他的罪。听说魏文侯贤明，便前去投奔。文侯向李克征求对吴起的看法，李克说："吴起为人，贪婪而好色，但在用兵打仗方面，就连齐国名将司马穰苴也不如他。"

于是魏文侯任命吴起为将，带兵攻秦，夺取了五座城池。

吴起担任魏国大将，与最下等的士兵吃同样的饭食，穿同样的衣服，睡觉不铺席子，行军不乘车马，亲自捆扎行李驮运食粮，为士卒分忧解难。有个士兵长了毒疮，吴起为他吮毒。这个士兵的母亲听说后，放声痛哭。有人奇怪地问："你的儿子不过是个士兵，而将军却为他吸吮毒疮，你哭什么呀？"

这位母亲说："我不是为这事哭泣。当年吴将军为孩子的父亲吸过毒疮，他父亲打起仗来拼命冲杀，最后死在敌阵中了。现在，吴将军又为儿子吸毒疮，不知道儿子又会战死在哪里。我是在哭儿子啊！"

魏武侯乘船顺黄河而下，在途中对吴起说："真美啊，险固的山河！这是魏国之宝呀！"

吴起回答："一国之宝，应是国君的德政而不是山河的险固。当初的三苗氏，左面有洞庭湖，右面有彭蠡湖，但由于他不修德义，被夏禹消灭了；夏桀所居之地，左边是黄河济水，右边是泰华山，伊阙山在其南，羊肠坂在其北，由于治国不施仁政，被商汤王放逐了。商纣之国，左边是孟门，右边是太行山，常山在其北，黄河经其南，因他不行仁德，被周武王杀了。由此可见，国宝在于德政而不在于地势险要。如果君王不施德政，恐怕船上这些人也要成为您的敌人啊！"

魏武侯说："你说得太对了。"

节用[1]（上）

※ 原文

圣人为政一国，一国可倍也；大之为政天下，天下可倍也。其倍之非外取地也，因其国家去其无用之费，足以倍之。圣王为政，其发令、兴事，使民用财也，无不加用而为者。是故用财不费，民德不劳[2]，其兴利多矣！

其为衣裘何以为？冬以圉寒，夏以圉暑。凡为衣裳之道，冬加温、夏加清者，芊䱗[3]；不加者，去之。其为宫室何？以为冬以圉风寒，夏以圉暑雨。有盗贼加固者，芊䱗；不加者，去之。其为甲盾五兵何？以为以圉寇乱盗贼。若有寇乱盗贼，有甲盾五兵者胜，无者不胜，是故圣人作为甲盾五兵。凡为甲盾五兵加轻以利、坚而难折者，芊䱗；不加者，去之。其为舟车何为？车以行陵陆，舟以行川谷，以通四方之利。凡为舟车之道，加轻以利者，芊䱗；不加者，去之。凡其为此物也，无不加用而为者，是故用财不费，民德不劳，其兴利多矣。

有去大人之好聚珠玉、鸟兽、犬马，以益衣裳、宫室、甲盾、五兵、舟车之数于数倍乎，若则不难。故孰为难倍？唯人为难倍。然人有可倍也。昔者圣王为法，曰："丈夫年二十，毋敢不处家；女子年十五，毋敢不事人。"此圣王之法也。圣王既没，于民次[4]也，其欲蚤处家者，有所二十年处家；其欲晚处家者，有所四十年处家。以其蚤与其晚相践[5]，后圣王之法十年，若纯三年而字[6]，子生可以二三年矣。此不唯使民蚤处家，而可以倍与？且不然已！

※ 注释

1 节用：意为提倡节俭使用，反对奢靡浪费。此为上篇。2 民德不劳：民众能够不劳苦。"德"通"得"。3 "芊䱗"疑为"芋诸"之误。4 "次"通"恣"，恣意。5 "践"当为"翦"，减的意思。6 字：生子。

※ 译文

圣人治理一个国家，可以使国家的财力成倍增加；扩大到如果让圣人治理整个天下，那么整个天下的财富也可成倍增加。其中利益加倍的原因，不是靠向外扩张、掠夺土地，而是由于他减掉了那些无益的不必要的开支，相应地就使财力足足增长了一倍。圣王施政，他发布命令、举办事业，使用民力和钱财，没有不是有益于使用才去做的。所以使用钱财不浪费，百姓不感到劳苦，而给人民办的实事好事却很多！

他们制造衣服是为了什么呢？冬天用以御寒，夏天用以防暑。凡是符合缝制衣服的原则，冬天能增加温暖、夏天能增加凉爽，就拿来用；反之，达不到这个目的，就舍弃不用。他们建造房屋是为了什么呢？冬天用以抵御风寒，夏天用以防御炎热和下雨。有盗贼侵入能够使防守更加坚固的，就使用它；反之，达不到这个目的，就舍弃不用它。他们制造铠甲、盾牌和戈矛等五种兵器是为了什么呢？用以抵御外寇和盗贼。如果有外寇盗贼，拥有铠甲、盾牌和五种兵器的就胜利，没有的就失败，所以圣人制造铠甲、盾牌和五种兵器。凡是制造铠甲、盾牌和五种兵器，能增加轻便锋利、坚而难折的，就拿来使用；至于那些华而不实的武器，则一律舍弃不用。他们制造车、船是为了什么呢？车用来行陆地，船用来行水道，以此沟通四方的利益。凡是符合制造车、船的原则，能更加轻快便利的，就是好车船；不合乎这个标准的就废弃不用。凡是他们制造这些东西，无一不是有益于使用才去做的，所以使用钱财不浪费，人民群众也不会困苦，国家给人民的好处实惠就很多。

如果能去掉王公大人所爱好搜集的珠玉、鸟兽、狗马的费用，用来增加衣服、房屋、兵器、车船的数量，使之增加一倍，这件事不难做到。那么什么是难以倍增的呢？只有人口是难以倍增的。然而人也有可以倍增的办法。古代圣王制订法则，说道："男子年到二十，不能不成家；女子年到十五，不能不嫁人。"这是圣王的法规。圣王既已去世，听任百姓放纵自己，那些想早点成家的，有时二十岁就成家；那些想迟点成家的，有时四十岁才成家。拿早的与晚的相减，与圣王的法则差了十年，如果婚后都三年生一个孩子，就可多生两三个孩子了。这不是使百姓早成家可使人口倍增吗？然而现在却不是这样。

※ 原文

今天下为政者，其所以寡人之道多。其使民劳，其籍敛厚，民财不足、冻饿死者，不可胜数也。且大人惟毋兴师，以攻伐邻国，久者终年，速者数月，男女久不相见，此所以寡人之道也。与居处不安，饮食不时，作疾病死者，有与侵就偻橐[1]，攻城野战死者，不可胜数。此不令为政者所以寡人之道、数术[2]而起与？圣人为政特无此，不[3]圣人为政，其所以众人之道亦数术而起与？

故子墨子曰："去无用之费，圣王之道，天下之大利也。"

※ 注释

1 "侵就偻橐"应作"侵掠俘虏"。2 数术：许多手段、方法。3 "不"为"夫"字之误，发语词。

※ 译文

然而现在执政的人，他们用来减少人口的办法倒是多得很。他们使百姓劳苦，他们搜刮聚敛，人民群众因财用不足而冻死、饿死的，不计其数。而且大人们兴师动众去攻打邻国，时间长的经年累月，短的也有数月，男女夫妇很久不能相见，这也是使人口减少的一大原因。再加上生活不安定，饮食不按时，因生病而死的，还有因遭敌入侵，遇上伏击，以及攻城野战而导致死亡的，也是不计其数。这些不都是不善于当权者所造成人口减少的缘故吗？而圣人施政，则完全没有这个情况，圣人施政，用以使人口增多的措施也很多。

所以墨子说："去掉那些不必要的开支，这就是圣王的道理，这是大大有益于天下的事情啊。"

※ 解读

墨子从"国家人民之利"的立场提出了节用的原则，他主要是针对贵族阶级的奢侈浪费以及腐朽享乐的生活。

墨子认为，古代圣人治政，宫室、衣服、饮食、舟车只要实用就够了，不必非要建造得豪华奢侈。而当时的统治者却在这些方面穷奢极欲，大量耗费百姓的民力、财力，使人民生活陷于困境。甚至让很多男子过着独身生活。这篇"节用"主要是通过古代的圣人与先进的统治者进行对比，进而得出要想一个国家繁荣富强，就必须要在这些事情上"节用"，这也就是他所主张的"节用"说的主旨：一切从实用出发，凡不利于实用，不能给百姓带来利益的，应一概取消。

墨子认为凡是生活中所需要的东西，都必须以实用为主，他反对华而不实的铺张浪费，他认为要想减少人民的负担，就必须限制王公大人们的奢侈浪费，这样做的目的在于"用财不费，民德不劳"。

※ 事例一

墨子说：使人口减少的原因很多，其中有一个就是人民劳苦，把钱财用在不该用的地方，现在我们来看看白骨宫殿是怎么回事？

新建的宫殿

开皇十三年（公元 593 年），隋文帝下诏在岐州之北修建仁寿宫，派杨素监督工程的进行。杨素奏请派前莱州刺史宇文恺作大匠，让记室封德彝为土木监。于是开始大兴土木，削平山峰、填平山谷修建宫殿，高台累榭，曲曲折折、连绵不断。由于修建任务十分繁重，且要求严格，又必须在短期内完成，所以累死了很多劳工。有些人疲劳过度跌倒在地，便被推到坑里用土石埋起来，再筑成平地。因为这座宫殿死去的人数以万计。

开皇十五年（公元595年）三月，仁寿宫落成。二十九日隋文帝莅临仁寿宫。当时天气十分炎热，服役的人相继死在道路上，杨素把尸体全部焚毁，隋文帝听说之后很不高兴。等到达宫殿之后，看见宫殿如此雄伟壮丽、奢华富丽，隋文帝勃然大怒："杨素你花尽天下百姓的钱财、劳力为我修造这座宫殿，这不是让朕与天下人结怨吗？"杨素听了十分惶恐，生怕遭到惩罚，便赶紧把事情告诉了封德彝。封德彝安慰说道："你不用担心，等皇后到了，皇上一定会有恩诏。"第二天，隋文帝果然召杨素入宫谈话，皇后慰劳他说："你知道我们夫妇俩年事已高，没什么好娱乐的，把这座宫殿修建得如此富丽堂皇，难道不是对我们尽忠尽孝吗？"于是赏赐他百万钱、锦缎三千段。

※ 事例二

墨子说：要想使一个国家富强，节用是必不可少的，减少不必要的开支，使百姓不感到困苦，多为人民办实事，办好事。而唐朝之所以繁荣昌盛，有一点就是唐太宗知道怎样节用，怎样避免不必要的开支。

唐鉴隋亡

魏徵向唐太宗上疏认为："现在陛下一心向善的意愿，已经不如过去了，闻过必改的行为，比以前稍有减少了。谴责处罚臣下的事，逐渐多了，对臣下逞威发怒的情态，也比以前严厉了。所以我现在才知道，'位高不要傲慢，财富多不要奢侈'不是空口说白话。况且把隋朝时充实的府库、仓廪，众多的人口，强盛的甲兵，与当今的情况对比考查，现在怎么能与隋朝相提并论呢？然而隋朝依仗它的富强，兴师动众，劳民伤财，危及社稷；我们则因为人口少、国力弱，让老百姓休养生息，从而使国家得以安定。平安与危亡的道理，昭然若揭，不辩已明。过去，隋朝天下还没有乱的时候，他们认为一定不会发生战乱；当国家还没有灭亡的时候，他们也认为一定不会灭亡。所以不停地收取赋税，不断地烦劳百姓，不停地对外用兵，以至于祸乱殃及自身还不觉悟。观看一个人的形象，最好用平静的水面；审查失败的教训，最好用灭亡的国家。我希望陛下以隋朝的灭亡为鉴，去除奢侈，崇尚节俭，亲近忠良，远离奸佞。趁现在平安无事的时候，继续实行以往的谦恭节俭，这样就尽善尽美了。夺取江山确实很困难，守住江山则较为容易。陛下能够做好困难的事情，难道容易的事情还不能做好吗？"

节用（中）

※ 原文

子墨子言曰："古者明王圣人所以王天下，正诸侯者，彼其爱民谨忠，利民谨厚，忠信相连，又示之以利，是以终身不餍[1]，殁世而不卷[2]。古者明王圣人其所以王天下、正诸侯者，此也。"

是故古者圣王制为节用之法，曰："凡天下群百工，轮车鞼匏[3]，陶冶梓匠，使各从事其所能。"曰："凡足以奉给民用，则止。"诸加费不加于民利者，圣王弗为。

※ 注释

1 "餍"通"厌"。2 "卷"为"倦"。3 "鞼"为"（韗）"之假借字，制皮鼓工。"匏"为"鲍"之假借字，皮革工。

※ 译文

墨子说道："古代的明王圣人之所以能在天下称王、做诸侯之长，是他们确实爱民如子，给百姓的实惠很多，忠信结合，又把好处的所在指示给百姓，一生不厌倦。古代的明王圣人能在天下称王、做诸侯之长的原因，就在这里。"

所以古代圣王所规定的节用之法是："天下一切工匠，如制造车轮的、制皮革的、烧陶器的、铸金属的、当木匠的，让他们各尽所能。"又说："各种器物足够人民使用就行了。"至于各种费用增加而人民得不到实惠的事，圣王是决不会做的。

※ 原文

古者圣王制为饮食之法曰："足以充虚继气，强股肱，耳目聪明，则止。不极五味之调，芬香之和，不致远国珍怪异物。"何以知其然？古者尧治天下，南抚交阯，北降幽都，东西至日所出入，莫不宾服。逮至其厚爱，黍稷不二[1]，羹胾不重，饭于土熘，啜于土形[2]，斗以酌。俯仰周旋威仪之礼，圣王弗为。

古者圣王制为衣服之法，曰："冬服绀緅之衣，轻且暖；夏服絺綌之衣，轻且清，则止。"诸加费不加于民利者，圣王弗为。

古者圣人为猛禽狡兽暴人害民，于是教民以兵行。日带剑，为刺则入，击则断，旁击而不折，此剑之利也。甲为衣，则轻且利，动则兵且从[3]，此甲之利也。车为服重致远，乘之则安，引之则利，安以不伤人，利以速至，此车之利也。古者圣王为大川广谷之不可济，于是利为舟楫，足以将之，则止。虽上者三公、诸侯至，舟楫不易，津人[4]不饰，此舟之利也。

※ 注释

1 黍稷不二：饭食不会超过两种。2 “土形”即“土铏”，古代盛羹的瓦器。3 动则兵且从：行动既方便又顺心如意。“兵”为“弁”字之误，为“便”字之音借。4 津人：摆渡之人。

※ 译文

古代圣王制定关于饮食的法则是：“食物只要能够使人充饥补气，强身健体，耳聪目明，就可以了。而不必去追求美味佳肴，也不必去追求远方异国的珍禽异物一饱口福。”怎么知道是这样呢？古时尧帝治理天下，南面安抚到交阯，北面管理到幽都，东西管至日出日落的地方，没有人不心悦诚服的。至于他最喜爱的，饭食不超过两种，肉食有一即可，盛饭的碗是瓦做的，盛水的杯子是泥土烧制的，盛酒的勺子是木头做的，那些俯仰周旋显示排场威仪的礼节，圣王是不会去做。

古代圣王制作衣服的法则是：“冬天穿黑色的衣服，既轻便而又暖和；夏天穿细葛或粗葛布的衣服，既轻便而又凉爽，这就可以了。至于那些只增加人民负担而不给百姓实惠的事，圣王也是决不会干的。

古代圣王因为看到猛禽狡兽残害人民，于是教导百姓带着兵器走路。每日带着剑，用剑刺东西，能把东西刺穿，用剑砍东西，能把东西砍断，受到别的东西的旁击，也不会折断，这就是剑的好处。铠甲则要轻巧便利，行动时方便又顺意，这是甲衣的好处。用车子载得重行得远，乘坐平稳，牵引方便而快速，安稳而不会伤人，便利而能迅速到达，这是车子的好处。古代圣王因为大河宽广而不能渡过，于是制造船桨，能够在水面行驶，也就够了。即使是国家三公、诸侯到了，船桨也不必更换，摆渡人也不必装饰，这是船的好处。

※ 原文

古者圣王制为节葬之法，曰：“衣三领，足以朽肉；棺三寸，足以朽骸；堀穴，深不通于泉，流不发泄，则止。”死者既葬，生者毋久丧用哀。古者人之始生、未有宫室之时，因陵丘堀穴而处焉。圣王虑之，以为堀穴，曰：冬可以避风寒；逮夏，下润湿，上熏烝[1]，恐伤民之气，于是作为宫室而利。然则为宫室之法，将奈何哉？子墨子言曰：“其旁可以圉风寒，上可以圉雪霜雨露，其中蠲[2]洁，可以祭祀，宫墙足以为男女之别，则止。”诸加费不加民利者，圣王弗为。

※ 注释

1 熏烝：即“熏蒸”。2 “蠲”通“涓”，清洁。

※ 译文

古代圣王制定节葬的法则是：“衣服三件，能够裹住尸体，足够使死者骸骨朽烂在里面；棺木三寸厚，足够使死者肉体朽烂在里面。墓穴深度不接触地下水源，尸体的气味不至于散发到地面就可以了。”死者既已埋葬，生者就不要长久服丧哀悼。远古时代刚有人类的时候，还不知道修建房屋，依着山丘挖洞穴而居住。圣人因此忧虑，认为住在洞穴里面，虽然冬天可以避风寒；但一到夏天，下面潮湿，上面热气蒸发，恐怕伤害百姓的气血，于是建造房屋来使百姓便利。既然如此，那么建造宫室的法则应该怎样呢？墨子说道：“房屋四边可以抵御风寒，屋顶可以防御雪霜雨露，屋里清洁，可供祭祀，壁墙足以使男女分别生活，就可以了。”至于各种增加人民负担而不能给人民带来实惠的事情，圣王是决不会去做的。

※ 解读

墨子通过圣人对饮食、衣服、兵器、制造船只、节葬等制定的法则来阐述节用的重要性。一切东西只要实用就行，不奢求华丽的外表，这样的结果使一个个国家繁荣富强，人民安居乐业。而当时的统治者却正好相反，他们不满足于仅仅追求实用，而想通过华丽的外表来炫耀自己的财富，认为只有这些才能代表自己的身份地位。而这样的结果是劳民伤财，人民不是饿死、冻死，就是过着独身的生活，大量的财富被消耗在无用的东西上。因此，在本篇中，墨子主张一切事物对人民实用的就实行，不实用的就抛弃。

墨子节用篇的主要精神在于先要照顾广大人民的利益，先求人民的生活不饥不寒，然后再说发展国家。他对“暴夺人民衣食之才”的罪恶现象不是默不作声。而是提出了强烈的反抗，但因自己的社会地位和经济生活，他又不得不向贵族阶级表现出一定的妥协性。

※ 事例一

墨子说：“古者明王圣人所以王天下、正诸侯者，彼其爱民谨忠，利民谨厚。”能给人民实惠的君王，人民才会拥护他。但不利于人民的最终只能导致国破家亡的命运。隋炀帝就是一个鲜明的例子，他为了炫耀自己的财富，不惜把丝织品悬挂到树上，而人民却衣不遮体。

隋炀帝耀威

因为各蕃国的酋长全都聚集于洛阳，隋炀帝想要炫耀财富，于正月十五在端街举行盛大的百戏演出，戏场周围有五千步之长，共有一万八千多个演奏丝竹等乐器的人，声音传到数十里之外。从黄昏开始一直表演到第二天早上，灯火烛光把黑暗的天地照得宛若白昼；演出活动一共进行一个月，耗费了巨大的钱财，并规定此后每年都要举行。

各部落的首领们要求到丰都市场进行交易，炀帝同意了。事先下令整修装饰店铺，房屋规格全部统一，屋里还设置大量的帷帐，店内堆满各种各样珍奇的货物；来来往往的行人必须穿着华贵的衣服，连卖菜的人也必须用龙须席（绢）铺地。每当看见胡人经过酒食店，老板就必须邀请他们入内，奉上最好的菜肴；客人酒足饭饱之后不准收钱，还要对他们说："中原国富饶，酒食一向不收钱。"外族来的客人们都惊叹不已。当然聪明人看见用丝绸包裹树干，还是看出了破绽："中原国也有贫困的人，衣不蔽体，为什么不把这些布料给他们穿反而用来缠在树上呢？"市场上的人惭愧得不知该如何回答。

※ 事例二

墨子说过：建造房屋的目的是为了防御风寒，如果为了奢华而建造，这样只能加重人民的负担。而这种加重人民负担、不能给人民带来实惠的事情，圣王是不会做的。刘主为了自己的皇后而建造宫殿，但当时的社会战乱频繁，五谷不收，这对百姓而言无疑雪上加霜。皇后却是一个深明大义的人，她知道在这种时候不宜建造宫殿。如果不是她的出现，汉朝将又失去一名忠臣。

刘后的才德

十六国时期汉昭武帝刘聪把贵嫔刘娥立为皇后后，为她建造皇仪殿。廷尉陈元达恳切地劝谏："天生百姓并为他们树立君主，是让君主管理他们，并不是用千万百姓的生命去满足一个人的穷奢极欲。光文皇帝刘渊身穿粗布，皇后妃嫔也不穿绫罗绸缎，拉车的马匹不喂粟谷，这是爱惜百姓的缘故。陛下即位以来，已经建造了四十多处宫殿，加上一再兴兵作战，军粮运输不停，饥馑、疾病流行，造成人们死的死，逃的逃。如今您还想大兴土木，这难道是做百姓父母的想法吗？"

刘聪听了勃然大怒，说："朕身为天子，建造一个殿堂，你竟敢胡说八道扰乱大家的情绪，不杀掉你，朕的殿堂就建不成！"于是发出命令："拖出去杀了！连他的妻子一起在东市悬首示众。"当时刘聪在逍遥园的李中堂里，而陈元达在进谏之前已先用锁将自己锁在堂下的树上，听到刘聪欲诛杀自己和家人，他大声呼喊："我所说的，是为社稷大业考虑，而陛下却要杀掉我。汉朝朱云说：‘我能够与龙逢、比干同游，这就满足了！’”

大司徒任凯、光禄大夫朱纪、范隆，骠骑大将军河间王刘易等人一起叩头叩得出血，说：“陈元达为先帝刘渊所赏识，受命于汉之初，即使把他安排在门下，他也一直尽忠竭虑，知无不言。今天他所说的话虽然有些狂妄直率，但希望陛下能够宽容他。”刘聪沉默不语。

刘皇后听说后，暗中命令随从们停止对陈元达的刑罚，亲笔写了奏疏给刘聪，说：“现在宫室已经齐备，用不着再营建新的，四海还没有统一，应当珍惜百姓的财力。直言进谏的忠臣固然不顾自己的性命，而拒绝进谏的君主也是不考虑自身的性命。陛下为我营建宫殿而杀劝谏的大臣，这样，使忠良之臣缄口不言是因为我，远近都产生怨恨愤怒也是因为我，公私两方面的困窘弊害都是因为我，使国家社稷面临危险还是因为我，天下的大罪都集中到我的身上，我怎么能承担得起呢？我观察发现，自古以来造成国破家亡的，没有不从妇人开始的。我心里常常为之痛心，想不到今天自己也会这样，使得后世的人看我，就像看古人一样！我实在没有颜面再伺候您，希望您允许我死在这个殿堂里，以弥补陛下的过错！”刘聪看完后脸色都变了。

任凯等人仍然流着泪不停地叩头。刘聪这才慢慢地说：“朕近年来，因为中风，有点喜怒无常。陈元达是忠臣，朕却没有看出来，各位却能够为了他磕破头，确实是深明辅佐之臣呀。”说着便叫陈元达上来，把刘皇后的奏疏给他看，说：“在外有像您这样的人辅佐，在内有像皇后这样的人辅佐，我还有什么可忧虑的呢？”于是赏赐给任凯等人不同数量的稻谷与布帛，把逍遥园改称为纳贤园，李中堂改称为愧贤堂。

节葬[1]（下）

※ 原文

子墨子言曰：“仁者之为天下度也，辟[2]之无以异乎孝子之为亲度也。”今孝子之为亲度也，将奈何哉？曰：亲贫，则从事乎富之；人民寡，则从事乎众之；众乱，则从事乎治之。当其于此也，亦有力不足，财不赡，智不智[3]，然后已矣。无敢舍余力，隐谋遗利，而不为亲为之者矣。若三务者，孝子之为亲度也，既若此矣。虽仁者之为天下度，亦犹此也。曰：天下贫则从事乎富之，人民寡则从事乎众之，众而乱则从事乎治之。当其于此，亦有力不足，财不赡，智不智，然后已矣。无敢舍余力，隐谋遗利，而不为天下为之者矣。若三务者，此仁者之为天下度也，既若此矣。

※ 注释

1 节葬：主张葬礼要从简。2 “辟”通“譬”，譬如，比喻。3 第二个“智”通“知”。下同。

※ 译文

墨子说道：“仁者为天下打算，就像孝子事事为双亲考虑一样。”现在的孝子要为双亲考虑，将准备怎么做呢？即是：如果双亲贫穷，就设法让他们富裕起来；如果人丁不旺，就设法使人口增加；人多混乱，就设法治理好。当做这些事时，也会遇到力量不够、财用不足、智谋欠缺的情况，然后就算了的。但没有人敢留有余力、隐藏智谋、遗留财利，而不为双亲努力办事的。像上面这三件事，是孝子为双亲考虑已到了这种程度。仁者为天下人考虑，也应这个样子。那就是：天下贫穷就设法使他们富足，人口稀少就努力增加人口，天下混乱就设法治理好。当他在做这些时，也会遇到力量不够、财用不足、智力欠缺，然后才罢了的。但没有人留有余力、隐藏智谋、遗留财利，而不为天下努力工作的。像上面这三件事，仁者为天下考虑，也都到了这种程度。

※ 原文

今逮至昔者三代圣王既没，天下失义，后世之君子，或以厚葬久丧以为仁也，义也，孝子之事也；或以厚葬久丧以为非仁义，非孝子之事也。曰：二子者，言则相非，行即相反，皆曰：“吾上祖述尧、舜、禹、汤、文、武之道者也。”而言即相非，行即相反，于此乎后世之君子，皆疑惑乎二子者言也。若苟疑惑乎之二子者言，然则姑尝传[1]而为政乎国家万民而观之。计厚葬久丧，奚当此三利者？我意若使法其言，用其谋，厚葬久丧实可以富贫众寡、定危治乱乎，此仁也，义也，孝子之事也，为人谋者，不可不劝也。仁者将兴之天下，谁贾而使民誉之，终勿废也。意亦使法其言，用其谋，厚葬久丧实不可以富贫众寡、定危理乱乎！此非仁非义、非孝子之事也。为人谋者不可不沮也。仁者将求除之天下，相废而使人非之，终身勿为。且故兴天下之利，除天下之害，令国家百姓之不治也，自古及今，未尝之有也。

何以知其然也？今天下之士君子，将犹多皆疑惑厚葬久丧之为中是非利害也。故子墨子言曰：“然则姑尝稽[2]之，今虽毋法执厚葬久丧者言，以为事乎国家。”此存乎王公大人有丧者，曰棺椁必重，葬埋必厚，衣衾必多，文绣必繁，丘陇必巨；存乎匹夫贱人死者，殆竭家室；存乎诸侯死者，虚车府，然后金玉珠玑比乎身，纶组节约，车马藏乎圹，又必多为屋[3]幕、鼎鼓、几梴[4]、壶滥、戈剑、羽旄、齿革，寝而埋之，满意，若送从[5]。曰：天子杀殉，众者数百，寡者数十；将军、大夫杀殉，众者数十，寡者数人。

※ 注释

1 “传”为“傅”字之误，铺展。2 稽：考察。3 “屋”通“幄”，帐幕。4 “梴”同“筵”，竹席。5 “满意”与“懑抑”同音义通，愁眉压抑。“送”为“殉”字之误。送从，应为“循从”。

※ 译文

现在赶上了三代圣王已经不在的时代，天下的仁义已经丧失殆尽，后世的君子，有的认为厚葬久丧就是仁，就是义，是孝子理所当然要做的事；也有的认为厚葬久丧为不仁，为不义，不是孝子应该做的事。这两种人，在言论上相互否定，在行为上也截然相反，可是大家都说：“我们是继承尧、舜，禹、汤、文王、武王的大道。”但是他们的言语相互否定，行为相反，于是后世的君子对这两种说法都感到疑惑。如果对这两种不同意见感到疑惑，那么姑且转而对国家百姓进行施政的情况进行考察吧。看看厚葬久丧，在哪一方面能符合上述三种利益？假使仿照他们的说法，采用他们的主张，实行厚葬久丧确实可以使贫者富、寡者众，可以使危者安、乱者治，这就是仁的、义的，这也是孝子应该做的事，真心为别人打算的人，就不能不努力去做。仁者把厚葬久丧的办法在天下推广，作为制度，还要使百姓赞誉它，永远坚持不改变。假使采用他们的说法，实行他们的办法，厚葬久丧确实不可以使贫者富、寡者众，不可以使危者安、乱者治！这就是不仁的、不义的，这不是孝子应做的事。真心为别人打算的人，就不能不劝阻别人这样做。仁者将在天下除掉它，不准采用，让大家一起来反对这种做法，永远不用这个做法。所以说兴天下之利，除天下之害，而使国家百姓得不到治理的，从古至今还不曾有过。

从何知道是这样呢？现在天下的士君子们，对于厚葬久丧的是非利害，大多持疑惑不定的态度。所以墨子说道：“既然如此，那么我们姑且来考察一下坚持厚葬久丧主张的人的言论，用来治理国家。”在王公大人有丧事的时候，就说棺木一定要厚，必须埋葬在深深的地下，装殓的衣服被褥必须多而又多，随葬的文绣必须繁富，坟墓必须高大；一般平民百姓遇到丧事时，几乎要竭尽全家所有资财；诸侯遇到丧事，府库为之空虚，然后将金玉珠宝装饰在死者身上，用丝絮组带束住，并把车马埋藏在圹穴中，又必定要多多制造帷幕帐幔、钟鼎、鼓、几筵、酒壶、镜子、戈、剑、羽旄、象牙、皮革，置于死者寝宫而埋掉，然后才满意。至于殉葬，天子、诸侯死后所杀的殉葬者，多的数百人，少的数十人；将军、大夫死后所杀的殉葬者，多的数十人，少的数人。

※ 原文

处丧之法，将奈何哉？曰：哭泣不秩[1]，声翁，缞绖垂涕，处倚庐，寝苫枕块；又相率强不食而为饥，薄衣而为寒。使面目陷陬[2]，颜色黧黑，耳目不聪明，手足不劲强，不可用也。又曰：上士之操丧也，必扶而能起，杖而能行，以此共三年。若法若言，行若道，使王公大人行此则必不能蚤朝五官六府，辟草木，实仓廪。使农夫行此则必不能蚤出夜入，耕稼树艺。使百工行此，则必不能修舟车为器皿矣。使妇人行此，则必不能夙兴夜寐，纺绩织纴。细计厚葬，为多埋赋之财者也；计久丧，为久禁从事者也。财以成者，扶[3]而埋之；后得生者，而久禁之。以此求富，此譬犹禁耕而求获也，富之说无可得焉。

※ 注释

1 "秩"为"迭"之假借字，更替。2 "陬"即"皱"。3 扶：读"覆"，犹反。

※ 译文

守丧期间的具体做法，又是怎样呢？那就是：哭泣无时，不相更代，披着孝服，眼泪汪汪，住在临时搭的木屋里，躺在茅草上睡觉，头枕着土块；又竞相忍着不吃而任自己饥饿，衣服穿得单薄而任自己寒冷。使自己面目干瘦，颜色黝黑，耳朵不聪敏，眼睛不明亮，手脚不强劲，不能做什么事情了。又说：上层士大夫守丧，必须虚弱得搀扶才能起来，拄着拐杖才能行走，而且这个样子，要坚持三年。如果按这个办法行事，使王公大人实行此道，那么必定不能早朝晚退，不能听狱判案治理政事，使士大夫实行此道，那么必定不能治理五官六府各种机关的事务，不能开辟草木荒地和使仓库粮食充实。使农夫实行此道，那么必定不能早出晚归，去耕田种菜。使工匠依此而行，那么必定不能修造船、车，制作器皿。使妇女依此而行，那么必定不能早起晚睡，去纺纱、绩麻、织布。仔细计算厚葬这件事，实在是把大量财富埋葬地下；计算长久服丧之事，实在是长久禁止人们从事工作呀。现成的财富，要拿来埋到土中；以后本来可以生出来的资财，又长时间禁止生产。用这种做法去追求财富，就好像禁止耕田而又想收获一样，致富的说法是不可能实现的。

※ 原文

是故求以富家，而既已不可矣，欲以众人民，意者可邪？其说又不可矣。今唯无以厚葬久丧者为政，君死，丧之三年；父母死，丧之三年；妻与后子死者，五皆丧之三年。然后伯父、叔父、兄弟、孽子其[1]，族人五月，姑姊甥舅皆有月数，则毁瘠必有制矣。使面目陷陬，颜色黧黑，耳目不聪明，手足不劲强，不可用也。又曰：上士操丧也，必扶而能起，杖而能行，以此共三年。若法若言，行若道，苟其饥约又若此矣。是故百姓冬不仞[2]寒，夏不仞暑，作疾病死者，不可胜计也。此其为败男女之交多矣。以此求众，譬犹使人负剑，而求其寿也。众之说无可得焉。

※ 注释

1 其：通“期”，期年，一整年。2 “仞”为“忍”字之假借字，忍耐。下同。

※ 译文

因此，用厚葬久丧来使国富家足，那已是不可能了，而要使人民数量增加，或许可以吧？然而这种说法又是不行的。现在以主张厚葬久丧的原则去治理国家，国君死了，服丧三年；父母死了，服丧三年，妻与嫡长子死了，又都服丧三年。然后伯父、叔父、兄弟、自己的众庶子死了服丧一年，近亲属死了服丧五个月，姑父母、姐姐、外甥、舅父母死了，服丧都有一定月数，服丧期间，都有一套制度规定：使面目干瘦，颜色黝黑，耳不聪，眼不明，手脚无力，无法劳动。又说：上层士大夫守丧，必须搀扶才能站起，拄着拐杖才能行走，按此方式生活三年。如果按这个主张，照这个办法，忍饥挨饿又到这种程度。那么百姓冬天受不了寒冷，夏天受不住酷暑，生病而死的，就会多得无法计算。这样就会在很大程度上影响男女之间的交媾。用这种做法来增加人口，就好像使人伏于利剑之下等待行刑，而寻求长寿一样，这是不可能的。

※ 原文

是故求以众人民，而既以不可矣，欲以治刑政，意者可乎？其说又不可矣。今唯无以厚葬久丧者为政，国家必贫，人民必寡，刑政必乱。若法若言，行若道，使为上者行此，则不能听治；使为下者行此，则不能从事。上不听治，刑政必乱；下不从事，衣食之财必不足。若苟不足，为人弟者，求其兄而不得，不弟弟[1]必将怨其兄矣；为人子者，求其亲而不得，不孝子必是怨其亲矣；为人臣者，求之君而不得，不忠臣必且乱其上矣。是以僻淫邪行之民，出则无衣也，入则无食也，内续奚吾[2]，并为淫暴，而不可胜禁也。是故盗贼众而治者寡。夫众盗贼而寡治者，以此求治，譬犹使人三睘[3]而毋负已也。治之说无可得焉。

※ 注释

1 弟弟：敬重弟弟。前一个“弟”通“悌”。2 “内续奚吾”为“内积謑诟”之误，以存耻辱之念。3 三睘：多次遣还。“睘”同“还”。

※ 译文

所以用厚葬久丧的办法来使人口增多，这是不可能了，那么，以此治理刑事政务，也许可以吧？这种说法也是不行的。现在以厚葬久丧的原则治理政事，国家必定会贫穷，人民必定会减少，刑政必定会混乱。假如效法这种言论，实行这种主张，使居上位的人执行此道，就不可能听政治国；使在下位的人执行此道，就不可能从事生产。居上位的不能听政治国，刑事政务就必定混乱；在下位的不能从事生产，衣食之资就必定不足。假若不足，做弟弟的，向哥哥求借而没有得到，不懂事的弟弟就会怨恨他的哥哥；做儿子的，向父母求借而没有得到，不孝的儿子就一定会怨恨他的父母；做臣子的，向君主求借而没有得到，不忠的臣子就必定会叛乱他的君上。所以邪僻淫暴的百姓，出门没有衣服穿，回家没有饭吃，内心深感耻辱，就一起去做邪恶暴虐之事，多得无法禁止。因此盗贼众多而治安不好。倘使盗贼增多而治安不稳定，按照这种方法追求治理，就好像把人多次遣送回去，希望他不辜负自己一样。而使国家治理的说法已不可实现了。

※ 原文

是故求以治刑政，而既已不可矣，欲以禁止大国之攻小国也，意者可邪？其说又不可矣。是故昔者圣王既没，天下失义，诸侯力征，南有楚、越之王，而北有齐、晋之君，此皆砥砺其卒伍，以攻伐并兼为政于天下。是故凡大国之所以不攻小国者，积委多，城郭修，上下调和，是故大国不耆攻之；无积委，城郭不修，上下不调和，是故大国耆攻之。今唯无以厚葬久丧者为政，国家必贫，人民必寡，刑政必乱。若苟贫，是无以为积委也；若苛寡，是城郭沟渠者寡也；若苟乱，是出战不克，入守不固。

※ 译文

因此用这种方法来治理刑法政务，是不可能了。那么，以此禁止大国攻打小国，也许还可以吧？这种说法又是不可成立的。从前的圣王已离开人世，天下丧失了正义，诸侯用武力征伐。南边有楚国、越过的君王，北边有齐国、晋国的君王，这些君主都严格训练他们的士卒，在天下攻伐兼并、发令施政的人。大凡大国之所以不攻打小国，是因为小国积蓄的粮草多，城郭修固，上下团结和谐，所以大国不喜欢攻打它们。如果小国没有积蓄的粮草，城郭不修固，上下不团结和谐，那么大国就喜欢攻打它们。

现在以主张厚葬久丧的人主持政务，国家必定会贫穷，人民必定会减少，刑事政务必定会混乱。如果国家贫穷，就没有什么东西可以用来积贮；如果人口减少，这样修城郭、沟渠的人就少了；如果刑政混乱，这样出战就不能胜利，防守就不能牢固。

※ 原文

此求禁止大国之攻小国也，而既已不可矣，欲以干上天鬼神之福，意者可邪？其说又不可矣。今唯无以厚葬久丧者为政，国家必贫，人民必寡，刑政必乱。若苟贫，是粢盛酒醴不净洁也；若苟寡，是事上天鬼神者寡也；若苟乱，是祭祀不时度也。今又禁止事上天鬼神，为政若此，上天鬼神始得从上抚之曰："我有是人也，与无是人也，孰愈？"曰："我有是人也，与无是人也，无择也。"则惟上天鬼神降之罪厉之祸罚而弃之，则岂不亦乃其所哉！

故古圣王制为葬埋之法，曰："棺三寸，足以朽体；衣衾三领，足以覆恶。以及其葬也，下毋及泉，上毋通臭，垄若参[1]耕之亩，则止矣。"死则既已葬矣，生者必无久哭，而疾而从事，人为其所能，以交相利也。此圣王之法也。

※ 注释

1 "参"同"叁"。

※ 译文

用厚葬久丧这个方法来禁止大国攻打小国，已经不可能了。那么，用它来求得上天、鬼神赐福，也许可以吧？这种说法也是不行的。现在以主张厚葬久丧的人主持政务，国家必定贫穷，人民必定减少，刑法政治必定混乱。如果国家贫穷，那么祭祀的粢盛酒醴就不洁净；如果人民减少，那么敬拜上天、鬼神的人就少了；如果刑政混乱，那么祭祀就不能准时了。现在又禁止敬事上天鬼神。而实行这样的政策，上天、鬼神就会在天上扪心自问说："我拥有这些人和没有这些人，有什么两样呢？"回答说："我拥有这些人与没有这些人，没有区别。"那么，即使上天、鬼神就降下灾祸并抛弃他们，不也是理所当然吗？

所以古代圣王制定埋葬的原则，即是：棺木三寸厚，能够让尸体在里面腐烂就行；衣服被褥三件，足以掩盖可怕的尸形就行。及至埋葬，最深不要接触地下水源，离开地面的高度以尸体的气味不散发到地面为度，坟地宽广三尺，就够了。死者既已埋葬，活着的人就不要不止声地哭泣，导致生病而要赶快从事生产，人人各尽所能，用以互利互惠。这就是圣王的法则。

※ 原文

今执厚葬久丧者之言曰："厚葬久丧，虽使不可以富贫、众寡、定危、治乱，然此圣王之道也。"子墨子曰："不然！昔者尧北教乎八狄，道死，葬蛩山之阴，衣衾三领，榖木之棺，葛以缄之，既氾[1]而后哭，满埳无封。已葬，而牛马乘之。舜西教乎七戎，道死，葬南已之市，衣衾三领，榖木之棺，葛以缄之。已葬，而市人乘之。禹东教乎九夷，道死，葬会稽之山，衣衾三领，桐棺三寸，葛以缄之，绞之不合，道之不埳，土[2]地之深，下毋及泉，上毋通臭。既葬，收馀壤其上，垄若参耕之亩，则止矣。若以此若三圣王者观之，则厚葬久丧果非圣王之道。故三王者，皆贵为天子，富有天下，岂忧财用之不足哉！以为如此葬埋之法。"

※ 注释

1 "氾"为"窆（biǎn）"的借音字。2 "土"为"掘"字之误。

※ 译文

现在坚持厚葬久丧主张的人说道："厚葬久丧即使不可以使贫者富、寡者众、危者定、乱者治，然而这是圣王之道。"墨子说："不是这样。从前尧去北方教化八狄，在半路上死了，葬在蛩山的北侧，衣服和被子各只有三件，用普通的楮木做成棺材，用葛藤捆束封口，棺材已入土后才哭丧，圹穴填平而不起坟。已经下葬后，牛马在上面追逐。舜到西方教化七戎，在半路上死了，葬在南已的市场旁，衣服和被子各只三件，以普通的楮木做成棺材，用葛藤捆束封口。已经下葬后，而市人在上面追逐。大禹去东方教化九夷，在半路死了，葬在会稽山上，衣服和被子各只有三件，用桐木做的棺材厚三寸，用葛藤捆束封口，虽然封了口但棺盖与棺身不能密合，凿了墓道，但并不深，掘地的深度下不及泉，上不透臭气。既已埋葬，收集剩余的泥土堆在上面，坟地宽广大约三尺，就行了。如果照这三位圣王来看，则厚葬久丧果真不是圣王之道。这三王都贵为天子，富有天下，难道还怕财用不够吗？这样简单的埋葬方式即可。"

※ 原文

今王公大人之为葬埋，则异于此。必大棺、中棺，革阓三操[1]，璧玉即具，戈剑、鼎鼓、壶滥、文绣、素练、大鞅万领[2]、舆马、女乐皆具，曰：必捶涂差通，垄虽凡山陵[3]。此为辍民之事，靡民之财，不可胜计也，其为毋用若此矣。

是故子墨子曰："乡者[4]，吾本言曰：意亦使法其言，用其谋，计厚葬久丧，请[5]可以富贫、众寡、定危、治乱乎？则仁也，义也，孝子之事也！为人谋者，不可不劝也；意亦使法其言，用其谋，若人厚葬久丧，实不可以富贫、众寡、定危、治乱乎？则非仁也，非义也，非孝子之事也！为人谋者，不可不沮也。是故求以富国家，甚得贫焉；欲以众人民，甚得寡焉；欲以治刑政，甚得乱焉；求以禁止大国之攻小国也，而既已不可矣；欲以干上帝鬼神之福，又得祸焉。上稽之尧、舜、禹、汤、文、武之道，而政[6]逆之；下稽之桀、纣、幽、厉之事，犹合节也。若以此观，则厚葬久丧其非圣王之道也。"

※ 注释

1 "阓"为"鞼"之假借字。"操"为"累"之误。2 "大鞅万领"疑为"衣衾万领"之误。3 "虽"为"雄"字之误。"凡"为"兄"字之误，即"况"。4 "乡"通"向"，过去，从前。5 "请"通"诚"。6 "政"通"正"。

※ 译文

现在王公大人们的埋葬办法，则完全和这不一样。他们必定要大棺套中棺，用饰有文彩的皮带再三捆扎，宝璧宝玉既已具备，戈、剑、鼎、鼓、壶、镜、纹绣、白练、衣衾万件、车马、女乐都具备了。还必须把墓道捶实、涂饰好，坟墓雄伟可比山陵。这样荒废人民的事务，耗费人民的财富，多得不可胜数。厚葬久丧没有一点好处，以至到了这种地步。

所以墨子说："从前，我已经说过，假如效法这种言论，实行这种方法，计算厚葬久丧，真的可以使贫者变富、让人口少变多、让危难得以稳定、让混乱得到治理，那就是仁的、义的，也是孝子应该做的事，那么替别人打算的人，不可不鼓励他这样做。假如效法这种言论，实行这种办法，确实不能使贫者富、寡者众、危者定、乱者治，那就是不仁的、不义的、不是孝子应做的事，因而替人打算的，不可不阻止他这样做。所以，实行厚葬久丧，本来想使国家富足，没想到却更加贫困；本来希望增加人口，而现在却使人口减少；想用它来使政治清明，没想到却更加混乱；想用它来禁止大国攻打小国已经不可能了，想用它求取上天鬼神的赐福反而只能得祸。我们上从尧、舜、禹、汤、周文王、周武王之道来考察它，正好与之相反；下从桀、纣、周幽王、周厉王之事来考察它，倒是符节相合。照这看来，则厚葬久丧不是圣王之道。"

※ 原文

今执厚葬久丧者言曰："厚葬久丧，果非圣王之道，夫胡说中国之君子，为而不已，操而不择[1]哉？"子墨子曰："此所谓便其习而义[2]其俗者也。"昔者越之东有輆沭之国者，其长子生，则解而食之，谓之"宜弟"；其大父死，负其大母而弃之，曰："鬼妻不可与居处。"此上以为政，下以为俗，为而不已，操而不择，则此岂实仁义之道哉？此所谓便其习而义其俗者也。楚之南有炎[3]人国者，其亲戚死，朽其肉而弃之，然后埋其骨，乃成为孝子。秦之西，有仪渠之国者，其亲戚死，聚柴薪而焚之，燻上谓之“登遐”，然后成为孝子。此上以为政，下以为俗，为而不已。操而不择，则此岂实仁义之道哉？此所谓便其习而义其俗者也。若以此若三国者观之，则亦犹薄矣；若以中国之君子观之，则亦犹厚矣。如彼则大厚，如此则大薄，然则埋葬之有节矣。

故衣食者，人之生利也，然且犹尚有节；葬埋者，人之死利也，夫何独无节于此乎？子墨子制为葬埋之法，曰：“棺三寸，足以朽骨；衣三领，足以朽肉。掘地之深，下无菹[4]漏，气无发泄于上，垄足以期其所，则止矣。哭往哭来，反[5]从事乎衣食之财，佴乎祭祀，以致孝于亲。”故曰子墨子之法，不失死生之利者，此也。

故子墨子言曰：“今天下之士君子，中请将欲为仁义，求为上士，上欲中圣王之道，下欲中国家百姓之利，故当若节丧之为政，而不可不察此者[6]也。”

※ 注释

1 “择”为“释”字之误。2 “义”为“宜”。3 “炎”为“啖”字之误，吃。4 “菹”通“沮”，湿。5 “反”通“返”。6 “此者”应为“者此”。

※ 译文

现在坚持厚葬久丧的人说道：“厚葬久丧，果真不是圣王之道，那么为什么说中原的君子实行不止、持而不释呢？”墨子说道：“这就所谓的便于习惯、安于风俗。”从前，越国的东面有个輆沭国，那个国家的人的头一个孩子出生后就肢解吃掉，说是“宜于生弟弟”；他们的祖父死后，就背着祖母扔掉，说：“鬼妻不可与之住在一起。”这种做法上面持以施政，下面习以为常，照办不改。那么，这难道确实是仁义之道吗？这就是所谓的便于习惯而安于风俗。楚国的南面有个啖人国，此国人的双亲死后，先把肉剐下来扔掉，然后再埋葬骨头，才能成为孝子。秦国的西面有个仪渠国，此国人的双亲死后，聚积柴薪把他烧掉。把烟气上升说成是死者“登仙”，然后才能成为孝子。上面以这种做法作为国政，下面以之作为风俗，行之不已。持而不释，这难道确实是仁义之道吗？这就是所谓的便于习惯而安于风俗。如果从这三国的情况来看，那么人们对葬丧也还是很微薄的；而从中原君子的情况来看，则又还是很厚重的。像这样太厚，像那样又太薄，既然如此，那么葬埋就应当有节制。

所以，衣食是人活着时利益之所在，然而犹且崇尚节制；葬埋是人死后的利益之所在，为何独不对此加以节制呢？于是墨子制定葬埋的法则，说：“棺材厚三寸，衣服只三件，足以使死者的骨肉在里面朽烂。掘地的深浅，以下面没有湿漏，尸体气味不要泄出地面上为度。坟堆足以让人认识就行了。哭着送去，哭着回来。回来以后就从事于谋求衣食之财，用以资助祭祀之用，以此对父母双亲尽孝道。”所以说，墨子的法则，不损害生和死两方面的利益，即此之故。

所以墨子说：“现在天下的士君子，内心确实想行仁义，想成为高级人士，上要符合圣王之道，下要符合国家百姓的利益，所以对实行厚葬久丧的政策，不能不深入考察。”就是这个道理。

※ 解读

在墨子生活的时代，贵族不但生前奢侈浪费，享乐腐化，死后还要用大量劳动人民的血汗换来的财物埋葬他们那罪恶的躯体。墨子认为当时的丧葬已经发展到了浪费钱财、耗时费力、“败男女之交多”的程度，于是他提出了著名的“节葬”说，也就是说对于丧葬，应该有薄葬、短葬的主张，并要求缩小贵族世卿和人民之间生活的距离。

墨子为了劳动者的利益，在消极方面提出了“节用”和“节葬”，但在积极方面却提出了增加财富和增加人口的方案。他认为“厚葬”就是把有用的财富埋在地下，结果必使人民贫困；“久丧”就是毁坏身体，又使男女隔离，必使人口减少。

同时，他还认为在居丧期间，王公贵族不能过问政事，人民不能从事生产，结果使得“国家必贫，人民必寡，邢政必乱”。

节葬是墨子针对当时统治者耗费大量钱财来铺张丧葬而提出的节约主张。墨子认为，厚葬久丧不仅浪费了社会财富，而且还使人们无法从事生产劳动，并且影响了人口的增长。这不仅对社会有害，而且也不符合死者的利益和古代圣王的传统，因而必须加以废止。

※ 事例

墨子说：“以厚葬久丧者为政，国家必贫，人民必寡，刑政必乱。”而要真正想成为士人，就不得不满足人民的利益，就必须节葬。可仍有很多君主不能这样做，结果导致民不聊生，国家混乱。桓帝统治时期就是一个鲜明的例子。

宦官骄横

丙午（十一日），新丰侯单超去世。桓帝赏赐给他御用棺木和玉衣。等到埋葬时，又调发五营骑士，由将作大匠督率，为他修筑坟墓。其后，剩下的“四侯”更加骄横跋扈，天下有人编出歌谣说：“左悺如天当头盖，具瑗独坐谁不拜，徐璜如虎惹不得，唐衡像雨处处在。”他们竞相修建宅第，追求豪华奢侈，连仆从出门都乘坐牛车，有骑马卫士跟随。他们的兄弟和有婚姻关系的亲戚中，很多人担任州刺史和郡太守，搜刮和掠夺百姓的财富，和盗贼没有区别，暴虐遍及全国各地。民不聊生，所以很多人去做盗贼。

天志[1]（上）

※ 原文

子墨子言曰："今天下之士君子，知小而不知大。"何以知之？以其处家者知之。若处家得罪于家长，犹有邻家所避逃之；然且亲戚、兄弟、所知识[2]，共相儆戒，皆曰："不可不戒矣！不可不慎矣！恶有处家而得罪于家长而可为也？"非独处家者为然，虽处国亦然。处国得罪于国君，犹有邻国所避逃之；然且亲戚、兄弟、所知识，共相儆戒，皆曰："不可不戒矣！不可不慎矣！谁亦有处国得罪于国君而可为也？"此有所避逃之者也，相儆戒犹若此其厚，况无所逃避之者，相儆戒岂不愈厚，然后可哉？且语言有之曰："焉而晏[3]日焉而得罪，将恶避逃之？"曰："无所避逃之。"夫天，不可为林谷幽门无人，明必见之；然而天下之士君子之于天也，忽然不知以相儆戒。此我所以知天下士君子知小而不知大也。

※ 注释

1 天志即天的意志。2 所知识：相识之人。3 前"而"通"尔"。晏：清明。

※ 译文

墨子说道：现在天下的士大夫、君子们，只知道小道理，而不知道大道理。怎么知道是这样呢？从他处理家族的事情中就可以知道。如果处理家族中的事务得罪了家长，还可逃避到相邻的家族去；然而父母、兄弟和亲戚朋友，彼此相互警戒，都说："不能不引以为戒，不能不谨慎呀！哪里有生活在家族中间而可得罪家长，那还能有什么作为呢？"不仅处理家族事务是这样，处理国家事务也是这样。如果处理国家事务得罪了国君，还有邻国可以逃避；然而父母、兄弟和亲戚朋友，彼此相互警戒，都说："不能不引以为戒！不能不谨慎呀！哪里有生活在一个国家而得罪国君，那还能有什么作为呢？"这是有地方可以逃避的，人们相互告诫还如此严重，更何况那些没有地方可以逃避的呢？互相告诫难道不就更加严重了吗？而且俗话说："光天化日之下犯了罪，能逃避到什么地方去呢？"回答是："没有地方可以逃避。"即使是茂林深谷幽境之处，上天神目如电，明见天下所有的幽隐；然而天下的士大夫、君子们对于上天，却疏忽地不知道以此相互警戒。这就是我知道天下的士大夫、君子们知道小道理而不知道大道理的原因。

※ 原文

然则天亦何欲何恶？天欲义而恶不义。然则率天下之百姓，以从事于义，则我乃为天之所欲也。我为天之所欲，天亦为我所欲。然则我何欲何恶？我欲福禄而恶祸祟。若我不为天之所欲，而为天之所不欲，然则我率天下之百姓，以从事于祸祟中也。然则何以知天之欲义而恶不义？曰：天下有义则生，无义则死；有义则富，无义则贫；有义则治，无义则乱。然则天欲其生而恶其死，欲其富而恶其贫，欲其治而恶其乱，此我所以知天欲义而恶不义也。

曰：且夫义者，政[1]也，无从下之政上，必从上之政下。是故庶人竭力从事，未得次[2]已而为政，有士政之；士竭力从事，未得次已而为政，有将军、大夫政之；将军、大夫竭力从事，未得次已而为政，有三公、诸侯政之；三公、诸侯竭力听治，未得次已而为政，有天子政之；天子未得次已而为政，有天政之。天子为政于三公、诸侯、士、庶人，天下之士君子固明知；天之为政于天子，天下百姓未得之明知也。故昔三代圣王禹、汤、文、武，欲以天之为政于天子，明说天下之百姓，故莫不犓牛羊，豢犬彘，洁为粢盛酒醴，以祭祀上天鬼神，而求祈福于天。我未尝闻天下之所求祈福于天子者也，我所以知天之为政于天子者也。

※ 注释

1 “政”通“正”，正义。2 “次”为“恣”，恣意。下同。

※ 译文

既然这样，那么上天爱好什么、憎恶什么呢？上天爱好义而憎恶不义。既然如此，那么率领天下的百姓，去做合乎义的事，这就是我们在做上天所希望的事了。我们做上天所希望的事，那么上天就会做我们所希望的事。那么我们又希望什么、憎恶什么呢？我们希望得到福禄而讨厌祸患。如果我们不做上天所希望的事，而做上天不喜欢的事，那么就是我们率领天下的百姓，陷身于祸患灾殃中去了。那么怎么知道上天喜爱义而憎恶不义呢？回答说：天下之事，有符合义的就生存，不符合义的就灭亡；符合义的就富有，不符合义的就贫穷；符合义的就治理，不符合义的就混乱。但是从本质上说，上天希望人们生存，而不愿看到人们死亡，希望人民富有而不愿看到他们贫穷，希望天下安定而不愿看到社会动乱，因此我知道上天喜欢义而讨厌不义。

墨子说：义是用来匡正人的。不是从下面来匡正上面，而是由上级来匡正下属的。所以老百姓竭力做事，不能擅自去做，有士去匡正他们；士竭力做事，不得擅自去做，有将军、大夫匡正他们；将军、大夫竭力做事，不得擅自去做，有三公、诸侯去匡正他们；三公、诸侯竭力听政治国，不得擅自去做，有天子匡正他们；天子不得擅自去治政，有上天匡正他。天子向三公、诸侯、士、庶人施政，天下的士大夫君子们固然明白地知道；上天向天子施政，天下的百姓却未能清楚地知道。所以夏商周三代的圣君夏禹、商汤、周文王、周武王，想把上天向天子施政的事，明白地告诉天下的百姓，所以大家都豢养牛羊、猪狗，预备洁净的酒醴粢盛，用来祭祀上天鬼神而向上天求福。我没有听说过上天向天子祈求福报的。所以我知道上天是领导天子的。

※ 原文

故天子者，天下之穷贵也，天下之穷富也。故于[1]富且贵者，当天意而不可不顺。顺天意者，兼相爱，交相利，必得赏；反天意者，别相恶，交相贼，必得罚。然则是谁顺天意而得赏者？谁反天意而得罚者？子墨子言曰：“昔三代圣王禹、汤、文、武，此顺天意而得赏也；昔三代之暴王桀、纣、幽、厉，此反天意而得罚者也。”然则禹、汤、文、武，其得赏何以也？子墨子言曰：“其事上尊天，中事鬼神，下爱人，故天意曰：‘此之我所爱，兼而爱之；我所利，兼而利之。爱人者此为博焉，利人者此为厚焉。’故使贵为天子，富有天下，业[2]万世子孙，传称其善，方施天下，至今称之，谓之圣王。”然则桀、纣、幽、厉，得其罚何以也。子墨子言曰：“其事上诟天，中诟鬼，下贼人，故天意曰：‘此之我所爱，别而恶之；我所利，交而贼之。恶人者，此为之博也；贱[3]人者，此为之厚也。’故使不得终其寿，不殁其世，至今毁之，谓之暴王。”

※ 注释

1 “于”为“欲”字之误。2 “业”当为“叶”。3 “贱”为“贼”字之误。

※ 译文

所以说天子是天下极高贵的人，天下极富有的人。所以想要富贵的人，对天意就不可不顺从。顺从天意，相亲相爱，互惠互利，就一定会得到赏赐；违反天意的人，互相仇恨，相互残害，一定会得到惩罚。那么顺从天意而得到赏赐的人是谁呢？违反天意而得到惩罚的人是谁呢？墨子说道：“夏商周三代圣王禹、汤、文王、武王，这些是顺从天意而得到赏赐的；夏商周三代的暴王桀、纣、幽王、厉王，这些是违反天意而得到惩罚的。”既然如此，那么禹、汤、文王、武王为什么得到赏赐呢？墨子说：

“他们所做的事，对上尊敬上天，在中敬奉鬼神，在下爱护人民。所以天意说：‘这就是对我所爱的，他们兼而爱之；对我所利的，他们兼而利之。爱护人民的以此为最广泛了，有利于人民的以此为最重要了。’所以上天使他们贵为天子，富有天下，使后代子孙得利，相传而称颂他们的美德，教化普遍施行于天下，人民到现在还受人称道，称他为圣王。”既然如此，那么桀、纣、幽王、厉王得到惩罚又是什么原因呢？墨子说道：“他们所做的事，对上辱骂上天，在中辱骂鬼神，在下残害人民。所以天意说：‘这是对我所爱的，他们分别憎恶之，对我所利的，他们交相残害之。憎恨人民的，以此为最广泛了；残害人民的，以此为最严重了。’所以上天使他们不得寿终正寝，一世而不能使子孙继业。人们到现在还在毁骂他，称他们为暴君。”

※ 原文

然则何以知天之爱天下之百姓？以其兼而明之。何以知其兼而明之？以其兼而有之。何以知其兼而有[1]之？以其兼而食焉。何以知其兼而食焉？四海之内，粒食之民，莫不犓牛羊，豢犬彘，洁为粢盛酒醴，以祭祀于上天鬼神。天有邑人，何用弗爱也？且吾言杀一不辜者，必有一不祥[2]。杀无辜者谁也？则人也。予之不祥者谁也？则天也。若以天为不爱天下之百姓，则何故以人与人相杀，而天予之不祥？此我所以知天之爱天下之百姓也。

顺天意者，义政也；反天意者，力政也。然义政将奈何哉？子墨子言曰：处大国不攻小国，处大家不篡小家，强者不劫弱，贵者不傲贱，多诈者不欺愚。此必上利于天，中利于鬼，下利于人。三利无所不利，故举天下美名加之，谓之圣王。力政者则与此异，言非此，行反此，犹倖[3]驰也。处大国攻小国，处大家篡小家，强者劫弱，贵者傲贱，多诈欺愚。此上不利于天，中不利于鬼，下不利于人。三不利无所利，故举天下恶名加之，谓之暴王。

子墨子言曰：“我有天志，譬若轮人之有规，匠人之有矩。轮、匠执其规、矩，以度天下之方圜，曰：‘中者是也，不中者非也。’今天下之士君子之书，不可胜载，言语不可尽计，上说诸侯，下说列士，其于仁义，则大相远也。何以知之？曰：我得天下之明法以度之。”

※ 注释

1 有：抚养。2 不详：指灾祸。3 “倖”为“偝”字之误，同“背”。

※ 译文

那么怎么知道上天爱护天下的老百姓呢？因为它普遍地能明察百姓。怎么知道上天能普遍地明察百姓呢？因为他能养育全部的人类。怎么知道他能养育全部的人类呢？因为他全都供给食物。怎么知道他全都供给食物呢？因为四海之内，凡是吃五谷杂粮的人，没有不喂养牛羊、猪狗，做好洁净的粢盛酒醴，用来祭祀上天和鬼神的。上天拥有自己的臣民，怎么会不爱护他们呢？而且我认为杀害一个无辜的人，必然会有一件不祥的事情发生。杀害无辜的人是谁呢？是人。那么给予不祥的是谁呢？是上天啊。如果说上天不爱天下的百姓，那么为什么人和人相互残杀，而上天会给他不祥呢？这是我知道上天爱护天下百姓的缘故。

顺从天意的，就是善政；违反天意的，就是暴政。那么善政应怎么做呢？墨子说："处于大国地位的不攻打小国，处于大家族地位的不掠夺小家族，强者不强迫弱者，高贵者不傲视贫贱人，狡诈者不欺压愚笨者。这样一定是上有利于天神，中有利于鬼神，下有利于人民。有这三利，就无所不利。所以将天下最好的名声加给他，称他们为圣王。然而暴力政治却与此不同，他们的言论不是这样，行动跟这个相反，犹如背道而驰。处于大国地位的攻伐小国，处于大家族地位的掠夺小家族，强者强迫弱者，高贵者傲视贫贱人，狡诈者欺压愚笨者，这上不利于天神，中不利于鬼神，下不利于人民，对三者都不利就会对什么都不利了，所以将天下最坏的名声加给他，称之为暴王。"

墨子说道："我有天的意志，就好像制车轮的人有了圆规，好像木匠有了方尺。车轮师傅和木匠手握圆规、方尺，用以量度天下的方圆，说：'符合规矩的就是正确的，不符合规矩的就是错误的。'当今天下士君子们著书立说，多得用车都拉不完，他们的话也多得无法计算。上说诸侯，下说有志于功业的人，然而一说到仁义，则大相径庭。怎么知道呢？回答说：我发现了上天有意志这个真理并拿来衡量一切而知道的。"

※ 解读

墨子认为，天是有意志的。上天喜欢"义"，憎恶不义；希望人们相互帮助、相互教导，反对人们相互攻击、相互敌视。可见，所谓天志，即是墨子之志。它是墨子用以和当时统治者进行斗争的一种武器。

墨子在主观上认为他最主要的学说是"天志"即上天的意志。

墨子作为小生产者和手工业者的代表，由于这一阶级的力量很薄弱，只能依靠一定的强大的阶级，因此，他所代表的阶级既有进取的一面，也有它保守的、安于现状的某些弱点。从他所描绘的"天志"说不难看出，这正是他和他所代表的小生产者和手工业者对和平幸福生活的向往。

根据墨子的"天志"说，我们可以推论出国家的最高统治者（天子）的选派是由"上天、鬼神”的意志决定的。他的很多思想都是建立在“天志”说这个基础上的，比如他所提倡的“尚同”说，他认为世界上一切存在的事物都是按照上天的意志，为了人民的需要而创造出来的，他用“天志”说来限制国君的权威，让他们知道在他们上面还有上天的存在，可以掌控他们。

※ 事例一

墨子说：“今天下之士君子，知小而不知大。”汉成帝就是一个鲜明的例子。他不明事理，只相信自己的爱妾所说的，这样的皇帝最终的下场只能以亡国而收场。而他的妃子班婕妤却是一个明事理的人，却因人诬陷差点丢了性命，幸亏自己机智，才免遭一难。

班婕妤的智慧

最初，许皇后与班婕妤都受汉成帝宠爱。有一次成帝在后宫庭院游玩，想跟班婕妤同乘一辆车。班婕妤推辞说：“我观看古代的图画，圣贤的君王身旁都跟随着名臣，而三代末世君王身旁才有宠妾。现在陛下想让我同车，是不是有些相似呢！”成帝对她的回答很赞赏，也就不再勉强。太后听说了，高兴地说：“古代有樊姬，今天有班婕妤！”

后来，成帝微服出行，经过阳阿公主的家，喜欢上公主家的歌舞女赵飞燕，便召她入宫，大加宠爱。赵飞燕有个妹妹，也被召入宫，姿容艳丽，毫无瑕疵。成帝左右的人看见她，都惊叹赞赏。有位汉宣帝时的披香博士淖方成，当时正站在成帝身后，却吐唾说：“这是祸水呀，定会颠覆汉王朝！”赵飞燕姐妹俩都被封为婕妤，一时尊贵荣宠，压倒后宫。许皇后、班婕妤都失宠了。赵飞燕向成帝进谗言说，许皇后、班婕妤用妖术诅咒后宫得宠的美人，甚至连皇上都骂到了。冬季，十一月十六日，许皇后被废，迁居昭台宫。许皇后的姐姐许谒等人全被诛杀，许皇后的亲属被逐回原郡。成帝审讯班婕妤时，班婕妤回答说：“我听说‘死生有命，富贵在天’。我修行持正，尚且没有得到幸福，如果做邪恶的事，就更不用想会有好结果了。假使鬼神有知，不会听取诅咒主上的恶毒诅咒；假使鬼神无知，向鬼神诉说又有什么用呢？所以用妖术诅咒之事，我不会做的。”成帝认为她说的有道理，就赦免了她，并赐黄金百斤。赵氏姐妹骄横妒忌，班婕妤怕时间长了，终为所害，就请求到长信宫侍奉太后，皇上同意了。

※ 事例二

墨子说：在天子上面还有上天在掌管着一切，上天的命令不能违抗。因此祭祀是最为虔诚的、神圣的。晋成帝把祭祀剩下的肉送给王导，这说明他对王导的尊重，是一个好的帝王。

晋成帝尊师

冬季，冬祭太庙，晋成帝下诏把祭祀剩下的胙肉送给王导，并且令他不用下拜谢恩，王导以有病为由推辞不敢接受。当初，成帝即位时年纪幼小，每次见到王导必下拜，给王导的手诏则说“惶恐而言”，中书写的诏书则说“敬问”。有关官员议论说：“元旦大会群臣时，圣上应当礼敬王导吗？”博士郭熙、杜援评议，认为：“礼书没有君王拜大臣的记载，我们认为应当免除礼敬。”侍中冯怀评议：“天子驾临辟雍，拜见三老，何况是先帝的太师太傅？我以为应当备加礼敬。”侍中荀奕评议：“元旦是一年中朝会中的第一次，应当显明君臣各自的身份，因此不应当礼敬。如果是另外日子的小朝会，自然可以备加礼敬。”成帝下诏照他的意见办理。

天志（中）

※ 原文

子墨子言曰：“今天下之君子之欲为仁义者，则不可不察义之所从出。”既曰不可以不考察义之所欲出，然则义何从出？子墨子曰：“义不从愚且贱者出，必自贵且知者出。”何以知义之不从愚且贱者出，而必自贵且知者出也？曰：义者，善政也。何以知义之为善政也？曰：天下有义则治，无义则乱，是以知义之为善政也。夫愚且贱者，不得为政乎贵且知者；然后得为政乎愚且贱者。此吾所以知义之不从愚且贱者出，而必自贵且知者出也。

然则孰为贵？孰为知？曰：天为贵、天为知而已矣。然则义果自天出矣。

※ 译文

墨子说：“现在天下的君子如果想实行仁义的话，那么就不能不研究义是从哪里产生的。”既然说不能不研究义是从哪里产生的，那么义到底是从什么地方产生的呢？墨子说：“义不是从愚蠢而卑贱的人中产生，而是从高贵而聪明的人中产生。”怎么知道义不是从愚蠢而卑贱的人中产生，而是从高贵而聪明的人中产生呢？回答说：所谓义，就是善政。怎么知道义就是善政呢？回答说：天下有义则治理，无义则混乱，所以知道义就是善政。愚蠢而卑贱的人，不能向高贵而聪明的人施政；只有高贵而聪明的人，然后才可能向愚蠢而卑贱的人施政。这就是我知道义不从愚蠢而卑贱的人中产生，而从高贵而聪明的人中产生的原因。

既然如此，那么谁是高贵的？谁是聪明的？回答说：天是高贵的，天是聪明的，如此而已。那么，义确实是由天产生出来的了。

※ 原文

今天下之人曰："当若天子之贵诸侯，诸侯之贵大夫，傐[1]明知之，然吾未知天之贵且知于天子也。"子墨子曰："吾所以知天贵且知于天子者，有矣。曰：天子为善，天能赏之；天子为暴，天能罚之；天子有疾病祸祟，必斋戒沐浴，洁为酒醴粢盛，以祭祀天鬼，则天能除去之。然吾未知天之祈福于天子也。此吾所以知天之贵且知于天子者。不止此而已矣，又以先王之书驯天明不解之道也知之。曰：'明哲维天，临君下土[2]。'则此语天之贵且知于天子。不知亦有贵知夫天者乎？曰：天为贵、天为知而已矣。然则义果自天出矣。"是故子墨子曰："今天下之君子，中实将欲遵道利民，本考察仁义之本，天之意不可不慎[3]也。"

既以天之意以为不可不慎已，然则天之将何欲何憎？子墨子曰："天之意，不欲大国之攻小国也，大家之乱小家也，强之暴寡，诈之谋愚，贵之傲贱，此天之所不欲也。不止此而已，欲人之有力相营，有道相教，有财相分也；又欲上之强听治也，下之强从事也。"上强听治，则国家治矣；下强从事，则财用足矣。若国家治财用足，则内有以洁为酒醴粢盛，以祭祀天鬼；外有以为环璧珠玉，以聘挠四邻。诸侯之冤不兴矣，边境兵甲不作矣。内有以食饥息劳，持养其万民，则君臣上下惠忠，父子兄弟慈孝。故唯毋明乎顺天之意，奉而光施之天下，则刑政治，万民和，国家富，财用足，百姓皆得暖衣饱食，便宁无忧。是故子墨子曰："今天下之君子，中实将欲遵道利民，本考察仁义之本，天之意不可不慎也。"

※ 注释

1 "傐"当为"碻"，即"确"。2 明哲维天，临君下土：天是明哲的，临照着下界的天子。3 "慎"通"顺"。下同。

※ 译文

现今天下的百姓都说："从道理上说天子比诸侯尊贵，诸侯比大夫尊贵，这道理明明白白，但是我还不知道上天比天子还高贵而且聪明。"墨子说："我知道上天比天子还高贵而且聪明的理由。即是：天子为善政，上天能够赏赐他；天子行暴政，上天能惩罚他；天子有疾病灾祸，必定斋戒沐浴，准备洁净的酒醴粢盛，用来祭祀上天鬼神，那么上天就能帮他除去疾病灾祸。可是我并没有听说上天向天子祈求赐福的，这就是我知道上天比天子高贵而且聪明的理由。道理还不仅如此，又由古代先王传下来的训解上天高明而不易解说的道理中可以知道。说是：'明哲的上天，高高在上，君临下土。'这就是说上天比天子更高贵、更聪明。不知道还有没有比上天更高贵而且聪明的呢？"回答说："只有上天是最高贵的，上天是最聪明的，既然如此，那么义确实是从上天那里产生的。"所以墨子说道："现今天下的君子们，如果确实想要遵循圣王之道，造福人民，考察仁义的根本，那么对于上天的意志就不能不遵循。"

既然不能不遵循上天的意志，那么上天希望的是什么，憎恶的是什么呢？墨子说："上天的意志是，不希望大国攻打小国，大家族侵扰小家族，强大的欺凌弱小的，狡诈的算计愚笨的，高贵的傲视卑贱的，这些都是上天所不愿看到的。不仅如此，上天还希望人们有力量就相互帮助，有学问道德就相互传授，有财物就大家共享；还希望在上位的要勤于政事，在下位的要努力从事工作。"居上位的努力听政治理，那么国家就得到治理了；居下位的努力从事工作，那么财用就足够了。假若国家和家族都被治理好了，财用也充足了，那么在内有能力准备洁净的酒醴粢盛，用以祭祀上天和鬼神；对外有环璧珠玉，用以聘问交接四方邻国。诸侯间的仇怨不再发生了，边境上的战争不会产生了。在内有能力让饥者得食、劳者得息，保养万民，那么君臣上下就相互施惠效忠，父子兄弟之间慈爱孝顺。所以明白上天之意，奉行而施之于天下，那么刑政就会治理，万民就会和谐，财用就会充足，百姓都得到暖衣饱食，安宁无忧。所以墨子说："现在天下的君子，如果心中确实想遵循圣道、造福人民，那么就要认真研究仁义这个根本问题，而对上天的意志就不可不认真对待。"

※ 原文

且夫天子之有天下也。辟之无以异乎国君、诸侯之有四境之内也。今国君、诸侯之有四境之内也，夫岂欲其臣国、万民之相为不利哉！今若处大国则攻小国，处大家则乱小家，欲以此求赏誉，终不可得，诛罚必至矣。夫天之有天下也，将无已异此。今若处大国则攻小国，处大都则伐小都，欲以此求福禄于天，福禄终不得，而祸祟必至矣。然有所不为天之所欲，而为天之所不欲，则夫天亦且不为人之所欲，而为人之所不欲矣。人之所不欲者，何也？曰：疾病祸祟也。若已不为天之所欲，而为天之所不欲，是率天下之万民以从事乎祸祟之中也。故古者圣王明知天鬼之所福，而辟[1]天鬼之所憎，以求兴天下之利，而除天下之害。是以天之为寒热也节，四时调，阴阳雨露也时，五谷孰[2]，六畜遂，疾菑、戾疫、凶饥则不至。是故子墨子曰："今天下之君子，中实将欲遵道利民，本察仁义之本，天意不可不慎也。”

※ 注释

1 “辟”通“避”。2 “孰”通“熟”。

※ 译文

天子拥有整个天下，就好像国君、诸侯拥有四境之内一样没有分别。现在国君、诸侯拥有四境之内，难道希望他的臣下、民众互相做出不利的事吗？现在若是处于大国地位的攻打小国，处于大家族地位的攻打小家族，想要以此来求取赏赐和赞誉，终究是不可能得到的，而诛戮惩罚则必然会降临。而上天拥有天下，将跟这个情形没有分别。现在若是处在大国地位就攻打小国，处在大都地位就攻打小都，想要以此来向上天求得福禄，福禄终究是得不到的，而祸殃则必然降临。既然这样，如果人不做上天所希望的事，而做上天所不希望的事，那么上天也将不做人所希望的事，而做人所不希望的事。人所不希望的是什么呢？是疾病和灾祸。如果自己不做上天所希望的，而做上天所不希望的，这是率领天下的百姓，陷入灾祸之中。所以古时的圣王，明白地知道上天、鬼神所喜欢的事，而避免做上天、鬼神所憎恶的事，以追求兴天下之利，而除天下之害。所以上天安排寒热合节，四时调顺，阴阳雨露合乎时令，五谷按时成熟，六畜成长，而疾病、灾祸、瘟疫凶饥不至。所以墨子说道：“现在天下的君子，如果内心确实希望遵循圣道、利于人民，考察仁义的根本，对天意是不可不顺从的！”

※ 原文

且夫天下盖有不仁不祥者，曰：当若子之不事父，弟之不事兄，臣之不事君也，故天下之君子，与谓之不祥者。今夫天兼天下而爱之，撽遂万物以利之，若毫之末，非[1]天之所为也，而民得而利之，则可谓否[2]矣。然独无报夫天，而不知其为不仁不祥也。此吾所谓君子明细而不明大也。

且吾所以知天之爱民之厚者有矣。曰：以磨[3]为日月星辰，以昭道之；制为四时春秋冬夏，以纪纲之；雷降雪霜雨露，以长遂五谷麻丝，使民得而财利之；列为山川豁谷，播赋百事，以临司民之善否；为王公侯伯，使之赏贤而罚暴，贼[4]金木鸟兽，从事乎五谷麻丝，以为民衣食之财，自古及今，未尝不有此也。今有人于此，驩若爱其子，竭力单务以利之，其子长，而无报子求[5]父，故天下之君子，与[6]谓之不仁不祥。今夫天，兼天下而爱之，撽遂万物以利之，若毫之末，非天之所为，而民得而利之，则可谓否矣。然独无报夫天，而不知其为不仁不祥也，此吾所谓君子明细而不明大也。

且吾所以知天爱民之厚者，不止此而足矣。曰：杀不辜者，天予不祥。不[7]辜者谁也？曰：人也。予之不祥者谁也？曰：天也。若天不爱民之厚，夫胡说人杀不辜而天予之不祥哉？此吾之所以知天之爱民之厚也。

※ 注释

1 “非”上脱“莫”字。2 “否”为“丕”字之误。3 “磨”为“磿”字之误，分别。4 “贼”为“赋”字之误，赋敛。5 “子求”为“于其”之误。6 “与”同“举”。7 “不”上脱“杀”字。

※ 译文

而且天下原来有不仁不善的人，就是：儿子不孝顺父亲，弟弟不待奉兄长，臣子不待奉君上，所以天下的君子们就说他们是不善的人。现在的上天，包容天下的百姓兼而爱之，养育天下的万物以有益人民，哪怕像毫毛一样的东西，难道不是上天给予的吗，人民从中得到的好处，可以说是非常厚重的了。但是这些人一点也不知道应该报答上苍，不知道这就是不仁和不善。这就是我所说的君子明白小的道理而不明白大的道理。

而且我知道上天爱人民深厚是有根据的，上天分离出日、月、星、辰，用以照明天下；制定春、夏、秋、冬四季，用作纲纪常度，降下霜、雪、雨、露，用以长成五谷和麻丝，使老百姓得以供给财用；又分列为山、川、溪谷，广布各种事业，用以监察百姓的善恶；分别设立王、公、侯、伯，使他们奖赏贤良而惩罚暴徒，征收金、木、鸟、兽，从事五谷、丝、麻的掌管工作，以此作为百姓的衣食之财，从古至今，没有不是如此的。现在这里有一个人，喜欢疼爱他的孩子，尽心尽力使孩子有利，他的儿子长大后，却对父亲不报答，所以天下的君子都说他是不仁而又不善的人。现今的上天，包容天下的百姓兼而爱之，养育天下的万物以有益人民，哪怕像毫毛一样的东西，难道不是上天给予的吗？人民从中得到的好处，可以说是非常厚重的了。但是这些人一点也不知道应该报答上苍，不知道这就是不仁和不善。这就是我所说的君子明白小的道理而不明白大的道理。

而且我知道上天深深地爱着人类的根据，理由不仅只有这个。说：对杀戮无辜的人，上天会给他不祥。杀无辜的是谁呢？回答：是人。给他不祥的是谁呢？回答：是上天。如果上天不厚爱于人，那为什么有人杀害无辜而上天就会给他不祥呢？这就是我知道上天是深深地爱着人类的原因。

※ 原文

且吾所以知天之爱民之厚者，不止此而已矣。曰：爱人利人，顺天之意，得天之赏者有之；憎人贼人，反天之意，得天之罚者亦有矣。夫爱人、利人，顺天之意，得天之赏者，谁也？曰：若昔三代圣王尧、舜、禹、汤、文、武者是也。尧、舜、禹、汤、文、武，焉所从事？曰：从事“兼”，不从事“别”。兼者，处大国不攻小国，处大家不乱小家，强不劫弱，众不暴寡，诈不谋愚，贵不傲贱；观其事，上利乎天，中利乎鬼，下利乎人，三利无所不利，是谓天德。聚敛天下之美名而加之焉，曰：“此仁也，义也。爱人、利人，顺天之意，得天之赏者也。”不止此而已，书于竹帛，镂之金石，琢之槃盂，传遗后世子孙，曰：“将何以为？将以识夫爱人、利人，顺天之意，得天之赏者也。”《皇矣》道之曰：“帝谓文王，予怀明德，不大声以色[1]，不长夏以革，不识不知，顺帝之则。”帝善其顺法则也，故举殷以赏之，使贵为天子，富有天下，名誉至今不息。故夫爱人、利人，顺天之意，得天之赏者，既可得留[2]而已。

夫憎人、贼人，反天之意，得天之罚者，谁也？曰：若昔者三代暴王桀、纣、幽、厉者是也。桀、纣、幽、厉，焉所从事？曰：从事别，不从事兼。别者，处大国则攻小国，处大家则乱小家，强劫弱，众暴寡，诈谋愚，贵傲贱；观其事，上不利乎天，中不利乎鬼，下不利乎人，三不利无所利，是谓天贼。聚敛天下之丑名而加之焉，曰：“此非仁也、非义也。憎人、贼人，反天之意，得天之罚者也。”不止此而已，又书其事于竹帛，镂之金石，琢之槃盂，传遗后世子孙，曰：将何以为？将以识夫憎人、贼人，反天之意，得天之罚者也。《太誓》之道之曰：“纣越厥夷居，不肯事上天，弃厥先神祇不祀，乃曰：‘吾有命。’无廖僔务[3]天下，天亦纵弃纣而不葆。”察天以纵弃纣而不葆者，反天之意也。故夫憎人、贼人，反天之意，得天之罚者，既可得而知也。

※ 注释

1 大声以色：虚张声势。2 “留”为“智”字之误，即“知”。3 “无廖僔务”当作“无戮其务”。

※ 译文

我知道上天爱护百姓厚重的原因，理由不仅只有这个罢了。因为爱人、利人的，顺从上天的旨意，从而得到上天赏赐的人，是存在的；憎恶人、残害人，违反上天的旨意，从而得到上天惩罚的人，是存在的。爱护人、有利于人的，顺从上天的旨意，而得到上天赏赐的人是谁呢？回答说：以前的圣王尧、舜、禹、汤、文王、武王就是。尧、舜、禹、汤、文王、武王又实行些什么呢？回答说：实行“兼”，不实行“别”。所谓兼，即处在大国地位不攻打小国，处在大家族地位不侵扰小家族，强大的不欺凌弱小的，人多的不侵暴人少的，狡诈的不算计愚笨的，高贵的不傲视卑贱的；观察他们的行事，在上有利于上天，在中有利于鬼神，在下有利于人民，三者有利，则无所不利，这就是天德。人们把天下的美名聚集起来加到他们身上，说："这是仁，是义。是爱护人有利于人的，顺从上天的旨意，因而得到上天的赏赐的人。"不只如此而已，又把他们的事迹写于简帛，刻上金石，雕于盘盂，传给后世子孙，说："这是为什么呢？将用以使人记住爱护人、有利于人的，顺从上天的旨意，会得到上天的赏赐。"《皇矣》说道："天帝告诉文王，我思念有光明之德的人，他不虚张声势，不崇尚夸饰与变革，不遑能弄巧自作聪明，而是遵循上天的法则。"天帝赞赏文王顺从法则，所以把殷商的天下赏赐给他，使他贵为天子，富有天下，名声至今流传不息。所以爱护人、有利于人的，顺从上天的旨意，从而得到上天赏赐的，已经可以知道了。

那憎恶人、残害人的，违反上天的旨意，从而得到上天惩罚的，又是谁呢？回答说：以前的暴君桀、纣、幽王、厉王就是。桀、纣、幽王、厉王做了些什么呢？回答说：他们从事"别"，不从事"兼"。所谓别，即处于大国地位的攻打小国，处于大家族地位的侵扰小家族，强大的劫掠弱小的，人多的侵暴人少的，狡诈的算计愚笨的，高贵的傲视卑贱的；观察他们的事迹，在上不利于天，在中不利于鬼神，在下不利于人类，三者不利就无所得利，这就是"天贼"。人们聚集天下的丑名都加到他们头上，说："这是不仁、不义，是憎恶人、残害人，违反上天的旨意，得到上天惩罚的人。"不只如此，又将这些事迹写在简帛上，刻在金石上，雕在盘盂上，传给后世的子孙，为什么这样做呢？将使人们记住憎恶人、残害人，违反上天的旨意，从而得到上天惩罚的人。《尚书·太誓》说道："纣傲慢不恭，不肯侍奉上天，遗弃他的祖先与天地神祇不祭祀，竟说：'我有天命。'不努力从事政务，天帝也抛弃纣而不去保佑他。"观察上天抛弃纣而不去保佑他的原因，是他违反了天意。所以憎恶人、残害人的，违反上天的旨意，从而得到上天惩罚的人，已经可以知道了。

※ 原文

是故子墨子之有天之，辟人无以异乎轮人之有规，匠人之有矩也。今夫轮人操其规，将以量度天下之圜与不圜也，曰："中吾规者，谓之圜；不中吾规者，谓之不圜[1]。"是故圜与不圜，皆可得而知也。此其故何？则圜法明[2]也。匠人亦操其矩，将以量度天下之方与不方也，曰："中吾矩者，谓之方，不中吾矩者，谓之不方。"是以方与不方，皆可得而知之。此其故何？则方法明也。故子墨子之有天之意也，上将以度天下之王公大人为刑政也，下将以量天下之万民为文学、出言谈也。观其行，顺天之意，谓之善意行；反天之意，谓之不善意行。观其言谈，顺天之意，谓之善言谈；反天之意，谓之不善言谈。观其刑政，顺天之意，谓之善刑政；反天之意，谓之不善刑政。故置此以为法，立此以为仪，将以量度天下之王公大人、卿、大夫之仁与不仁，譬之犹分墨白也。

是故子墨子曰："今天下之王公大人、士君子，中实将欲遵道利民，本察仁义之本，天之意不可不顺也。顺天之意者，义之法也。"

※ 注释

1 圜：同"圆"。2 圜法明：圆的标准明确。

※ 译文

所以墨子认为有天志，就像制车轮的师傅有圆规，木匠有方尺一样没有区别。现在车轮师傅拿着他的圆规，将用以量度天下事物的圆与不圆，说："符合我圆规的，就是圆；不符合我圆规的，就是不圆。"因此圆和不圆，都是可以知道的。这是什么缘故呢？这是因为关于圆的法则是明明白白的。木匠拿着他的方尺，将以量度天下事物的方与不方，说："符合我方尺的就是方，不符合我方尺的，就是不方。"因此方与不方，都是可以知道的。这其中是什么缘故呢？是因为确定方的规则十分明确。所以墨子认为天有意志，上用以量度天下的王公大人施行政事，下用以量度天下的民众发布文学与言谈。观察他们的行为，顺从上天旨意的，就叫作好的言行；违反上天旨意的，就叫作不善的言行。考察他们的言谈，顺从上天旨意的，就叫作好的言谈；违反上天旨意的，就叫作不好的言谈。观察他们的刑政，顺从上天旨意的，就叫作好的刑政；违反上天旨意的，就叫作不好的刑政。所以设置这个天志作为法则，建立这个天志作为标准，将以此去量度天下的王公大人、卿、大夫的仁跟不仁，这就好像分别黑白一样容易。

所以墨子说："现在天下的王公大人、士大夫、君子们，如果内心确实想要遵循天道，造福民众，考察仁义的根本，对上天的旨意不能不顺从呀。顺从上天旨意的，这就是仁义的标准。"

※ 解读

在墨子生活的年代，战争频繁，人民生活颠沛流离，饥不得食，寒不得衣，劳不得息，乱不得治，自己虽有治国的抱负，但因自己身份的低微，不能实现。因此只能求助于上天、鬼神，认为他们一定能掌管天子，并协助他们治理好国家，因此，他提出了著名的"天志"说，其实他的很多思想都是建立在这个基础上的。他认为上天是万能的，可以掌管一切。

"故子墨子之有天之意也，上将以度天下之王公大人为刑政也，下将以量天下之万民为文学、出言谈也。"从这句话中我们可以知道墨子所提倡的"天志"就是用来作为王公大人和天下万民言行的尺度的。墨子认为只有“天志”才是人类行为的客观标准。

通过制车轮的师傅和木匠，来说明上天有意志，并把它作为一个准则，用来衡量一个人的仁与不仁，最后得出只有顺从天意，才能造福民众，这才是“义”的准则。

※ 事例一

墨子的“天志”说主要是说明一切都由上天决定的，不能随心所欲。要时刻注意自己的行为。而张防却无视上天的存在，利用权势，无恶不作，最终的结果是被流放边疆。

宫廷争斗

因中常侍张防利用权势，接受贿赂和请托，虞诩曾多次请求将他法办，但都被搁置，一直没有回音。虞诩不胜愤慨，于是自投廷尉监狱，上书汉顺帝说：“过去，安帝任用樊丰，废黜皇室正统，几乎使社稷灭亡。现在，张防又玩弄权势，亡国之祸，将再降临。我不忍心和张防同列朝廷，谨自囚于狱，让陛下发落，免得让我重蹈杨震的覆辙！”奏章呈上后，张防在汉顺帝面前流泪哭诉，于是，虞诩坐罪，被遣送到左校罚作苦役。而张防仍然不肯放过虞诩，必欲置之死地。两天之内，虞诩被传讯拷打四次。狱吏劝虞诩自杀，虞诩回答说：“我宁愿倒在屠刀之下，让远近的人都知道我的心愿！如果忍气吞声地自杀，谁来为我分辨是非呢？”浮阳侯孙程和祝阿侯张贤相继请求面见汉顺帝，孙程说：“陛下当初和我们起事的时候，常痛恨奸臣，深知他们会使国家倾覆。而今即位以后，却又纵容和包庇奸佞，又怎么能责备先帝不对？司隶校尉虞诩为陛下尽忠，却被逮捕囚禁。中常侍张防贪赃枉法，证据确凿，反而陷害忠良。今观天象，客星守羽林，是宫中有奸臣的征兆。应该急捕张防下狱，以堵塞上天所降的灾异。”当时，张防站在汉顺帝背后，孙程大声呵斥张防说：“奸臣张防，为何不下殿去！”张防迫不得已，只得小步疾走退入东厢。孙程又对汉顺帝说：“陛下，请立即下令逮捕张防，不要让他去向您的奶娘求情！”汉顺帝征求尚书们的意见，尚书贾朗与张防素来交好，遂争辩说虞诩有罪。汉顺帝疑惑，对孙程说：“你们先出去，我想要好好考虑考虑！”于是，虞诩的儿子虞顗和门生一百余人，举着旗帜，等候中常侍高梵的车子，向高梵叩头，血流满面，申诉虞诩被冤枉的情况。高梵入宫后，将情况禀报汉顺帝。结果，张防因罪被流放到边疆，尚书贾朗等六人，有的处死，有的免官，并于当天释放了虞诩。孙程又上书陈述虞诩有大功，措辞甚为直率激烈。汉顺帝感动省悟，又任命虞诩为议郎。几天后，虞诩又被擢升为尚书仆射。

※ 事例二

墨子说："有所不为天之所欲，而为天之所不欲，则夫天亦且不为人之所欲，而为人之所不欲矣。"也就是说如果你不顺应上天的意思的话，上天就不会让你实现自己想要做的事。

吕纂之死

后凉王吕纂生性喜欢喝酒，爱好打猎，太常杨颖劝告他说："陛下顺应上天的意旨，接受治理国家的重任，就应当用符合正道的方式恪守自己的使命。现在，我们国家的疆土面积一天比一天缩小，仅仅局限在坎坷不平的两道山岭中间，陛下不小心谨慎地早晚思虑用什么办法恢复弘扬祖先的事业，反而沉溺于游玩打猎，不把国家的事情当作一回事，依臣下的意见，这样是很危险的呀！"吕纂非常谦恭地向他道歉，感谢他的提醒，但是始终没能改过。

番禾太守吕超擅自攻击鲜卑部落的首领思盘，思盘派其弟乞珍向吕纂告状。吕纂命令吕超和思盘都到朝中来。吕超很害怕，到了姑臧之后，私下与殿中监杜尚交好。吕纂召见吕超，斥责他说："你仗势自家兄弟勇武，结成一伙，竟敢欺侮到我的头上，我应当杀了你，天下才能安定吧？"吕超磕头认错。吕纂本来只是想恐吓一下他，并没有杀他的意思，所以，把吕超、思盘以及大臣们全都带到内殿，一起赴宴。吕超的哥哥中领军吕隆在宴会上不断地向吕纂劝酒，致使吕纂酩酊大醉，醉眼蒙眬地乘坐着人拉的辇车，带着吕超等人游玩观赏禁宫。到了琨华堂东阁，辇车过不去，吕纂的亲信将领窦川、骆腾便把佩剑取下，倚放在墙上，然后把车推过阁去。吕超突然拔剑刺杀吕纂，吕纂赶紧下车来擒拿吕超，被吕超在胸口刺穿一个血洞。窦川、骆腾赤手空拳与吕超格斗，也被吕超杀掉。吕纂的皇后杨氏闻讯后赶出，命令禁卫军攻击吕超，但殿中监杜尚却出来阻止他们动手，因此士兵们纷纷扔下武器，不参加战斗。此时，将军魏益多进宫，把吕纂的脑袋砍下来，杨皇后说："他人已经死了，尸体跟泥土和石头那样，再也没有什么知觉了，你又怎么忍心去摧残他的尸骸呢？"魏益多大骂杨皇后，接着把吕纂的人头拿出去对外宣布："吕纂违背先帝的遗嘱，杀害了太子，自己夺占皇位，并且荒淫、残暴、凶恶。番禾太守吕超顺应人心，将他除掉，使国家的宗庙社稷得到和平安宁，凡是我国的官民人等，都应该一起庆贺！"

天志（下）

※ 原文

子墨子言曰："天下之所以乱者，其说[1]将何哉？则是天下士君子，皆明于小而不明于大。"何以知其明于小不明于大也？以其不明于天之意也。何以知其不明于天之意也？以处人之家者知之。今人处若家得罪，将犹有异家所以避逃之者；然且父以戒子，兄以戒弟，曰："戒之！慎之！处人之家，不戒不慎之，而有处人之国者乎？"今人处若国得罪，将犹有异国所以避逃之者矣；然且父以戒子，兄以戒弟，曰："戒之！慎之！处人之国者，不可不戒慎也。"今人皆处天下而事天，得罪于天，将无所以避逃之者矣；然而莫知以相极[2]戒也。吾以此知大物则不知者也。

※ 注释

1 说：解释。2 "极"即"儆"，"儆"，通"警"。

※ 译文

墨子说道："天下发生动乱，原因该怎么说呢？这就是因为天下的士大夫、君子们，都明白小道理而不明白大道理。"怎么知道他们明白小道理而对于大道理不明白呢？以他们不明白上天的旨意就可知道。怎么知道他们对于上天的旨意不明白呢？从他们处理家族的情况可以知道。假如现在有人在家族中得了罪，他还有别的家族可以逃避；然而父亲以此告诫儿子，兄长以此告诫弟弟，说："警戒呀！谨慎呀！居住在自己人家里，不警戒，不谨慎，却能有居住在别人的国家里的么？"现今居住在这个国家中得了罪，将还有别国的处所可以逃避；然而父亲以此告诫儿子，兄长以此告诫弟弟，说："警戒呀！谨慎呀！居住在有人的国度里，不可不警戒谨慎呀！"现今的人都居住在天下，而侍奉上天，如果得罪了上天，将没有地方可以逃避了；然而没有人知道以此互相警戒。我因此知道他们对大事情不知道。

※ 原文

是故子墨子言曰："戒之慎之，必为天之所欲，而去天之所恶。"曰天之所欲者，何也？所恶者，何也？天欲义而恶其不义者也。何以知其然也？曰：义者，正也。

何以知义之为正也？天下有义则治，无义则乱，我以此知义之为正也。然而正者，无自下正上者，必自上正下。是故庶人不得次[1]己而为正，有士正之；士不得次己而为正，有大夫正之；大夫不得次己而为正，有诸侯正之；诸侯不得次己而为正，有三公正之；三公不得次己而为正，有天子正之；天子不得次己而为政，有天正之。今天下之士君子，皆明于天子之正天下也，而不明于天之正天子也。是故古者圣人明以此说人，曰：“天子有善，天能赏之；天子有过，天能罚之。”天子赏罚不当，听狱不中[2]，天下疾病祸福，霜露不时，天子必且犓豢其牛羊犬彘，洁为粢盛酒醴，以祷祠祈福于天，我未尝闻天之祷祈福于天子也。吾以此知天之重且贵于天子也。是故义者，不自愚且贱者出，必自贵且知者出。曰：谁为知？天为知。然则义果自天出也。今天下之士君子之欲为义者，则不可不顺天之意矣！

※ 注释

1 “次”即“恣”恣意，下同。2 中：合理。

※ 译文

所以墨子说道：“警戒呀！谨慎呀！一定要做上天所希望的事情，而要杜绝上天所厌恶的事情。”上天所希望的是什么呢？所厌恶的是什么呢？上天希望义而厌恶不义。怎么知道是这样呢？因为义即是正。

怎么知道义就是正呢？天下有义就得到治理，没有义就会混乱，我因此知道义就是正。然而所谓正，没有自下面而匡正上面的道理，必须从上面来匡正下面。所以庶民百姓不得恣意妄为而自以为正道，有士来匡正他；士不得肆意去做，有大夫来匡正他；大夫不得肆意去做，有诸侯去匡正他；诸侯不得肆意去做，有三公来匡正他；三公不得肆意去做，有天子匡正他；天子不得肆意去做，有上天匡正他。现在天下的士大夫、君子们对于天子匡正天下都很明白，但对上天匡正天子却不明白。所以古代的圣人明白地将此道理告诉人们，说：“天子有优点，上天能奖赏他；天子有过失，上天能惩罚他。”如果天子赏罚不当，刑罚不公，天就会降下疾病灾祸，霜露失时，这时天子必须要喂养牛羊猪狗，准备洁净的粢盛酒醴，用来祭祀上天并向上天祈求降福，但我从来就不曾听说过上天向天子祷告和求福的。我由此知道上天比天子高贵、庄重。所以义不从愚蠢而卑贱的人中产生，必定从高贵而聪明的人中产生。那么谁是高贵的？上天是高贵的。谁是聪明的？上天是聪明的。既然如此，那么义果真是从上天产生出来的了。现今天下的士大夫、君子们希望行义的话，那么就不可不顺从上天的旨意。

※ 原文

曰：顺天之意何若？曰：兼爱天下之人。何以知兼爱天下之人也？以兼而食之也。何以知其兼而食之也？自古及今，无有远灵孤夷之国[1]，皆犓豢其牛羊犬彘，洁为粢盛酒醴，以敬祭祀上天、山川、鬼神，以此知兼而食之也。苟兼而食焉，必兼而爱之。譬之若楚、越之君，今是楚王食于楚之四境之内，故爱楚之人；越王食于越，故爱越之人。今天兼天下而食焉，我以此知其兼爱天下之人也。

※ 注释

1 “远灵孤夷”应为“远夷藟孤”，“藟”通“零”，零落。译为远方夷人及零落孤单之国。

※ 译文

顺从天意应怎样做呢？回答说：上天会兼爱天下的人。怎么知道上天是兼爱天下的人呢？因为上天对人民的祭祀全都享用。怎么知道天上兼而食之呢？自古及今，没有一个远方孤僻的国家，不喂养他的牛羊狗猪，洁净地整备酒醴粢盛，用以祭祀山川、上天、鬼神，由此知道上天对人民兼而食之。假如兼而食之，必定会兼而爱之，就好像楚国、越国的君主一样。现在楚王在楚国四境之内享用食物，所以爱楚国的人；越王在越国享用食物，所以爱越国的人。现在上天对天下兼而享用，我因此知道它爱天下的人。

※ 原文

且天之爱百姓也，不尽物而止[1]矣。今天下之国，粒食之民，杀一不辜者，必有一不祥。曰：“谁杀不辜？”曰：“人也。”“孰予之不辜？”曰：“天也。”若天之中实[2]不爱此民也，何故而人有杀不辜、而天予之不祥哉？且天之爱百姓厚矣，天之爱百姓别矣，既可得而知也。何以知天之爱百姓也？吾以贤者之必赏善罚暴也。何以知贤者之必赏善罚暴也？吾以昔者三代之圣王知之。故昔也三代之圣王，尧、舜、禹、汤、文、武之兼爱之天下也。从而利之，移其百姓之意焉，率以敬上天、山川、鬼神。天以为从其所爱而爱之，从其所利而利之，于是加其赏焉，使之处上位，立为天子以法也，名之曰圣人。以此知其赏善之证。是故昔也三代之暴王，桀、纣、幽、厉之兼恶天下也，从而贼之，移其百姓之意焉，率以诟侮上天、山川、鬼神。天以为不从其所爱而恶之，不从其所利而贼之，于是加其罚焉。使之父子离散，国家灭亡，抎[3]失社稷，忧以及其身。是以天下之庶民，属而毁之。业万世子孙继嗣，毁之贲，不之废也，名之曰失王。以此知其罚暴之证。今天下之士君子欲为义者，则不可不顺天之意矣。

※ 注释

1 尽物不止：仅此而已。2 中实：内心确实。3 抎：坠落。

※ 译文

而且上天爱护百姓，不尽在这个方面罢了。现在天下所有的国家，凡是吃米粮的人民，杀了无辜的人，必定得到一种不祥。问道："杀无辜的是谁呢？"回答说："是人。""给他不祥的是谁呢？""是天。"假若上天内心确实不爱护这些百姓，那为什么在人杀了无辜者之后，天要给他以不祥呢？并且上天爱护百姓是很厚重的，上天爱护百姓是很普遍的，这已经可以知道了。怎么知道上天爱护百姓呢？我从贤者必定要赏善罚暴得知。怎么知道贤者必然赏善罚暴呢？我从从前几代圣王的事迹中知道这个。从前几代的圣王尧、舜、禹、汤、文王、武王兼爱天下。从而有利于人民，使百姓的心思潜移默化，率领百姓用以敬奉上天、山川、鬼神。上天因为他们爱自己所爱的人，利自己所利的人，于是加重他们的赏赐，使他们居于上位，立为天子，子孙万代继业，以此成为法度标准，称他们为圣人。因为这个原因就知道这是上天赏赐善良的明证。从前夏商周三代的暴君，如桀、纣、幽王、厉王等，对天下人全都憎恶，残害他们，转移百姓的心意，率领他们侮慢上天、山川、鬼神，上天因为他们不跟从自己的所爱，反而憎恶他们，不跟从自己的所利，反而残害他们，于是对他们加以惩罚。使他们父子离散，国家灭亡，丧失社稷，忧及他们自身。而天下的百姓也都非议诋毁他们。到了子孙万世以后，仍然受人们的唾骂，称他们为暴君，这就是上天惩罚暴君的明证。现今天下的士大夫、君子们，若要行事合乎义，就不可不顺从上天的旨意。

※ 原文

曰：顺天之意者，兼也；反天之意者，别也。兼之为道也，义正；别之为道也，力正[1]。曰："义正者，何若？"曰：大不攻小也，强不侮弱也，众不贼寡也，诈不欺愚也，贵不傲贱也，富不骄贫也，壮不夺老也。是以天下之庶国，莫以水火、毒药、兵刃以相害也。若事上利天，中利鬼，下利人，三利而无所不利，是谓天德。故凡从事此者，圣知也，仁义也，忠惠也，慈孝也，是故聚敛天下之善名而加之。是其故何也？则顺天之意也。曰："力正者，何若？"曰：大则攻小也，强则侮弱也，众则贼寡也，诈则欺愚也，贵则傲贱也，富则骄贫也，壮则夺老也。是以天下之庶国，方以水火、毒药、兵刃以相贼害也。若事[2]上不利天，中不利鬼，下不利人，三不利而无所利，是谓之贼。故凡从事此者，寇乱也，盗贼也，不仁不义，不忠不惠，不慈不孝，是故聚敛天下之恶名而加之。是其故何也？则反天之意也。

※ 注释

1 力正：通“力政”，暴政。2 若事：其事。

※ 译文

顺从上天的旨意，就是“兼”；违反上天的旨意，就是“别”。兼的道理，就是义政；别的道理，就是力政。如果问道：“义政是什么样呢？”回答说：大国不攻打小国，强国不欺侮弱国，势众的不残害人少的，狡诈的不欺骗愚笨的，高贵的不傲视卑贱的，富足的不傲慢贫困的，年壮的不掠夺年老的。所以天下众多的国家，不以水火、毒药、刀兵相互杀害。这种事在上利于天，在中利于鬼，在下利于人，三者有利就无所不利，就是天德。所以凡从事于此的，就是圣智、仁义、忠惠、慈孝，所以聚集天下的好名声加到他身上。这是什么缘故呢？就是顺从天意。问道：“力政是什么样呢？”回答说：大国攻打小国，强国欺侮弱国，势众的残害人少的，狡诈的欺骗愚笨的，高贵的傲视卑贱的，富裕的傲慢贫困的，年壮的掠夺年老的。所以天下众国，一齐拿着水火、毒药、刀兵来相互残害。这种事在上不利于天，在中不利于鬼，在下不利于人，三者不利就无所得利，所以称之为贼。凡从事于这些事的，就是寇乱、盗贼、不仁不义、不忠不惠、不慈不孝，所以聚集天下的恶名加在他们头上。这是什么缘故呢？就是违反了上天的旨意。

※ 原文

故子墨子置立天之以为仪法，若轮人之有规，匠人之有矩也。今轮人以规，匠人以矩，以此知方圆之别矣。是故子墨子置立天之，以为仪法，吾以此知天下之士君子之去义，远也！何以知天下之士君子之去义远也？今知氏大国之君宽者然曰：“吾处大国而不攻小国，吾何以为大哉？”是以差论蚤牙之士，比列其舟车之卒，以攻罚无罪之国，入其沟境，刈其禾稼，斩其树木，残其城郭，以御其沟池，焚烧其祖庙，攘杀其牺牷。民之格者，则刭拔[1]之，不格者，则系操[2]而归，丈夫以为仆圉、胥靡，妇人以为舂酋。则夫好攻伐之君，不知此为不仁义，以告四邻诸侯曰：“吾攻国覆军，杀将若干人矣。”其邻国之君，亦不知此为不仁义也，有具其皮币，发其緦[3]处，使人饗贺焉。则夫好攻伐之君，有重不知此为不仁不义也，有书之竹帛，藏之府库，为人后子者，必且欲顺其先君之行，曰：“何不当发吾府库，视吾先君之法美？”必不曰“文、武之为正者，若此矣”，曰“吾攻国覆军，杀将若干人矣”。则夫好攻伐之君，不知此为不仁不义也。其邻国之君，不知此为不仁不义也。是以攻伐世世而不已者。此吾所谓大物则不知也。

※ 注释

1 “拔”为“杀”字之误。2 “操”为“累”之误。3 “緫”为“总”之误。

※ 译文

所以墨子设立天志，作为法度标准，就像车轮师傅有圆规，木匠有方尺一样，现在车轮师傅使用圆规，木匠使用方尺，以之知道方与圆的区别。所以墨子设立天志作为法度标准，我因此而知道天下的士君子离义还很远。怎么知道天下的士君子离义还很远呢？现在大国的君主自得地说：“我们处于大国地位而不攻打小国，我怎能成为大国呢？”因此差遣他们的爪牙，排列他们的舟车队伍，用以攻伐无罪的国家，进入他们的国境，割掉他们的庄稼，砍伐他们的树木，毁坏他们的城郭，以及填没他们的沟池，焚烧他们的祖庙，屠杀他们的牲口。人民抵抗的，就杀掉，不抵抗的就捆缚回去，男人用作奴仆、马夫，女人用作舂米、掌酒的家奴。那些喜好攻伐的君主，不知道这是不仁不义，还以此通告四邻的国君说：“我攻下别国，覆灭他们的军队，杀了将领多少人。”他邻国的君主，也不知道这是不仁不义，又准备皮币，拿出仓库的积藏派人去犒劳庆赏。那些喜好攻伐的君主又绝对不知道这是不仁不义，又把它写在简帛上，藏在府库中，让后世子孙必定要顺从他们先君的志行，说道：“为什么不打开我们的府库，看看我们先君留下的法则呢？”（那上面）必定不会写着“文王、武王的政绩如此”，而必定写着“我攻下敌国，覆灭他们的军队，杀了将领若干人”。那些喜好攻伐的君主不知道这是不仁不义。他的邻国君主也不知道这是不仁不义。因此攻伐代代不止。这就是我所说的士大夫、君子们对于大事全不明白的缘故。

※ 原文

所谓小物则知之者，何若？今有人于此，入人之场园，取人之桃李瓜薑者，上得且罚之，众闻则非之。是何也？曰：不与其劳，获其实，已非其有所取之故。而况有踰于人之墙垣，担格人之子女者乎！与角人之府库，窃人之金玉蚤[1]絫者乎！与踰人之栏牢，窃人之牛马者乎！而况有杀一不辜人乎！今王公大人之为政也，自杀一不辜人者，踰人之墙垣，担格人之子女者，与角人之府库，窃人之金玉蚤絫者，与踰人之栏牢，窃人之牛马者，与入人之场园，窃人之桃李瓜薑者，今王公大人之加罚此也；虽古之尧、舜、禹、汤、文、武之为政，亦无以异此矣。今天下之诸侯，将犹皆侵凌[2]攻伐兼并，此为杀一不辜人者，数千万矣！此为踰人之墙垣，格人之子女者，与角人府库，窃人金玉蚤累者，数千万矣！踰人之栏牢，窃人之牛马者，与入人之场园，窃人之桃李瓜薑者，数千万矣！而自曰：“义也！”

※ 注释

1 “蚤”为“布”字之误。2 “凌”，侵犯。

※ 译文

所谓小事则知道，又怎么讲呢？比如现今这里有一个人，他进入别人的果场菜园，偷窃人家的桃子、李子、瓜菜和生姜，上面抓住了将会惩罚他，大众听到了就指责他。这是什么原因呢？是因为他不参与种植之劳，却获得了果实，取到了不属于自己的东西的缘故。何况还有翻越别人的围墙，去抓取别人子女的呢！与角穿人家的府库，偷窃人家的金玉布帛的呢！与翻越人家的牛栏马圈，盗取人家牛马的呢！何况还有杀掉一个无罪的人呢！对于杀掉一个无罪的人，翻越人家的围墙抓取别人的子女，与角穿别人的府库而偷取人家的金玉布帛的，与翻越别人的牛栏马牢而盗取牛马的，与进入人家的果场菜园而偷取桃李瓜果的，现在的王公大人对这些都要加倍惩罚；即使古代的圣王如尧、舜、禹、汤、文王、武王等治政，也不会与此不同。现在天下的诸侯，大概还全都在相互侵犯、攻伐、兼并，这与杀死一个无辜的人相比，罪过已是重几千几万倍了。这与翻越别人的围墙而抓取别人的子女相比，与角穿人家的府库而窃取金玉布帛相比，罪过也已数千万倍了。与翻越别人的牛栏马圈而偷窃别人的牛马相比，与进入人家的果场菜园而窃取人家的桃、李、瓜、姜相比，罪过已数千万倍了！然而他们自己却说：“这是义呀！”

※ 原文

故子墨子言曰：“是蕡我者[1]，则岂有以异是蕡黑白、甘苦之辩者哉！今有人于此，少而示之黑，谓之黑；多示之黑，谓白。必曰：‘吾目乱，不知黑白之别。’今有人于此，能少尝之甘，谓甘；多尝，谓苦。必曰：‘吾口乱，不知其甘苦之味。’今王公大人之政也，或杀人，其国家禁之。此蚤越[2]有能多杀其邻国之人，因以为文义。此岂有异蕡黑白、甘苦之别者哉！”

故子墨子置天之以为仪法。非独子墨子以天之志为法也，于先王之书《大夏》之道之然：“帝谓文王，予怀明德，毋大声以色，毋长夏以革，不识不知，顺帝之则。”此诰[3]文王之以天志为法也，而顺帝之则也。且今天下之士君子，中实将欲为仁义，求为上士，上欲中圣王之道，下欲中国家百姓之利者，当天之志而不可不考察也。天之志者，义之经也。

※ 注释

1 “蕡”，“紊”之假借字，乱。“我”为“义”字之误。2 “蚤越”当为“斧钺”。3 “诰”为“语”字之误。

※ 译文

所以墨子说道：“这是混乱我的说法。这跟混淆黑白、甜苦的辨别，有什么不同的吗？假如现在这里有一个人，少许给他看一点黑色，他说是黑的；多给他看些黑色，他却说是白的。结果他必然会说：‘我的眼睛昏乱，不知道黑白的分别。’假如现在这里有一个人，少许给他尝点甜味，他说是甜的；多给他尝些甜味，他说是苦的。结果他必然会说：‘我的口味乱了，我不知道甜和苦的味道。’现在的王公大人施政，若有人杀人，他的国家必然禁止。如果有人拿兵器多多杀掉邻国的人，却说这是义。这与混淆黑白、甘苦的做法有什么区别吗？”

所以墨子设立天志，作为法度标准。不仅墨子以天志为法度，就连先王的书《大夏》（即《诗·大雅》）中也说过：“上天对文王说思念有光明德行的人，他不大显露声色，也不崇尚侈大与变革，不逞能弄巧自作聪明，而是顺从天帝的法则。”这是告诫周文王以天志为法度，顺从天帝的法则。所以当今天下的士大夫、君子们，如果内心确实希望实行仁义，追求做上层人士，在上希望符合圣王之道，在下希望符合国家百姓的利益，对天志就不可不详加考察。天的意志，就是“义”的原则。

※ 解读

在上一篇中我们已经说过墨子提倡“天志”说，是用“天志”来作为王公大人和天下万民言行的尺度的，他认为只有“天志”才是人类行为的客观标准。

墨子认为：上天的意志不但在消极方面限制人们某些事情不能做，并且在积极方面还鼓励人们，某些事情要努力去做，天志希望人有力相营，有道相救，有财相分，这样做的结果就是国家安定、万民团结、经济繁荣、百姓安居乐业。

※ 事例一

“天子赏罚不当，听狱不中”，如果天子赏罚不公的话，那么这个国家就会混乱，忠臣不敢言语，小人当道，社稷濒临危境。汉主刘聪竟然为了一个婢女，把国家的社稷江山抛在脑后，让小人获利。

王沈乱政

十六国时期，汉国中常侍王沈的养女容颜美丽，汉主刘聪立她为左皇后。尚书令王鉴、中书监崔懿之、中书令曹恂进谏说：“臣听说帝王册立王后，应效法乾坤相配之理，在世时承嗣宗庙祭祀，去世后配祀土神，必须选择道德传家、名门显族的女子，本人也应温婉贤淑，才能与四海之民的期望相称，使神祇满意。汉成帝立赵飞燕为皇后，结果使子嗣灭绝，社稷毁为废墟，这是前代的教训。本朝从麟嘉年间开始，选立皇后不以道德为准绳。即使是王沈的妹妹或亲女儿，也不过如同阉宦丑类，尚且不能让她们玷污后妃之位，更何况王沈的婢女呢！君王六宫的嫔妃，都是王公贵胄的子孙，怎能轻率地让婢女做她们的主人！臣恐怕这不是国家的福兆。”刘聪大为生气，令中常侍宣怀对太子刘粲说：“王鉴口出狂言，侮慢尊上，不再有君臣上下的礼节，望从速定罪！”于是收捕王鉴等人送往刑场斩首。金紫光禄大夫王延骑马赶来，要进宫规谏，守门人却不为其通报。

王鉴等人临刑前，王沈用手杖叩击说道：“无用的奴才，还能再作恶吗？”王鉴嗔目叱骂说：“小子！覆灭大汉的人，正是你这样的鼠辈和靳准之流！我一定要向先帝控告你，把你拘到地下治罪。”靳准对王鉴说：“我接受诏命拘捕你，有什么不对，你却说汉国覆灭是因为我？”王鉴说：“你杀死皇太弟，使主上蒙受不仁爱的恶名。国家畜养你这样的人，怎能不灭亡！”崔懿之对靳准说：“你的心如此残忍，必定是国家的祸害。你既然要吃人，别人也会吃掉你。”

※ 事例二

先王之书《大夏》中说道：“帝谓文王，予怀明德，毋大声以色，毋长夏以革，不识不知，顺帝之则。”因此，在做任何事情时都应该顺从上天的旨意，即使是拥有权力的帝王。为了国家的长久发展，也应该挑选有能力的人，而不能为了一己私利，置国家社稷于不顾。

可汗禅让

冬十月，吐谷浑威王慕容阿柴病逝。慕容阿柴有二十个儿子，他在病重时，召来儿子们，对他们说：“先公交车骑将军为了国家大业，没有把王位传给他的儿子慕容拾虔，而是让我当了可汗，担当起治理国家的重任。现在，我怎么能为了私利就把王位传给自己的儿子慕容纬代，而背弃先公的遗愿呢？我死之后，你们要拥立慕容慕璝为可汗。”慕容纬代是阿柴的长子，慕容慕璝是阿柴同母异父的弟弟、叔父慕容乌纥提的儿子。慕容阿柴又让儿子们各取一支箭来，从中取出一支，交给弟弟慕容慕利延，让他折断；慕容慕利延遵命将箭一下就折断了。阿柴又把其余的十九支箭全交给慕容慕利延，让他一起折，慕容慕利延却怎么也无法折断这一束箭。慕容阿柴于是借机教导儿子们：“你们知道吗？孤单的力量容易毁损，团结起来则无坚不摧。你们应当齐心协力，保家卫国。”话一说完便断气了。

慕容慕璝才略过人，他采取多种安邦治国的措施，妥善地安抚了秦州、凉州的贫苦老百姓，并安定羌族、氐族等民族五六百个部落，使下属部众不断增多，国家日益强盛。

明鬼

※ 原文

子墨子言曰："逮至昔三代圣王既没，天下失义，诸侯力正。是以存夫为人君臣上下者之不惠忠也，父子弟兄之不慈孝弟长贞良也，正长之不强于听治，贱人之不强于从事也。民之为淫暴寇乱盗贼，以兵刃、毒药、水火，退[1]无罪人乎道路率[2]径，夺人车马、衣裘以自利者，并作，由此始，是以天下乱。此其故何以然也？则皆以疑惑鬼神之有与无之别，不明乎鬼神之能赏贤而罚暴也。今若使天下之人，偕若信鬼神之能赏贤而罚暴也，则夫天下岂乱哉！"

※ 注释

1 "退"当作"迓"，与"御"通。御：止。2 率：读为"术"，车道。

※ 译文

墨子说："自从前三代圣王去世以后，天下就没有了仁义，诸侯实行的是暴力政治。所以存在于君臣之间的是君不施恩，臣不尽忠，存在于父子兄弟之间的则是父不慈子不孝，兄不悌弟不良善，行政长官不努力于听政治国，平民不努力工作。人们做出了淫暴、寇乱、盗贼的事，拿着兵器、毒药、水火在大小道路上阻遏无罪的人，夺取人家的车马、衣裘作为自己的利益，这些事一并产生，从此开始，因此天下大乱。是什么原因导致这种情况呢？这是因为对鬼神有与无的分辨疑惑不解，对鬼神能够赏贤、罚暴不明白。现在如果能让普天下的人民都确信鬼神能够赏贤罚暴，那么天下哪里还会乱呢？"

※ 原文

今执无鬼者曰："鬼神者，固无有。"旦暮以为教诲乎天下，疑天下之众，使天下之众皆疑惑乎鬼神有无之别，是以天下乱。是故子墨子曰："今天下之王公大人、士君子，实将欲求兴天下之利，除天下之害，故当[1]鬼神之有与无之别，以为将不可以不明察此者也。既以鬼神有无之别，以为不可不察已。”

然则吾为明察此，其说将奈何而可？子墨子曰：“是与天下之所以察知有与无之道者，必以众之耳目之实知有与亡为仪者也。请惑[2]闻之见之，则必以为有；莫闻莫见，则必以为无。若是，何不尝入一乡一里而问之？自古以及今，生民以来者，亦有尝见鬼神之物，闻鬼神之声，则鬼神何谓无乎？若莫闻莫见，则鬼神可谓有乎？”

※ 注释

1 当：像。2 “惑”通“或”。

※ 译文

而现今主张无神论的人说：“鬼神这个东西，本来就不存在。”从早到晚都用有鬼神来说教天下，使天下人民疑惑，让天下的民众都对鬼神有无的分辨疑惑不解，所以天下就大乱。所以墨子说：“现今天下的王公大人、士大夫、君子们，如果想真心实意地兴天下之利，除天下之害，那么对于鬼神的有与无的分辨，我认为不能不做认真的研究和考察。”

既然这样，那么我们为了彻底弄清楚这件事，应该怎么说才好呢？墨子说：“要和天下的人一同弄清鬼神的有无这件事，都应该用大众的耳目亲闻亲见的事实为根据。如果确实有人听见了、见到了，那么必定认为鬼神是存在的，如果没有人听到或看到，那么必定认为鬼神是不存在的。假若这样，为什么不曾进入一乡一里去询问呢？从古至今有人类以来，也有人曾见到过鬼神之形，听到过鬼神之声，那么鬼神怎么能说没有？假若没有谁听到、没有谁看到，那么鬼神怎能说有呢？”

※ 原文

今执无鬼者言曰：“夫天下之为闻见鬼神之物者，不可胜计也。”亦孰为闻见鬼神有、无之物哉？子墨子言曰：“若以众之所同见，与众之所同闻，则若昔者杜伯是也。”周宣王杀其臣杜伯而不辜，杜伯曰：“吾君杀我而不辜，若以死者为无知，则止矣；若死而有知，不出三年，必使吾君知之。”其[1]三年，周宣王合诸侯而田[2]于圃，田车数百乘，从数千人，满野。日中，杜伯乘白马素车，朱衣冠，执朱弓，挟朱矢，追周宣王，射之车上，中心折脊，殪车中，伏弢[3]而死。当是之时，周人从者莫不见，远者莫不闻，著在周之《春秋》。为君者以教其臣，为父者以警其子，曰：“戒之！慎之！凡杀不辜者，其得不祥，鬼神之诛，若此之憯遬也！”以若书之说观之，则鬼神之有，岂可疑哉！

※ 注释

1 其：通“期”，会见。2 “田”通“畋”，打猎。3 弢：弓袋。

※ 译文

现今主张无鬼神论的人说：“天下听说过鬼神的人多得无法计算。”但是谁是真的见过鬼的人呢？墨子说道：“如果要举出大家都看到，而且大家都听到的关于鬼神的事，那么像从前杜伯的例子就是这样。”周宣王杀了他的臣子杜伯，而杜伯并没有罪。杜伯说：“我的君主要杀我，而我并没有罪，假若认为死者无知，那么就罢了；假若死而有知，那么不出三年，我必定让我的君上知道后果。”第三年，周宣王会合诸侯在圃田打猎，猎车数百辆，随从数千人，人群布满山野。正当中午，杜伯乘坐白马素车，穿着红衣，拿着红弓，追赶周宣王，在车上射箭，射中周宣王的心脏，使他折断了脊骨，倒伏在弓袋之上而死。当这个时候，跟从的周人没有人不看见，远处的人没有人不听到，并记载在周朝的《春秋》上。做君上的以此教导臣下，做父亲的以此警戒儿子，说：“一定要警惕呀！谨慎呀！凡是杀害无罪的人，他必得到不祥后果。鬼神的惩罚，是如此的惨痛快速。”按这本书的说法来看，对于鬼神的存在，难道还有什么疑问吗？

※ 原文

非惟若书之说为然也，昔者郑[1]穆公，当昼日中处乎庙，有神入门而左，鸟身，素服三绝[2]，面状正方。郑穆公见之，乃恐惧犇。神曰：“无惧！帝享女明德，使予锡女寿十年有九，使若国家蕃昌，子孙茂，毋失。”郑穆公再拜稽首，曰：“敢问神名？”曰：“予为句芒。”若以郑穆公之所身见为仪，则鬼神之有，岂可疑哉！

非惟若书之说为然也，昔者燕简公杀其臣庄子仪而不辜，庄子仪曰：“吾君王[3]杀我而不辜。死人毋知亦已，死人有知，不出三年，心使吾君知之。”期年，燕将驰祖[4]。燕之有祖，当齐之社稷，宋之有桑林，楚之有云梦也，此男女之所属而观也。日中，燕简公方将驰于祖涂[5]，庄子仪荷朱杖而击之，殪之车上。当是时，燕人从者莫不见，远者莫不闻，著在燕之《春秋》。诸侯传而语之曰：“凡杀不辜者，其得不祥，鬼神之诛，若此其憯遬也！”以若书之说观之，则鬼神之有，岂可疑哉！

※ 注释

1 “郑”为“秦”字之误。下同。2 “三绝”疑为“玄缟”之误，黑帽。3 “王”字当删。4 “祖”通“沮”。5 “涂”通“途”。

※ 译文

不仅书上说的是这样。从前秦穆公，大白天中午在庙堂里，看到一个神进入大门向左拐，人面鸟身，穿着素服头戴着黑色的帽子，脸的形状是正方形。秦穆公见了，于是很恐惧地逃走。神说："不要害怕！上天因你明德有道而保佑你，派我来给你增添阳寿十九年，使你的国家繁荣昌盛，子孙兴旺，不丧失秦国。"秦穆公拜两拜，稽首行礼，问道："请问尊神大名。"神回答说："我是句芒。"如果以秦穆公的亲身所见为依据，那么鬼神的存在，难道还有疑问吗？

不只是这本书所说的是这样，从前燕简公杀了他的臣下庄子仪，而庄子仪没有罪过，庄子仪说："我的君上杀我而我并没有罪。如果死人无知，也就罢了。如果死者有知，不出三年，必定使我的君上知道后果。"过了一年，燕人将驰往沮泽祭祀。燕国有沮泽，就像齐国有社稷，宋国有桑林，楚国有云梦泽一样，都是男女聚会和游览的地方。正午时分，燕简公正在驰往祖泽途中，庄子仪肩扛红木杖击打他，把他杀死在车上。在这个时候，跟随简公的燕人没有人不看见，远处的人没人不听说这件事，这事被记载在燕国的《春秋》上。诸侯相互转告说："凡是杀了无罪的人，他定得不祥，鬼神的惩罚，是如此的惨痛快速。"按这本书所说的来看，对于鬼神的存在，难道还有疑问吗？

※ 原文

非惟若书之说为然也，昔者宋文君鲍之时，有臣曰祏[1]观辜，固尝从事于厉。祩子杖揖出[2]，与言曰："观辜是何珪璧之不满度量？酒醴粢盛之不净洁也？牺牲之不全肥？春秋冬夏选失时？岂女[3]为之与？意鲍为之与？"观辜曰："鲍幼弱，在荷繈[4]之中，鲍何与识焉？官臣观辜特为之。"祩子举揖而槁[5]之，殪之坛上。当是时，宋人从者莫不见，远者莫不闻，著在宋之《春秋》。诸侯传而语之曰："诸不敬慎祭祀者，鬼神之诛，至若此其憯遫也！"以若书之说观之，鬼神之有，岂可疑哉！

非惟若书之说为然也，昔者齐庄君之臣，有所谓王里国、中里徼者，此二子者，讼三年而狱不断。齐君由[6]谦杀之，恐不辜；犹谦释之，恐失有罪。乃使之[7]人共一羊，盟齐之神社。二子许诺。于是泏洫[8]，摇羊而漉其血。读王里国之辞，既已终矣；读中里徼之辞，未半也，羊起而触之，折其脚，祧神之而槁之，殪之盟所。当是时，齐人从者莫不见，远者莫不闻，著在齐之《春秋》。诸侯传而语之曰："请品先不以其请者[9]，鬼神之诛至，若此其憯遫也！"以若书之说观之，鬼神之有，岂可疑哉！

是故子墨子言曰："虽有深溪博林、幽涧无人之所，施行不可以不董[10]，见有鬼神视之。"

※ 注释

1 “祏”为“祐”之误。2 “祩”即“祝”。“揖”为“楫”字之误。3 “女”通“汝”。4 “荷繈”疑为“葆繈”之误，即“襁褓”。5 “槁”同“敲”。6 “由”为“欲”之假借字。“谦”同“兼”。7 “之”为“二”字之误。8 “泏”同“掘”。“洫”同“穴”。9 “请品先”为“诸诅矢”之误。“矢”通“誓”。后一个“请”为“情”之假借字。10 “董”为“堇”之误，“堇”通“谨”。

※ 译文

不只是这部书上这样说。从前宋文君鲍在位之时，有个臣子叫观辜，曾在祠庙从事祭祀，有一次他到神祠里去，厉神附在祝史的身上，对他说：“观辜，为什么珪璧达不到礼制要求的规格？酒醴粢盛不洁净？用作牺牲的牛羊不纯色不肥壮？春秋冬夏的祭献不按时？这是你干的呢？还是鲍干的呢？观辜说：“鲍还幼小，在襁褓之中，鲍怎么会知道呢？这是负责祭祀的臣子观辜独自做的。”祝史举起木杖敲打他，把他打死在祭坛上。在这个时候，宋人跟随的没有人不看见，远处的人没有不听说这件事，被记载在宋国的《春秋》上。诸侯相互传告说：“凡各不恭敬谨慎地祭祀的人，鬼神的惩罚，是如此的惨痛快速。”按这本书的说法来看，对于鬼神的存在，难道还有什么可怀疑的吗？

不只是这部书里这样说。从前齐庄王在位的时候，有两个大臣，叫作王里国和中里徼。这两人打了三年的官司，案件还审理不清。齐君想把他们两个都杀掉，又担心杀了无罪者；想都释放他们，又担心放过了有罪者。于是让两个人共同带着一头羊，到齐国社稷神坛前发誓。二人都答应了。在神前挖了一个坑，把羊杀掉，把羊血洒在地上。王里国的誓词读完以后；中里徼读誓词，读了不到一半，那只死羊跳起来触他，把他的脚折断了，祧神上来敲他，把他杀死在盟誓之所。当时，齐国人跟从的人没有不看见的，远处的人没人不听说这件事，被记载在齐国的《春秋》中。诸侯传告说：“所有发誓而言不由衷的，鬼神的惩罚，是如此的惨痛快速。”按这部书的说法来看，对于鬼神的存在，难道还有什么可怀疑的吗？

所以墨子说：“虽然有深山老林、幽闲无人的地方，但所作所为也不能不谨慎，因为鬼神就在身边看着你呢。”

※ 原文

今执无鬼者曰：“夫众人耳目之请，岂足以断疑哉？奈何其欲为高君子于天下，而有复信众之耳目之请哉！”子墨子曰：“若以众之耳目之请，以为不足信也，不以断疑，不识若昔者三代圣王尧、舜、禹、汤、文、武者，足以为法乎？”故于此乎自中人以上皆曰：“若昔者三代圣王，足以为法矣。”若苟昔者三代圣王足以为法，然则姑尝上观圣王之事：昔者武王之攻殷诛纣也，使诸侯分其祭，曰：“使亲者受内祀，疏者受外祀。”故武王必以鬼神为有，是故攻殷伐纣，使诸侯分其祭；若鬼神无有，则武王何祭分哉！非惟武王之事为然也，故圣王其赏也必于祖，其僇[1]也必于社。赏于祖者何也？告分之均也；僇于社者何也？告听之中也。

非惟若书之说为然也，且惟昔者虞、夏、商、周三代之圣王，其始建国营都日，必择国之正坛，置以为宗庙；必择木之修茂者，立以为菆[2]位；必择国之父兄慈孝贞良者，以为祝宗；必择六畜之胜腯肥倅毛，以为牺牲，珪璧琮璜，称财为度；必择五谷之芳黄，以为酒醴粢盛，故酒醴粢盛与岁上下[3]也。故古圣王治天下也，故必先鬼神而后人者，此也。故曰：官府选效[4]，必先祭器、祭服毕藏于府，祝宗有司毕立于朝，牺牲不与昔聚群。故古者圣王之为政若此。

※ 注释

1 “僇”通“戮”，杀。2 “菆”同“丛”。丛位，犹“丛社”。3 与岁上下：随年成好坏而有所增减。4 选效：犹为“僎效”，具备。

※ 译文

现在持无神论的人说：“一般人所耳闻目见的情况，难道就可以用来决断疑问吗？哪有希望成为天下高士的人？”墨子说：“如果认为一般人所耳闻目见的实情不足以相信，不能以此断定疑惑，那么，就不能审知从前几代圣王尧、舜、禹、汤、周文王、周武王，他们是否足以作为法则？”所以对于这个问题自中等资质以上的都会说：“从前几代的圣王，足够可以作为法则了。”假若从前几代的圣王足以作为法则，那么姑且试着回顾一下圣王的行事：从前周武王攻伐殷商诛杀纣王，使诸侯分掌众神的祭祀，说：“同姓诸祭祀侯祖庙，异姓诸侯祭祀本国的山川。”所以说武王认为鬼神是存在的，所以攻殷伐纣，使诸侯分主祭祀；如果鬼神不存在，那么武王又何必多此一举，让诸侯祭祀呢！不仅武王的事是这样，古代圣王进行赏赐，一定在祖庙，实行刑戮，则一定在社坛。在祖庙行赏是为什么呢？是告诉祖先行赏公平；在社庙行戮是为什么呢？是告诉社坛处理得公允。

不仅这一记载说的是这样，而且从前夏、商、周三代的圣王，他们建立国家营建都城的时候，必定要选择国内正中地带，建立宗庙；还必定选择树木高大茂盛的地方，立为丛社；必定要选择国内父兄辈慈祥、孝顺、正直、善良的人，充作祭祀的太祝和宗伯；必定要选择六畜中能胜任肥壮纯色之选者，作为祭祀品，摆设珪、璧、琮、璜等玉器，也要求合乎要求和礼仪制度；还要选择五谷中气香色黄的，用作供祭的酒醴粢盛，因而酒醴粢盛随年成好坏而增减。所以古代的圣王治理天下，一定是先鬼神后人民。所以说：官府置备供具，必定以祭品祭服为先，使尽藏于府库之中，太祝、太宗等官吏都于朝廷就位，选为祭品的牲畜不跟昔日的畜群关在一起。古代的圣王就是如此施政的。

※ 原文

古者圣王必以鬼神为[1]其务，鬼神厚矣。又恐后世子孙不能知也，故书之竹帛，传遗后世子孙。咸[2]恐其腐蠹绝灭，后世子孙不得而记，故琢之盘盂、镂之金石，以重之。有恐后世子孙不能敬莙以取羊[3]，故先王之书，圣人一尺之帛，一篇之书，语数鬼神之有也，重有重之。此其故何？则圣王务之。今执无鬼者曰："鬼神者，固无有。"则此反圣王之务。反圣王之务，则非所以为君子之道也。

※ 注释

1 "为"后疑省略"有"字。2 "咸"为"或"字之误。3 "莙"为"若"之误。"羊"即"祥"。

※ 译文

古代圣王必定认为鬼神是存在的，所以他们祭祀相当丰厚，又恐怕后世子孙不能知道这点，所以写在竹简帛书上，流传给后世子孙。或者担心它们被腐蚀、被虫咬而灭绝，使后世子孙不能记住，所以又雕琢在盘盂上，镂刻在金石上，以示重视。又担心后世子孙不能敬顺以取得吉祥，所以先王的书籍，圣人的言语，即使是在一尺的帛书上、一篇简书上，都反复述说鬼神的存在，反复重申敬重鬼神。这是什么缘故？是因为圣王要勉力侍奉鬼神。现在主张没有鬼神的人说："鬼神，本来就不存在。"那么这就是违背圣王的要务。违反圣王的要务，就不是君子所行的道了。

※ 原文

今执无鬼者之言曰："先王之书，慎无一尺之帛，一篇之书，语数鬼神之有，重有重之，亦何书之有哉？"子墨子曰："《周书·大雅》有之，《大雅》曰：'文王在上，于昭于天。周虽旧邦，其命维新。有周不显，帝命不时。文王陟降，在帝左右。穆穆文王，令问不已。'若鬼神无有，则文王既死，彼岂能在帝之左右哉？此吾所以知《周书》之鬼也。"

且《周书》独鬼而《商书》不鬼，则未足以为法也。然则姑尝上观乎《商书》。曰："呜呼！古者有夏，方未有祸之时，百兽贞[1]虫，允及飞鸟，莫不比方。矧隹人面[2]，胡敢异心？山川鬼神，亦莫敢不宁；若能共允，佳天下之合，下土之葆。”察山川、鬼神之所以莫敢不宁者，以佐谋禹也。此吾所以知《商书》之鬼也。

且《商书》独鬼，而《夏书》不鬼，则未足以为法也。然则姑尝上观乎《夏书》。《禹誓》曰：“大战于甘，王乃命左右六人，下听誓于中军。曰：‘有扈氏威侮五行，怠弃三正，天用剿绝其命。’有曰：‘日中，今予与有扈氏争一日之命。且[3]！尔卿、大夫、庶人。予非尔田野葆士[4]之欲也，予共行天之罚也。左不共于左，右不共于右，若不共命；御非尔马之政，若不共命。是以赏于祖，而僇于社。”赏于祖者何也？言分命之均也；僇于社者何也？言听狱之事也。故古圣王必以鬼神为赏贤而罚暴，是故赏必于祖，而僇必于社。此吾所以知《夏书》之鬼也。故尚者《夏书》，其次商、周之书，语数鬼神之有也，重有重之。此其故何也？则圣王务之。以若书之说观之，则鬼神之有，岂可疑哉！

※ 注释

1 “贞”为“征”之假借字。2 矧：况。“佳”即“惟”。3 “且”通“徂”。4 “葆士”当作“宝玉”。

※ 译文

现今主张没有鬼神的人说：“先王的书籍，圣人的言语，即使是在一尺的帛书、一篇简书上，都多次提到鬼神的存在，反复重申，那么这究竟是一些什么书呢？”墨子说：“《诗经》中的《大雅》就写有这个，《大雅》说：‘文王高居上位，功德昭著于天，周朝虽是诸侯旧邦，但它接受天命才刚开始。周朝的德业很显著，上天的授命很及时。文王去世后，常在上天的身边。庄严的文王，美名传扬不止。’如果鬼神不存在，那么文王已死，他怎么能在上天的左右呢？这就是我所知道的《周书》中写的鬼神。”

而且《周书》独独记载有鬼神，而《商书》却没有记载鬼神，那么还不足以此作为法则。既然如此，那么姑且试着回顾一下《商书》。《商书》上说：“啊！古代的夏朝，正当没有灾祸的时候，各种野兽爬虫，以及各种飞鸟，都不敢不行正道。更何况是人类，怎么敢怀有异心？山川、鬼神，也无不安宁；若能恭敬诚信，则天下和合，确保国土。”考察山川、鬼神之所以无不安宁，是山川鬼神在帮助大禹。因此我知道《商书》中记载有鬼神。

如果只是商代的书籍记载有鬼神，而夏代的书籍上没有记载，那么还不足以用来作为法则。既然如此，那么姑且让我来看看夏代书籍上的记载吧。《禹誓》说：“在甘这个地方举行大战，夏王于是命令左右六人，下到中军去听宣誓。夏王说：‘有扈氏轻慢五行，怠惰废弃三正，上天因而断绝他的大命。’又说：‘到正午的时候，我们要和有扈氏决一死战。前进吧！卿、大夫和平民百姓。我不是想要有扈氏的田地和宝玉，我是恭行上天的惩罚。如果车左不努力攻击敌人的车左，如果车右不努力攻击敌人的车右，那就是你们不执行上天的命令。所以要在祖先神位前行赏，在社庙神主前行罚。’”在祖庙行赏是为什么呢？是告诉祖先分配天命的公平；在社庙行罚是为什么呢？是说治狱的合理。所以古时圣王必定认为鬼神是赏贤和罚暴的，所以行赏必在祖庙而行罚必在社庙。这就是我所知道的《夏书》中的鬼。所以最远的《夏书》，其次的《商书》《周书》，都多次说到鬼神的存在，反复重申。这又是什么缘故呢？是因为圣王很重视鬼神。按这些书上的说法来看，对于鬼神的存在，难道还有什么可怀疑的吗？

※ 原文

于古曰：“吉日丁卯，周代祝社、方，岁于社者考[1]，以延年寿。”若无鬼神，彼岂有所延年寿哉！是故子墨子曰：“尝若[2]鬼神之能赏贤如罚暴也，盖本施之国家，施之万民，实所以治国家利万民之道也。”若以为不然，是以吏治官府之不洁廉，男女之为无别者，鬼神见之；民之为淫暴寇乱盗贼，以兵刃、毒药、水火，退无罪人乎道路，夺人车马衣裘以自利者，有鬼神见之。是以吏治官府不敢不洁廉，见善不敢不赏，见暴不敢不罪。民之为淫暴寇乱盗贼，以兵刃、毒药、水火，退无罪人乎道路，夺车马、衣裘以自利者，由此止，是以莫放幽间，拟乎鬼神之明；显明有一人，畏上诛罚，是以天下治。

※ 注释

1 考：先祖。2 尝若：应当相信。

※ 译文

古时有记载说：“在丁卯吉日，派大臣代表国君祭祀社神、四方神，岁末的时候祭祀祖先，用以延年益寿。”如果没有鬼神，他们难道会有延年益寿的么！所以墨子说：“如果鬼神能够赏贤和罚暴，这本应施之于国家和万民，实在是治理国家、造福万民的大道。”假如认为不是这样，那些政府官吏不清廉，男女没有分别，鬼神都会看得见；百姓成为淫暴、寇乱、盗贼，拿着兵器、毒药、水火在道路上遏制住无罪的人，夺取人家的车马、衣裘以此自利，有鬼神看得见。因此官吏治理官府不敢不廉洁，看到好的不敢不奖赏，看到坏的不敢不加以惩罚。而百姓成为淫暴、寇乱、盗贼之人，拿着兵器、毒药、水火在道路遏制住无罪的人，抢夺人家的车马、衣裘以此自利，就会从此停止，因此天下就得到治理了。

※ 原文

故鬼神之明，不可为幽间广泽，山林深谷，鬼神之明必知之。鬼神之罚，不可为富贵众强，勇力强武，坚甲利兵，鬼神之罚必胜之。若以为不然，昔者夏王桀，贵为天子，富有天下，上诟天侮鬼，下殃傲[1]天下之万民，祥[2]上帝伐元山[3]帝行。故于此乎，天乃使汤至明罚焉。汤以车九两，鸟陈雁行。汤乘大赞，犯遂下众，人之螭遂[4]，王乎禽推哆[5]、大戏，故昔夏王桀，贵为天子，富有天下，有勇力之人推哆、大戏，生列[6]兕虎，指画杀人。人民之众兆亿，侯盈厥泽陵，然不能以此圉鬼神之诛。此吾所谓鬼神之罚，不可为富贵众强、勇力强武、坚甲利兵者，此也。且不惟此为然，昔者殷王纣，贵为天子，富有天下，上诟天侮鬼，下殃傲天下之万民，播弃黎老，贼诛孩子，楚毒[7]无罪，刳剔孕妇，庶旧鳏寡，号咷无告也。故于此乎，天乃使武王至明罚焉。武王以择车百两，虎贲之卒四百人，先庶国节窥戎，与殷人战乎牧之野，王乎禽费中、恶来，众畔百走，武王逐奔入宫，万年梓株，折纣而系之赤环，载之白旗，以为天下诸侯僇。故昔者殷王纣，贵为天子，富有天下，有勇力之人费中、恶来、崇侯虎，指寡杀人，人民之众兆亿，侯盈厥泽陵，然不能以此圉鬼神之诛。此吾所谓鬼神之罚，不可为富贵众强、勇力强武、坚甲利兵者，此也。且《禽艾》之道之曰："得玑无小，灭宗无大。"则此言鬼神之所赏，无小必赏之；鬼神之所罚，无大必罚之。

※ 注释

1 "傲"为"杀"字之误。2 "祥"疑为"牂"字之误，"牂"为"戕"之假借字。3 "元山"疑为"亢上"之误。"亢"通"抗"。4 "犯遂下众，人之螭遂"疑应为"犯遂夏众，入之螭遂"。"螭"为"郊"之假借字。5 "乎"为"手"之误。"禽"通"擒"。乎禽，当为"手擒"。6 "列"通"裂"，撕裂。7 "楚毒"为"焚炙"之误，炮烙之刑。

※ 译文

因此鬼神的明察，不论是大泽幽闲的地方，还是深山老林，鬼神是必定能够看得见的。鬼神的惩罚，不可能凭借富贵、人多势大、勇猛顽强、坚甲利兵，因为鬼神要惩罚你就一定能胜过你。假若认为不是这样，那么请看从前的夏桀，贵为天子，富有天下，对上咒骂天帝、侮辱鬼神，对下祸害残杀天下的万民，残害上天之功，抗拒上天之道。所以在此时上天就使商汤对他致以明罚。汤用战车九辆，布下鸟阵、雁行的阵势。汤登上大赞这个地方，挥师进攻、追逐夏的军队，进入都郊隧道，汤王于是擒获了推哆、大戏。从前的夏王桀，贵为天子，富有天下，拥有有勇力的将领推哆、大戏，他们能活生生地把兕、虎撕裂，指画之间，就能杀死人。他的民众之多成兆成亿，布满山陵水泽，但却不能以此抵御鬼神的诛罚。这就是我所说的对鬼神的惩罚，人不可能凭借富贵、人多势大、勇猛顽强、坚甲和锐利武器的道理就在这里。并且不只夏桀是这样，从前的殷王纣，贵为天子，富有天下，但他对上咒骂上天，侮辱鬼神，对下殃害残杀天下万民，抛弃父老，屠杀孩童，用炮烙之刑处罚无罪之人，剖割孕妇之胎，庶民鳏寡号啕大哭而无处申诉。所以在这个时候，上天就使周武王致以明罚。武王用精选的战车一百辆，虎贲勇士四百人，自己率先走在各受符节的诸侯前头前往观察战事。在牧野这个地方与殷商军队开战，武王于是擒获了费中、恶来，殷军大队叛逃败走。武王追逐他们奔入殷宫，用万年梓株折断了纣王头，把他的头系在赤环上，以白旗载着，以此为天下诸侯戮之。从前的殷王纣贵为天子，富有天下，又有勇力的将领费中、恶来、崇侯虎，指顾之间即可杀人。他的民众之多成兆成亿，布满水泽山林，然而不能凭此抵御鬼神的诛罚。这就是我所说的鬼神的惩罚，不能凭借富贵、人多势大、勇猛顽强、坚甲和锐利武器的道理就在这里。并且《禽艾》上说过：“得到吉祥的，不论地位微小；得到灭族的，不论地位显赫。”这说的是鬼神所应赏赐的，不论地位多么卑微也必定要赏赐他；鬼神所要惩罚的，不论地位多么尊崇也必定要惩罚他。

※ 原文

今执无鬼者曰：“意不忠亲之利[1]，而害为孝子乎？”子墨子曰：“古之今之为鬼，非他也，有天鬼，亦有山水鬼神者，亦有人死而为鬼者。”今有子先其父死，弟先其兄死者矣。意虽使然，然而天下之陈物[2]曰：“先生者先死。”若是，则先死者非父则母，非兄而姒也。今洁为酒醴粢盛，以敬慎祭祀，若使鬼神请有，是得其父母姒兄而饮食之也，岂非厚利哉！若使鬼神请亡，是乃费其所为酒醴粢盛之财耳；自夫费之，非特注之污壑而弃之也[3]，内者宗族，外者乡里，皆得如具饮食之；虽使鬼神请亡，此犹可以合驩聚众，取亲于乡里。今执无鬼者言曰：“鬼神者，固请无有。是以不共其酒醴、粢盛、牺牲之财。吾非乃今爱其酒醴、粢盛、牺牲之财乎？其所得者，臣将何哉？”此上逆圣王之书，内逆民人孝子之行，而为上士于天下，此非所以为上士之道也。是故子墨子曰：“今吾为祭祀也，非直注之污壑而弃之也，上以交鬼之福，下以合驩聚众，取亲乎乡里。若[鬼]神有，则是得吾父母弟兄而食之也。则此岂非天下利事也哉！”

是故子墨子曰：“今天下之王公大人、士君子，中实将欲求兴天下之利，除天下之害，当若鬼神之有也，将不可不尊明也，圣王之道也。”

※ 注释

1 “意”通“抑”。“忠”为“中”之假借字。2 陈物：常理。3 “自”为“且”之误。“且”同“抑”。“特”应为“直”。

※ 译文

现今主张无鬼神论的人说：“我担心这样做会影响对父母的忠诚和孝道，这不是有碍于做孝子吗？”墨子说：“古往今来的鬼神，没有别的，有天鬼天神，也有山水的鬼神，也有人死后所变的鬼神。”现在有儿子比他父亲先死、弟弟比兄长先死的情况。即使如此，按天下常理来说，总是说：“先出生的会先死。”假如如此，那么先死的不是父亲就是母亲、不是哥哥就是姐姐。现在把祭祀的甜酒和盛在祭器中的黍稷弄得很洁净，用以恭敬谨慎地祭祀，假使鬼神确实存在，这样他的父母、兄姐得到饮食，难道不是最大的益处吗！假使鬼神确实没有，这不过是浪费他制作甜酒和盛在祭器中黍稷的一点资财罢了。而且这种浪费，也并不是倾倒在脏水沟丢掉，而是还可以用来邀请宗族乡亲欢聚一堂，增进亲情。现今主张无鬼神论的人说道：“鬼神，本来就不存在，因此不必供给那些祭祀用的甜酒、黍稷、牺牲之财。如今我们岂是爱惜那些财物呢？而在于祭祀能得到什么呢？”这种说法对上违背了圣王之书，对下违背了民众孝子的言行，而想成为天下的高尚人士，这样做绝不是做上层人士的正道。因此墨子说：“现在我们去祭祀，并不是把食物倒在沟里丢掉，而是对上以邀鬼神之福，对下让宗族乡亲欢聚一堂，增进亲情。假若鬼神存在，那就是将我们的父母兄弟请来共食，这岂不是天下最大的好事吗？”

因此墨子说：“现在天下的王公大人、士大夫君子们，如果内心确实想要追求兴起天下的大利，除去天下的公害，那么在对待鬼神的存在这个问题上，就不能不明确地表示尊重，这是圣王的正道啊。”

※ 解读

墨子认为鬼神不仅存在，而且能对人间的善恶予以赏罚。

墨子生活在春秋末期，当时战争频繁，人民过着颠沛流离的生活，王公大臣们都争相夺利，于是导致了战事连绵。在这里，墨子所说的“天”和“鬼神”都是按照当时小生产者所要求的公平合理的愿望塑造出来的，他所诚心信奉的上天和鬼神是他所代表的这一社会阶层自身的虚幻的化身，因为当时这一社会阶层还不可能形成自觉的力量，更无从认识自己的力量，但是在痛苦的生活压榨下，在不公平的待遇下，小私有者和手工业者逐渐取得独立的地位，形成一定的社会力量时，他们不能不提出改善自己的生活条件和社会地位的要求。

在本篇中，他列举古代的传闻、古代圣王对祭祀的重视以及古籍的有关记述，以证明鬼神的存在和灵验。从今天来看，这种宣扬迷信的做法显然是落后而不足取的。但我们也应当看到，墨子明鬼的目的，主要是想借助超人间的权威以限制当时统治集团的残暴统治。

※ 事例一

“鬼神”存在吗？墨子主张“鬼神”存在，可他真的存在吗？现在我们来看看一个持“鬼神”不存在论的观点是怎么论证的。

真理不灭

萧子良笃信释迦牟尼，经常请来有名的僧人讲经论法，场面之宏大前所未见。萧子良甚至亲自为僧人挑水送饭，天下人都认为他这样做实在有失宰相的身份。

与之相对，范缜则一直坚持这个世界上没有神佛鬼怪之类。萧子良问他：“你不相信因果报应，那为什么有富贵、贫贱之分？”范缜回答：“世人的生命如同一棵树上的花朵，随风飘散。有的从帘缝中穿过，落到了华丽的被褥上，有的却越过篱笆落到了墙角的粪坑中。那些落在华丽的床榻上的，就是像大人您这种尊贵的人，而落在粪坑中的就是下官我。富贵与贫贱间虽然天差地别，但这当中究竟有什么必然的联系，或是您所说的因果报应呢？”一番话说得萧子良哑口无言。

之后范缜又发表《神灭论》，他说道：物质是精神的本质，精神是在物质的基础上产生的。精神之于物质就好像“锋利”这一抽象的概念之于“刀”这一实实在在的物质。从没有人听说过“刀”不存在了而“锋利”还未消失的怪事，那怎么会物质消亡了而精神灵魂依然存在呢？这篇文章一发表出来，在朝廷内掀起了轩然大波。大家都对这种言论嗤之以鼻，许多人更是想方设法为难他。但范缜的论点从没被推翻过。太原人王琰写了篇文章讥讽范缜：“那个可怜的范先生居然连自己祖先的神灵在哪儿也不知道呀！”本以为他会无言以对，谁知范范缜却以其人之道还治其人之身，针锋相对地说道：“王先生真是孝顺啊！知道了自己祖宗的神灵在哪里却舍不下这尘世，不愿意自杀去做个贤孝子孙。”

萧子良派王融去劝说范缜：“以您的才华当上中书郎是不成问题的。只可惜你始终坚持这些荒谬的言论，你应该立刻放弃这些错误的观点。”范缜听了一阵大笑：“倘若我范缜肯出卖自己的观点去求得一官半职，现在早就当上尚书令、仆射了，何止区区一个中书郎？”

※ 事例二

修筑神庙的目的是为了人们可以向上天祈福，上天不会因为这是老百姓所盖的就减少赐福给他们。同样，国君也不会因为你办错一件事，而杀了你。这一切都是由上天所决定的。

古弼忠心

古弼为人忠诚正直，办事决不马虎。他曾经认为，皇家园林上谷苑面积太大，希望能减少一半，分给贫苦百姓。于是入朝晋见北魏王，想把自己的想法面奏魏王。当他进宫准备上奏时，魏王正与给事中刘树下围棋，魏王专心致志，没有理睬站在旁边的古弼。古弼等了很久，仍然没有机会向魏王陈述此事。忽然间，古弼站起身来，一把抓住刘树的头发，将他拉下座椅，又揪耳朵，又猛打他的后背，斥责道："国家没有管好，完全是你的罪责！"魏王被这突如其来的打骂吓呆了，赶忙放下棋子说："没有听你的上奏，过错在我。刘树有何罪过！快放了他！"古弼于是把事情一一奏明皇上，魏王全都同意。之后，古弼说："我身为臣下，在皇上面前这般无礼，罪过实在太大了！"然后直奔公交车署，脱下帽子，赤着脚请有关官员处罚。皇帝知道后，叫人将他召回，对他说："我听说修筑神坛的人，弯腰驼背干活的样子，看上去不甚雅观，但神坛修好后，当我们前去虔诚祭拜时，却非常高雅神圣，神灵不仅不责怪，反而会赐福给他们。既然这样，你又有什么罪过呢？你还是戴好帽子，穿好鞋，去履行好你的职责吧。只要有利于国，方便于百姓的事，你只管努力去做，不要有任何顾虑！"

非乐[1]（上）

※ 原文

子墨子言曰："仁之事者[2]，必务求兴天下之利，除天下之害，将以为法乎天下，利人乎，即为；不利人乎，即止。"且夫仁者之为天下度也，非为其目之所美，耳之所乐，口之所甘，身体之所安，以此亏夺民衣食之财，仁者弗为也。是故子墨子之所以非乐者，非以大钟、鸣鼓、琴瑟，竽笙之声，以为不乐也；非以刻镂、华[3]文章之色，以为不美也；非以犓豢煎炙之味，以为不甘也；非以高台、厚榭、邃野[4]之居，以为不安也。虽身知其安也，口知其甘也，目知其美也，耳知其乐也，然上考之不中圣王之事；下度之，不中万民之利，是故子墨子曰：“为乐，非也！”

※ 注释

1 非乐：反对从事音乐活动。2 仁之事者：当为“仁者之事”。3 “华”为衍字。4 邃野：“野”通“宇”，即深居。

※ 译文

墨子说：“仁者要办的事，务必在追求兴天下之利，除天下之害，将以此作为天下的准则，有利于人的，就做；不利于人的，就停止不做。”而且仁者是为整个天下考虑的，不是为了能见到美丽的东西，听到快乐的声音，尝到美味，身体感到安适，因此掠取民众的衣食财物，仁人是不做的。所以墨子否定音乐，不是说大钟、响鼓、琴瑟、竽笙的声音不美妙、不中听；也不是说雕刻艺术、纹饰的色彩是不漂亮、不美丽的；更不是以为豢养的牛羊猪的肉煎炙后的味道是不甜美的；也不以为居住在高台、厚榭、深远之屋中不安适。虽然身体知道安适，口里知道香甜，眼睛知道美丽，耳朵知道快乐，然而向上考察，不符合圣王的事迹；向下考察，不符合万民的利益。因此墨子说：“设置音乐，是不对的呀！”

※ 原文

今王公大人，虽无造为乐器，以为事乎国家，非直掊潦水，折壤坦而为之也[1]，将必厚措敛乎万民，以为大钟、鸣鼓、琴瑟、竽笙之声。古者圣王，亦尝厚措敛乎万民，以为舟车，既以成矣，曰：“吾将恶许[2]用之？”曰：“舟用之水，车用之陆，君子息其足焉，小人休其肩背焉。”故万民出财赍而予之，不敢以为戚恨[3]者，何也？以其反中民之利也。然则乐器反中[4]民之利亦若此，即我弗敢非也。然则当用乐器，譬之若圣王之为舟车也，即我弗敢非也。

※ 注释

1 折、坦：疑为“拆”“垣”。2 许：所。3 戚恨：伤心怨恨。4 反中：反而符合。

※ 译文

现今的王公大人，制造音乐器具，用之为国家行乐事，不只是像掊取路上的积水、拆毁土墙那么容易，而必是向万民征取很多钱财，以此制作大钟、响鼓、琴瑟、竽笙的声音。古代的圣王，也曾向万民大规模措办聚敛钱财，制造船只和车辆，制成之后，说：“我将在何处使用这些工具呢？”他们自己又说：“船使用在水里，车使用在地上，君子可以使他的双脚休息，小人可以使他的肩和背休息。”所以万民都拿出钱财来供奉给圣王，不敢以此为忧戚怨恨的原因是什么？因为它符合百姓的利益。然而乐器要是这样也符合民众的利益，那我就不敢反对了。就是说如果用乐器就像圣王用车船一样，那我也不敢反对。

※ 原文

民有三患，饥者不得食，寒者不得衣，劳者不得息。三者，民之巨患也。然即当为之撞巨钟、击鸣鼓、弹琴瑟、吹竽笙而扬干戚，民衣食之财，将安可得乎？即我以为未必然也。意舍此[1]，今有大国即攻小国，有大家即伐小家，强劫弱，众暴寡，诈欺愚，贵傲贱，寇乱盗贼并兴，不可禁止也，然即当为之撞巨钟、击鸣鼓、弹琴瑟、吹竽笙而扬干戚[2]，天下之乱也，将安可得而治与？即我未必然也。是故子墨子曰：“姑尝厚措敛乎万民，以为大钟、鸣鼓、琴瑟、竽笙之声。以求兴天下之利，除天下之害，而无补也。”是故子墨子曰：“为乐，非也！”

※ 注释

1 意舍此：或者撇开这一点。意，抑。2 干：盾。戚：似斧形兵器。

※ 译文

老百姓有三种忧患：饥饿的人得不到食物，寒冷的人得不到衣服，劳累的人得不到休息。这三件事，是百姓的最大忧患。既然这样，那么假如他们去撞击巨钟，敲打鸣鼓，弹奏琴瑟，吹竽笙，舞动干戚，民众的衣、食、财物能得到吗？我认为不可能。姑且不谈这件事，现在有大国攻击小国，大家族攻伐小家族，强壮的掳掠弱小的，人多的欺负人少的，奸诈的欺骗愚笨的，高贵的傲视低贱的，外寇内乱盗贼共同兴起，不能禁止。既然这样，那么假如他们去撞击巨钟，敲打鸣鼓，弹奏琴瑟，吹竽笙，舞动干戚，天下的纷乱将会得到治理吗？我以为这是不可能的。所以墨子说：“姑且向万民征敛很多钱财，制作大钟、鸣鼓、琴瑟、竽笙之声，用以追求天下的大利，除去天下的公害，这是毫无补益的。”因此墨子说：“设置音乐，是不对的！”

※ 原文

今王公大人，唯毋处高台厚榭之上而视之，钟犹是延鼎[1]也，弗撞击，将何乐得焉哉！其说将必撞击之。惟勿[2]撞击，将必不使老与迟者。老与迟者，耳目不聪明，股肱不毕强，声不和调，明不转朴[3]。将必使当年，因其耳目之聪明，股肱之毕强，声之和调，眉之转朴。使丈夫为之，废丈夫耕稼树艺之时；使妇人为之，废妇人纺绩织纴之事。今王公大人，唯毋为乐，亏夺民衣食之财，以拊乐如此多也。是故子墨子曰："为乐，非也！"

今大钟、鸣鼓、琴瑟、竽笙之声，既已具矣，大人锈然[4]奏而独听之，将何乐得焉哉？其说将必与贱人，不与君子，与君子听之，废君子听治；与贱人听之，废贱人之从事。今王公大人，惟毋为乐，亏夺民之衣食之财，以拊乐如此多也。是故子墨子曰："为乐，非也！"

昔者齐康公，兴乐万[5]，万人不可衣短褐，不可食糠糟，曰："食饮不美，面目颜色，不足视也；衣服不美，身体从容丑羸不足观也。是以食必粱肉，衣必文绣。"此掌[6]不从事乎衣食之财，而掌食乎人者也。是故子墨子曰：今王公大人，惟毋为乐，亏夺民衣食之财，以拊乐如此多也。是故子墨子曰："为乐，非也！"

※ 注释

1 延鼎：覆倒之鼎。2 惟勿：发语词。3 "朴"字疑为"行"。4 锈然：安静地。5 万：指万舞，古代一种规模盛大的舞蹈，文舞、武舞皆备，规模达万人，故一般泛指舞蹈。6 掌：通"常"。

※ 译文

现在的王公大人从高台厚榭上看去，大钟犹如倒扣着的鼎一样，不去撞击，怎么会产生音乐呢？这就是说必定要撞击它。一旦撞击，将不会使用老人和反应迟钝的人。老人与反应迟钝的人，耳不聪，目不明，四肢不强壮，声音不和谐，眼神不灵敏。必将使用壮年人，用其耳聪目明，强壮的四肢，声音调和，眼神敏捷。如果使男人撞钟，就要浪费男人耕田、种菜、植树的时间；如果让妇女撞钟，就要荒废妇女纺纱、绩麻、织布等事情。现在的王公大人，设置音乐活动，掠夺民众的衣食财物，而所击打的乐器是如此之多呀。因此墨子说："设置音乐，是不对的！"

现在的大钟、响鼓、琴瑟、竽笙的乐声等已备齐了，大人们独自安静地听着奏乐，将会得到什么乐趣呢？他们说将一定与别人一起听奏，不是给君子们听，就是给下人们听。给君子们听音乐，就荒废了君子们听狱治理国事；与下人同听，就会荒废下人所做的事情。现在的王公大人从事音乐活动，掠夺民众的衣食财物，大规模地敲击乐器。所以墨子说："设置音乐，是不对的！"

从前齐康公喜欢大型的乐曲和舞蹈，万人规模的歌舞艺人不能穿粗布短衣，不能吃糟糠。说："吃得不好，面目色泽就不值得看了；衣服不美，身形动作也不值得看了。所以必须吃好饭和肉，必须穿绣有花纹的衣裳。"这些人常常不从事生产衣食财物，而常常吃别人的。所以墨子说：现在的王公大从事音乐活动，掠夺民众的衣食财物，大规模地敲击乐器。所以墨子说：“设置音乐，是不对的！”

※ 原文

今人固与禽兽、麋鹿、蜚鸟、贞虫异者也[1]。今之禽兽、麋鹿、蜚鸟、贞虫，因其羽毛，以为衣裘；因其蹄蚤，以为绔屦[2]；因其水草，以为饮食。故唯使雄不耕稼树艺，雌亦不纺绩织纴，衣食之财，固已具矣。今人与此异者也，赖其力者生，不赖其力者不生。君子不强听治，即刑政乱；贱人不强从事，即财用不足。今天下之士君子，以吾言不然；然即姑尝数天下分事，而观乐之害。王公大人，蚤朝晏退，听狱治政，此其分事也。士君子竭股肱之力，亶其思虑之智，内治官府，外收敛关市、山林、泽梁之利，以实仓廪府库，此其分事也。农夫蚤出暮入，耕稼树艺，多聚菽粟，此其分事也。妇人夙兴夜寐，纺绩织紝，多治麻丝葛绪，綑布縿[3]，此其分事也。今惟毋在乎王公大人，说乐而听之，即必不能蚤朝晏退，听狱治政，是故国家乱而社稷危矣！今惟毋在乎士君子，说乐而听之，即必不能竭股肱之力，亶其思虑之智，内治官府，外收敛关市、山林、泽梁之利，以实仓廪府库，是故仓廪府库不实。今惟毋在乎农夫，说乐而听之，即必不能蚤出暮入，耕稼树艺，多聚菽粟，是故菽粟不足。今惟毋在乎妇人，说乐而听之，即不必[4]能夙兴夜寐，纺绩织紝，多治麻丝葛绪，綑布縿，是故布縿不兴。曰：孰为大人之听治、而废国家之从事？曰：乐也。是故子墨子曰：“为乐，非也！”

※ 注释

1 蜚：通“飞”。贞：通“征”，贞虫即爬虫。2 蚤：即“爪”。绔：即“裤子”。3 绪：依毕沅说为“紵”之音借字。綑：织。縿：绢帛。4 “不必”当为“必不”。

※ 译文

现在的人本就跟禽兽、麋鹿、飞鸟、爬虫不同。现在的禽兽、麋鹿、飞鸟、爬虫，凭借它们的羽毛作为保暖的衣裳；凭借它们的蹄爪，作为裤子和鞋子；凭借大地的水、草作为食物。所以，虽使雄的不耕田、种菜、植树，雌的不纺纱、绩麻、织布，衣食财物本就具备了。现代的人跟这些动物不同，依赖自己的力量才能生存，不依赖自己的力量就不能生存。君子不努力听狱治国，刑罚政令就要混乱；下人不努力生产，财用就会不足。现在天下的士大夫、君子们认为我的话不对，那么姑且列数天下分内的事，来察看音乐的害处。王公大人早晨上朝，晚上退朝，听狱治国，这是他们的分内事。士大夫君子们竭尽全身的力气，用尽智力思考，于内治理官府，于外往关市、山林、河桥征收赋税，充实仓廪府库，这是他们的分内事。农夫早出晚归，耕田、种菜、植树，多多收获豆子和粮食，这是他们的分内事。妇女们早起晚睡，纺纱、绩麻、织布，多多料理麻、丝、葛、苎麻，织成布匹，这是她们的分内事。现在的王公大人喜欢音乐而去听它，则必不能早上朝，晚退朝，听狱治国，那样国家就会混乱，社稷就会危亡。现在的士大夫、君子们喜欢音乐而去听它，则必不能竭尽全身的力气，用尽智力思考，于内治理官府，于外往关市、山林、河桥征收赋税，充实仓廪府库。那么仓廪府库就不会充实！现在的农夫喜欢音乐而去听它，则必不能早出晚归，耕田、植树、种菜，多多收获豆子和粮食，那么豆子和粮食就会不够。现在的妇女喜欢音乐而去听它，则必不能早起晚睡，纺纱、绩麻、织布，多多料理麻、丝、葛、苎麻，织成布匹，那么布匹就不多。问：什么荒废了大人们的听狱治国和国家的生产呢？答：是音乐。所以墨子说："设置音乐，是不对的！"

※ 原文

何以知其然也？曰：先王之书，汤之官刑有之[1]。曰："其恒舞于宫，是谓巫风。其刑：君子出丝二卫[2]，小人否，似二伯[3]。《黄径》[4]乃言曰：呜乎！舞佯佯，黄[5]言孔章，上帝弗常，九有以亡。上天不顺，降之百舛[6]，其家必坏丧。"察九有之所以亡者，徒从饰乐也。于《武观》曰："启乃淫溢康乐，野于饮食，将将铭苋磬以力[7]。湛浊于酒，渝食于野，万舞翼翼[8]，章闻于大，天用弗式[9]。"故上者，天鬼弗戒[10]，下者，万民弗利。是故子墨子曰："今天下士君子，请将欲求兴天下之利，除天下之害，当在乐之为物，将不可不禁而止也。"

※ 注释

1 官刑：传为汤所制定的律令。2 卫：为"束"之音借字。3 否，通"倍"。似：通"以"。伯："帛"之音借字。4《黄经》：目前已失考证。5 黄：即"簧"，大竹。6 舛：同"殃"。7 将将：即锵锵。铭：当为"铃"。苋：当为"筦"。8 翼翼：盛大貌。9 用：因此。弗式：不以为常规。10 戒：当作"式"。

※ 译文

凭什么知道是这样呢？答道：先王的书籍，商汤所做的刑书中有这些记载，上面写道："经常在宫中跳舞作乐，这叫作巫风。那种惩罚是：君子门要交出二大束丝，小人加倍，用二束帛。《黄径》记载说：啊呀！洋洋而舞，乐声响亮。上天不保佑，九州将灭亡。上天不答应，降下各种祸殃，他的家族必然要破亡。"考察九州灭亡的原因，只是因为设置音乐啊。《武观》中说："夏启纵乐放荡，在野外大肆吃喝，锵锵锽锽，弦管和磬声一并齐响。沉湎在酒里，在野外输送饮食，万舞整齐悠闲，显闻于上天，上天认为这不是正常的法则。”所以说在上的，天帝、鬼神不保佑，在下的，万民百姓没有好处。因此墨子说：“现今天下的士大夫、君子们，诚心要为天下人谋利，除去天下的公害，对于音乐这样的事物，将不可能不禁止。”

※ 解读

墨子为了减轻小生产者和劳动者的负担，向王公大人的腐朽生活提出抗议，但他把音乐文化娱乐的作用看得太机械了，而事实上王公大人少参加一些音乐艺术活动，也确实可以减轻一些人民的负担，但他仅仅把音乐艺术看作王公大人头脑中想出来的一套玩意，把加重人民负担的罪过，没有放在当时的贵族阶级的剥削上，而是放在了音乐艺术本身。

但同时他也指出，音乐艺术并不是不美，只是眼前迫切需要解决的是人民的温饱问题，因此，他提出了严厉的抨击。他认为王公大臣们欣赏音乐，就会耽误国事，而老百姓欣赏音乐，就会误了农时，这些都不利于国家的建设。他从小生产者的利益出发，认为只有人人都兢兢业业，各尽其职，这个国家才会发展，才能繁荣富强。而音乐是这一切的根本恶源，因此应该取消音乐。

这篇“非乐”意在反对当时贵族阶级奢侈腐化的享乐生活，指出他们的享乐生活是建立在广大劳动者的饥寒交迫上的。因此，他极力反对从事音乐活动。墨子认为凡事应该利国利民，而百姓、国家都在为生存奔波，制造乐器需要聚敛百姓的钱财，荒废百姓的生产，而且音乐还能使人耽于荒淫。因此，必须要禁止音乐。

※ 事例

墨子说：“仁之事者，必务求兴天下之利，除天下之害，将以为法乎天下。”因此只要是对国家有利的就应该提倡，对国家有害的就应该铲除。刘章就是这样一个人，他借助监酒的机会使自己的势力大大增加。

刘章监酒

西汉初期，诸吕把持朝政。朱虚侯刘章，年方二十，身强力壮，对刘氏宗室不能执掌政权心怀不满。他曾经在后宫侍奉太后参加酒宴，太后令刘章为监酒官。刘章请求说：“我本是将门之后，请太后允许我按军法监酒。”太后回答：“可以。”酒酣之时，刘章请求吟唱一首《耕田歌》，太后准许。刘章吟唱道：“深耕播种，株距要疏；不是同种，挥锄铲除！”太后知其歌中所指，默然无语。一会儿，参加宴席的诸吕中有一人醉酒，避席离去，刘章追上来，拔剑斩了此人，还报太后说：“有一人逃酒而走，我已按军法将他处斩！”太后及左右之人都大吃一惊，但因已经同意他以军法监酒，也就无法将他治罪。从此之后，诸吕都很惧怕朱虚侯刘章，即使是朝廷大臣也都要倚重他，刘氏宗族的势力由此而得到增强。

非命（上）

※ 原文

子墨子言曰：古者王公大人为政国家者，皆欲国家之富，人民之众，刑政之治。然而不得富而得贫，不得众而得寡，不得治而得乱，则是本失其所欲[1]，得其所恶，是故何也？

子墨子言曰："执有命[2]者以杂于民间者众。"执有命者之言曰："命富则富，命贫则贫；命众则众，命寡则寡；命治则治，命乱则乱；命寿则寿，命夭则夭；命虽强劲，何益哉[3]？"以上说王公大人，下以驵[4]百姓之从事，故执有命者不仁。故当执有命者之言，不可不明辨。

※ 注释

1 欲：希望。2 有命：即命定思想。3 此句中"命"，按刘昶说当为"力"。4 驵：同"阻"。

※ 译文

墨子说过："古代的王公大人在国内施政，都希望国家富裕，人民众多，刑法政事治理。然而事与愿违，国家没有富裕反而更加贫困了，人口没有增多反而减少了，政治没有得到治理反而更加混乱了，那么，这是从根本上失去了他所希望的，得到了他所憎恶的，这是什么原因呢。

墨子说过："这是因为主张命中注定一切的人在与人民中间还太多的缘故。"主张有命论的人说："命里富裕就会富裕，命里贫困就会贫困，命里子女多的就会子女多；命里子女少的就会子女少，命里治理得好就会治理得好；命里混乱就会混乱；命里长寿就会长寿，命里夭折就会夭折；即使很强大有劲，又有什么用呢？"用这话对上游说王公大人，则干扰政事，对下散布，则影响人民的努力生产，所以主张有命论的人是不仁的。所以对主张有命论的人的话，不能不深入地剖析。

※ 原文

然则明辨此之说，将奈何哉？子墨子言曰：“必立仪。”言而毋仪，譬犹运钧[1]之上，而立朝夕者也，是非利害之辨，不可得而明知也。故言必有三表[2]，何谓三表？子墨子言曰：“有本之者，有原[3]之者，有用之者。”于何本之？上本之于古者圣王之事。于何原之？下原察百姓耳目之实，于何用之？废[4]以为刑政，观其中国家百姓人民之利。此所谓言有三表也。

然而今天下之士君子，或以命为有，盖[5]尝尚观于圣王之事？古者桀之所乱，汤受而治之；纣之所乱，武王受而治之。此世未易，民未渝，在于桀、纣，则天下乱；在于汤、武，则天下治。岂可谓有命哉！

※ 注释

1 钧：制陶用的转轮。2 表：此句中用为原则。3 原：推断、考察。4 废：通“发”，实施。5 盖：通“盍”，何不之意。

※ 译文

既然这样，那么要明白察辨这种说法，将会怎样去做呢？墨子说道：“必须树立一个准则。”说话没有标准，好比在陶轮的上面，放立一个测量时间的仪器，就不可能弄明白是与非、利与害的辨别了。所以言论有三条标准，哪三条标准呢？墨子说：“有考察其本原的，有审度其事故的，有运用于实践的。”如何考察其本原？要向上溯源于古时圣王事迹。如何推究呢？要向下考察百姓的日常事实。如何实践呢？把它用作刑法政令，从中看看国家百姓人民的利益。这就是言论有三条标准的说法。

然而现在天下的士大夫、君子们，有人认为命运是存在的，为什么不朝上看看圣王的事迹呢？古时候，夏桀使国政混乱，商汤接受天志并治理天下；商纣把国家搞乱，周武王接受天志而治理天下。这里社会没有改变，人民没有变化，在夏桀、商纣时，天下混乱；而商汤、周武王时，天下却得到治理。这难道能说是有命吗？

※ 原文

然而今天下之士君子，或以命为有，盖尝尚观于先王之书？先王之书，所以出国家，布施百姓者，宪也；先王之宪亦尝有曰：“福不可请，而祸不可讳，敬无益、暴无伤[1]者乎？”所以听狱制罪者，刑也；先王之刑亦尝有曰：“福不可请，祸不可讳，敬无益、暴无伤者乎？”所以整设[2]师旅、进退师徒[3]者，誓也；先王之誓亦尝有曰：“福不可请，祸不可讳，敬无益、暴无伤者乎？”

※ 注释

1 伤：损害。2 整设：整顿、整治。3 师徒：兵士。

※ 译文

然而现今天下的士大夫、君子们，有人认为命运是存在的，为何不向上看看先代君王的书籍呢？先王的书籍中，用来治理国家、颁布给百姓的，是宪法；先王的宪法也曾说过："福不能请求，祸不能避免，恭敬没有好处，凶暴没有坏处这样的话吗？"所用来整治军队、指挥官兵的，是刑法。先王的刑法里也曾说过："福不能请求，祸不能避免，恭敬没有好处，凶暴没有坏处这样的话吗？"设置整顿军队、指挥士卒进退的，是誓言。先王的誓言也曾说过："福不能请求，祸不能避免，恭敬没有好处，凶暴没有坏处这样的话吗？"

※ 原文

是故子墨子言曰：吾当未盐[1]，数天下之良书，不可尽计数，大方论数，而五者[2]是也。今虽毋求执有命者之言，不必得，不亦可错[3]乎？

今用执有命者之言，是覆天下之义。覆天下之义者，是立命者也，百姓之谇[4]也。说百姓之谇者，是灭天下之人也。然则所为欲义在上者，何也？曰：义人在上，天下必治，上帝、山川、鬼神，必有干主，万民被其大利。何以知之？子墨子曰：古者汤封于亳，绝长继短，方地百里，与其百姓兼相爱，交相利，移[5]则分，率其百姓以上尊天事鬼，是以天鬼富之，诸侯与之，百姓亲之，贤士归之，未殁其世而王天下，政诸侯。

※ 注释

1 盐：为"盬"之误，意为闲暇，空暇。2 五者：疑为"三者"。3 错：为"措"之假借字，放弃。4 谇：依俞樾说读为"悴"，忧愁之意。5 移：为"利"之误，得利。

※ 译文

因此墨子说：我还无暇来统计，天下的好书，不可能统计完，大概说来，上述三类就是这样记载的。现在研究主张有命论的人的话，其言必无根据，不是可以放弃吗？

现在如果要采用主张有命论的人的话，这是颠覆天下的道义。颠覆天下道义的人，就是那些确立有命论的人，成为百姓的忧患。把百姓所伤心的事看作乐事，是毁灭天下的人。既然这样，那么所要希望主持道义的人在上位，为什么呢？回答说：主持道义的人在上位，天下必定能得到治理，上帝、山川、鬼神就有了主事的人，万民都能得到他的好处。怎么知道的呢？墨子说：“古时候商汤被封于亳地，断长接短，土地方圆百里，汤与百姓相互爱戴，相互谋利益，多余的就分给别人，率领他的百姓，向上尊奉天帝鬼神。所以，天帝鬼神使他富裕，诸侯亲附他，百姓亲近他，贤士归附他，没死之前就已成为天下的君王，治理诸侯。

※ 原文

昔者文王封于岐周，绝长继短，方地百里，与其百姓兼相爱，交相利则[1]。是以近者安其政，远者归其德。闻文王者，皆起而趋之；罢[2]不肖、股肱不利者，处而愿之[3]，曰：“奈何乎使文王之地及我，吾[4]则吾利，岂不亦犹文王之民也哉！”是以天鬼富之，诸侯与之，百姓亲之，贤士归之。未殁其世而王天下，政诸侯。乡者言曰：义人在上，天下必治，上帝、山川、鬼神，必有干主，万民被其大利。吾用此知之。

※ 注释

1 本句“则”当为“利则分”之漏。2 罢：通“疲”，懈怠懒散。3 处而愿之：聚于一处盼望着。4 吾：读“国”，边境。

※ 译文

古时候文王受封于岐周，断长接短，有百里之地，与他的百姓相互爱戴、相互谋利益，多余的就分给别人。所以近处的人安心于他的政事，远处的人向往他的德行。听说过文王的人，都出发投奔他；疲惫无力、四肢不便的人，聚在一起倾慕他，说：“怎样才能使文王的领地伸到我们这里，我们也得到好处，岂不是也和文王的国民一样了吗？”所以天帝鬼神使他富裕，诸侯亲附他，百姓亲近他，贤士归附他。没死之前就已成为天下的君王，治理诸侯。乡者说：讲道义的人在上位，天下必定能得到治理。上帝、山川、鬼神就有了主事的人，万民都能得到他的好处。我因此知道是这个道理。

※ 原文

是故古之圣王，发宪出令，设以为赏罚以劝贤。是以入则孝慈于亲戚，出则弟[1]长于乡里，坐处[2]有度，出入有节，男女有辨。是故使治官府，则不盗窃；守城，则不崩叛；君有难则死，出亡则送。此上之所赏，而百姓之所誉也。执有命者之言曰：“上之所赏，命固且赏，非贤故赏也；上之所罚，命固且罚，不暴故罚也。”是故入则不慈孝于亲戚，出则不弟长于乡里，坐处不度，出入无节，男女无辨。是故治官府，则盗窃；守城，则崩叛；君有难则不死，出亡则不送。此上之所罚，百姓之所非毁也。执有命者言曰："上之所罚，命固且罚，不暴故罚也；上之所赏，命固且赏，非贤故赏也。"以此为君则不义，为臣则不忠，为父则不慈，为子则不孝，为兄则不良，为弟则不弟。而强执此者，此特[3]凶言之所自生，而暴人之道也！

※ 注释

1 弟：通"悌"，敬重。2 坐处：举止。3 特：简直。

※ 译文

因此古代的圣王，颁布宪法和律令，设立赏罚制度以鼓励贤人。因此贤人在家对双亲孝顺慈爱，在外能尊敬乡里的长辈，举止有节度，出入有规矩，能区别地对待男女。因此使他们治理官府，则没有盗窃；使他们守城，则没有叛乱；君主有难，则可以殉职，君主逃亡，则会护送。这些人都是上司所赞赏、百姓所称誉的。主张有命论的人说："上司赞赏，是命里本来就该赞赏，并不是因为贤良才赞赏的；上司惩罚，是命里本来就该惩罚的，不是因为凶暴才惩罚的。"所以暴徒在家对双亲不孝顺慈爱，在外对乡里长辈不尊敬，举止没有节度，出入没有规矩，不能区别对待男女。因此他们治理官府，则有盗窃；使他们守城，则会叛乱；君主有难，而不殉职；君主逃亡，则不会护送。这些人都是上司所惩罚，百姓所毁谤的。主张有命论的人说："上司惩罚是命里本来就该惩罚，不是因为他凶暴才惩罚的；上司赞赏，是命里本来该赞赏，不是因为贤良才赞赏的。"以这种观点来做国君则不义，做臣下则不忠，做父亲则不慈爱，做儿子则不孝顺，做兄长则不良，做弟弟则不悌。而顽固主张这种观点，则简直是坏话的根源，是使人凶暴的道理。

※ 原文

然则何以知命之为暴人之道？昔上世之穷民，贪于饮食，惰于从事，是以衣食之财不足，而饥寒冻馁之忧至，不知曰："我罢不肖，从事不疾。"必曰："我命固且贫。"昔上世暴王，不忍其耳目之淫，心涂之辟[1]，不顺其亲戚，遂以亡失国家，倾覆社稷，不知曰："我罢不肖，为政不善。"必曰："吾命固失之。"于《仲虺之告》[2]曰："我闻于夏人矫天命，布命于下。帝伐之恶，龚[3]丧厥师。"此言汤之所以非桀之执有命也。于《太誓》[4]曰："纣夷处[5]，不肯事上帝鬼神，祸厥先神禔[6]不祀，乃曰：'吾民有命。'无廖排漏[7]，天亦纵弃之而弗葆。"此言武王所以非纣执有命也。

※ 注释

1 涂：当为“途”。心途，即心计。辟：通“僻”。2《仲虺之告》：《尚书》篇名。3 龚：依孙星衍说，当为“用”之音近假借字，因此意。4《太誓》：《尚书》篇名。5 处：当为“虐”。6 禔：“祇”之误。7 此句有误，“排漏”疑作“兵备”。

※ 译文

既然这样，那么怎么知道命运论是暴徒的道理呢？古代的穷苦百姓，对饮食贪婪，而懒于劳动，因此衣食财物不足，而饥寒冻饿的忧患就来了，不知道要说：“我疲惫无力，劳动不快疾。”而一定要说：“我命里本来就要贫穷。”古代的暴君，不能忍住耳目的贪婪、心里的邪僻，不顺从他的双亲，以至于国家灭亡，社稷绝灭，不知道要说：“我疲惫无力，管理不善。”而一定要说：“我命里本来就要亡国。”《仲虺之告》中说：“我听说夏朝的人伪托天命，对下面的人传播天命说：上天讨伐罪恶，因而消灭了他的军队。”这是说汤反对桀主张“有命”。《泰誓》中说：“纣的夷灭之法非常酷虐，不肯侍奉上帝鬼神，毁坏他的先人的神位、地祇而不祭祀，并说：‘我有天命！’不努力从事他的政务，上天也就抛弃了他而不予保佑。”这是说周武王所以反对商纣王主张有命论的原因。

※ 原文

今用执有命者之言，则上不听治，下不从事。上不听治，则刑政乱；下不从事，则财用不足；上无以供粢盛酒醴祭祀上天鬼神，下无以降绥[1]天下贤可之士，外无以应待诸侯之宾客，内无以食饥衣寒，将养老弱。故命上不利于天，中不利于鬼，下不利于人。而强执此者，此特凶言之所自生，而暴人之道也！

是故子墨子言曰：今天下之士君子，忠[2]实欲天下之富而恶其贫，欲天下之治而恶其乱，执有命者之言，不可不非。此天下之大害也。

※ 注释

1 降绥：安抚。2 忠：通“中”。

※ 译文

现在要采用有命论的人的话，则在上位的人不听狱治国，下面的人不劳作。在上位的人不听狱治国，则法律政事就要混乱；下面的人不劳作，则财物日用不足；对上没有粢、酒来供奉上天鬼神，对下没有东西可以安抚天下贤人士子，对外没有东西可以接待诸侯的宾客，对内则不能给饥者以食，给寒者以衣，抚养老弱。所以说有命论是上不利于天帝，中不利于鬼神，下不利于人民。可是却要强行主张这个有命论，这简直是坏话的根源、暴徒的道理了。

所以墨子说："现在天下的士大夫、君子们，内心确实希望天下富裕而讨厌其贫困，希望天下得到治理而厌恶其混乱，对于主张有命论的人的话，就不能不反对了。这是天下的大害啊！"

※ 解读

墨子的非命说，主要是为了强调人为力量的重要性，反对坐享其成的懒惰消极思想。他的目的在于使老百姓们能"饥者得食，寒者得衣，劳者得息，乱者得治"。

墨子的非命说是反对儒家所宣称的"生死有命，富贵在天"的最好证明。墨子曾师从儒家，后因发现儒家思想中有很多不合理的地方，因此自创墨家学说。他的非命说就是针对孔子所提出的"命定论"而提出的。

墨子认为一个人的富贵贫贱不是天生的，而是由自己的努力与不努力所造成的，国家的混乱也不是命定的，而是君主不努力的结果。他认为真正能够决定国家命运和个人命运的是主观的思想，而非命运。因此，不应该坐着等待命运的支配。

本篇的主题为反对命定思想。墨子认为命定论使人不能努力治理国家，从事生产；反而容易放纵自己，走向坏的一面。命定论是那些暴君、坏人为自己辩护的根据。关于检验言论，墨子提出了"三表"法，即通过考察历史、社会实情，并在实践中检验言论，坚决反对误国误民的命定论。

※ 事例一

俗话说："行善积德，做好事能改善不好的命运，也就能化灾免灾。"可究竟有没有命运的存在呢？墨子提倡"非命"，现在我们就来看看裴度的命运如何吧！

裴度与高僧

有一天，一个高僧给唐代的裴度看相，说他一个月内要饿死。但一个月过后，他还好好地活着。于是他找到这个高僧，这个高僧就对他说："你今后位至三公。"裴度不服气地说："你一月前说我要饿死，现在又说我今后要位至三公，这究竟是怎么回事？"这个高僧笑着说道："上次我说你要饿死之后，你回去做了好事，所以免灾不死，还要高升。"原来裴度一天在赶庙会时，拾到两条贵重的玉带，就在庙前坐等失主。原来失主是一个很富有的小姐，这位小姐为了感谢裴度，就要送他一条玉带。裴度说："我要是贪求玉带，就不会在这里等失主了。"后来裴度果然官位三公。这究竟是有命运的存在呢？还是没有呢？

※ 事例二

“一切皆命中注定”，真的是这样吗？那我们还拼命地努力工作干什么？既然是命中有的，我们不用努力就可以得到了。可我们能得到吗？墨子曾说过：命运都是靠自己去争取的。自己的命运由自己决定。

袁了凡与算命先生

清朝有一个人，叫袁了凡，他有着远大的目标。他原来不信命，可后来有一个算命的给他算的事件件灵验，他就开始信命。这位算卦先生说：你以后不能当官，也不会有儿子。他听了之后，虽然很不高兴，但却深信不疑，认为这一切都是命中注定的，无法改变，于是只好消极对待，任由命运摆布。也从未再想过当官。

有一天，袁了凡到南京栖霞山遇到云谷高僧，这位高僧对他讲了“善恶因果报应循环”的规律，告知他“命由我造，福由我求”的改变命运的道理。袁了凡听后，于是潜心念佛，处处行善积德，立了做三千件好事的决心。三千件好事做完了，又许愿了三千件，结果袁了凡不但当了官，而且生了两个很有出息的儿子。从这里看出人的命运是由自己决定的，而非命中注定的。

非命（中）

※ 原文

子墨子言曰：“凡出言谈、由[1]文学之为道[2]也，则不可而不先立义[3]法。若言而无义，譬犹立朝夕于员钧之上也，则虽有巧工，必不能得正焉。然今天下之情伪，未可得而识也。故使言有三法。”三法者何也？“有本之者，有原之者，有用之者。”于其本之也[4]？考之天鬼之志，圣王之事。于其原之也？征以先王之书。用之奈何？发而为刑。此言之三法也。

今天下之士君子，或以命为亡。我所以知命之有与亡者，以众人耳目之情，知有与亡。有闻之，有见之，谓之有；莫之闻，莫之见，谓之亡。然胡不尝考之百姓之情？自古以及今，生民以来者，亦尝见命之物、闻命之声者乎？则未尝有也。若以百姓为愚不肖，耳目之情，不足因而为法，然则胡不尝考之诸侯之传言流语乎？自古以及今，生民以来者，亦尝有闻命之声、见命之体者乎？则未尝有也。

※ 注释

1 由：当作“为”。2 道：原则。3 义：通“仪”。4 此句下失“或以命为有”一句。

※ 译文

墨子说：“凡是发表谈话、撰写论著有个大的原则，就是不能不先树立一个法则标准。如果言论没有标准，就好像把测时仪器放在转动的陶轮上，即使工匠很聪明，也必定不能得到正确的时间了。可是现在天下的事复杂得很，真实情况的真伪就很难弄清楚，所以言论有三种法则。”哪三种法则呢？“有考察其本原的，有审度其事故的，有运用于实践的。”如何考察其本原？要向上溯源于古时圣王事迹。如何推究呢？要向下考察百姓的日常事实。如何实践呢？把它用作刑法政令，从中看看国家百姓人民的利益。这就是言论有三条标准的说法。

现在天下的士大夫、君子们，有的认为命运是存在的，有的认为命运是不存在的。我之所以知道命运的有与无，是因为众人所见所闻的实情才知道的。有人听到过它，有人见到过它，才叫“有”；没人听过，没人见过，就叫“没有”。然而为什么不试着用百姓的实际来考察呢？自古到今，自有人类以来，有见过命运的形体，听到命运的声音的吗？那是不曾有过的。如果认为百姓愚蠢无能，所见所闻的实情不能当作准则，那么为什么不试着用诸侯所流传的话来考察呢？自古到今，自有人类以来，有曾听过命运的声音、见过命运的形体的人吗？那是不曾有过的。

※ 原文

然胡不尝考之圣王之事？古之圣王，举[1]孝子而劝之事亲，尊贤良而劝之为善，发宪布令以教诲，明赏罚以劝沮[2]。若此，则乱者可使治，而危者可使安矣。若以为不然，昔者桀之所乱，汤治之；纣之所乱，武王治之。此世不渝[3]而民不改，上变政而民易教，其在汤、武则治，其在桀、纣则乱。安危治乱，在上之发政也，则岂可谓有命哉！夫曰有命云者，亦不然矣。

※ 注释

1 举：推选，举用。2 沮：制止。3 渝：更换。

※ 译文

那么为什么不试着考察圣王之事来呢？古时圣王，举拔孝子，鼓励事奉双亲，尊重贤良，鼓励做善事，颁发宪令以教诲人民，赏罚严明而用以奖善惩恶。这样，就可以治理混乱，使危险转为安宁。如果认为不是这样，那么古时候，夏桀统治的混乱的社会，商汤却治理了；商纣王统治的混乱的社会，周武王却治理了。这个世界不变，人民不变，君王改变了政令，人民就容易教导了，在商汤、周武王时国家就得到治理，在夏桀、商纣王时国家则变得混乱。国家的安危治乱，在于领导人的政治导向，哪里可以说是由命运决定的呢？所以有人说世界上有命运呀，根本就不是那么回事。

※ 原文

今夫有命者言曰："我非作之后世也，自昔三代有若言以传流矣，今故先生对之[1]？"曰："夫有命者，不志昔也三代之圣善人与？意亡昔三代之暴不肖人也？"何以知之？初之列士桀[2]大夫，慎言知[3]行，此上有以规谏其君长，下有以教顺其百姓。故上得其君长之赏，下得其百姓之誉。列士桀大夫声闻不废，流传至今，而天下皆曰其力也，必不能曰我见命焉。

是故昔者三代之暴王，不缪其耳目之淫，不慎其心志之辟，外之驱骋田猎毕弋，内沉于酒乐，而不顾其国家百姓之政，繁为无用，暴逆百姓，使下不亲其上，是故国为虚厉[4]，身在刑僇之中，不肯曰："我罢不肖，我为刑政不善。"必曰："我命故且亡。"虽昔也三代之穷民，亦由此也，内之不能善事其亲戚，外不能善事其君长，恶恭俭而好简易，贪饮食而惰从事，衣食之财不足，使身至有饥寒冻馁之忧，必不能曰："我罢不肖，我从事不疾。"必曰："我命固且穷。"虽昔也三代之伪民，亦犹此也。繁饰有命，以教众愚朴人。

※ 注释

1 故：依孙诒让说作"胡"。对：即怼，愤恨之意。2 桀：通杰。3 知：当作"疾"。4 厉：即绝灭后代意。

※ 译文

现在主张有命论的人说："有命运这件事不是我在后世才说的，自夏商周三代就有这种话流传了，先生为什么反对它呢？"答道："主张有命论的人，不知是从前三代的声望、善人呢？还是三代的暴君、不肖之徒？"怎么知道的呢？古时候有功之士和杰出的大夫，说话谨慎，行动敏捷，对上能规劝进谏君长，对下能教导百姓。所以上能得到君长的奖赏，下能得到百姓的赞誉。有功之士和杰出的大夫声名不会废止，流传到今天，天下人都说是他们的努力啊，必定不会说，是他们的命运。

因此古代的凶暴君王，不改正他们过多的声色享受，不谨慎他们内心的邪僻，在外则驱车打猎射鸟，在内则沉湎酒色，不过问国家和百姓的政事，大量从事无用的事，对百姓凶暴，使下位的人不敬重在上位的人，所以国家空虚，自己也受到刑戮的惩罚。不肯说：“我疲懒无能，我没做好刑法政事。”必然要说：“我命中本来就要灭亡。”即使是古时三代的贫穷人，都是这样说，对内不能好好地对待双亲，在外不能好好地对待君长，厌恶恭敬勤俭而喜好简慢轻率，贪于饮食而懒于劳作，衣食财物不足，致使有饥寒冻馁的忧患，必不会说：“我疲懒无能，不能勤快地劳作。”，而一定会说：“我命里本来就穷。”即使是三代虚伪的人，也都这样说。粉饰有命论的主张，以教唆那些愚笨朴实的人。

※ 原文

久矣！圣王之患此也，故书之竹帛，琢之金石。于先王之书《仲虺之告》曰：“我闻有夏人矫天命，布命于下，帝式是恶，用[1]阙师。”此语夏王桀之执有命也，汤与仲虺共非之。先王之书《太誓》之言然，曰：“纣夷之居[2]，而不肯事上天，弃阙其先神而不祀也，曰：‘我民有命。’毋僇其务，天不亦弃纵而不葆。”此言纣之执有命也，武王以《太誓》非之。有于三代不[3]国有之，曰：“女毋崇天之有命也。”命三不国亦言命之无也。于召公之《执令》于然：“且[4]！政哉，无天命！惟予二人，而无造言，不自降天之哉得之[5]。”在于商、夏之《诗》《书》曰：“命者，暴王作之。”

且今天下之士君子，将欲辩是非利害之故，当天有命者，不可不疾非也。执有命者，此天下之厚害也，是故子墨子非也。

※ 注释

1 用：当作“厥”，丧灭之意。2 居：疑为“虐”。3 不：疑作“百”。4 且：通“徂”，往、去之意。5 此句当作：“吉不降自天，自我得之。”

※ 译文

圣王担忧这个问题已经很久了。所以把它写在木帛竹简上，刻在金石上。在先王的书《仲虺之告》中说：“我听说夏代的人假借天命，布告天下，所以上天痛恨他，就让他失去了他的国人。”这是说夏朝的君王桀主张“有天命”，商汤与仲虺共同批驳他。先王的书《太誓》也这样说道：“商纣王很暴虐，不肯侍奉上天，抛弃他的先人的神灵而不祭祀。说：‘我有命！’不努力从事政事，上天也抛弃了他而不去保佑。”这是说商纣王主张“有命”，武王作《太誓》反驳他。在三代百国的史书上也有这样的话，说：“你们不要崇奉天是有命的。”三代百国也都说没有命。召公的《执令》也是如此：“去吧！努力忠诚于王事，不要相信天命。只有我们两人决定天下大事。不要制造谣言。不是降自上天，而是我们自己努力的结果。”在夏商时代的《诗》《书》

中说："命运之说，是暴君们造出来的鬼话。"

现在天下的士大夫、君子们，想要辨明是非利害的原因，对于主张有命论的人，不可能不去极力反对。主张有命论的人，是天下的大害，所以墨子坚定地反对他们。

※ 解读

从"昔者桀之所乱，汤治之；纣之所乱，武王治之。此世不渝而民不改，上变政而民易教，其在汤、武则治，其在桀、纣则乱。安危治乱，在上之发政也，则岂可谓有命哉"这段话中，我们可以知道：墨子认为国家的兴亡、个人的富贵贫贱不完全是命运的安排，而主要是主观的努力。在这里他提出了统治者的主观努力对天下的治乱起着决定的作用，给以儒家为代表的命定论者以沉重的打击，但因其历史观是唯心主义的，所以他把推动社会发展的力量，从不可知的"命运"搬到少数圣王的手中，他认为夏桀、商纣王等人之所以会乱天下，不是命中注定的，而是自己不努力的结果。他的这种思想有一定的进步意义。

但同时他认为"天下之治"是"商汤、周武王"等人的力量，这却是不符合事实的。处在那种情况下，不是商汤、周武王等人推翻他们，肯定也还会有别人去做的。

※ 事例

"这也是天意，并非人为的。"这一切都是注定的。唐朝的衰败真的就是注定的吗？为什么在唐太宗时却那么兴盛，而后面一代不如一代呢？墨子说："列士桀大夫，声闻不废，流传至今，而天下皆曰其力也，必不能曰我见命焉。"这一切都是努力的结果，而非命中注定。

陆贽上书

唐德宗与陆贽谈及天下变乱的原因，深深自责。陆贽说："产生今日的祸患都是群臣的罪过。"唐德宗说："这也是天意，并非人为的。"陆贽退朝后，写上章疏，奏与唐德宗。他认为："陛下志在统一天下，四次讨伐朝廷叛逆，罪恶的魁首终于被诛杀，叛逆的将领却又相继作乱，战火连年不断，历经三年。征发的军队日益增多，征收的赋税日益繁重，内自京城，外到边陲，行路之人有遭遇刀兵的忧虑，居家之人有苛刻搜刮的困苦。因而叛乱此起彼伏，痛恨和怨言四处掀起，非同寻常的忧患，是亿万人民共同的忧虑。只有陛下一人蒙在鼓里，一点也不知道，致使凶恶的军队击鼓噪进，在大白天里攻打宫门，这难道不使朝廷有漏洞，人心离散，给他们以可乘之机吗？陛下有得力辅佐，有亲信，有谏官，有防卫官署，他们见到危险而不能尽力竭心，面对灾难而不敢赴汤蹈火，臣所说的招致现在的祸乱，是群臣的过失，怎么会是凭空乱说！陛下又认为国家的兴衰，都是上天注定的。臣听说上天的所见所闻，都是来自人的所见所闻。所以祖伊斥责殷纣王的文辞说：‘我生来是没有命运在天的！’周武王列数殷纣王的罪责时说：‘竟然说我有天命在身，不肯以自己所受的惩罚为戒。’这些都说明不谈人事而只讲天命是一定行不通的道理啊。《易经》说：‘观此履卦，考究吉祥。’又说：‘吉凶是得失的表象。’这便是说天命是人为的，意义是非常明确的。圣人贤哲的思想在《六经》中是相互贯通的，都说祸福在于人为，没有说过盛衰是命运注定的。所以，治理好了人事，上天却降下变乱，这样的事是没有的，把人事处理乱了，上天却降下安康，这样的事也是没有的。不久以前，征战讨伐的事很多，刑法稍嫌严厉，物力消耗已尽，人心惊恐疑虑，有如置身风波之上，总是动荡不安。上自朝廷百官，下到黎民百姓，宗族邻里友人日夜相聚议论，果真如大家所曾预料的一样。京城人口，往往超过十万，固然并非人人都懂推算之术，个个都晓占卜之术，这正好说明产生敌寇的原因，未必全都与天意有关。臣听说治理有时会产生变乱，变乱有时会有助于治理；有的因为没有危难而失去天下，有的因为诸多危难而振兴国家。而今，产生变乱失去成业的事，已经成为过去，是无法复原的；而那些有助于治理和振兴邦国的事情，则要看陛下能否勤勉而慎重地修明政治了。何必担忧叛乱之人？何必畏惧危难的命运？勤于政事，自勉不息，足以再致太平盛世，岂是只弭平叛乱，光复大唐江山而已！”

非命（下）

※ 原文

子墨子言曰：凡出言谈，则必可而不先立仪而言。若不先立仪而言，譬之犹运钧之上而立朝夕焉也，我以为虽有朝夕之辩[1]，必将终未可得而从定也，是故言有三法。

何谓三法？曰：有考之者，有原之者，有用之者。恶乎考之？考先圣大王之事。恶乎原之？察众之耳目之请[2]。恶乎用之？发而为政乎国，察万民而观之。此谓三法也。

※ 注释

1 辩：通“辨”。2 请：通“情”，实情。

※ 译文

墨子说：凡是发表言论，撰写论著，不能不事先确定原则。若不先确定原则，就好像把测时仪器放在运转的陶轮上。我认为虽然也有早晚不同的概念，而实际上终究无法确定是早是晚，所以发表言谈进行著述有三个大的原则。

什么是三大原则？墨子说：有考察其本原的，有审度其事故的，有运用于实践的。如何考察其本原？要向上溯源于古时圣王事迹；如何推究呢？要向下考察百姓的日常事实。如何实践呢？把它用作刑法政令，从中看看国家百姓人民的利益。这就是所谓的三大原则。

※ 原文

故昔者三代圣王禹、汤、文、武，方为政乎天下之时，曰："必务举孝子而劝之事亲，尊贤良之人而教之为善。"是故出政施教[1]，赏善罚暴。且以为若此，则天下之乱也，将属可得而治也；社稷之危也，将属可得而定也。若以为不然，昔桀之所乱，汤治之；纣之所乱，武王治之。当此之时，世不渝而民不易，上变政而民改俗。存乎桀、纣而天下乱，存乎汤、武而天下治。天下之治也，汤、武之力也；天下之乱也，桀、纣之罪也。若以此观之，夫安危治乱，存乎上之为政也，则夫岂可谓有命哉！故昔者禹、汤、文、武，方为政乎天下之时，曰："必使饥者得食，寒者得衣，劳者得息，乱者得治。"遂得光誉令问[2]于天下。夫岂可以为命哉！故以为其力也。今贤良之人，尊贤而好功道术[3]，故上得其王公大人之赏，下得其万民之誉，遂得光誉令问于天下。亦岂以为其命哉！又以为力也。

※ 注释

1 出政施教：颁布政令，施行教化。2 光誉令问：荣誉和美好的名声。问，通"闻"。3 道术：指治国的道理和方法。

※ 译文

所以从前夏商周三代的圣王禹、汤、文、武，正当在天下施政时，说道："必须举荐孝子而鼓励人民孝顺父母双亲，尊重贤良，教导人们做善事。"因此发布政令，施行教化，奖赏善良，惩罚凶暴。且认为是这样的，那么天下的混乱，将可以得到治理；社稷的危险，将可得到安宁。如果认为不是这样，从前夏桀所乱的天下，商汤治理了它；商纣王所乱的天下，周武王治理了它。那个时候，世界、人民都没有改变，君王改变了政务，而老百姓改变了风俗。在夏桀、商纣王那里则天下混乱，在商汤、周武王那里则天下得到治理。天下得到治理是商汤、周武王的功劳；天下的混乱是夏桀、商纣王的罪过。假如以此来看，所谓安危、治理、混乱，在于君上的施政，那么，难道可以说是有命运的吗！所以从前的禹、汤、文王、武王，正当在天下执政时，说：必须使饥饿的人能获得粮食，寒冷的人能得到衣服，劳作的人能够休息，混乱的人得到治理。于是他们获得了天下人的赞誉和好评。这难道可以认为是命运吗？本来是因为他们依靠了自己的力量呀！现今贤良的人，尊重贤人，喜好治国的道理方法，所以在上得到王公大人的奖赏，在下得到万民的称誉，这就得到天下人的称誉好评。怎能认为是他们的命运呢？也是因为他们的努力啊！

※ 原文

然今夫有命者，不识昔也三代之圣善人与？意亡昔三代之暴不肖人与？若以说观之，则必非昔三代圣善人也，必暴不肖人也。

然今以命为有者。昔三代暴王桀、纣、幽、厉，贵为天子，富有天下，于此乎不而矫[1]其耳目之欲，而从其心意之辟，外之驱骋田猎毕弋，内湛于酒乐，而不顾其国家百姓之政，繁为无用，暴逆百姓，遂失其宗庙。其言不曰："我罢不肖，吾听治不强。"必曰："吾命固将失之。"虽昔也三代罢不肖之民，亦犹此也。不能善事亲戚、君长，甚恶恭俭而好简易，贪饮食而惰从事，衣食之财不足，是以身有陷乎饥寒冻馁之忧，其言不曰："吾罢不肖，吾从事不强。"又曰："吾命固将穷。"昔三代伪民，亦犹此也。

※ 注释

1 矫：当为"骄"，放纵。

※ 译文

然而现今主张有命论的人，不知道是根据从前三代的圣王、善人呢？还是从前三代的暴君和不肖之徒呢？假如按他们的论说来考察，那么一定不是根据从前三代的圣王、善人，一定是根据暴君和不肖之徒。

然而现在有人认为命运是存在的，从前三代暴君桀、纣、幽王、厉王，贵为天子，富有天下，于是乎不能矫正他们耳目的欲念，而放纵他的内心的邪僻。在外驱车打猎射鸟，在内则沉湎于饮酒作乐，而不顾及他的国家百姓的政事，过多地做无用的事，残暴地对待百姓，于是丧失了他们的国家。他们不这样说："我疲沓无能，我听狱治国不努力。"而一定会说："我命里本来就要失国的。"即使是三代疲沓无能的百姓，也是这样。不能好好地对待双亲君长，非常厌恶恭敬俭朴而喜好简慢粗陋，贪婪于饮食而懒惰于劳作，因而穿衣吃饭的资财不充足，因此自身有饥寒冻馁的忧患，但他们不这样说："我疲沓无能，我从事劳作不努力。"而说："我命里本来就穷。"从前三代的虚伪的人也是这样。

※ 原文

昔者暴王作之，穷人术[1]之，此皆疑众迟朴。先圣王之患之也，固在前矣，是以书之竹帛，镂之金石，琢之盘盂，传遗后世子孙。曰："何书焉存？"禹之《总德》有之曰："允[2]不著惟天，民不而葆。既防凶心[3]，天加之咎。不慎厥德，天命焉葆？"《仲虺之诰》曰："我闻有夏人矫天命于下，帝式是增[4]，用爽厥师。"彼用无为有，故谓矫；若有而谓有，夫岂为矫哉！昔者桀执有命而行，汤为《仲虺之告》以非之。《太誓》之言也，于去发[5]曰："恶乎[6]君子！天有显德，其行甚章。为鉴不远，在彼殷王。谓人有命，谓敬不可行，谓祭无益，谓暴无伤。上帝不常，九有以亡；上帝不顺，祝降其丧。惟我有周，受之大帝[7]。"昔纣执有命而行，武王为《太誓》去发以非之。曰：子胡不尚考之乎商、周、虞、夏之记？从十简之篇以尚，皆无之。将何若者也？

※ 注释

1 术：通"述"。2 允：诚实。惟：于。3 防：此处为"放"，放纵。星：当为"心"。4 增：此处当为"憎"。5 于去发：当为"太子发"。6 恶乎：发语词。7 帝：当作"商"。

※ 译文

从前暴君编造这些话，穷人复述这些话。这些都是迷惑百姓、愚弄朴实的人。先代圣王为此感到忧虑，在前世就有了，因此写在竹帛上，刻在金石上，雕在盘盂上，流传给后世子孙。说：在哪些书保存有这些话呢？夏禹的《总德》上有记载，说："诚信不到达上天，上天就不会保佑他的子民。既然放纵自己凶恶的心志，上天就会降下灾祸的。不谨慎而丧失了德，天命怎会保佑呢？"《仲虺之告》说："我听说夏人假造天命颁布于世，上天痛恨他，因此使他丧失了军队。"他用不存在的东西作为存在的东西，所以叫伪造；假若是存在的而说存在，那怎么能说是伪造呢！从前夏桀主张有命论行事，商汤作《仲虺之告》以反对他。《太誓》中太子发说："啊，君子！上天保佑明德之人，他们的品行特别显著。可以作为镜子借鉴的不远，殷王就是。他说人有命运，说恭敬不可行，说祭祀无益，说暴徒无害。上天不保佑，天下九州都灭亡了；上天不顺心，给他降下灭亡的灾难。只有我周朝，接受了商的天下。"从前商纣王主张有命运而行事，周武王作《太誓》太子发反驳他。说，你为什么不向上考察商、周、虞、夏时代的史料？十简以上的篇幅，都没有命运的内容。将怎么样呢？

※ 原文

是故子墨子曰："今天下之君子之为文学、出言谈也，非将勤劳其惟舌，而利其唇呡也，中实将欲其国家邑里万民刑政者也。"今也王公大人之所以蚤朝晏退，听狱治政，终朝均分而不敢怠倦者，何也？曰：彼以为强必治，不强必乱；强必宁，不强必危，故不敢怠倦。今也卿大夫之所以竭股肱之力，殚其思虑之知，内治官府，外敛关市、山林、泽梁之利，以实官府而不敢怠倦者，何也？曰：彼以为强必贵，不强必贱；强必荣，不强必辱，故不敢怠倦。今也农夫之所以蚤出暮入，强乎耕稼树艺，多聚叔粟而不敢怠倦者，何也？曰：彼以为强必富，不强必贫；强必饱，不强必饥，故不敢怠倦。今也妇人之所以夙兴夜寐，强乎纺绩织紝，多治麻統葛绪，捆布縿，而不敢怠倦者，何也？曰：彼以为强必富，不强必贫；强必暖，不强必寒。故不敢怠倦。今虽毋在乎王公大人，蕢若信有命而致行之[1]，则必怠乎听狱治政矣，卿大夫必怠乎治官府矣，农夫必怠乎耕稼树艺矣，妇人必怠乎纺绩织紝矣。王公大人怠乎听狱治政，卿大夫怠乎治官府，则我以为天下必乱矣；农夫怠乎耕稼树艺，妇人怠乎纺绩织紝，则我以为天下衣食之财将必不足矣。若以为政乎天下，上以事天鬼，天鬼不使[2]，下以持养百姓，百姓不利，必离散，不可得用也。是以入守则不固，出诛则不胜。故虽昔者三代暴王桀、纣、幽、厉之所以共抎其国家[3]，倾覆其社稷者，此也。

是故子墨子言曰：今天下之士君子，中实将欲求兴天下之利、除天下之害，当若有命者之言，不可不强非也。曰：命者，暴王所作，穷人所术，非仁者之言也。今之为仁义者，将不可不察而强非者，此也。

※ 注释

1 虽毋：发语词。蕢：当作"实"。2 使：依王念孙说为"从"意。3 共：依王念孙说当为"失"。抎：抛弃、坠落。

※ 译文

因此墨子说："现今天下的君子们写文章、发表谈话，并不是想要使其喉舌勤劳，使其嘴唇利索，内心确实想要为他自己的国家、乡里、百姓和刑法政务打算。"现今的王公大人要早上朝，晚退朝，听狱治政，整日分配职事而不敢倦怠，是为什么呢？答道：他认为努力必能治理，不努力就要混乱；努力必能安宁，不努力就要危险，所以不敢倦怠。现今的卿大夫用尽全身的力气，竭尽全部智慧，于内治理官府，于外征收关市、山林、泽梁的税，以充实官府，而不敢倦怠，是为什么呢？答道：他以为努力必能高贵，不努力就会低贱；努力必能荣耀，不努力就会屈辱，所以不敢倦怠。现在的农夫早出晚归，努力从事耕种、植树、种菜，多聚豆子和粟，而不敢倦怠，为什么呢？答道：他以为努力必能富裕，不努力就会贫穷；努力必能吃饱，不努力就要饥饿，所以不敢倦怠。现在的妇人早起夜睡，努力纺纱、绩麻、织布，多多料理麻、丝、葛、苎麻，而不敢倦怠，为什么呢？答道：她以为努力必能富裕，不努力就会贫穷；努力必能温暖，不努力就会寒冷，所以不敢倦怠。现在的王公大人若确信有命运，并如此去做，则必懒于听狱治政，卿大夫必懒于治理官府，农夫必懒于耕田、植树、种菜，妇人必懒于纺纱、绩麻、织布。王公大人懒于听狱治国，卿大夫懒于治理官府，则我认为天下一定会混乱；农夫懒于耕田、植树、种菜，妇人懒于纺纱、绩麻、织布，则我认为天下衣食财物，将必定会不充足。如果以此来治理天下，向上侍奉天帝、鬼神，则天帝、鬼神必不依从，对下以此来养育百姓，百姓没有得到利益，必定要离开不能被使用。这样在城内守卫则不牢固，出去诛讨就不会胜利。所以从前三代暴君、桀、纣、幽、厉使他们的国家灭亡，倾覆他们社稷的原因，就在这里啊。

所以墨子说：现在天下的士大夫、君子们，内心确实希望兴天下之利，除天下之害，面对有命论者的话，不可能不努力去反对它。就是说：命运，是暴君所捏造，穷人所传播，不是仁人的话。现今作为仁义的人，将不可不考察而努力去反对的原因，就在这里呀。

※ 解读

墨子以王公大人、卿大夫、农夫、妇人等作为例子，说明如果王公大人不努力听政，那么国家就会混乱，不得安宁；卿大夫不努力工作，那么国家就不会富强；农夫如果不努力种植，那么人民就不得衣食之资；妇人不努力织麻，人民就没有御寒之物。

但此时墨子把王公大人辛苦地统治人民看作是创造财富的劳动，并认为这和农夫的“耕稼树艺”、妇女的“纺绩织絍”是一回事，这是不正确的，因为只有农夫和妇女的劳动才是财富的真正创造者。王公大人的治理国家并不是财富的创造者，他们只是费尽心机地榨取劳动人民的衣食之资，他们吃的是剥削饭，过的是寄生的生活。但墨子之所以把他们放在一起，认为是同等重要的，这是因为墨子的小生产者的特殊地位所决定的，使他不得不对贵族阶级有一定的妥协性，这就导致了他不能分辨出劳动者和贵族阶级之间的利害关系是对立的，而非平等的。

墨子认为天下的混乱是由治理天下的王公大人的主观努力造成的，而个人的富贵贫贱也是由于每一个人的努力或不努力导致的，因此不要怨天尤人，世界是公平的，只要你能抓住机会，你就会有所成就。前提是你平时必须努力，所谓“厚积薄发”就是这个道理。

※ 事例

墨子说："今虽毋在乎王公大人，蕢若信有命而致行之，则必怠乎听狱治政矣。"王公大人如果相信命运存在的话，就会不努力听政，把国家的政事放在一边。事情真的是这样吗？李世绩为了国家大事鞠躬尽瘁，可他在临死时却不相信医生，而相信命运。他在选择将士时也是如此。

李世绩信命弃医

十一月，司空、太子太师、英卢武公李世绩病情加剧，唐高宗因他为大唐立下了大功，就把他在外地的子弟全都召回京城，让他们好好服侍李世绩。李世绩只服用唐高宗和太子赏赐给他的药，家人为他请的医生，他一概不让看病，他说："我本是山东种田人，生逢明主，位至三公，年近八十，这难道不是命运注定的吗？寿命长短有定数，怎么能向医生求多活命？"一天早晨，李世绩忽然对他的弟弟司卫少卿李弼说："我今天病情稍有好转，可以举办酒宴大家共同庆祝一下。"于是儿孙全部出席宴会。酒席将结束时，李世绩对李弼说："我自己料想病不会好了，所以想跟你们诀别。你们不要悲伤哭泣，听我吩咐。我看见房玄龄、杜如晦一生勤劳辛苦，才兴起了家业，但却被不肖子孙全部败尽。我有这么多子孙，今天全部托付给你。我死以后，葬礼一结束，你就迁进我家来住，帮我抚养儿孙，细心督察他们。他们凡有心怀不轨、不走正道、结交不伦不类的人，都拉出去斩首，然后到我坟前报告。"从此以后，李世绩不再说话。十二月初三，李世绩辞世。唐高宗得到报丧后，悲痛不已，痛哭流涕。下葬的那天，唐高宗到未央宫，登上高楼，目送灵车哭泣。唐高宗命令埋葬后的坟头像阴山、铁山、乌德鞬山，以此来彰扬李世绩打败突厥、薛延陀的功劳。

作为带兵打仗的将领，李世绩深谋远虑，决胜千里。他与别人讨论事情，能从善如流。打了胜仗就把功劳归于下属，所获得的金银丝帛等财物，也全部分给将士，所以人人奋勇当先，愿效死力，所向披靡，攻无不克。一遇战事选择将领，他一定要挑选那些长相丰满的人。有人问他为什么要这样做，他回答说："相貌不丰满，是薄命之人，他不能成就功名。"李世绩家庭和睦而严肃。有一次其姐患病，已任仆射的李世绩亲自为姐姐煮粥，突然风向逆转，火苗烧焦了他的头发和胡须。他姐姐说："这么多仆人和奴婢，你何必这样劳累吃苦！"李世绩说："并非无人使唤才这样做的，姐姐年事已高，我也老了，虽然我想一直为姐姐煮粥，这可能吗？"李世绩常常对人说："十二三岁时，我是一个无赖的贼人，见人就杀。十四五岁时我是难对付的贼人，见到不高兴的人就杀。十七八岁时我是一个好的贼人，在战场上才杀人。二十岁成为大将，就用兵来救人于死难。"李世绩的长子李震早年就死去了，后来李震的儿子李敬业继承了李世绩的爵位。

非儒[1]（下）

※ 原文

儒者曰："亲亲有术[2]，尊贤有等。"言亲疏尊卑之异也。其《礼》曰：丧，父母，三年，妻、后子，三年，伯父、叔父、弟兄、庶子，其[3]；戚族人，五月。若以亲疏为岁月之数，则亲者多而疏者少矣，是妻、后子与父同也。若以尊卑为岁月数，则是尊其妻子与父母同，而亲伯父、宗兄而卑子也[4]。逆孰大焉？其亲死，列尸弗敛，登堂窥井，挑鼠穴，探涤器，而求其人矣，以为实在，则赣愚甚矣；如其亡也必求焉，伪亦大矣！

取妻身迎，祗褍[5]为仆，秉辔授绥，如仰严亲；昏礼威仪，如承祭祀。颠覆上下，悖逆父母，下则[6]妻、子，妻、子上侵事亲。若此，可谓孝乎？儒者："迎妻，妻之奉祭祀；子将守宗庙，故重之。"应之曰："此诬言也！其宗兄守其先宗庙数十年，死，丧之其；兄弟之妻奉其先之祭祀，弗散[7]；则丧妻子三年，必非以守、奉祭祀也。"夫忧[8]妻子以大负絫，有曰："所以重亲也。"为欲厚所至私，轻所至重，岂非大奸也哉！

※ 注释

1 非儒：此篇主要批驳儒家的礼义思想。此为下篇，上、中篇缺。2 术：王引之认为即"杀"，差意。3 其：通"期"，一年。4 亲：依王念孙当作"视"。卑子：庶子。5 祗褍：即"缁袘"假借字，衣服的黑色下缘。6 则：当为"列"，平列。7 散：当为"服"，服丧。8 忧：通"优"。

※ 译文

儒家的人说："爱亲人应有差别，尊敬贤人也有差别。"这是说亲疏、尊卑的差异。他们的《仪礼》说：服丧的日期，父母去世的话，要服丧三年；妻子和长子去世的话，要服丧三年；伯父、叔父、弟兄、庶子去世的话，要服丧一年；外姓亲戚去世的话，要服丧五个月。如果以亲、疏来作为服丧的年月，那么亲近的多而疏远的少，这样，妻子、长子与父亲相同。如果以尊卑来作为服丧的年月，那么，是把妻子、儿子看作与父母一样尊贵，而把伯父、宗兄和庶子看成是一样的。有如此大逆不道的吗？他们的父母死了，陈列起尸体而不装殓，（招魂时）升上屋顶，窥探水井，挑开鼠穴，洗涤器具，去寻求死去的人，认为还确实存在，这是愚蠢到了极点；如果认为不存在，却一定要求寻求死去的人，那么也太虚假了！

娶妻要亲身迎娶，穿着黑色下摆的衣裳，为她驾车，手里拿着缰绳，把引绳递给新妇，就好像敬奉父亲一样；婚礼仪式隆重，宛如承受着祭祀大礼。颠倒了上下关系，悖逆了父母礼节，父母下降到妻子、儿子的地位。妻子、儿子对上侵扰了侍奉双亲。如果这样的话，可以叫作孝顺吗？儒家的人说："迎娶妻子，妻子要供奉祭祀；儿子要保守宗庙，所以敬重他们。"答道："这是谎话！他的宗兄守护他先人宗庙几十年，死了，为他服一年丧；兄弟的妻子供奉他祖先的祭祀，不为她们服丧；而为妻子、长子服三年丧，那一定不是因为守奉祭祀的原因。"优待妻子、长子而服三年丧，有的说道："这是为了看重父母双亲。"这是想厚待自己所偏爱的人，却轻视自己重要的人，这难道不是大骗子吗？

※ 原文

有强执有命以说议曰："寿夭贫富，安危治乱，固有天命，不可损益。穷达、赏罚、幸否[1]有极，人之知力，不能为焉！"群吏信之，则怠于分职；庶人信之，则怠于从事。吏不治则乱，农事缓则贫，贫且乱，政之本[2]，而儒者以为道教，是贼天下之人者也。

且夫繁饰礼乐以淫人，久丧伪哀以谩亲，立命缓贫而高浩居，倍本弃事而安怠傲，贪于饮食，惰于作务，陷于饥寒，危于冻馁，无以违之。是若人气[3]，鼸鼠藏，而羝羊视，贲彘起。君子笑之，怒曰："散人焉知良儒！"夫夏乞麦禾，五谷既收，大丧是随，子姓皆从，得厌饮食。毕治数丧，足以至矣。因人之家翠以为，恃人之野以为尊[4]，富人有丧，乃大说喜，曰："此衣食之端也！"

※ 注释

1 否：不幸。2 本句依孙诒让说"政之本"前脱一"倍"字。倍，通"背"。3 人气：当作"乞人"。乞丐。4 本句当作："因人之家以为尊，恃人之野以为翠。"翠，肥。

※ 译文

（儒者）又顽固地坚持有命论以辩说道："长寿、夭折、贫穷、富有、安定、危险、治理、混乱，本来就有天命，不能减损也不能增加。穷困、显达、奖赏、惩罚、幸运、倒霉都有定数，人的知识和力量是无所作为的。"众官吏听信了这些话，则对于自己分内的职责懈怠；普通人相信了这些话，则会对从事劳作懈怠。官吏不治理就要混乱，农事迟缓就要贫困，既贫困又混乱，就违背了治政的目的，而儒家的人却以此作为教导，这是残害天下的人啊。

并且制定繁缛的礼乐去迷惑人，久久服丧，虚假地哀伤去欺骗死去的双亲，立志安于贫困却极端倨傲自大以傲世，背弃本业而安于懈怠傲慢，对于饮食很贪婪，对于劳作很懒惰，陷于饥寒，有冻馁的危险，却没有办法避免。这些人似人中的乞丐，像偷藏食物的田鼠，像视草而食的公羊，像跃起而食的阉猪。君子们嘲笑他们，他们却说："庸人怎能知道良儒呢！"他们夏天向人们乞讨麦子和稻子，五谷收齐了，跟着就有人大办丧事，他们的子孙都跟着前往，吃饱喝足。办完了几次丧事，就足够了。借助别人的家丧来养肥自己，依仗别人的田野所获来妄自尊大，当富人家有丧事时，就非常喜欢，说："这是穿衣吃饭的根源啊！"

※ 原文

儒者曰："君子必服古言[1]，然后仁。"应之曰："所谓古之言服者，皆尝新矣，而古人言之服之，则非君子也？然则必服非君子之服，言非君子之言，而后仁乎？"

又曰："君子循而不作[2]。"应之曰："古者羿作弓，伃作甲，奚仲作车，巧垂作舟；然则今之鲍、函、车、匠，皆君子也，而羿、伃、奚仲、巧垂，皆小人邪？且其所循，人必或作之；然则其所循，皆小人道也。

又曰："君子胜不逐奔，揜函[3]弗射，施则助之胥车。"应之曰："若皆仁人也，则无说而相与。仁人以其取舍、是非之理相告，无故从有故也，弗知从有知也，无辞必服，见善必迁，何故相？若两暴交争，其胜者欲不逐奔，掩函弗射，施则助之胥车，虽尽能[4]，犹且不得为君子也，意[5]暴残之国也。圣将为世除害，兴师诛罚，胜将因用儒术令士卒曰：'毋逐奔，揜函勿射，施则助之胥车。'暴乱之人也得活，天下害不除，是为群残父母而深贱世也，不义莫大矣！"

※ 注释

1 服古言：当作"古服言"，指古言穿古服。2 循而不作：只依循前人的东西而不去创新。3 函：陷阱。4 虽尽能：即使都这样做了。5 意：通"抑"，也许。

※ 译文

儒家的人说："君子必须说古代的话，穿古代的衣服，然后才能成仁。"答道："所谓古代的话、古代的衣服，都曾经在当时是新的，而古人却说那时的新话，穿那时的新衣，难道就不是君子吗？既然这样，那么必须穿不是君子所穿的衣服，说不是君子所说的话，而后才为仁吗？"

儒家的人又说："君子只遵循前人做的而不创新。"回答他说："古时的后羿制造了弯弓，季伃制造了铠甲，奚仲制作了车子，巧垂制作了船只；既然这样，那么今天的皮鞋匠、软甲工、车工、木匠，就都是君子，而后羿、季伃、奚仲、巧垂就都是小人吗？”

儒家的人又说：“君子打了胜仗不追赶逃跑的敌人，对掩藏铠甲的敌人不射杀，见敌车驶入了岔路则帮助他推车。”回答他说：“如果双方都是仁人，那么就不会相敌。仁人以他取舍是非之理相告，没道理的跟有道理的走，不知道的跟知道的走，说不出理由的必定会折服，看到善的必定会依从，有什么理由要互相敌对呢？如果两方面都是暴虐者在相互争斗，打了胜仗不追赶逃跑的敌人，对掩藏铠甲的敌人不射杀，见敌车驶入了岔路则帮助他推车。即使这些都做了，也不能做君子，也许还是残暴的国人。圣（王）将为世上除害，发动民众诛伐暴虐，如果战胜了，将凭借儒术命令士卒说：‘不要追赶逃跑的敌人，看见敌人掩藏铠甲不射杀，见敌车驶入了岔路帮助他推车。’那么暴乱之人得到活命，天下的祸害不能除掉，这是在群残父母、深深地残害这社会。没有比这更大的不义了！”

※ 原文

又曰：“君子若钟，击之则鸣，弗击不鸣。”应之曰：“夫仁人，事上竭忠，事亲得孝，务善则美，有过则谏，此为人臣之道也。今击之则鸣，弗击不鸣，隐知豫力[1]，恬漠待问而后对，虽有君亲之大利，弗问不言；若将有大寇乱，盗贼将作，若机辟将发也，他人不知，己独知之，虽其君、亲皆在，不问不言。是夫大乱之贼也。以是为人臣不忠，为子不孝，事兄不弟，交遇人不贞良。夫执后不言，之朝，物见利使已，虽恐后言；君若言而未有利焉，则高拱下视，会[2]噎为深，曰：‘唯其未之学也。’用谁急，遗行远矣。”

夫一道术学业仁义者，皆大以治人，小以任官，远施周偏，近以修身，不义不处，非理不行，务兴天下之利，曲直周旋，利则止[3]，此君子之道也。以所闻孔某之行，则本与此相反谬也！

※ 注释

1 隐知豫力：隐藏智慧、懒于用力。知，通“智”。2 会：同“哙”，下咽。3 利则止：当为“不利则止”。

※ 译文

儒家的人又说：“君子像钟一样，敲打它就响，不敲它就不响。”回答说：“那些仁人，侍奉君上竭尽忠诚，侍奉双亲务必孝顺，得到好的就称美，有了过错就谏阻，这才是做人臣的道理。现在若敲打他才响，不敲打它就不响，隐藏自己的智谋，懒于用力，安静冷淡地等待君亲发问，然后才作回答，即使有关君主、双亲的大利，不问他也就不说；如果将发生大寇乱，盗贼将产生，就像一种安置好的机关将引发一样，别人不知这事，自己独自知道，即使是他的君主、双亲都在，不问他他就不说。这实际是大乱的祸根。以这种态度作人臣就不忠诚，作儿子就不孝顺，侍奉兄长就不恭顺，待人就不正直善良。遇事，持后退不言的态度，到朝廷上，看到有利于自己的东西，唯恐说得比别人迟；如果说了而没有利益，那么就高高地拱手向下瞧着，隐藏之深好像咽噎一样，还说：'这个我还没有学习过呢。'君上虽然急需重用他们，但他们遗弃君上已经走得很远了。"

凡道术学业都统一于仁义，都是大可以治理人民，小可以任用官职，远可以周遍施于天下，近可以修身养性，不义的就不居住，无理的就不实行，务必兴天下之利，曲直与之周旋，没有利的就停止，这是君子之道。而我所听说的有关孔某人的行为，则本来就跟这个相反。

※ 原文

齐景公问晏子曰："孔子为人何如？"晏子不对。公又复问，不对。景公曰："以孔某语寡人者众矣，俱以贤人也。今寡人问之，而子不对，何也？"晏子对曰："婴不肖，不足以知贤人。虽然，婴闻所谓贤人者，入人之国，必务合其君臣之亲，而弭其上下之怨。孔某之荆，知白公之谋，而奉之以石乞，君身几灭，而白公僇[1]。婴闻贤人得上不虚，得下不危，言听于君必利人，教行下必于上[2]，是以言明而易知也，行明而易从也。行义可明乎民，谋虑可通乎君臣[3]。今孔某深虑同谋以奉贼，劳思尽知以行邪，劝下乱上，教臣杀君，非贤人之行也。入人之国，而与人之贼，非义之类也。知人不忠，趣之为乱，非仁义之也[4]。逃人而后谋，避人而后言，行义不可明于民，谋虑不可通于君臣，婴不知孔某之有异于白公也，是以不对。"景公曰："呜乎！贶寡人者众矣，非夫子，则吾终身不知孔某之与白公同也。"

※ 注释

1 僇：通"戮"。2 此句当作"教行于下必利上"。3 本句中"臣"为衍字。4 此句疑作"非仁义之类也"。

※ 译文

齐景公问晏子说："孔子为人怎样？"晏子不回答。齐景公又问一次，晏子还是不回答。景公说："对我说孔某人的人很多，都以为是贤人。现在我问你，你不回答，是什么原因呢？"晏子答道："晏婴不肖，不足以认识贤人。即使这样，晏婴听说所谓贤人，进入人家的国境，一定要努力密切他们君臣之间的感情，平息他们上下之间的怨恨。孔某人到了楚国，已经知道了白公的阴谋，而把石乞献给他，国君几乎身亡，而白公被杀。晏婴听说贤人得到国君的任用，不虚有其名位，得到下民信任，不会带来危险，对君王说的话必然是对人民有利，教导下民必对君上有利。行义可以让民众知道，考虑计策可在君臣之间沟通。现今孔某人精心计划和叛贼同谋，竭尽心智以行不正当的事，鼓励下面的人反抗上面，教导臣子杀国君，不是贤人的行为啊。进入别人的国境，却帮助别人的叛贼，这就不符合义。知道别人不忠诚，却促成他叛乱，这就不是仁义的行为啊。逃避人群而后策划，躲避人群而后才言说，行义不可让民众知晓，谋划不可以在君臣之间沟通，臣晏婴不知道孔某人和白公的不同之处，因此没有回答。”景公说：“啊！向我赐教的人很多啊，然而若不是您，则我终身都不知道孔某人和白公相同。”

※ 原文

孔某之齐见景公，景公说，欲封之以尼谿，以告晏子。晏子曰：“不可！夫儒，浩居而自顺者也，不可以教下；好乐而淫人，不可使亲治；立命而怠事，不可使守职；宗丧循哀[1]，不可使慈民；机服[2]勉容，不可使导众。孔某盛容修饰以蛊世，弦歌鼓舞以聚徒，繁登降之礼以示仪，务趋翔之节以观众；博学不可使议世，劳思不可以补民；絫寿不能尽其学，当年[3]不能行其礼，积财不能赡其乐，繁饰邪术，以营世君；盛为声乐，以淫遇[4]民。其道不可以期[5]世，其学不可以导众。今君封之，以利齐俗，非所以导国先众。”公曰：“善。”于是厚其礼，留其封，敬见而不问其道。孔某乃恚，怒于景公与晏子，乃树鸱夷子皮于田常之门，告南郭惠子以所欲为，归于鲁。有顷，间齐将伐鲁，告子贡曰：“赐乎！举大事于今之时矣！”乃遣子贡之齐，因南郭惠子以见田常，劝之伐吴，以教高、国、鲍、晏，使毋得害田常之乱。劝越伐吴。三年之内，齐、吴破国之难，伏尸以言术数[6]，孔某之诛也。

※ 注释

1 宗：当作“崇”。循：当作“遂”。2 机服：依于省吾说为“异服”。3 当年：壮年。4 遇：通“愚”。5 期：当作“示”。6 言：为“亿”之省误。术：通“率”。

※ 译文

孔子到齐国拜见齐景公，齐景公高兴，想把尼谿这个地方封给他，因此告诉晏子。晏子说：“不可以。那些儒者，是傲慢而自作主张的人，不可以教导下民；喜欢音乐而混乱人民，不可以让他们去亲自治理政事；主张命运而懒于做事，不可以派他们去担任官职；崇办丧事哀伤不止，不可以使他们慈爱百姓；奇装异服而做出庄敬的表情，不可以使他们引导民众。孔某人打扮那华丽的面容用以惑乱世人，弦歌鼓舞，用以召集弟子，使登堂、退下的礼节烦琐，用以显示礼仪，勉力于从事趋走、盘旋的礼节，以让众人观看；虽然博学，但不可以使他议论时世，劳尽心思，但不可以以此有补于民生，长寿的人几辈子也学不完他们的学问，壮年人也无法行他们繁多的礼节，积累的财产也不能供给他音乐的花费，过多地装饰他们的邪说，来迷惑当世的国君；大张旗鼓地设置音乐，来惑乱愚笨的民众。他们的道术不可公布于世，他们的学问不可以教导民众。现在君王封孔子，以求对齐国风俗有利，不是引导民众的方法。”景公说："好。”于是赠孔子厚礼，而不给封地，恭敬地接见他而不问他的道术。孔某人于是对齐景公和晏子很愤怒，于是把范蠡推荐给田常，告诉南郭惠子，回到鲁国去了。过了一段时间，齐国将要讨伐鲁国，告诉子贡说："端木赐，现在是办大事的时候了！”于是派子贡到齐国，通过南郭惠子见到田常，劝他讨伐吴国，以教高、国、鲍、晏四姓，使之不要妨碍田常叛乱。又劝越国伐吴国，三年之内，齐国和吴国都遭受了灭国的灾难，死去的人数大约上亿，这是孔某人的罪呀。

※ 原文

孔某为鲁司寇，舍公家而奉季孙，季孙相鲁君而走，季孙与邑人争门关，决植[1]。

孔某穷于蔡、陈之间，藜羹不糂。十日，子路为享豚，孔某不问肉之所由来而食；号人衣以酤酒[2]，孔某不问酒之所由来而饮。哀公迎孔子，席不端弗坐，割不正弗食，子路进，请曰："何其与陈、蔡反也？”孔某曰："来，吾语女：曩与女为苟生，今与女为苟义。”夫饥约[3]，则不辞妄取以活身；赢饱，则伪行以自饰。污邪诈伪，孰大于此？

※ 注释

1 决植：撬开关门的直木。2 酤酒：买酒。3 饥约：饥饿窘迫。

※ 译文

孔某人做了鲁国的司寇，放弃公家利益而去侍奉季孙氏，季孙氏为鲁君之相而逃亡，他逃到城门跟邑人争门关，孔某举起城门放季孙逃走了。

孔某被穷困在陈国、蔡国之间，用藜叶做的羹中不见米粒。第十天，子路蒸了一只小猪，孔某不问肉的来源就吃了；子路又剥下别人的衣服去买酒，孔某也不问酒的来源就喝。后来鲁哀公迎接孔子，席摆得不正他不坐，割下来的肉不正他不吃，子路走上前来，问道："（您）为何与在陈国、蔡国时的态度相反呢？”孔某说："来！我告诉你：从前我和你苟且偷生，现在我和你急于取义。”在饥饿困逼时，就不惜妄取以求活命；在饱食有余时，就用虚伪的行为来粉饰自己。污邪诈伪之行，还有比这大的吗？

※ 原文

孔某与其门弟子闲坐，曰："夫舜见瞽叟孰然[1]，此时天下圾[2]乎！周公旦非其人也邪？何为舍亓家室而托寓[3]也？"

孔某所行，心术所至也。其徒属弟子皆效孔某：子贡、季路，辅孔悝乱乎卫，阳货乱乎齐，佛肸以中牟叛，漆雕刑残，莫大焉！

夫为弟子后生，其师必修其言，法其行，力不足、知弗及而后已。今孔某之行如此，儒士则可以疑矣！

※ 注释

1 孰然：局促不安的样子。2 圾：同"岌"，危险。3 托寓：指寄居在外。

※ 译文

孔某和他的弟子闲坐，说："舜见瞽叟以局促不安的样子问：这时天下危险吗？周公旦也不是仁义之人吧？否则为何舍弃他的家室而寄居在外呢？"

孔某的所行，都出于他的心术。他的朋辈和弟子都效法孔某：子贡、季路辅佐孔悝在卫国作乱，阳货在齐作乱，佛肸以中牟反叛，漆雕开刑杀，残暴没有比这更大的了。

凡是做弟子后生的，他的老师必须使自己的语言完美，使自己的行为成为法则，一直到自己力量不足、智慧不及而后方休。现在孔某的行为是这个样子，那么儒士们就可以凭借这些怀疑他了。

※ 解读

在前面我们已经说过，墨子是先学儒者之业，受孔子之术。后因发现儒家学说有许多不足之处，为纠正孔门儒学"礼烦扰而不说，厚葬糜财而贫民，久丧伤生而害声"，因此自创新的学说。

墨子此篇主要是为了批驳以孔子为代表的儒家的礼义思想。墨子反对儒家婚丧之礼，实则是反对"君、亲有差"。又指责儒家的礼乐与政事、生产皆无益，又通过晏婴等之口，讽刺孔子与君与民都是口头上讲仁义，实际上鼓励叛乱，惑乱人民。本篇反映了儒、墨两家在思想认识上的激烈斗争。

墨子的主要思想之一就是"兼爱"，他所提倡的"兼爱"是无差别的、无等级之爱。

因此他反对以孔子为代表的儒家思想所注重的“君臣有别”的等级之爱。他认为孔子所提倡的礼义只是口头上的仁义，只站在统治者的立场上，而不管人民的死活。这与墨子站在人民的立场上为人民考虑是背道而驰的。

※ 事例

墨子认为孔门儒学是“礼烦扰而不说，厚葬糜财而贫民，久丧伤生而害声”。而他自己却提倡“非乐”“节葬”“节用”“兼爱”等理论目的在于反对儒学。儒学真的是一无用处了吗？现在我们来看看儒学衰微时期，人们是怎么对待儒学的。

儒学衰微

尚书郎、南阳人樊准因儒家学风日渐衰颓，便上书说：“我听说，君主不可以不学习。汉光武皇帝承受天命，使汉朝中兴，东征西伐，顾不得安居休息。但他仍然放下武器，讲说儒家学问；停鞍歇马，讨论圣人之道。孝明皇帝日理万机，事事经心，但却爱好古籍，留意儒家经典，每当行过飨射礼——在学校举办宴会和射箭比赛之后，都坐在正位上，亲自讲解经书，儒生们则一同聆听，全国四方欢欣喜悦。他还广召著名的儒家学者，将他们安置在朝廷，每逢宴会，便亲切地和他们讨论疑难，共同研究治国和教化之道。即便是期门、羽林的武士军官，也都人人通晓《孝经》。儒学的影响从圣明的君王身上开始，扩展到野蛮荒凉之地。因此，每当人们称颂盛世的时候，都谈到明帝永平年代。如今学者日益减少，特别是京城以外的远方尤其严重。博士把坐席放在一旁，不再讲学，儒生则竞相追求华而不实的理论，忘掉了正直忠诚的原则，只熟悉谄媚阿谀的言辞。我认为应当颁布诏书，明告天下，广泛寻访隐居的学者，提拔渊博的儒士，等到将来圣上上学的时候，为他讲解经书。”

邓太后认为樊准的意见很对，便予以采纳，下诏说：“三公、九卿和中二千石官员，要各自举荐隐士、大儒；被举荐者务必具有高尚的德行，以劝导晚生后进。那时再从他们中精选教授经学的博士，一定可以得到适当的人选。”

大取[1]

※ 原文

天之爱人也，薄[2]于圣人之爱人也；其利人也，厚于圣人之利人也。大人之爱小人也，薄于小人之爱大人也；其利小人也，厚于小人之利大人也。以臧为其亲也[3]，而爱之，非爱其亲也；以臧为其亲也，而利之，非利其亲也。以乐为爱其子，而为其子欲之，爱其子也。以乐为利其子，而为其子求之，非利其子也。

于所体之中[4]，而权轻重之谓权。权，非为是也，非非为非也，权，正也。断指以存腕，利之中取大，害之中取小也。害之中取小也，非取害也，取利也。

※ 注释

1 本篇各段都是简论。取即“取譬”，本篇不少段落以比喻的方法，论说了墨家的基本主张，涉及“义”“兼爱”“节用”“节葬”等很多方面。2 薄：“溥”字之误，溥，大，普遍。3 以臧为其亲也：误以臧为父亲。亲，父亲。4 所体之中：所做的事体中。

※ 译文

上天爱人，比圣人爱人要广泛；上天施利于人，比圣人施利于人要厚重。君子爱小人，胜过小人爱君子；君子施利于小人，胜过小人施利于君子。把臧当作自己的父亲去爱他，这是爱自己父亲的表现；把臧当作自己的父亲而给他实际利益，这不是利自己的父亲。以为音乐对自己的儿子有利，而去替儿子设想音乐，这是爱儿子的表现。以为音乐对自己的儿子有利，而去替儿子寻求音乐，这不是有利于自己的儿子的。

在所做的事情中，衡量它的轻重叫作“权”。权，不是就正确，也不是就错误，但权本身是正确的。砍断手指以保存手腕，那是在利中选取大的，在害中选取小的。在害中选取小的，并不是取害，这是取利。

※ 原文

其所取者，人之所执也。遇盗人，而断指以免身，利也；其遇盗人，害也。断指与断腕，利于天下相若，无择也。死生利若，一无择也。杀一人以存天下，非杀一人以利天下也；杀己以存天下，是杀己以利天下。于事为之中而权轻重之谓求。求为之[1]，非也。害之中取小，求为义，非为义也。

为暴人语天之为，是也；而性为暴人歌天之为，非也。诸陈执既有所为，而我为之；陈执[2]执之所为，因吾所为也。若陈执未有所为，而我为之陈执，陈执因吾所为也。暴人为我，为天之以人非为是也，而性不可正而正之。利之中取大，非不得已也。害之中取小，不得已也。所未有而取焉，是利之中取大也。于所既有[3]而弃焉，是害之中取小也。

※ 注释

1 求为之：只注重求。2 陈执：所执言论。3 既有：已有。

※ 译文

他所选取的，正是别人所拿的。遇上强盗，砍断手指以免杀身之祸，这是利；遇上强盗，这是害。砍断手指和砍断手腕，这二者与对天下的利益是相似的，那就没有选择了。生和死，只要有利于天下，也都没有选择。杀一个人以保存天下，并不是杀一个人以利天下；杀死自己以保存天下，这是杀死自己以利天下。在做事情当中衡量轻重叫作“求”。但只注重求，是不对的。在害中选取小的，追求合义，并非真正行义。

给暴戾的人解说天的意志，这是对的。但只为凶暴之君歌颂天的意志，这是不对的。人们所持的各种学说既已流传天下，而我能去执行，那么，各种学说就会因我的解说而发扬光大。如果各种学说没有流传天下，而我能为之讲解，那么，各种学说必因我的努力而流传天下。暴戾的人把自己作为天志。把人们认为错误的看作正确的，这些人的天性不可改正，但也要想法加以改正。在利益之中选取大的，不是不得已。在害处之中选取小的，是不得已。在本来所没有的地方中选取，这是利中选取大的。在已有的东西中舍弃，这是害中选取小的。

※ 原文

义可厚，厚之；义可薄，薄之。谓伦列[1]。德行、君上、老长、亲戚，此皆所厚也。为长厚，不为幼薄。亲厚，厚；亲薄，薄。亲至，薄不至。义厚亲，不称行而顾行[2]。

为天下厚禹，为禹也。为天下厚爱禹，乃为禹之爱人也。厚禹之加于天下，而厚禹不加于天下。若恶盗之为加于天下，而恶盗不加于天下。

爱人不外[3]己，己在所爱之中。已在所爱，爱加于已。伦列之爱己，爱人也。

圣人恶疾病，不恶危难。正体不动[4]，欲人之利也，非恶人之害也。

圣人不为其室臧之故，在于臧。

※ 注释

1 伦列：意为平等而无差别。2 不称行而顾行：意为，义只厚爱至亲，不足称为德行；德行应充其类而厚爱天下。行，德行，顾，类。3 外：排斥。4 正体不动：即端正身体，寂然不动。

※ 译文

按义的标准可以厚爱的，就厚爱；按义的标准可以薄待的，就薄待。这就是所谓的无等差之爱。有德行的，在君位的，年长的，亲戚之类，这都是应当厚爱的。厚爱年长的，却不薄爱年幼的。亲当厚爱的就厚爱；亲当薄待的就薄待。有至亲的，却没有至薄的。对于义来说，厚亲，这是不审量他的德行，而以类推由亲及疏去行厚爱与薄待。

为天下人而厚爱禹，这是为禹。为天下人厚爱禹，是因为禹能爱天下人。厚爱禹的作为能加利于天下，而厚爱禹并不加利于天下。就像厌恶强盗的行为能加利于天下，而厌恶强盗并不加利于天下。

爱别人并非不爱自己，自己也在所爱之中。自己既在所爱之中，所以爱也就加于自己。无等差地爱自己，就是爱人。

圣人讨厌疾病，却不畏惧危难。自坚其志，不为艰难所动，希望人们得到利益，并不是要人们畏避祸害。

圣人不因为自己的屋室可以贮藏货物，就一心一意于贮藏。

※ 原文

圣人不得为子之事。圣人之法死亡[1]亲，为天下也。厚亲，分也；以死亡之，体渴[2]兴利。有厚薄而毋，伦列之兴利为己。

语经，语经也，非白马焉。执驹焉说求之，舞母说非也，渔大之舞大，非也。三物必具，然后足以生。

臧之爱己，非为爱己之人也。厚不外己，爱无厚薄。举[3]己，非贤也。义，利；不义，害。志功为辩。

有有于秦马，有有于马也，智来者之马也。

爱众众世与爱寡世相若[4]。兼爱之，有相若。爱尚[5]世与爱后世，一若今之世人也。鬼，非人也；兄之鬼，兄也。

天下之利驩。“圣人有爱而无利”，伣日[6]之言也，乃客之言也。天下无人，子墨子之言也犹在。

※ 注释

1 亡：通“忘”。2 渴：尽。3 举：当作“誉”。4 后一“众”字衍。5 尚：同“上”。6 伣日：“儒者”之误。

※ 译文

圣人往往不能侍奉在父母身边，尽子之孝。圣人的丧法是父母死了，心已无知，就节葬短丧，为天下兴利。厚爱父母，是人子应尽的本分；但父母死后，要实行节葬短丧之法，是想竭尽自己的力量为天下兴利。圣人爱人，只有厚没有薄，普遍地为天下兴利，才是真正为自己。

语经，言语的常经，说白马不是马。又坚持认为孤驹不曾有，这是舞弄其说，至于缘木求鱼，当然得不到鱼，这个“求”才真正是错的。这三件东西具备了，就足可以生了。

臧爱自己，并不是爱自己是一个人。厚爱别人并不是不爱自己，爱别人与爱自己，要没有厚薄的区分。赞誉自己，就不是贤者。义，就是利人利己；不义，就是害人害己。动机和效果的统一，是辨明义与不义的标准。

朋友有秦马，即朋友有马，但是知道他牵来的是马。

爱众世之人与爱寡世之人相同。兼爱世人，又皆相同。爱上世之人与爱后世之人，也要与爱现世之人一样。鬼不是人；哥哥的鬼，是哥哥。

天下的人都能蒙受利益而欢悦。“圣人有爱而没有利”，这是儒家的言论，是外人的说法。天下没有继承墨学的人，但墨子的学说仍在世上。

※ 原文

不得已而欲之，非欲之也。非杀臧也。专杀盗，非杀盗也。凡学爱人。小圜[1]之圜，与大圜之圜同。方至尺之不至也，与不至钟之至，不异。其不至同者，远近之谓也。

是璜也，是玉也。意[2]楹[3]，非意木也，意是楹之木也。意指之也也，非意人也。意获也，乃意禽也。志功，不可以相从也。

利人也，为其人也；富人，非为其人也，有为也以富人。富人也，治人有为鬼焉。

为赏誉利一人，非为赏誉利人也，亦不至无贵于人。

※ 注释

1 圜：通“圆”。2 意：想要。3 楹：柱子。

※ 译文

不得已而想要它，并不是真正想要它。想杀臧，并不是杀了臧。擅自杀盗，就是不杀盗了。大凡要学会爱人。小圆的圆与大圆的圆是一样的，一尺地的不到与千里地的不到是不同的。这两种“不到”相同的地方，都是说明远近的。

璜虽然是半璧，但也是玉。考虑柱子，并不是考虑整根木头。考虑人的指头，并不是考虑整个人。考虑猎物，却是考虑禽鸟。动机和效果，不可以相等同。

凡称誉别人爱人利人，是为了那人；凡称誉别人富有，并不是为了那人，使他富有是有目的的。使那人富有，一定是他能够从事人事，祭祀鬼神。

实行赏誉而使一个人受利，不是实行赏誉来施利给人，赏誉虽然不能遍及于人，但也不至于因此就不用赏誉。

※ 原文

智[1]亲之一利，未为孝也，亦不至于智不为己之利于亲也。智是之世之有盗也，尽爱是世。智是室之有盗也，不尽是室也。智其一人之盗也，不尽是二人。虽其一人之盗，苟不智其所在，尽恶，其弱也。

诸圣人所先，为人欲名实，名实不必名。苟是石也白，败是石也，尽与白同。是石也唯大，不与大同。是有便谓焉也。以形貌命者，必智是之某也，焉智某也。不可以形貌命者，唯不智是之某也，智某可也。诸以居运[2]命者，苟人[3]于其中者，皆是也，去之因非也。诸以居运命者，若乡里齐荆者，皆是。诸以形貌命者，若山丘室庙者，皆是也。

※ 注释

1 智：通“知”。2 居运：居住或运徙。3 人：“入”字之误。

※ 译文

只知道有利于自己的父母亲，不能算是孝，但也不至于明知自己有利于父母亲而不愿做。知道这个世界上有强盗，还是尽爱这个世界上的人。知道这座房子里有强盗，不全都讨厌这座房子里的人。知道其中一个人是强盗，不能讨厌这所有的人。虽然其中一个人是强盗，如果不知他在何处，就讨厌所有的人，这是不对的。

圣人首先要做的，是考核名实，有名不一定有实，有实不一定有名。如果这块石头是白的，把这块石头打碎，它的每一小块也都是白的，白都相同。这块石头虽然很大，打碎后，它的大就和大石不相同了，因为大石之中仍有大小的不同。这是各依其便而称的。用形貌来命名的具体概念，必须要知道它反映的是什么对象，才能了解它。不是用形貌来命名的抽象概念，虽然不知道它反映的是什么对象，只要知道它是什么就可以了。那些以居住和运徙来命名的概念，如果进入其中居住的，就都是，离开了的就不是了。那些以居住或运徙来命名的概念，如乡里、齐国、楚国都是。那些以形貌来命名的具体概念，如山、丘、室、庙都是。

※ 原文

智与意异。重同，具同，连同，同类之同，同名之同，丘同，鲋[1]同，是之同，然之同，同根之同。有非之异，有不然之异。有其异也，为其同也，为其同也异。一曰乃是而然，二曰乃是而不然，三曰迁，四曰强。

子深其深，浅其浅，益其益，尊其尊[2]。察次山比因，至优指复；次察声端名因请复，匹夫辞恶者，人右以其请得焉。诸所遭执，而欲恶生者，人不必以其请得焉。圣人之附漕[3]也，仁而无利爱。利爱生于虑。昔者之虑也，非今日之虑也。昔者之爱人也，非今之爱人也。爱获[4]之爱人也，生于虑获之利。虑获之利，非虑臧[5]之利也；而爱臧之爱人也，乃爱获之爱人也。去其爱而天下利，弗能去也。昔之知墙，非今日之知墙也。贵为天子，其利人不厚于正夫。二子事亲，或遇孰，或遇凶，其亲也相若，非彼其行益也，非加也。外执无能厚吾利者。藉臧也死而天下害，吾持养臧也万倍，吾爱臧也不加厚。

※ 注释

1 鲋：同"附"。2 尊：同"剸"，减少。3 漕：即"覆"。4 获：婢。5 臧：奴。

※ 译文

知道与思想是不同的。同的种类很多，有重同，具同，连同，同类之同，同名之同，丘同，附同，是之同，然之同，同根之同。有实际不同的异，有是非各执的异。所以有异，是因为有同，才显出异。是不是的关系有四种：第一种是"是而然"，第二种是"是而不然"，第三种叫"迁"，即转移论题，偷换概念，第四种叫"强"，即牵强附会。

墨家的学说，深奥的就深入探求，浅近的就浅近研究，该增加的就增加，该减少的就减少；其次明察墨家学说之所以成立的根由、学说中的比附、学说的原因，这样，就可以掌握墨家学说的要旨。进一步再深察墨家声教的端绪、借鉴名学的方法、证明它的终因，这样，墨家学说的实情就能够了解。一个平常的人，他的言词虽然粗俗，但也是实情的论断，人们从中还可以了解实情。那些因自己的遭遇坚持一种成见，感情用事，产生好恶，妄下断语的，人们从他的言词中就不会了解实情了。圣人抚育天下之人，只有仁而没有利爱。爱人利人产生于有所求。从前的思虑，不等于现在的思虑。从前的爱人，不等于现在的爱人。爱奴婢这种爱人的行为，产生于考虑奴婢获得的利益。考虑奴婢获得的利益，不是考虑奴的利益；但是，爱奴的爱人，也就是爱婢的爱人。如果去掉其所爱而能利天下，那就不能不去掉其所爱了。从前讲节用，不等于现在讲节用。贵为天子，他利人并不比匹夫利人厚。两个儿子侍奉父母亲，一个遇到丰年，一个遇到荒年，他们利自己的双亲是相同的，不会因丰年而增多，也不会因荒年而减少。外物也不会使我利亲的心加厚。假使奴死对天下有害，那么我将万倍地供养奴，而我爱奴并不加厚。

※ 原文

长人之异，短人之同，其貌同者也，故同。指之人也与首之人也异，人之体非一貌者也，故异。将剑与挺剑异。剑，以形貌命者也，其形不一，故异。杨木之木与桃木之木也同。诸非以举量数命者，败之尽是也，故一人指，非一人也；是一人之指，乃是一人也。方之一面，非方也，方木之面，方木也。以故生，以理长，以类行也者。立辞而不明于其所生，忘也。今人非道无所行，唯有强股肱而不明于道，其困也，可立而待也。夫辞以类行者也，立辞而不明于其类，则必困矣。

故浸淫之辞，其类在鼓栗。圣人也，为天下也，其类在于追迷。或寿或卒，其利天下也指若，其类在誉[1]石。一日而百万生，爱不加厚，其类在恶害。爱二[2]世有厚薄，而爱二世相若，其类在蛇文。爱之相若，择而杀其一人，其类在阬下之鼠。小仁与大仁[3]，行厚相若，其类在申。凡兴利除害也，其类在漏雍。厚亲，不称行而类行，其类在江上井。“不为己”之可学也，其类在猎走。爱人非为誉也，其类在逆旅。爱人之亲，若爱其亲，其类在官苟[4]。兼爱相若，一爱相若。一爱相若，其类在死也[5]。

※ 注释

1 誉，疑当作“礜”，礜石可染缁。2 二：疑为“三”字之误。3 仁：通“人”。4 官：公；苟：即“敬”。5 也，“蛇”字之误。

※ 译文

高个子的人与矮个子的人相同，因为他们的外貌基本相同，所以就相同。用手指代表的人与用头代表的人是不一样的，因为人的身体各部分，并不是一种形貌，所以不同。扶剑和拔剑是不相同的，因为剑是因形貌命名的，形貌不一，所以不同。杨木的木与桃木的木相同。那些不是以举数量来命名的概念，举出来的都一样，所以一根手指，不能断定是哪一个人的；一个人的手指，才能断定是哪个人的。一面是方的，不能算作方体，但方木的任何一面，都是方木。判断因事故而产生，又顺事理而发展，借同类的事物相互推行。创立言词，却不知道其产生的原因，这一定是谬误的。现在人没有道路就无处可走，虽有强壮的直体，如果不明白所走的路，那他很快就会受困，这是立等可待的。言词要依照类别才能成立，如创立言词却不明白它的类别，那么，就必定遭受困难。

所以亲附渐入的言辞，目的在鼓动人恐惧。圣人治理天下，目的是纠正迷惑。无论长寿与夭折，圣人利天下的目的都是化民向善，如礐石可以染缁。一日之中，天下有成百上万的生灵诞生，但我的爱不会加厚，正如为天下除害。爱上世、今世、后世有厚有薄，但爱其实相同，就像蛇相交纠缠一样，不辨厚薄。兼爱相同，择而杀其中一人以除害，就像消灭墙穴间的老鼠一样。一般人与天子，德行厚薄是相同的，看他能否施展才能。举凡兴利除害，就像防止堤溃要把漏洞堵塞住一样。厚爱，这是不审量它的德行，而以类推由亲及疏去厚爱、薄爱，正像江上井一样，虽然利人，也很有限。"不为己"是可以学习并做到的，就像打猎时奔跑追逐一样。爱人并非为了名誉，就像旅店一样，是为了利人。爱别人的亲人，如爱自己的亲人，就像急官事儒家事一样，没有公私之分。兼爱，和爱自己一个人一样，能兼爱，就是自爱，爱一个人相同，就像一条活蛇，把它砍成几段，就成了死蛇一样。

※ 解读

墨子的这篇文章集中了墨家思想中的许多方面，如：天志、兼爱、节用、节葬等。他认为世界的万事万物都是相对的，只要取舍得当就行。不要为了捡取芝麻而丢了西瓜。对于任何事情我们在内心都要有个取舍，这也就是所谓的"抉择"问题，怎么对待问题，值得我们每一个人去认真思考。

墨子开头就用"断指以存腕"这个例子，来说明"利之中取大，害之中取小也。害之中取小也，非取害也，取利也"。从中我们可以看出所谓的"利害"都是相对的，只要取舍得当，我们还是有利可图的，如果断一根指头，能换回我们一个完整的手腕的话，我们肯定会这样做的。"害之中取小也，非取害也，取利也。"也就是说在"害"中选取"小"的方面，并非取害，而是取利。

在这篇文章中，墨子还提出了他所谓的"兼爱"是无等差的爱，他认为按义的标准，该厚爱的就厚爱，该薄待的就薄待，而不是儒家所谓的"厚亲"，他认为"厚亲"不是衡量一个人的德行的主要标准。衡量一个人德行的标准是"义"，从中可看出他对儒家思想的批判。

"大取"反过来看就是"取大"，也就是说要取大的方面，主要的方面。不要为了一片叶子，而失去了整个森林。

※ 事例

墨子说："小仁与大仁，行厚相若，其类在申。"小仁与大仁，在爱这一点上是一致的。关键是引申。作为臣子和儿子，在忠孝不能两全的时候，该如何取舍呢？对国君尽忠、对父亲尽孝，这都是他应该做的。现在来看看李璀是怎样做到忠孝两全的。

李璀忠孝两全

当初，李怀光解除奉天之围时，唐德宗任命李怀光的儿子李璀为监察御史，对他特别宠信。等到李怀光驻军咸阳，不愿前进时，李璀秘密禀告唐德宗说："臣的父亲一定会辜负陛下，希望陛下早做准备。臣听说君主与父亲是一样的，但现在的形势是，陛下不能诛杀我的父亲，而我父亲却足以危及陛下。陛下厚爱于臣，胡人性格直爽，所以臣不忍心不告诉陛下啊。"唐德宗听后非常吃惊，说道："朕知道你是大臣非常喜爱的儿子，你应该为朕委婉地劝说你父亲，弥补其间裂痕，而你却暗暗上奏！"李璀回答说："我的父亲并不是不疼爱我，我也并非不爱我的父亲和家族。但我确实已用尽办法，无法挽回。"唐德宗说："既然这样，你怎么使自己避免一死呢？"李璀回答道："我向皇上进此言，并非要苟且偷生。如果我父亲失败而死，那么我就跟他一同死去，还会有什么计策免死呢！如若我出卖父亲以求活命，陛下又怎么会用我这样的人呢！"唐德宗说："你不要死，为朕再到咸阳晓谕你父亲，力争保全我们君与臣、父与子的和睦关系，这不很好吗！"李璀再次去咸阳，回来以后对唐德宗说："我已无法挽回，希望陛下防范我父亲，不要相信别人的话。这次我前去劝说，想尽了办法，但我的父亲说：'你小子知道什么，皇上言而无信。我并非贪图荣华富贵，但我还是怕死啊。你怎么可以把我往死路上拉呢！'"

等到李泌率军前往陕州时，唐德宗对他说："朕之所以要再三保全李怀光，其原因实在是怜惜李璀啊。你到达陕州后，试图为朕招降他。"李泌回答说："在陛下还没有出走梁州、洋州之时，可以让李怀光投降，现在却不行了。岂有人臣逼走了他的皇上，还可以仍旧站立在朝堂上呢！即使他厚颜无耻，每当陛下上朝时，看见他会有好心情吗？我率军进入陕州后，如果李怀光请求投降，我也不敢接受，更何况让我去招降他呢！李璀固然德行高尚，他必定跟他父亲一块去死。假如他不愿去死，也就不足贵了。"等到李怀光被自己的部将杀死后，李璀便先杀了他的两个弟弟，然后就自杀了。

小取[1]

※ 原文

夫辩者，将以明是非之分，审治乱之纪，明同异之处[2]，察名实之理，处利害，决嫌疑焉。摹略万物之然，论求群言之比，以名举实，以辞抒意，以说出故。以类取，以类予。有诸己不非诸人，无诸己不求诸人。

或也者，不尽也。假者，今不然也。效者，为之法也，所效者，所以为之法也。故中效，则是也；不中效，则非也。此效也。辟也者，举也[3]物而以明之也。侔也者，比辞而俱行也。援也者，曰："子然，我奚独不可以然也？"推也者，以其所不取之同于其所取者，予之也。"是犹谓"也者，同也。"吾岂谓"也者，异也。

※ 注释

1 这一篇与《大取》一样，都是《墨子》的余论。本篇主要探讨辩论与认识事物方面的问题，有几段以取喻的方法，解说认识事物时的"是而然""是而不然""不是而然"等几种情况。2 处：决断。3 也：当为"他"。

※ 译文

凡是论辩，都是打算用论辩弄清是非的界限，研究治乱的关键，弄明同异的所在，考察名实的关系，处置利害，决断嫌疑。于是就可深入万事万物的本来面貌，推究各种说法的不同类型，用名反映事实，用文辞表达心意，道理是从事实中概括出来的，在不同的事物中归纳出共同的东西，再用共同的东西去认识不同的事物。自己有的不反对别人也有，自己没有的不强求于人。

有疑惑，说明还没有完全认识。假设，说明现在还不是这个样子。效，是拿来作为法则的，效法那个东西，就是以那个东西为法则。所以合乎法则就是对的；不合乎法则就是错的。这就是效。辟喻，是拿另外一个东西来说明这个东西的。侔，是两个相同的命题可以并行不悖。援引，引用论敌的话："你可以这样，我为什么就不能这样？"推究，找出论敌所不采用的论据，等同于论敌所采用的观点，奉还给他。"是犹谓"是说就好相识，表示相同。"吾岂谓"，是说我难道是那样说的吗？是表示不同。

※ 原文

夫物有以同而不率遂同[1]。辞之侔也，有所至而正。其然也，有所以然也；其然也同，其所以然不必同。其取[2]之也，有所以取之；其取之也同，其所以取之不必同。是故辟、侔、援、推之辞，行而异，转而危，远而失，流而离本，则不可不审也，不可常用也。故言多方，殊类异故，则不可偏观也。夫物或乃是而然，或是而不然，或一周而不一周，或一是而一不是也。不可常用也，故言多方[3]殊类异故，则不可偏观也，非也。

※ 注释

1 不率遂同：不是全部都跟着相同。2 取：取用。3 多方：很多范畴。方，范畴，概念。

※ 译文

事物有时有某些共同点，却并非完全相同。言词相当，只是在一定范围内才是对的。事物有一定的样子，决定于其内在的所以然；事物的样子相同，但他们之所以成为这个样子的原因却不必相同。选择这个论据，自然有选择的根据；大家选择的论据相同，但是大家选择这些论据的根本原因却不一定相同。所以辟、侔、援、推这些论式，运用起来就会发生差异，转而会成为诡辩，扯得越远，距离原意越远，时间长了，就不是原来的样子，所以不能不十分谨慎，这些论证方法也不能经常使用。所以说话有许多技巧，不同的类型也各有依据，这也是无法全部都看得到的。因而在推论中需要注意不能以偏概全。事物有些前提肯定结论也肯定，有些为前提肯定但结论却是否定的。有时事物在某些方面具有普遍性，但在另外一些方面却不具备普遍性；有时事物在某些方面观点成立，而在另外一些方面则观点不能成立。不能总是生搬硬套。

※ 原文

白马，马也；乘白马，乘马也。骊马，马也；乘骊马，乘马也。获，人也；爱获，爱人也。臧，人也；爱臧，爱人也。此乃是而然者也。获之亲，人也；获事其亲，非事人也。其弟[1]，美人也；爱弟，非爱美人也。车，木也；乘车，非乘木也。船，木也；人船，非人[2]木也。盗人[3]人也；多盗，非多人也；无盗，非无人也。奚以明之[4]？恶多盗，非恶多人也；欲无盗，非欲无人也。世相与共是之。若若是，则虽盗人人也，爱盗非爱人也；不爱盗，非不爱人也；杀盗人非杀人也，无难盗无难矣。此与彼同类，世有彼而不自非也，墨者有此而非之，无也故焉，所谓内胶外闭与心毋空乎？内胶而不解也。此乃是而不然者也。

※ 注释

1 弟：当为“娣”，妹妹。2 人：“入”字之误。3 第一个“人”：衍。4 奚以明之：怎么来说明这一点呢？

※ 译文

白马是马；骑白马就是骑马。黑马也是马；骑黑马就是骑马。女奴是人；爱女奴是爱人。男仆是人；爱男仆是爱人。这就是“前提是肯定的，结论也是肯定的”的情况。女奴的父母亲，是人；女奴侍奉她的父母亲，并不能说是侍奉人。他的妹妹是个美人，爱他的妹妹，不能说是爱美人。车是木头做的；乘车不能说是乘木头。船，也是木头做的；进入船舱，不能说是进入木头。强盗是人；很多强盗，不能说是很多人；没有强盗，不能说是没有人。怎么证明这一点呢？讨厌强盗多，并不是讨厌人多；希望没有强盗，并不是希望没有人。整个世界都认为这是对的。如果这是对的话，那么虽然强盗是人，但爱强盗却不是爱人；不爱强盗，却不意味着不爱人；杀强盗，也不是杀人，这些命题也都不难成立了。这和前面所说的是一个类型，一般人都认为这是正确的，而墨家学派看来，却是不对的，没有别的缘故，就是所谓内心固执、对外闭塞和一窍不通吗？是内心固执而得不到解说呀。这就是“前提是肯定的，但结论却是否定的”的情况。

※ 原文

且夫读书，非好书也。且斗鸡，非鸡也；好斗鸡，好鸡也。且[1]入井，非入井也；止且入井，止入井也。且出门，非出门也；止且出门，止出门也。若若是，且夭，非夭也；寿夭也。有命，非命也；非执有命，非命也，无难矣。此与彼同类。世有彼而不自非也，墨者有此而罪[2]非之，无也[3]故焉，所谓内胶外闭与心毋空乎？内胶而不解也。此乃是而不然者也。

爱人，待周[4]爱人而后为爱人。不爱人，不待周不爱人；不周爱，因为不爱人矣。乘马，不待周乘马然后为乘马也；有乘于马，因为乘马矣。逮至不乘马，待周不乘马而后不乘马。此一周而一不周者也。

※ 注释

1 且：将要。2 罪：衍字。3 也：同“他”。4 周：普遍。

※ 译文

说到读书，还不是好书，而爱好读书却是爱好书。打算斗鸡，还不是斗鸡；爱好斗鸡，就是喜欢鸡。将要跳井，还不是跳井；制止人将要跳井，就是制止跳井。将要出门，不是出门；阻止人将要出门，就是阻止出门。如果是这样的话，那么，将要夭折，不是夭折；寿终才是夭折。主张有命，不是有命；反对主张有命，就是没有命，这些话也不难成立。这和上述的那些话是同一类型的命题，就是前提是肯定的，而结论是否定的，世上的人一般都认为是不错的。但在墨家看来，却有不正确的地方，没有其他的缘故，就是有所谓内心固执、对外闭塞和一窍不通吗？是内心固执而顽固不化呀。这是“前提是否定的，但结论是肯定的”的情况。

爱人，要爱所有的人，然后才可以称为爱人。不爱人，则不必等到不爱所有人才算不爱人；不普遍地爱所有人，就是不爱人。骑马，不必等到骑了所有的马才称为骑马；只要有马可骑，就可以称为骑马了。至于不骑马，要等到所有的马都不骑，然后才可以称为不骑马。这是一方面普遍而另一方面不普遍的情况。

※ 原文

居于国，则为居国；有一宅于国，而不为有国。桃之实，桃也；棘之实，非棘也。问人之病，问人也；恶人之病，非恶人也。人之鬼，非人也；兄之鬼，兄也。祭人之鬼，非祭人也；祭兄之鬼，乃祭兄也。之马之目盼则为之马盼[1]；之马之目大，而不谓之马大。之牛之毛黄，则谓之牛黄；之牛之毛众，而不谓之牛众。一马，马也；二马，马也。马四足者，一马而四足也，非两马而四足也。一马，马也[2]。马或白者，二马而或白也，非一马而或白。此乃一是而一非者也。

※ 注释

1 盼：“眇”字之误，眇，一目小。2 一马，马也：衍文。

※ 译文

在一个国家居住，就是住在那个国家。在一个国家有一座房子，并不是有这个国家。桃树的果实，是桃。棘树的果实，却不是棘。慰问人的疾病，是慰问人；厌恶人的疾病，却不是厌恶人。人的鬼，不是人。哥哥的鬼，是哥哥。祭祀人的鬼，不是祭祀人。祭祀哥哥的鬼，是祭祀哥哥。这一匹马的眼睛是瞎的，就称它是瞎马；这匹马的眼睛大，却不能称这匹马为大马。这头牛的颜色是黄颜色的，就称它为黄牛；这头牛的毛多，却不能称它为多牛。一匹马，是马；两匹马，也是马。马有四个蹄子，是说一匹马有四个蹄子，不是两匹马有四个蹄子。马有白色的，是说两匹马中有白色的，不是说一匹马是白色的。这就是一方面对而另一方面错的情况。

※ 解读

从“夫物或乃是而然，或是而不然，或一周而不一周，或一是而一不是也。不可常用也，故言多方殊类异故，则不可偏观也，非也”。这句话中我们可以知道事物有可能在一个方面相同，但不是全部相同，关于事物的推论，要不是前提肯定、结论肯定，要不是前提肯定、结论否定……

墨子的《小取》是墨辩的主要内容，在这里不仅总结了论辩的目的有六点：明是非、审治乱、明同异、察名实、处利害、决嫌疑，还提出了“辟、侔、援、推”四种“归纳的论辩”。在胡适的墨辩逻辑研究总说中曾说过“辟和侔都是‘以其所知谕其所不知而使人知之’的方法”，它们的区别是“辟是用那物说明这物；侔是用那一种辞比较这一种辞”。但它们都不能作为科学上发明新知识的方法。它们都不能推出人类未知的新知识。但援和推却不同，墨家的“援”即援引和援例，即由这一件推知那一件，由这一个推知那一个的方法。“推”是以其所不取之同于其所取者，即由已知推出未知。

“求同、求异、同异相交”等种种论述在此篇中也得到了很好的论证。

※ 事例

“夫辩者，将以明是非之分，审治乱之纪，明同异之处，察名实之理，处利害，决嫌疑。”论辩的目的就是为了明是非，研究治乱的关系，弄清同异的区别，考察名实的关系，处置利害，决断嫌疑。一个国君要想治理好国家，这都是必不可少的。而汉武帝却做到了。

汉武帝与众臣

汉武帝从刚即位开始，就招徕选拔博学有才智的人，予以破格重用。天下士人都向朝廷上书议论国家政事的得失，自我标榜和自我推荐的人数以千计，汉武帝便从中选拔，以后又招纳了吴人朱买臣、赵人吾丘寿王、蜀人司马相如、平原人东方朔、吴人枚皋、济南人终军等，这些人都成了汉武帝的左右亲信。汉武帝经常命令他们与朝廷大臣辩论，中朝官与外朝官用义理文辞相互驳难，外朝大臣多次被驳得无法对答。但是，司马相如只是以擅长辞赋写作而得到武帝宠幸；东方朔、枚皋的论点没有根据，只喜欢幽默嘲讽，汉武帝仅把他们视作艺人收养，虽然经常对他们赏赐财物，但终究不把国事朝政委托他们处理。东方朔同样对汉武帝察言观色，经常利用时机直言进谏，对朝政发挥了一定的补益作用。

耕柱

※ 原文

子墨子怒耕柱子。耕柱子曰：“我毋俞[1]于人乎？”子墨子曰：“我将上大行，驾骥与羊[2]，子将谁驱？”耕柱子曰：“将驱骥也。”子墨子曰：“何故驱骥也？”

耕柱子曰："骥足以责。"子墨子曰："我亦以子为足以责。"

巫马子谓子墨子曰："鬼神孰与圣人明智？"子墨子曰："鬼神之明智于圣人，犹聪耳明目之与聋瞽也。昔者夏后开[3]使蜚廉折金于山川，而陶铸之于昆吾；是使翁难雉乙卜于白若之龟[4]，曰：'鼎成三足而方，不炊而自烹，不举而自臧[5]，不迁而自行。以祭于昆吾之虚[6]，上乡[7]！'乙又言兆之由曰：'飨矣！逢逢[8]白云，一南一北，一西一东，九鼎既成，迁于三国。'夏后氏失之，殷人受之；殷人失之，周人受之。夏后殷周之相受也，数百岁矣。使圣人聚其良臣，与其桀[9]相而谋，岂能智[10]数百岁之后哉？而鬼神智之。是故曰，鬼神之明智于圣人也，犹聪耳明目之与聋瞽也。"

※ 注释

1 俞：通"愈"，胜过。2 羊：疑为"牛"之误。3 夏后开：即夏启，汉代人避景帝（刘启）讳而改。折金：采金，指开发金属矿藏。4 雉字衍。白：百的声借字。5 臧：通"藏"。6 虚：同"墟"。7 上乡：即"尚飨"，祭祀之辞。8 逢逢：通"蓬蓬"。9 桀：同"杰"。10 智：通"知"。

※ 译文

墨子对耕柱子很生气。耕柱子说："我难道没有胜过别人的地方吗？"墨子问道："我将要上太行山去，驾车的有良马和牛，你将驱赶哪一种呢？"耕柱子说："我将驱赶骏马。"墨子问道："为什么驱赶骏马呢？"耕柱子回答道："良马足以担当重任。"墨子说道："我也认为你足以担当重任。"

巫马子问墨子："鬼神与圣人相比，哪个更明智呢？"墨子答道："鬼神比圣人明智，就好像耳聪目明的人比聋子、瞎子明智一样。从前夏启命令蜚廉在山上开发金属矿藏，在昆吾铸了鼎；于是叫卜人翁难乙，用百灵的龟占卜，卜辞道：'鼎铸成了，三足而方，不用生火它自己会煮熟，不用抬走自己会隐藏，不用迁移它自己会行走。用它在昆吾之墟祭祀，请鬼神享用。翁难乙又念了卦兆，说：'鬼神已经享用了。蓬蓬白云，一会儿南北，一会儿西东。九鼎已经铸成功了，将要三代相传。'后来夏后氏失掉了它，殷人接受了它；殷人失掉了，周人又接受了它。夏、商、周三代互相接受九鼎，已经好几百年了。假使有一位圣人聚集他的贤臣，和他杰出的宰相共同谋划，哪能知道几百年以后的事呢？但是，鬼神却能够知道。因此说，鬼神比圣人明智，就好像耳聪目明的人比聋盲明智一样。"

※ 原文

治徒娱、县子硕问于子墨子曰："为义孰为大务？"子墨子曰："譬若筑墙然，能筑者筑，能实壤者实壤，能欣者欣[1]，然后墙成也。为义犹是也，能谈辩者谈辩，能说书[2]者说书，能从事者从事，然后义事成也。”

巫马子谓子墨子曰：“子兼爱天下，未云[3]利也；我不爱天下，未云贼也。功皆未至，子何独自是而非我哉？”子墨子曰：“今有燎者于此，一人奉水将灌之，一人掺火将益之，功皆未至，子何贵于二人？”巫马子曰：“我是彼奉水者之意，而非夫掺火者之意。”子墨子曰：“吾亦是吾意，而非子之意也。”

子墨子游荆[4]耕柱子于楚。二三子过之。食之三升，客之不厚。二三子复于子墨子曰：“耕柱子处楚无益矣！二三子过之，食之三升，客之不厚。”子墨子曰：“未可智也。”毋几何而遗十金于子墨子，曰：“后生不敢死，有十金于此，愿夫子之用也。”子墨子曰：“果未可智也。”

※ 注释

1 欣：“掀”的假借字，此处用作动词，指挖土。2 说书：解释典籍。3 云：有之意。4 荆字衍。

※ 译文

治徒娱、县子硕两个人问墨子说：“要行义，什么是最重要的事呢？”墨子回答道：“就好比筑墙一样，能筑的就筑，能填土的就填土，能挖土的就挖土，这样墙就可以筑成。行义就是这样，能演说的就演说，能解说典籍的就解说典籍，能做事的就做事，这样义事就可以办成。”

巫马子问墨子说：“你兼爱天下，没有什么利益；我不爱天下，也没有什么害处。功效都没有达到，你为什么只认为自己正确，而认为我不正确呢？”墨子回答道：“假如这里有个人在放火，一个人捧着水将要浇灭它，另一个人拿着火苗，将使火烧得更旺，都还没有做成，在这两个人之中，你看重哪一个？”巫马子回答说：“我认为那个捧水的人心意是正确的，而那个拿火苗的人的心意是错误的。”墨子说：“我也认为我兼爱天下的用意是正确的，而你不爱天下的用意是错误的。”

墨子推荐耕柱子到楚国做官，有几个弟子去探访他，耕柱子请他们吃饭，每餐仅供食三升，招待他们不优厚。这几个人回来告诉墨子说：“耕柱子在楚国没有什么收益！我们几个去探访他，每餐只供给我们三升米，招待我们不优厚。”墨子答道：“这还未可知。”没有多久，耕柱子送给墨子十镒黄金，说：“弟子不敢贪图财利违章犯法以送死，这十镒黄金，请老师使用。”墨子说：“果然是未可知啊！”

※ 原文

巫马子谓子墨子曰：“子之为义也，人不见而耶[1]，鬼而不见[2]而富，而子为之，有狂疾[3]。”子墨子曰：“今使子有二臣于此，其一人者见子从事，不见子则不从事；其一人者见子亦从事，不见子亦从事，子谁贵于此二人？”巫马子曰：“我贵其见我亦从事，不见我亦从事者。”子墨子曰：“然则是子亦贵有狂疾也。”

子夏之徒问于子墨子曰：“君子有斗乎？”子墨子曰：“君子无斗。”子夏之徒曰：“狗豨犹有斗，恶有士而无斗矣？”子墨子曰：“伤矣哉！言则称于汤文，行则譬于狗豨，伤矣哉！”

巫马子谓子墨子曰：“舍今之人而誉先王，是誉槁骨也。譬若匠人然，智槁木也，而不智生木。”子墨子曰：“天下之所以生者，以先王之道教也。今誉先王，是誉天下之所以生也。可誉而不誉，非仁也。”

※ 注释

1 耶：“助”字之讹。2 鬼而不见：当为“鬼不见”。3 狂疾：痫病。

※ 译文

巫马子对墨子说：“你行义，人不会见而帮助你，也没有见到鬼神赐福给你，但是你还在做，这是有疯病。”墨子回答说：“现在假使你有两个家臣在这里，其中一个见到你就做事，不见到你就不做事；另外一个见到你也做事，不见到你也做事，这两个人之中，你看重谁？”巫马子回答说：“我看重那个见到我做事，不见到我也做事的人。”墨子说：“既然这样，那么你也看重有疯病的人。”

子夏的学生问墨子道：“君子之间有争斗吗？”墨子回答说：“君子之间没有争斗。”子夏的学生说：“狗猪尚且有争斗，哪有士人没有争斗的呢？”墨子说道：“痛心啊！你们言谈则称举商汤、文王，行为却与狗猪相类比，痛心啊！”

巫马子对墨子说：“舍弃当今的人，却去称誉古代的圣王，这是称誉枯骨。好像匠人一样，知道干枯的木材，却不知道活着的树木。”墨子说：“天下之所以能生存，是由于先王主张教导的结果。现在称誉先王，是称誉使天下生存的先王的主张。该称颂的却不去称颂，这就不是仁了。”

※ 原文

子墨子曰：“和氏之璧、隋侯之珠、三棘六异[1]，此诸侯之所谓良宝也。可以富国家，众人民，治刑政，安社稷乎？曰：不可。所谓贵良宝者，为其可以利也。而和氏之璧、隋侯之珠、三棘六异，不可以利人，是非天下之良宝也。今用义为政于国家，人民必众，刑政必治，社稷必安。所为贵良宝者，可以利民也，而义可以利人，故曰：义，天下之良宝也。"

叶公子高问政于仲尼曰："善为政者若之何[2]？"仲尼对曰："善为政者，远者近之，而旧者新之。"子墨子闻之曰："叶公子高未得其问也，仲尼亦未得其所以对也。叶公子高岂不知善为政者之远者近也[3]，而旧者新是哉[4]？问所以为之若之何也。不以人之所不智告人，以所智告之，故叶公子高未得其问也，仲尼亦未得其所以对也。"

※ 注释

1 三棘六异：即三翮（hé）六翼，九鼎之别名。2 若之何：怎么样。3 也：当作"之"。4 是：当作"之"。

※ 译文

墨子说："和氏璧、隋侯珠、三翮六翼的九鼎，这些都是诸侯所说的良宝。它们可以使国家富强、人民增多、刑政得到治理、社稷安定吗？人们会回答说：不能。之所以认为义是贵重良宝，是因为它们可以使人得到利益。而和氏璧、隋侯珠、三翮六翼的九鼎，不能给人利益，所以这些都不是天下的良宝。现在用义在国家施政，人口必然增多，刑政必然得到治理，社稷必然安定。义之所以是贵重良宝的原因，是因为它们能使人民得利，而义可以使人民得利，所以说：义是天下的良宝。"

叶公子高向孔子问施政的道理，说："善于施政的人该怎样呢？"孔子回答道："善于治政的人，要亲近疏远的人，对故旧，要待之如新，不厌弃他们。"墨子听到了，说："叶公子高没能得到需要的解答，孔子也不能正确地回答。叶公子高难道会不知道善于施政的人，对于处在远方的，要亲近他们，对于故旧，要如同新交一样，不厌弃他们？他是问怎么样去做。不以人家所不懂的告诉人家，而以人家已经知道了的去告诉人家，所以说，叶公子高没能得到需要的解答，孔子也不能正确地回答。"

※ 原文

子墨子谓鲁阳文君曰："大国之攻小国，譬犹童子之为马也。童子之为马，足用而劳。今大国之攻小国也，攻者[1]，农夫不得耕，妇人不得织，以守为事；攻人者，亦农夫不得耕，妇人不得织，以攻为事。故大国之攻小国也，譬犹童子之为马也。"

子墨子曰："言足以复行者，常[2]之；不足以举行者，勿常。不足以举行而常之，是荡口也。"

子墨子使管黔滶[3]游高石子于卫，卫君致禄甚厚，设之于卿。高石子三朝必尽言，而言无行者。去而之齐，见子墨子曰：“卫君以夫子之故，致禄甚厚，设我于卿，石三朝必尽言，而言无行，是以去之也。卫君无乃以石为狂乎？”子墨子曰：“去之苟道，受狂何伤！古者周公旦非关叔，辞三公，东处于商盖[4]，人皆谓之狂，后世称其德，扬其名，至今不息。且翟闻之：‘为义非避毁就誉。’去之苟道，受狂何伤！”高石子曰：“石去之，焉敢不道也！昔者夫子有言曰：‘天下无道，仁士不处厚焉。’今卫君无道，而贪其禄爵，则是我为苟陷人长也[5]。”子墨子说，而召子禽子曰：“姑听此乎！夫倍义而乡禄者[6]，我常闻之矣；倍禄而乡义者，于高石子焉见之也。”

※ 注释

1 攻者：“守者”之误。2 常：通“尚”。3 澂：衍文。4 商盖：即“商奄”，古国名，今山东曲阜附近。5 陷：疑为“啗”之娱，即“啖”。长：“粻”之省文，米粮。6 倍：通“背”。乡：通“向”。

※ 译文

墨子对鲁阳文君说：“大国攻打小国，就像小孩以两手着地学马行。小孩学马行，足以自致劳累。现在大国攻打小国，防守的国家中，农民不能耕地，妇人不能纺织，以防守为事；攻打的国家中，农民也不能耕地，妇人也不能纺织，以攻打为事。所以大国攻打小国，就像小孩学马行一样。”

墨子说：“言论可付之实行的，应推崇；不可以实行的，不应推崇。不可以实行而推崇它，就是空言妄语了。”

墨子让管黔推荐高石子去卫国做官，卫国国君给予高石子的俸禄很优厚，安排他在卿的爵位上。高石子三次朝见卫君，都竭尽其言，但是他说的都没有被采用。于是高石子离开卫国到了齐国，见了墨子说：“卫国国君因为老师的缘故，给我的俸禄很优厚，安排我在卿的爵位上，我三次入朝见卫君，必定把意见说完，但卫君却毫不采纳实行，因此离开了卫国。卫君恐怕会以为我发疯了吧？”墨子说：“离开卫国，假如符合道的原则，承受发疯的指责有什么不好！古时候周公旦驳斥关叔的谎言，辞去三公的职位，住到东方的商奄生活，人们都说他发狂，但是后世的人却称誉他的德行，颂扬他的美名，直到现在还不停止。况且我听说过：‘行义不能回避诋毁而追求称誉。’离开卫国，假如符合道的原则，承受发疯的指责有什么不好！”高石子说：“我离开卫国，何敢不遵循道的原则！以前老师说过：‘天下无道，仁义之士不应该处在厚禄的位置上。’现在卫君无道，如果去贪图他的俸禄和爵位，那么，就是我只图吃人家的粮食了。”墨子听了很高兴，就把禽滑釐召来，说：“姑且听听高石子的这话吧！违背义而向往俸禄，我常常听到；拒绝俸禄而向往义，从高石子这里我见到了。”

※ 原文

子墨子曰："世俗之君子，贫而谓之富则怒；无义而谓之有义则喜。岂不悖哉！"

公孟子曰："先人有，则三[1]而已矣。"子墨子曰："孰先人而曰有，则三而已矣？子未智人之先有。"

后生有反子墨子而反者[2]，"我岂有罪哉？吾反后。"子墨子曰："是犹三军北，失后之人求赏也。"

公孟子曰："君子不作，术而已。"子墨子曰："不然。人之其[3]不君子者，古之善者不诛[4]，今也善者不作。其次不君子者，古之善者不遂[5]，己有善则作之，欲善之自己出也。今诛而不作，是无所异于不好遂而作者矣。吾以为古之善者则诛之，今之善者则作之，欲善之益多也。"

※ 注释

1 三："之"字之误。2 第一个"反"字当为"友"字之误。3 其：綦，极之意。4 诛，当作"述"。也："之"字之误。5 遂：疑为"述"之误。

※ 译文

墨子说："世俗的君子，如果他贫穷，别人说他富有，那么他就愤怒；如果他无义，别人说他有义，那么他就高兴，这不是太荒谬了吗？"

公孟子说："先人已有的，只要效法就行了。"墨子说："谁说先人有的，后人只要效法就行了？你不知道先人也有先人，那么先人也曾是后生之人。"

有一个先与墨子做朋友而后来背叛了他的人，说："我难道有罪吗？我背叛是在他人之后。"墨子说："这就像军队打了败仗，在后面逃走的人还要求奖赏一样。"

公孟子说："君子不创作，只是阐述先贤之言罢了。"墨子说："不是这样。极端没有君子品行的人，不阐述古代的善行，也不创作现在的善行。其次没有君子品行的人，对古代的善行不阐述，自己有善行就创作，想让善行出于自己的创作。现在只阐述古代善行而不创作的人，这跟不喜欢阐述古代善行却喜欢自我创作的人，就没有什么区别了。我认为对古代善言就应该阐述，对现在善言就该创作，希望善行能增多。"

※ 原文

巫马子谓子墨子曰："我与子异，我不能兼爱。我爱邹人于越人，爱鲁人于邹人，爱我乡人于鲁人，爱我家人于乡人，爱我亲于我家人，爱我身于吾亲，以为近我也。击我则疾，击彼则不疾于我，我何故疾者之不拂，而不疾者之拂？故有我有杀彼以我，无杀我以利。”子墨子曰：“子之义将匿邪，意将以告人乎？”巫马子曰：“我何故匿我义？吾将以告人。”子墨子曰：“然则，一人说[1]子，一人欲杀子以利己；十人说子，十人欲杀子以利己；天下说子，天下欲杀子以利己。一人不说子，一人欲杀子，以子为施[2]不祥言者也；十人不说子，十人欲杀子，以子为施不祥言者也；天下不说子，天下欲杀子，以子为施不祥言者也。说子亦欲杀子，不说子亦欲杀子，是所谓经[3]者口也，杀常之身者也。”子墨子曰：“子之言恶利也？若无所利而不言，是荡口也。”

※ 注释

1 说：通“悦”。2 施：散发，散步。3 经：“到”之假借字，以刀割颈。

※ 译文

巫马子对墨子说：“我跟你不同，我不能做到兼爱。我爱邹国人比爱越国人深。爱鲁国人比爱邹国人深，爱我家乡的人比爱鲁国人深，爱我家里人比爱我家乡的人深，爱我的双亲比爱我的家里人深，爱我自己胜过爱我双亲，这是因为切近我的缘故。打我，则我会疼痛，打别人，则不会痛在我身上，我为什么不去解除自己的疼痛，却去解除不关自己的别人的疼痛呢？所以我只会杀他人以利于我，而不会杀自己以利于他人。”墨子问道：“你的这种义，是要隐藏起来呢？还是要告诉别人呢。”巫马子回答道：“我为什么要隐藏自己的义，我将告诉别人。”墨子说：“既然这样，那么有一个人喜欢你的主张，这一个人就要杀你以利于自己；有十个人喜欢你的主张，这十个人就要杀你以利于他们自己；天下的人都喜欢你的主张，这天下的人都要杀你以利于自己。假如，有一个人不喜欢你的主张，这一个人就要杀你，因为他认为你是散布不祥之言的人；有十个人不喜欢你的主张，这十个人就要杀你，因为他们认为你是散布不祥之言的人；天下的人都不喜欢你的主张，这天下的人都要杀你，因为他们也认为你是散布不祥之言的人。这样，喜欢你主张的人要杀你，不喜欢你主张的人也要杀你，这就是人们所说的摇动口舌，杀身之祸常至自身的道理。”墨子还说：“你的话，恰恰是厌恶利。假如没有利益而还要说，这就是空言妄语了。”

※ 原文

子墨子谓鲁阳文君曰：“今有一人于此，羊牛犓豢，维人[1]但割而和之，食之不可胜食也，见人之作饼，则还然窃之，曰：‘舍[2]余食。’不知日月[3]安不足乎？其有窃疾乎？”鲁阳文君曰：“有窃疾也。”子墨子曰：“楚四竟[4]之田，旷芜而不可胜辟，謼灵[5]数千，不可胜，见宋、郑之闲邑，则还然窃之，此与彼异乎？”鲁阳文君曰：“是犹彼也，实有窃疾也。”子墨子曰：“季孙绍与孟伯常治鲁国之政，不能相信，而祝于丛社，曰：‘苟使我和。’是犹弇其目，而祝于丛社也，‘若使我皆视’。岂不缪[6]哉！”子墨子谓骆滑氂曰：“吾闻子好勇。”骆滑氂曰：“然。我闻其乡有勇士焉，吾必从而杀之。”子墨子曰：“天下莫不欲与[7]其所好，度[8]其所恶。今子闻其乡有勇士焉，必从而杀之，是非好勇也，是恶勇也。”

※ 注释

1 维人：“饔人”之误，掌宰割烹调的人。2 舍：当为“予”之假（孙诒让说），给予。3 日月：疑“甘肥”之误。4 竟：通“境”。5 訮灵：疑为“泽虞”之误，“泽”：古代掌川泽之官。“虞”：掌山林之官。6 缪：通“谬”。7 与：通“举”，亲附。8 度：“斥”字本字“度”的形误，疏远的意思。

※ 译文

墨子对鲁阳文君说：“现在这里有这样一个人，他的牛羊牲畜，任由厨师宰割、烹调，吃都吃不完，但他看见人家做饼，就便捷地去偷窃，说：‘给我吃吧！’不知道这是他的甘肥食物不足呢，还是他有偷窃的毛病呢？”鲁阳文君说：“这是有偷窃病了。”墨子说：“楚国有四境之内的田地，空旷荒芜，开垦不完，空闲的土地好几千处，用都用不完，但是见到宋国、郑国的空城，还要便捷地窃取，这跟那个偷窃人家饼子的人有什么不同呢？”鲁阳文君说：“这就像那个人一样，确实患有偷窃病。”墨子说：“季孙绍与孟伯常治理鲁国的政事，互相不信任，就到丛林中的庙宇里祷告说：‘希望使我们和好。’这如同遮住了他们自己的眼睛，却在丛林中的庙宇里祷告说‘希望我们都能看到’。岂不荒谬吗？”墨子对骆滑氂说：“我听说你喜欢勇武。”骆滑氂说：“是的。我听说某个乡里有勇士，我一定要去杀他。”墨子说：“天下没有人不想帮助他所喜爱的人，疏远他所憎恶的人。现在你听到那个乡里有勇士，就一定去杀掉他，这不是喜爱勇武，而是憎恶勇武啊。”

※ 解读

本篇各段大多由对话组成，记述墨子与弟子等人的谈话。全篇以谈论“义”的言论最多，但各段的思想内容并不连贯。墨子认为义是天下的良宝，行义，可以安国、利民，所以他孜孜不倦地坚持行义。他反对背义向禄的人，主张大家一起行义，这样，才可以实现“义”。

在这篇中我们可以看到有人已经开始对墨家学说提出了质疑，例如：巫马子质问墨子“鬼神孰与圣人明智”、质疑墨子“兼爱”何利；夏之徒质问墨子“君子有斗”

否，君子有斗、无斗，显然是针对墨家非攻停止战斗的主张而提出的。另外，墨子曾与骆滑氂争辩“好勇”与“恶勇”，这是墨子尚有像骆滑氂一类自持有“勇”的士人存在。古代的士人，平时督耕治民，战时披甲出战，文武兼备；至春秋末孔子教学，犹有“射、御”诸科，故“子夏之徒”以及“恶有士而无斗”质问墨子。

在游说鲁阳文君时又说：“大国攻打小国，譬犹童子之为马也。”把大国攻打小国，比作童子之为马，童子骑竹马，“足用而劳”，夹竹竿曳地而行，名为“骑马”，实自劳其足。今“大国攻打小国”，与童子骑竹马一样，名为获利，而自己国内“农夫不得耕，妇人不得织”，误耕误织，得不偿失。墨子直接表明攻战，无论对攻国还是守国都无利而有害。

※ 事例

墨子说：“和氏之璧、隋侯之珠、三棘六异，此诸侯之所谓良宝也。可以富国家，众人民，治刑政，安社稷乎？”曰：“不可。”那什么才是真正的良宝呢？

齐王论宝

齐威王、魏惠王一起在郊野打猎。魏惠王问：“齐国也有什么宝贝吧？”

齐威王说：“没有。”

魏惠王说：“我的国家虽小，尚有直径一寸以上、可以照亮十二乘车的大珍珠十颗。像齐国这样的大国，难道会没有宝贝？”

齐威王说：“我对宝贝的看法跟你不一样。我的臣子中有位叫檀子的，我派他镇守南城，楚国便不敢来犯，泗水流域的十二个诸侯国都来朝拜。我的臣子中还有位叫盼子的，我派他守高唐，赵国人便不敢到其东边的黄河里来捕鱼。我的宫史中有位叫黔夫的，令他守徐州，燕国人向北门、赵国人向西门祭拜，从别处迁来投我齐国的就有七千多户人。我的臣子中有位叫种首的，让他管理防盗事务，便出现了道不拾遗的景象，这四位大臣，光照千里，岂止十二乘车呢！”

魏惠王听了，脸上出现了羞惭之色。

贵义

※ 原文

子墨子曰："万事莫贵于义。今谓人曰：'予子冠履，而断子之手足，子为之乎？'必不为。何故？则冠履不若手足之贵也。又曰：'予子天下而杀子之身，子为之乎？'必不为。何故？则天下不若身之贵也。争一言以相杀，是贵义于其身也。故曰：万事莫贵于义也。"

子墨子自鲁即齐，过[1]故人，谓子墨子曰："今天下莫为义，子独自苦而为义，子不若已。"子墨子曰："今有人于此，有子十人，一人耕而九人处，则耕者不可以不益急矣。何故？则食者众而耕者寡也。今天下莫为义，则子如劝我[2]者也，何故止我？"

※ 注释

1 过：探视，拜访。2 如劝我：应当劝勉我。如：宜。

※ 译文

墨子说："万事没有比义更珍贵的了。假如现今对别人说：'给你帽子和鞋，但是要砍断你的手、脚，你干吗？'那人一定不干。为什么呢？因为帽子和鞋不如手和脚珍贵。又说：'给你天下但要杀死你，你干吗？'那人一定不干。为什么呢？因为天下不如自身珍贵。因争辩一句话而互相残杀，这是因为把义看得比自己的身体珍贵。所以说：万事没有比义更珍贵的了。"

墨子从鲁国到齐国，探望了老朋友。朋友对墨子说："现在天下没有谁在行义，你何必自己受苦去行义，不如就此停止吧。"墨子说："现在这里有一人，他有十个儿子，但只有一个儿子耕种，其余九个都闲着，耕种的这一个就不能不更加紧张啊。为什么呢？因为吃饭的人多而耕种的人少。现在天下没有谁行义，那么你应该勉励我行义呀，为什么还制止我呢？"

※ 原文

子墨子南游于楚，见楚献惠王，献惠王以老辞，使穆贺见子墨子。子墨子说穆贺，穆贺大说[1]，谓子墨子曰："子之言则成[2]善矣！而君王，天下之大王也，毋乃曰'贱人之所为'，而不用乎？"子墨子曰："唯其可行。譬若药然，草之本，天子食之以顺其疾，岂曰'一草之本'而不食哉？今农夫入其税于大人，大人为酒醴粢盛，以祭上帝鬼神，岂曰'贱人之所为'，而不享哉？故虽贱人也，上比之农，下比之药，曾[3]不若一草之本乎？且主君亦尝闻汤之说乎？昔者汤将往见伊尹，令彭氏之子御，彭氏之子半道而问曰：'君将何之？'汤曰：'将往见伊尹。'彭氏之子曰：'伊尹，天下之贱人也。若君欲见之，亦令召问焉，彼受赐矣。'汤曰：'非女[4]所知也。今有药此，食之则耳加聪，目加明，则吾必说而强食之。今夫伊尹之于我国也，譬之良医善药也。而子不欲我见伊尹，是子不欲吾善也。'因下彭氏之子，不使御。彼苟然，然后可也。"

※ 注释

1 说：通"悦"。2 成：通"诚"，确实。3 曾：难道。4 女：通"汝"。

※ 译文

墨子南游到了楚国，去见楚惠王，楚惠王以自己年老为借口推辞了，并派穆贺来会见墨子。墨子向穆贺游说，穆贺非常高兴，对墨子说："你的主张确实好啊！但是君王，是天下的大王，恐怕他会认为这'是维护下等人的理论'，而不加采用吧？"墨子答道："只要它是可行的。比如药一样，一把草根，天子吃了它用以治愈自己的疾病，难道会认为'是一把草根'而不吃吗？现在农民缴纳租税给贵族大人，贵族大人们酿美酒、做祭品，用来祭祀上天鬼神，难道会认为这是'低贱之人所缴的赋税'而不享用吗？因此，即使是低贱之人，上与农夫比较，下与草药比较，难道还不如一把草根吗？况且您也曾听说过商汤的传说吧？从前商汤去见伊尹，让彭氏的儿子给自己驾车，彭氏之子半路上问商汤说：'您要到哪儿去呢？'商汤答道：'我将去见伊尹。'彭氏之子说：'伊尹，只不过是低贱之人。如果您一定要见他，只要下令召见来问他，这对他来说就已经蒙受恩赐了！'商汤说：'这不是你所知道的。如果现在这里有一种药，吃了它，耳朵会更加灵敏，眼睛会更加明亮，那么我必定会高兴地尽力吃药。现在伊尹对于我们国家，就好比是良医好药。而你却不想让我见伊尹，这是你不想让我好啊！'于是叫彭氏的儿子下去，不让他驾车了。如果楚惠王能像商汤这样，那么，楚国就大有希望了。"

※ 原文

子墨子曰："凡言凡动，利于天鬼百姓者为之；凡言凡动，害于天鬼百姓者舍之。凡言凡动，合于三代圣王尧舜禹汤文武者为之；凡言凡动，合于三代暴王桀纣幽厉者舍之。"

子墨子曰："言足以迁行[1]者，常之；不足以迁行者，勿常。不足以迁行而常之，是荡口也。”

子墨子曰：“必去六辟[2]。嘿则思，言则诲，动则事，使三者代御[3]，必为圣人。”

“必去喜，去怒，去乐，去悲，去爱，而用仁义，手足口鼻耳，从事于义，必为圣人。”

子墨子谓二三子曰：“为义而不能，必无排其道。譬若匠人之斫而不能，无排其绳。”

子墨子曰：“世之君子，使之为一犬一彘之宰，不能则辞之；使为一国之相，不能而为之。岂不悖哉！”

※ 注释

1 迁行：付诸行动。2 辟：通“僻”，邪僻。3 代御：轮流进行。

※ 译文

墨子说：“凡是言论、行动，有利于上天、鬼神、百姓的，就去做；凡是言论、行动，有害于上天、鬼神、百姓的就抛弃它。凡是言论、行动，符合几代圣王尧、舜、禹、商汤、周文王、周武王的就去做；凡是言论、行动，合乎夏商周三代暴君夏桀、商纣、周幽王、周厉王的就抛弃它。”

墨子说：“言论足以改变行为的，就推崇它；不足以改变行为的，就不要推崇。言论不足以改变行为，却要推崇它，就是徒费口舌了。”

墨子说：“一定要去掉六种邪僻。沉默之时就思索，讲话时就教导人，行动时就去做事。让这三者交替进行，一定能成为圣人。”

（墨子说：）“一定要去掉喜，去掉怒，去掉乐，去掉悲，去掉爱，以仁义作为一切言行的准则，手、脚、口、鼻子、耳朵、眼睛，都是用来从事义，必定会成为圣人。”

墨子对几个弟子说：“行义而不能胜任之时，一定不可背离学说本身。比如木匠劈木材，即使不能劈好，也不可背离墨线一样。”

墨子说：“世上的君子，让他作为宰杀一狗一猪的屠夫，如果干不了就推辞；让他做一国的宰相，干不了却照样去做，这难道不荒谬吗？”

※ 原文

子墨子曰：“今瞽曰：‘钜[1]者白也，黔者黑也。’虽明目者无以易之。兼白黑，使瞽取焉，不能知也。故我曰瞽不知白黑者，非以其名也，以其取也。今天下之君子之名仁也，虽禹、汤无以易之。兼仁与不仁，而使天下之君子取焉，不能知也。故我曰：天下之君子不知仁者，非以其名也，亦以其取也。”

子墨子曰：“今士之用身，不若商人之用一布[2]之慎也。商人用一布布[3]，不敢继苟而雠焉[4]，必择良者。今士之用身则不然，意之所欲则为之，厚者入刑罚，薄者被毁丑，则士之用身不若商人之用一布之慎也。”子墨子曰：“世之君子欲其义之成，而助之修其身则愠，是犹欲其墙之成，而人助之筑则愠也。岂不悖哉！”

※ 注释

1 钜：“皑”，白色。2 布：古代钱币。3 后一“布”字当作“市”，购物之意。4 继：疑“纵”字之误；雠：通“售”，以钱买物。

※ 译文

墨子说：“现在有一个盲人说：‘银是白的，黔是黑的。’即使是眼睛明亮的人也不能更改它。把白的和黑的东西放在一块儿，让盲人分辨，他就不能知道了。所以我说：盲人不知白黑，不是根据盲人给白黑下定义，而是因为他无法择取。现在天下的君子给‘仁’下定义，即使是禹、汤也无法改变它。但是把符合仁和不符合仁的事物混杂在一起，让天下的君子来分辨，他们就不知道了。所以我说：天下的君子，不知道‘仁’，不是因为他给‘仁’下定义，而是因为他对‘仁’无法择取。”

墨子说：“现在的士人以身处世，不如商人使用一个钱币慎重。商人用一个钱币购买东西，不敢任意马虎地购买，必定选择好的。现在的士人使用自己的身体却不是这样，随心所欲地胡作非为，结果重的遭到刑罚，轻的受到毁骂，这就是士人使用自己的身体不如商人使用一个钱币慎重啊！”墨子说：“当代的君子，想要实现他的道义，可是别人帮助他修养身心，他就怨恨，这就好比要筑成墙，而别人帮助他却怨恨一样。这难道不是很荒谬吗？”

※ 原文

子墨子曰：“古之圣王，欲传其道于后世，是故书之竹帛，镂之金石，传遗后世子孙，欲后世子孙法之也。今闻先王之遗[1]而不为，是废先王之传也。”

子墨子南游使卫，关中[2]载书甚多，弦唐子见而怪之，曰：“吾夫子教公尚过曰：‘揣曲直而已。’今夫子载书甚多，何有也？”子墨子曰：“昔者周公旦朝读书百篇，夕见漆[3]十士，故周公旦佐相天子，其修至于今。翟上无君上之事，下无耕农之难，吾安敢废此？翟闻之：‘同归之物，信有误者。’然而民听不钧[4]，是以书多也。今若过之心者，数逆于精微。同归之物，既已知其要矣，是以不教以书也。而子何怪焉？”

※ 注释

1 遗："道"字之误。2 关中：指车上横阑之内，即车中。3 漆："七"之借音字。4 钧：通"均"，一致。

※ 译文

墨子说："古时候的圣王，想把自己的学说传给后代，因此写在竹简、帛上，刻在金、石上，留传给后代子孙，要后代子孙学习它。现在听到了先王的学说却不去实行，这是废弃先王所传的学说了。"

墨子南游到卫国去，车厢中装载的书很多，弦唐子见了觉得很奇怪，问道："老师您曾教导公尚过说：'书籍不过用来衡量是非曲直罢了。'现在老师装载这么多书，有什么用处呢？"墨子说："过去周公旦早晨读书百篇，晚上接见七十个士人，所以周公旦辅助天子，他的美善传到了今天。我上没有国君的差事，下没有耕种的艰难，我怎么敢抛弃这些书呢！我听说过：'天下万事万物殊途同归，流传的时候确实会出现差错。'但是由于人们听到的不能一致，书就多起来了。现在像公尚过那样的人，已能够考虑事理之精微。对于殊途同归的万事万物，既已知道其重要旨意，因此就不用以书教育了。而你为什么要感到奇怪呢？"

※ 原文

子墨子谓公良桓子曰："卫，小国也，处于齐、晋之间，犹贫家之处于富家之间也。贫家而学富家之衣食多用，则速亡必矣。今简[1]子之家，饰车数百乘，马食菽粟者数百匹，妇人衣文绣者数百人，吾[2]取饰车、食马之费，与绣衣之财以畜士，必千人有余。若有患难，则使百人处于前，数百于后，与妇人数百人处前后，孰安？吾以为不若畜士之安也。"

子墨子仕人于卫，所仕者至而反。子墨子曰："何故反[3]？"对曰："与我言而不当。曰：'待女以千盆。'授我五百盆，故去之也。"子墨子曰："授子过千盆，则子去之乎？"对曰："不去。"子墨子曰："然则，非为其不审[4]也，为其寡也。"

※ 注释

1 简：阅。2 吾："若"字之误。3 反：通"返"。4 审：疑为"当"字之误。

※ 译文

墨子对良桓子说："卫国是一个小国，处在齐国和晋国之间，就像一个贫家处在富家之间一样。贫家如果学富家的穿衣、吃饭、多花费，那么贫家必定会很快就破败了。现在看看您的家族，装饰的车子有数百辆，吃菽、粟的马有数百匹，穿文绣的妇人有数百人，如果把装饰车辆、养马的费用和做绣花衣裳的钱财用来养士，必定可以养一千人还有余。如果遇到危难，就命令几百人在前面，几百人在后面，这跟让几百个妇人站在前后，哪一个安全呢？我以为不如养士安全。”

墨子派人到卫国做官，去做官的人到卫国后却回来了。墨子问他说：“什么原因又返回来呢？”那人回答说：“卫国对我说话不算数。说：‘给你粮食一千盆。’实际却给了我五百盆，所以我离开了卫国。”墨子又问道：“给你的粮食超过一千盆，那么你还离开吗？”那人答道：“不离开。”墨子说：“既然这样，那么你回来并不是因为卫国说话不算数，而是因为俸禄少。”

※ 原文

子墨子曰：“世俗之君子，视义士不若负粟者。今有人于此，负粟息于路侧，欲起而不能，君子见之，无长少贵贱，必起之[1]。何故也？曰：义也。今为义之君子，奉承先王之道以语之，纵不说而行，又从而非毁之，则是世俗之君子之视义士也，不若视负粟者也。”

子墨子曰：“商人之[2]四方，市贾信徙[3]，虽有关梁之难，盗贼之危，必为之。今士坐而言义，无关梁之难，盗贼之危，此为信徙，不可胜计，然而不为。则士之计利，不若商人之察也。”

※ 注释

1 起之：扶起他。2 之：至，往。3 贾：通“价”；信：“倍”字之误。

※ 译文

墨子说：“世俗的君子，看待行义之人还不如一个背粮食的人。现在这里有一个人，背着粮食在路边休息，想站起来却不能起来。君子看见了，不管他是年长的、年少的、高贵的、低贱的，必定帮助他站起来。为什么呢？说：这是义。现在那些行义的君子，承受先王的学说来告诉世俗的君子，世俗的君子，即使不高兴去实行也罢，又随而加以非议、诋毁。这就是世俗的君子看待行义之士，还不如一个背粮食的人了。”

墨子说：“商人到四方去做买卖，价钱相差一倍或数倍，即使有通过关卡那种艰难，碰见盗贼那种危险，也必定去做买卖。现在士人做着道说义，没有通过关卡的艰难，没有遇到盗贼的危险，这样做所获得利益的倍数，是无法算得尽的，但是却不去做。那么士人计算利益，不如商人明察了。”

※ 原文

子墨子北之齐，遇日者[1]。日者曰："帝以今日杀黑龙于北方，而先生之色黑，不可以北。"子墨子不听，遂北，至淄水，不遂而反[2]焉。日者曰："我谓先生不可以北。"子墨子曰："南之人不得北，北之人不得南，其色有黑者，有白者，何故皆不遂也？且帝以甲乙杀青龙于东方，以丙丁杀赤龙于南方，以庚辛杀白龙于西方，以壬癸杀黑龙于北方，若用子之言，则是禁天下之行者也。是围心而虚天下也，子之言不可用也。"

子墨子曰："吾言足用矣，舍言革思[3]者，是犹舍获而攈粟也。以其言非吾言者，是犹以卵投石也，尽天下之卵，其石犹是也，不可毁也。"

※ 注释

1 日者：古时候根据天象变化预测吉凶的人。2 不遂而反：不顺利而回返。遂，顺。反，通"返"。3 舍言革思：放弃我的主张而去考虑别的。

※ 译文

墨子往北到齐国去，遇到一个卜卦先生。卜卦先生说："历史上的今天，黄帝在北方杀死了黑龙，你的脸色黑，不能向北去。"墨子不听，竟继续向北走。到淄水边，没有渡河返了回来。卜卦先生说："我告诉过你，不能向北走。"墨子说："淄水南面的人不能渡淄水北去，淄水之北的人也不能渡淄水南行，他们的脸色有黑的有白的，为什么都不能顺利渡河呢？况且黄帝甲乙日在东方杀死了青龙，丙丁日在南方杀死了赤龙，庚辛日在西方杀死了白龙，壬癸日在北方杀死了黑龙，假如实行你的办法，这是禁止天下所有的人来往了。这也是困蔽人心，使天下如同虚无人迹一样，所以你的言论不能用。"

墨子说："我的言论足够用了！舍弃我的学说、主张而另外思虑，这就像放弃收获而去拾别人遗留的谷穗一样。用别人的话来否定我的言论，这就像用鸡蛋去碰石头一样，用尽天下的鸡蛋，石头还是这个样子，是不会毁坏的。"

※ 解读

《贵义》这篇文章，是墨子通过自己的一些言论，即主要说"义"的问题，提出万事没有比"义"更珍贵的了，人们的一切言论行动，都要从事于义。墨子自己就能够自苦行义。他批评世俗君子能嘴上道说仁义，实际上却不能实行。

墨子认为现在所谓的"君子"根本不知道什么是义，他们看待义还不如看到一个背粮食的人。看到背粮食的人背不动还会伸手去帮忙，但对待义却常常是视而不见，甚至恼怒帮助他实现"义"的人。这些人使用自己的身体还不如商人使用一个钱币谨慎。

墨子在游说楚国时，使穆贺大喜，但穆贺说："你的主张是很好，但这都是贱人干的，而不加采纳。"从这句话中，我们可以知道：第一，墨子是小生产者的代表，他所有的思想都是建立在劳动人民的基础上的，也就是穆贺所说的"贱人"的基础上的。第二，墨子所提出的思想是很切合实际的，很适合国家的发展，但只因自己的思想很贴近小生产者，符合小生产者的利益，因此使上层阶级不满，而不加引用。

※ 事例

墨子推荐人去卫国做官，那个人又返回来，墨子问他为什么又回来了，他说他们不守信用。因此作为一个国君如果不守信用的话，自己身边的亲信就会减少。

陈平的短长

周勃、灌婴等人对汉王说："陈平虽然外表俊美如装饰帽子的秀玉，但腹中却未必有什么真才实学。我们听说陈平在家时曾与他的嫂子私通；为魏王做事时因不能被容纳而逃奔楚国；在楚依然得不到信用，就又逃奔来降汉。现在大王您却这么器重他，授给他很高的官职，命他来监督各部将领。我们获悉陈平接受了将领们送的金钱，谁给他送的钱多，谁就能得到较好的待遇，金钱赠得少的人就会遭到极差的待遇。如此看来，陈平是个反复无常的乱臣贼子，望大王您明察！"

汉王于是对陈平有了猜疑，便召见他的引荐人魏无知前来责问。魏无知说："我推荐陈平时，说的是他的才能，陛下现在所责问的，是他的品行。现在有人虽有尾生、孝已那样的品行，却无决定胜负的才能，陛下又哪会有什么闲心去重用他啊！现今楚汉抗衡，我举荐有奇谋异计的人，只是考虑他的计策是否对国家有利，至于私通嫂子、收取贿赂，又有什么值得去怀疑的呢！"汉王随即又召陈平来见，并责问他说："你事奉魏王意不相投，去事奉楚王而又离开，如今又来与我共事，守信义的人都是这样三心二意吗？"陈平说："我事奉魏王，魏王不能采纳我的主张，所以我才离开他去投项羽；项羽不能信任他使用的人才，他所任用宠爱的人，不是项家本家，就是他妻子的兄弟，即便有奇谋的人他也不用。我听说汉王能够用人，因此才来归附大王您。但我空手而来，不接受金钱就无法应付开销。倘若我的计策确有值得采纳的地方，便望大王您采用它；假如毫无价值不堪使用，那么金钱还都在这里，请让我封存好送到官府，并请求辞去官职。"

汉王于是向陈平道歉，重重地赏赐他，任命他为护军中尉，监督全军所有的将领。众将领们便不敢再对他说三道四了。

公孟

※ 原文

公孟子谓子墨子曰："君子共己以待[1]，问焉则言，不问焉则止。譬若钟然，扣[2]则鸣，不扣则不鸣。"子墨子曰："是言有三物焉，子乃今知其一身也[3]，又未知其所谓也。若大人行淫暴于国家，进而谏，则谓之不逊；因左右而献谏，则谓之言议。此君子之所疑惑也。若大人为政，将因于国家之难，譬若机之将发也然，君子之必以谏，然而大人之利。若此者，虽不扣必鸣者也。若大人举不义之异行，虽得大巧之经，可行于军旅之事，欲攻伐无罪之国，有之也，君得之，则必用之矣，以广辟土地，著税伪材[4]，出必见辱，所攻者不利，而攻者亦不利，是两不利也。若此者，虽不扣，必鸣者也。且子曰：'君子共己待，问焉则言，不问焉则止，譬若钟然，扣则鸣，不扣则不鸣。'今未有扣，子而言，是子之谓不扣而鸣邪？是子之所谓非君子邪？"

※ 注释

1 共己以待：自己抱着两手等待。共：读为"拱"。2 扣：通"叩"，敲击。3 一：疑作"二"；身："耳"字之误。4 著：当读"赋"；著税：即"赋税"。伪材：即"货财"。

※ 译文

公孟子对墨子说："君子自己抱着两手等待，国君问到自己就说，不问到自己就不说。就好像钟一样：敲击它就响，不敲就不响。"墨子说："这话有三种情形，你现在只知其中之一罢了，而且又不知道它所说的含义。如果王公大人在国家行政时荒淫暴虐，君子前去劝谏，就会说他不恭顺；依靠近臣献上自己的意见，则又叫作私下议论。这是君子所疑惑的事情。如果王公大人执政，国家因而将发生灾难，就像弩机即将发射一样急迫，君子一定要劝谏，这乃是王公大人的利益。像这种情况，有如钟一样，虽不敲也会发出声音来。如果王公大人从事邪行，做不义的事，即使得到十分巧妙的兵书，可以在军队的战事中施行，想要攻打无罪的国家，并占有它，用来扩充领土，聚敛财物、钱财，但是出师必定会受辱，对被攻打的国家不利，对攻打别人的国家自身也不利，两国都不利。像这种情况，就如钟虽不敲，一定会发出声音来。况且你说：'君子自己抱着两手等待，国君问到他，他就说，不问他，他就不说。就好像钟一样，敲击它就响，不敲就不响。'现在没有人敲击你，你却说话了，这是你说的‘不敲而鸣’吧？这是你说的‘非君子的行为’吧？”

※ 原文

公孟子谓子墨子曰：“实为善人，孰不知？譬若良玉，处而不出有馀糈[1]。譬若美女，处而不出，人争求之；行而自衒，人莫之取[2]也。今子遍从人而说之，何其劳也！”子墨子曰：“今夫世乱，求美女者众，美女虽不出，人多求之；今求善者寡，不强说人，人莫之知也。且有二生，于此善筮，一行为人筮者，一处而不出者，行为人筮者，与处而不出者，其糈孰多？”公孟子曰：“行为人筮者其糈多。”子墨子曰：“仁义钧。行说人者，其功善亦多。何故不行说人也。”

公孟子戴章甫，搢忽[3]，儒服，而以见子墨子，曰：“君子服然后行乎？其行然后服乎？”子墨子曰：“行不在服。”公孟子曰：“何以知其然也？”子墨子曰：“昔者齐桓公高冠博带，金剑木盾，以治其国，其国治。昔者晋文公大布之衣，牂羊之裘，韦以带剑，以治其国，其国治。昔者，楚庄王鲜冠组缨，绛[4]衣博袍，以治其国，其国治。昔者越王勾践剪发文身，以治其国，其国治。此四君者，其服不同，其行犹一也。翟以是知行之不在服也。”公孟子曰：“善！吾闻之曰：‘宿[5]善者不祥。’请舍忽，易章甫，复见夫子可乎？”子墨子曰：“请因以相见也。若必将舍忽、易章甫，而后相见，然则行果在服也。”

※ 注释

1 糈：旧本作“精”，光泽。2 取：同“娶”。3 搢：插；忽：即“笏”字。4 绛：深红色。5 宿：停止。

※ 译文

公孟子对墨子说：“对于真正行善，谁不知道呢？就好比美玉隐藏不出，仍然有异常的光彩。就好比美女，居住在家里不出去，人们争相追求她；但如果她自己进行自我炫耀，人们就不娶她了。现在您到处跟随别人，用话劝说他们，怎么这么劳苦啊！”墨子说：“现在社会混乱，追求美女的人很多，美女即使不出门，也还有很多人追求她；现在追求善的人太少了，如果不努力向人们游说，就没有谁知道善了。假设这里有两个人都善于占卜，一个人出门给别人占卜，另一个人隐住不出，出门给人占卜的与隐住不出的，哪一个所得的赠粮多呢？”公孟子说：“出门给人占卜的赠粮多。”墨子说：“主张仁义相同，出门向人们劝说的，他的功绩和益处多。为什么不出来劝说人们呢？”

公孟子戴着礼帽，腰间插着笏，穿着一身儒者的服饰，前来会见墨子，说：“君子先讲究服饰，然后有一定的作为呢？还是先有一定的作为，然后再讲究服饰呢？”墨子说：“有作为不在于服饰。”公孟子问道：“您为什么知道这样呢？”墨子回答说：“从前齐桓公戴着高帽子、系着大带、佩着金剑木盾治理国家，国家的政治得到了治理。从前晋文公穿着粗布衣服、披着母羊皮的大衣、佩着带剑治理国家，国家的政治得到了治理。从前楚庄王戴着鲜冠、系着系冠的丝带、穿着大红长袍治理他的国家，国家得到了治理。从前越王勾践剪断头发，用针在身上刺了花纹治理他的国家，国家得到了治理。这四位国君，他们的服饰不同，但作为却是一样的。我因此知道有作为不在服饰。”公孟子说：“说得真好！我听人说过：‘使好事停止不行的人，是不吉利的。’让我丢弃笏，换了礼帽，再来见您可以吗？”墨子说：“希望就这样见你。如果一定要丢弃笏、换了礼帽，然后再见面，那么行事就果真在于讲究服饰了。”

※ 原文

公孟子曰：“君子必古言服[1]，然后仁。”子墨子曰：“昔者商王纣卿士费仲为天下之暴人，箕子、微子、为天下之圣人，此同言，而或仁不仁也。周公旦为天下之圣人，关叔为天下之暴人，此同服或仁或不仁。然则不在古服与古言矣。且子法周而未法夏也，子之古非古也。”

公孟子谓子墨子曰：“昔者圣王之列也，上圣立为天子，其次立为卿大夫。今孔子博于《诗》《书》，察于礼乐，详[2]于万物，若使孔子当圣王，则岂不以孔子为天子哉？”子墨子曰：“夫知者，必尊天事鬼，爱人节用，合焉为知矣。今子曰‘孔子博于《诗》《书》，察于礼乐，详于万物’，而曰可以为天子，是数人之齿[3]，而以为富。”

※ 注释

1 古言服：指说古代话、穿古代服饰。2 详：详细了解。3 齿：契之齿。

※ 译文

公孟子说：“君子讲话、穿衣必定要依照古制，这样才称得上仁。”墨子说：“从前商纣王的卿士费仲是天下有名的暴虐之人，箕子、微子，是天下有名的圣人，他们都说同一时代的语言，但有的仁，有的不仁。周公旦是天下有名的圣人，管叔是天下有名的暴虐之人，这两人穿着相同的古服，但一个仁，一个不仁。这样看来，仁不在于古代的服饰和古代的语言了。再说你只是仿效周朝的古制，而没有仿效夏朝的古制，你所谓的古不是真正的古。”

公孟子对墨子说：“从前圣王安排位次，道德智能最高的上圣立作天子，其次的立作卿大夫。现在孔子博通《诗经》《尚书》，明察礼、乐之制，详知天下万物，如果让孔子处在圣王的时代，那么岂不可把孔子立为天子吗？”墨子说：“所谓智者，必定尊重上天，侍奉鬼神，爱护百姓，节约财用，符合于这些要求，才可以称得上是智者。现在你说孔子博通《诗经》《尚书》，明察礼、乐之制，详知天下万物，并说可以立为天子，这是数人家契据上的刻数，而自以为富裕了。”

※ 原文

公孟子曰：“贫富寿夭，齰然在天，不可损益。”又曰：“君子必学。”子墨子曰：“教人学而执有命，是犹命人葆[1]而去亓冠也。”公孟子谓子墨子曰：“有义不义，无祥不祥。”子墨子曰：“古圣王皆以鬼神为神明，而为祸福，执有祥不祥，是以政治而国安也。自桀纣以下，皆以鬼神为不神明，不能为祸福，执无祥不祥，是以政乱而国危也。故先王之书，《子亦》有之曰：‘亓傲也，出于子，不祥。’此言为不善之有罚，为善之有赏。”

子墨子谓公孟子曰：“丧礼，君与父母、妻、后子死，三年丧服，伯父、叔父、兄弟期[2]，族人五月，姑、姊、舅、甥皆有数月之丧。或以不丧之间，诵《诗三百》，弦《诗三百》，歌《诗三百》，舞《诗三百》。若用子之言，则君子何日以听治？庶人何日以从事？”公孟子曰：“国乱则治之，国治则为礼乐。国治[3]则从事，国富则为礼乐。”子墨子曰：“国之治，治之废，则国之治亦废。国之富也，从事，故富也；从事废，则国之富亦废。故虽治国，劝之无餍，然后可也。今子曰：‘国治则为礼乐，乱则治之。’是譬犹噎而穿井也，死而求医也。古者三代暴王桀纣幽厉，薾[4]为声乐，不顾其民，是以身为刑僇[5]，国为戾虚者，皆从此道也。”

※ 注释

1 葆：包裹头发。2 期：一年。3 治：当作“贫”。4 薾：盛大之意。5 僇：通“戮”。

※ 译文

公孟子说：“贫困、富裕、长寿、夭折，确实由天注定，无法增减它们。”又说：“君子一定要学习。”墨子说：“教人学习却宣扬宿命的观念，就好像让人包裹头发，本来为了戴帽子，却又拿去了他的帽子一样。”公孟子对墨子说：“人存在义与不义的事，但不存在因人的义与不义而得福得祸的情况。”墨子说：“古代的圣王都认为鬼神是神明的，能降祸赐福，主张人们会因义而得福，因不义而得祸的观点，因此政治得到治理，国家安宁。自从桀、纣以来，都认为鬼神不是神明的，不能降祸赐福，主张人们不会因义得福，因不义得祸的观点，因此政治混乱，国家灭亡了。所以先王的书《箕子》上说：‘言行傲慢，对你不吉祥。’这话是对不善的惩罚，又是对从善的奖赏。”

墨子对公孟子说：“按照丧礼：国君与父母、妻子、长子死了，要服丧三年，伯父、叔父、兄弟死了，只服丧一年，族人死了，要服丧五个月，姑、姐、舅、甥死了，也都有几个月的服丧期。又在不办丧事的间隙，诵《诗三百》，又配以舞蹈。如果用你的言论，那么国君哪一天可以从事政治呢？百姓又哪一天可以从事生产呢？”公孟子答道：“国家混乱就要进行治理，国家治理就提倡礼、乐。国家贫困就从事生产，国家富裕就提倡礼、乐。”墨子说：“国家安宁，如果治理废弃了，国家的安宁也就废弃了。国家富裕，由于百姓从事生产才会富裕，百姓从事的生产废弃了，国家的富裕也就废止了。所以治国的事，必须勤勉不止，才可以治好。现在你说：‘国家安宁就提倡礼、乐，国家混乱就进行治理。’就如同吃饭噎住了才去凿井，人死了才去求医一样。古时候，三代的暴虐之王夏桀、商纣、周幽王、周厉王大兴声乐，不顾老百姓的死活，因而自己遭到杀戮，国家遭到灭亡，这都是听从这种主张所造成的。”

※ 原文

公孟子曰：“无鬼神。”又曰：“君子必学祭祀[1]。”子墨子曰：“执无鬼而学祭礼，是犹无客而学客礼也，是犹无鱼而为鱼罟也。”

公孟子谓子墨子曰：“子以三年之丧为非，子之三日之丧亦非也。”子墨子曰：“子以三年之丧非三日之丧，是犹倮[2]谓撅者不恭也。”

公孟子谓子墨子曰：“知有贤于人，则可谓知乎？”子墨子曰：“愚之知有以贤于人，而愚岂可谓知矣哉？”

公孟子曰：“三年之丧，学吾[3]之慕父母。”子墨子曰：“夫婴儿子之知，独慕父母而已，父母不可得也，然号而不止，此亓故何也？即愚之至也。然则儒者之知，岂有以贤于婴儿子哉？”

※ 注释

1 祀：“礼”字之误。2 倮：通“裸”。3 “吾”字后脱一“子”字，吾子：孩子。

※ 译文

公孟子说：“没有鬼神。”又说：“君子一定要学习祭礼。”墨子说：“主张‘没有鬼神’的观点却劝人学习祭祀之礼，这就好像没有宾客却学习接待宾客的礼节，没有鱼却结渔网一样。”

公孟子对墨子说：“您认为守三年的丧期是不对的，那么您主张的守三日的丧期也不对。”墨子说：“你用三年的丧期来否定三日的丧期，就好像裸体的人说掀衣露体的人不恭敬一样。”

公孟子对墨子说：“见解、知识有胜过别人的地方，就可以称作聪明、智慧吗？”墨子答道：“愚笨人的见解、知识也有胜过别人的地方，但愚笨人难道可以称为聪明、智慧的人吗？”

公孟子说：“守三年的丧期，这是仿效孩子依恋父母的情意。”墨子说：“婴儿的智慧，只是依恋自己的父母而已，父母不见了，就大哭不止。这是什么缘故呢？这是愚笨到了极点。那么儒者的智慧，难道有胜过小孩子的地方吗？”

※ 原文

子墨子曰：“问于儒者[1]：‘何故为乐？’曰：‘乐以为乐也。’子墨子曰：“子未我应也。今我问曰：‘何故为室？’曰：‘冬避寒焉，夏避暑焉，室以为男女之别也。’则子告我为室之故矣。今我问曰：‘何故为乐？’曰：‘乐以为乐也。’是犹曰：‘何故为室？’曰：‘室以为室也。’”

子墨子谓程子曰：“儒之道足以丧天下者，四政[2]焉。儒以天为不明，以鬼为不神，天鬼不说，此足以丧天下。又厚葬久丧，重为棺椁，多为衣衾，送死若徙，三年哭泣，扶后起，杖后行，耳无闻，目无见，此足以丧天下。又弦歌鼓舞，习为声乐，此足以丧天下。又以命为有，贫富寿夭、治乱安危有极矣，不可损益也，为上者行之，必不听治矣；为下者行之，必不从事矣，此足以丧天下。”程子曰：“甚矣，先生之毁儒也。”子墨子曰：“儒固无此若四政者，而我言之，则是毁也。今儒固有此四政者，而我言之，则非毁也，告闻也。”程子无辞而出。子墨子曰：“迷[3]之！”反，后[4]坐，进复曰：“乡者先生之言有可闻[5]者焉，若先生之言，则是不誉禹，不毁桀纣也。”子墨子曰：“不然。夫应孰[6]辞，称议[7]而为之，敏也。厚攻则厚吾，薄攻则薄吾[8]。应孰辞而称议，是犹荷辕而击蛾也。”

※ 注释

1 “曰”字当在“问于儒者”后。2 四政：四种学说。3 迷：疑为“还”字之误。4 后：繁体为“後”，当为“復”字之误。5 闻：应作“间”，指责。6 孰：同“熟”。7 议：旧本或作“义”，当从。8 吾：通“御”。

※ 译文

墨子问一个儒者说：“为什么要从事音乐？”儒者回答说：“以音乐作为娱乐。”墨子说：“你没有回答我。现在我问：‘为什么建造房屋？’回答说：‘冬天避寒，夏天避暑，建造房屋也用来分别男女。’那么，就是你告诉了我造房屋的原因。现在我问：‘为什么从事音乐？’回答说：‘以音乐作为娱乐。’如同问：‘为什么建造房屋？’回答说：‘为了建造房屋而建造房屋’一样。”

墨子对程子说：“儒家的学说足以丧亡天下的有四种教义。儒家认为天不明于事理，认为鬼不灵验，天、鬼神不高兴，这足以丧亡天下了。又加上厚葬久丧，做几层的套棺，制很多的衣服、被子，送葬就像搬家一样，三年服丧期内哭泣，别人扶着才能起来，拄了拐杖才能行走，耳朵听不见声音，眼睛看不见东西，这足以丧亡天下了。又加以弦歌、击鼓、舞蹈，以声乐之事作为常习，这足以丧亡天下了。同时又认为有命，说贫困、富裕、长寿、夭折、治乱安危有一个定数，不可增减变化。统治天下的人实行他们的学说，必定不去从事政治了，被统治的人实行他们的学说，必定不去从事生产了，这足以丧亡天下。”程子说：“先生诋毁儒家实在是太过分了！”墨子说：“儒家如果本来没有这四种教义，而我这样说了，那就是诋毁了。现在儒家本来就有这四种教义，而我说了出来，这就不是诋毁了，只是就我所知告诉你罢了。”程子不再说话，退了出来。墨子说：“回来！”程子返了回来，又坐下了，他再告诉墨子说：“先生刚才的话，也有可指责的地方。照先生的话，就是不赞誉禹，也不诋毁桀、纣了。”墨子说：“不是这样。平时回答习熟的言辞，不必辩难就信口作答，这是敏达。当对方严词相辩，我也一定严词应敌；对方缓言相让时，我也一定缓言以对。如果平时应酬的言辞，一定要求切合事理，那就像举着车辕去敲击蛾子一样了。”

※ 原文

子墨子与程子辩，称于孔子。程子曰：“非儒，何故称于孔子也？”子墨子曰：“是亦当而不可易者也。今鸟闻热旱之忧则高，鱼闻热旱之忧则下，当此，虽禹汤为之谋，必不能易矣。鱼鸟可谓愚矣，禹汤犹云因[1]焉。今翟曾无称于孔子乎？”

有游于子墨子之门者，身体强良，思虑徇[2]通，欲使随而学。子墨子曰：“姑学乎，吾将仕子。”劝于善言而学。其年，而责[3]仕于子墨子。子墨子曰：“不仕子。子亦闻夫鲁语乎？鲁有昆弟五人者，亓父死，亓长子嗜酒而不葬，亓四弟曰：‘子与我葬，当为子沽酒。’劝于善言而葬。已葬而责酒于其四弟。四弟曰：‘吾未[4]予子酒矣。子葬子父，我葬吾父，岂独吾父哉？子不葬，则人将笑子，故劝子葬也。’今子为义，我亦为义，岂独我义也哉？子不学，则人将笑子，故劝子于学。”

※ 注释

1 因：依循。2 徇：“侚”字之误，疾速。3 责：求。4 未：勿。

※ 译文

墨子与程子辩论，中间称赞孔子。程子问："您一向攻击儒家的学说，为什么又称赞孔子呢？"墨子答道："这也是合理而不可改变的地方。现在鸟有热旱之患就向高处飞，鱼有热旱之患则向水下游，遇到这种情况，即使禹、汤为它们谋划，也一定不能改变。鸟、鱼可说是够无知的了，禹、汤有时还要因循习俗。难道我还不能有称赞孔子的地方吗？"

有一人来到墨子门下，身体健壮，思维敏捷，墨子想让他跟随自己学习。于是说："暂且学习吧，我将举荐让你出仕做官。"那人受到墨子之言的鼓舞，因而跟着他学习。过了一年，那人向墨子求出仕。墨子说："我不举荐你去做官。你应该听过鲁国的故事吧？鲁国内有兄弟五人，父亲死了，长子嗜酒不主张埋葬。四个弟弟对他说：'你和我们一起安葬父亲，我们将给你买酒。'用好言劝他葬了父亲。葬后，长子向四个弟弟要酒。弟弟们说：'我们不给你酒了。你葬你的父亲，我们葬我们的父亲，怎么能说只是我们的父亲呢？你不葬父亲，别人将笑话你，所以劝你埋葬父亲。'现在你行义，我也行义，怎么能说只是我的义呢？你不学别人将要笑话你，所以劝你学习。"

※ 原文

有游于子墨子之门者，子墨子曰："盍学乎？"对曰："吾族人无学者。"子墨子曰："不然。未[1]好美者，岂曰吾族人莫之好，故不好哉？夫欲富贵者，岂曰我族人莫之欲，故不欲哉？好美、欲富贵者，不视人[2]犹强为之。夫义，天下之大器也，何以视人必强为之？"

有游于子墨子之门者，谓子墨子曰："先生以鬼神为明知，能为祸人哉福[3]，为善者富之，为暴者祸之。今吾事先生久矣，而福不至，意者先生之言有不善乎？鬼神不明乎？我何故不得福也？"子墨子曰："虽子不得福，吾言何遽不善？而鬼神何遽不明？子亦闻乎匿徒之刑之有刑乎？"对曰："未之得闻也。"子墨子曰："今有人于此，什子，子能什誉之，而一自誉乎？"对曰："不能。""有人于此，百子，子能终身誉亓善，而子无一乎？"对曰："不能。"子墨子曰："匿一人者犹有罪，今子所匿者若此亓多，将有厚罪者也，何福之求？"

※ 注释

1 未："夫"字之误。2 不视人：不看待他人情况行事。3 能为祸人哉福：当作"能为祸福"。

※ 译文

有一个人来到墨子门下，墨子说：“为什么不学习呢？”那人回答说：“我家族人中没有学习的人。”墨子说：“不是这样。爱美的人，难道会说我家族中没有人爱美，所以我也不爱美吗？想要富贵的人，难道会说我家族中没有人想要富贵，所以我也不想要富贵吗？爱美的人和想要富贵的人，不用看他人行事，仍然努力去做。至于义，是天下最贵重的宝器，为什么看他人才尽力去做呢？”

有一个人来到墨子门下，问墨子说：“先生认为鬼神明智，能降祸赐福，行善的人使他富裕，施暴的人使他祸患。现在我侍奉先生已经很久了，可是福没有降临，或许先生的话有不对的地方？鬼神也许不明智？要不，我为什么得不到福呢？”墨子说：“即使你没有得到福，我的话为什么就不对呢？而鬼神怎么就不明察呢？你也听说过隐藏犯人是有罪的吗？”这人回答说：“没听说过。”墨子说：“现在这里有一个人，他的贤能胜过你的十倍，你能十倍地称誉他，而只是一次称誉自己吗？”这人回答说：“不能。”墨子又问：“现在有人的贤能胜过你百倍，你能终身称誉他的长处，而一次也不称誉自己吗？”这人回答说：“不能。”墨子说：“隐藏一个犯人都有罪，现你所隐藏的这么多，将有厚厚的罪行，还求什么福？”

※ 原文

子墨子有疾，跌鼻进而问曰：“先生以鬼神为明，能为祸福，为善者赏之，为不善者罚之。今先生圣人也，何故有疾？意者先生之言有不善乎？鬼神不明知乎？”子墨子曰：“虽使我有病，何遽不明？人之所得于病者多方[1]，有得之寒暑，有得之劳苦，百门而闭一门焉，则盗何遽无从入？”

二三子有复[2]于子墨子学射者，子墨子曰：“不可。夫知者必量亓力所能至而从事焉。国士战且扶人，犹不可及也。今子非国士也，岂能成学又成射哉？”

※ 注释

1 多方：多方面的原因。2 复：告。

※ 译文

墨子有病，跌鼻进来问他说：“先生认为鬼神明于事理，能降祸赐福，行善的人奖赏他，从事不善的人就惩罚他。现在先生是圣人，为什么还会得病呢？或许先生的言论有不对的地方吧？鬼神也不明察事理吧？”墨子答道：“即使我有病，而鬼神为什么不明察事理呢？人得病的原因很多，有从寒暑中得来的，有从劳苦中得来的，好像房屋有一百个门，只关上一个门，盗贼为何进不了门呢？”

有几个弟子告诉墨子，想要学习射箭。墨子说："不行。聪明的人一定衡量自己的能力，能办到然后才去做某种事。国士一边作战，一边扶人，他尚且兼顾不到。现在你们并非国士，怎么能够既学好学业又学好射箭呢？"

※ 原文

二三子复于子墨子曰："告子曰：'言[1]义而行甚恶。'请弃之。"子墨子曰："不可。称我言以毁我行，愈于亡。有人于此[2]：'翟甚不仁，尊天、事鬼、爱人，甚不仁'。犹愈于亡也。今告子言谈甚辩，言仁义而不吾毁；告子毁，犹愈亡也！"

二三复于子墨子曰："告子胜为仁。"子墨子曰："未必然也。告子为仁，譬犹跂以为长，隐[3]以为广，不可久也。"

告子谓子墨子曰："我治[4]国为政。"子墨子曰："政者，口言之，身必行之。今子口言之，而身不行，是子之身乱也。子不能治子之身，恶能治国政？子姑亡[5]子之身乱之矣！"

※ 注释

1"言"字前脱一"子"字。2"有人于此"后应补一"曰"字。3 隐：疑"偃"之误。4"治"字前似当有"能"字。5 亡："防"之音讹。

※ 译文

有几个弟子告诉墨子说："告子说：'墨子口言仁义而行为很坏。'请抛弃他。"墨子说："不行。他称誉我的言论而诽谤我的行为，总要比没有毁誉好。假如现在这里有一个人说：'墨子行为很不仁义，嘴上讲尊重上天，侍奉鬼神，爱护百姓，行为却很恶。'这胜过什么毁誉都没有。现在告子讲话虽然强词夺理，但不诋毁我讲仁义。告子的诋毁仍然胜过没有任何毁誉呀。"

有几个弟子对墨子说："告子能胜任行仁义的事。"墨子说："未必是这样。告子行仁义，如同踮起脚尖使身子增长，卧下使面积增大一样，这是不可长久的。"

告子对墨子说："我可以治理国家，管理政务。"墨子说："政务，嘴上讲了，自身就一定要实行它。现在你嘴上讲了，自己却不去实行，这是你自身的矛盾。你不能管好你自身，哪里能治理国家的政务？你姑且先防备你自身的矛盾吧！"

※ 解读

这篇文章记述了墨子与弟子或与他人的对话。公孟子作为儒家学说的代表，对墨子提出了质疑，如义祥之辩、三年之丧等；同时还载有其弟子所说的"告子胜为仁"、弟子对于告子对墨子的批判“言义而形甚恶”的言论表示不满而告诉墨子，墨子不但不生气，反而说有毁誉总比没有强。

公孟子坚持“三年之丧”，这正好与墨子所提倡的“节葬”是矛盾的，墨子认为久葬久丧不利于国家发展，使得人们精神疲惫，上层阶级不能从事政治，国家的安全无法保证，劳动者不能耕种、妇人不能织布，人们过着饥寒交迫的生活。而公孟子认为守三年的丧期就如同小孩子依恋父母一样。

在说明“非儒”的主张时，他与儒者讨论“为什么要从事音乐”，儒者说以音乐作为娱乐。这就如同问“为什么盖房子？”回答说：“为了房屋而建造房屋。”从这里首先可以知道墨子是从实用主义的角度出发的，因为墨子是小生产者的代表，而他们既不是精神财富的创造者，也不是精神财富的享受者，他们不知道精神财富的功用，不知道精神财富之利，因此往往会导向禁欲主义。

在这篇中墨子谈话的内容，主要是为了申明他“非命”“明鬼”“节葬”“非儒”的主张。墨子虽然认为儒家的学说足以丧乱天下的有四种，但他也认为孔子也有不可改易的主张。可见墨子对儒家的态度，也有比较客观的方面。从一些只言片语中可以看出，当时有一些人怀疑墨子的主张，而墨子总是力辩自己学说的正确，真是不胜辛劳。

※ 事例

夏桀、商纣王统治下的国家之所以会灭亡，主要是因为他们不行仁政，暴虐成性，不管人民的死活。秦国之所以亡国，是因为嬴政也是这样一个人。在他刚掌握政权时就大肆诛杀百姓，这样的国家怎么可能长久呢？

茅焦与秦王

当初，秦王嬴政即位时年龄尚幼，太后赵姬时常与文信侯吕不韦私通。嬴政渐渐长大，吕不韦担心此事败露，会为自己招致祸患，便将自己的舍人嫪毐假充宦官，进献给太后。太后非常宠信嫪毐，与他生了两个儿子，并封嫪毐为长信侯，把太原作为嫪国，国家政事都由他来决定。宾客中请求做嫪毐舍人的人非常多，嬴政身边有人曾与嫪毐发生过争执，因此向嬴政告发嫪毐其实不是阉割过的宦官，嬴政于是下令将嫪毐交给司法官吏治罪。嫪毐惊恐异常，便盗用御玺，假托秦王之命调兵遣将，企图攻击嬴政居住的蕲年宫，进行叛变。嬴政派相国昌平君、昌文君发兵讨伐嫪毐，在咸阳展开大战，斩杀叛军数百人，嫪毐在兵败逃亡时被秦王的军队擒获。秋季九月，嬴政下令诛灭嫪毐父族、母族、妻族三族，并将嫪氏党羽都处以车裂之刑。在杀灭其党羽的宗族的行动中，舍人中因罪过较轻被放逐到蜀地的共四千多家。嬴政将太后迁移到雍城的萯阳宫囚禁，而且杀了她与嫪毐所生的两个儿子。嬴政还下令说：“有敢于为太后之事对我进行规劝的，一律斩首，砍断四肢，堆积在宫阙之下！”此后，有二十七人为此而死。

自齐国来的客卿茅焦求见秦王。嬴政遣人告诉他说：“你难道没有看见那些堆积在宫阙之下的尸体吗？”茅焦回答说：“我听说天上有二十八个星宿，现在已经死了二十七个了，我来原本就是为了凑够那二十八位的。我可不是那种怕死的人！”使者跑回去向嬴政报告了茅焦的话，与茅焦住在一起的同乡因害怕受牵连，都背负衣物四散逃亡了。嬴政闻听使者的回报后怒发冲冠地说：“他竟敢故意冒犯我，快取大锅来把他煮了，看他还如何为凑满二十八星宿而堆尸在宫阙下！”嬴政手按宝剑坐在那里，口中唾沫乱飞，随即便令使者召茅焦入见。茅焦缓缓走上前来，伏地一拜再拜后起身，说道：“我听说有生命的人不忌讳谈人死，有国家的人不忌讳谈国亡；忌讳死的人不能维持人的生命，忌讳国亡的人也不能保证国家的生存。有关生死存亡的道理，是圣明的君主急于要了解的，陛下想不想听我说一说呢？”嬴政道：“你要谈的是什么啊？”茅焦说：“陛下有狂妄悖理的行为，难道自己没有意识到吗？车裂假父嫪毐，把两个弟弟装进囊袋中用刑具捶打致死，将母亲迁移到雍城囚禁起来，并残杀敢于进行规劝的臣子，即使是夏桀、商纣王的行为也不至于暴虐到这个地步！如今只要天下的人听说了这些暴行，人心便全都涣散瓦解，再也不会有人向往秦国了，我因此十分为陛下担忧！我的话都说完了！”茅焦说完便解开衣服，伏身在刑具上，等待受刑。嬴政闻言顿悟，匆忙下殿，亲自扶起他说：“您请起身穿好衣服，我现在愿意接受您的劝告！”随即授给他上卿的爵位。嬴政还亲自驾车，空出左边的尊位，往雍城迎接太后返回都城咸阳，母子关系和好如初。

鲁问

※ 原文

鲁君谓子墨子曰：“吾恐齐之攻我也，可救乎？”子墨子曰：“可。昔者，三代之圣王禹、汤、文、武，百里之诸侯也，说忠行义，取天下；三代之暴王桀、纣、幽、厉，雠怨[1]行暴，失天下。吾愿主君之上者尊天事鬼，下者爱利百姓，厚为皮币，卑辞令，亟遍礼四邻诸侯，驱国而以事齐，患可救也。非此，顾[2]无可为者。”

齐将伐鲁，子墨子谓项子牛曰：“伐鲁，齐之大过也。昔者，吴王东伐越，栖诸会稽；西伐楚，葆[3]昭王于随；北伐齐，取[4]国子以归于吴。诸侯报其雠，百姓苦其劳，而弗为用。是以国为虚戾，身为刑戮也。昔者智伯伐范氏与中行氏，兼三晋之地。诸侯报其雠，百姓苦其劳，而弗为用。是以国为虚戾，身为刑戮用是也。故大国之攻小国也，是交相贼也，过[5]必反于国。”

※ 注释

1 雠怨：即“仇怨”，把怨者当仇人。2 顾：通“固”。3 葆：通“保”。4 取：意指俘虏。5 过：当为“祸”。

※ 译文

鲁国国君问墨子说：“我担心齐国攻打我国，可以解救吗？”墨子说：“可以。从前禹、汤、文、武，都是领地只有百里的诸侯，主张忠诚，实行仁义，终于取得了天下；三代的暴王桀、纣、幽、厉，把怨者当作仇人，实行暴政，最终失去了天下。我希望君主您对上尊重上天、敬事鬼神，对下爱护、有利于百姓，准备丰厚的皮毛、钱币，用谦恭的外交辞令，赶快对四邻的诸侯国普遍进行礼交，并驱使全国的人民来抵御齐国的侵略，这样，祸患就可以解救。如果不这样，就没有其他办法了。”

齐国将要攻打鲁国，墨子对齐国将领项子牛说：“攻伐鲁国，是齐国的大错。从前吴王夫差向东攻打越国，越王勾践被困居在会稽；向西攻打楚国，楚国人在随地保卫楚昭王；向北攻打齐国，俘虏齐将押回吴国。后来诸侯来报仇，百姓苦于疲惫，不肯为吴王效力，因此国家灭亡了，吴王自己也被杀了。从前智伯攻伐范氏与中行氏的封地，兼有三晋卿的土地。诸侯来报仇，百姓苦于疲惫而不肯效力，国家灭亡了，他自己也被杀，也是这个缘故。所以大国攻打小国，是互相残害，灾祸必定反及于本国。”

※ 原文

子墨子见齐大王曰：“今有刀于此，试之人头，倅然断之，可谓利乎？”大王曰：“利。”子墨子曰：“多试之人头，倅然断之，可谓利乎？”大王曰：“利。”子墨子曰：“刀则利矣，孰将受其不祥[1]？”大王曰：“刀受其利，试者受其不祥。”子墨子曰：“并国覆军，贼敖[2]百姓，孰将受其不祥？”大王俯仰而思之，曰：“我受其不祥。”

※ 注释

1 受其不祥：遭受不幸。2 敖：古“杀”字。

※ 译文

墨子对齐太公说："现在这里有一把刀，试着用它来砍人头，一下子就砍断了，可以说是锋利吧？"太公说："锋利。"墨子又说："试着用它砍好多个人的头，一下子就砍断了，可以说是锋利吧？"太公说："锋利。"墨子说："刀确实锋利，谁将遭受那种不幸呢？"太公说："刀被称为锋利，试验的人遭受他的不幸。"墨子说："兼并别国领土，覆灭它的军队，残杀它的百姓，谁将会遭受不幸呢？"太公低下头又抬起，思索了一会儿，答道："我将遭受不幸。"

※ 原文

鲁阳文君将攻郑，子墨子闻而止之，谓阳文君曰："今使鲁四境之内，大都攻其小都，大家伐其小家，杀其人民，取其牛马、狗豕、布帛、米粟、货财，则何若？"鲁阳文君曰："鲁四境之内，皆寡人之臣也。今大都攻其小都，大家伐其小家，夺之货财，则寡人必将厚罚之。"子墨子曰："夫天之兼有天下也，亦犹君之有四境之内也。今举兵将以攻郑，天诛亓不至乎？"鲁阳文君曰："先生何止我攻郑也？我攻郑，顺于天之志。郑人三世[1]杀其父，天加诛焉，使三年不全，我将助天诛也。"子墨子曰："郑人三世杀其父，而天加诛焉，使三年不全，天诛足矣。今又举兵，将以攻郑，曰：'吾攻郑也，顺于天之志。譬有人于此，其子强梁不材[2]，故其父笞[3]之，其邻家之父，举木而击之，曰：'吾击之也，顺于其父之志。'则岂不悖哉？"

※ 注释

1 三世：数代，言其多。2 强梁：凶暴，强横。强梁不材：强横不成材。3 笞：鞭打。

※ 译文

鲁阳文君将要攻打郑国，墨子听说后就去阻止他，对鲁阳文君说："现在让鲁阳四境之内的大都攻打小都，大家族攻打小家族，杀害人民，掠取他们的牛马、狗猪、布帛、米粟、货财，那怎么办？"鲁阳文君说："鲁阳四境之内，都是我的臣民，现在如果大都攻打小都，大家族攻打小家族，掠夺他们的货物、钱财，那么我将重重惩罚他们。"墨子说："上天兼有整个天下，也就像您拥有鲁阳四境之内一样。现在您举兵将要攻打郑国，上天的惩罚难道就不会到来吗？"鲁阳文君说："先生为什么阻止我进攻郑国呢？我进攻郑国，是顺应了上天的意志。郑国人数代残杀他们的君主，上天降给他们惩罚，使他们三年五谷收成不全。我将要帮助上天加以惩罚。"墨子说："郑国人数代残杀他们的君主，上天已经给了惩罚，使它三年五谷收成不全，上天的惩罚已经够了！现在您又要举兵攻打郑国，说：'我进攻郑国，是顺应上天的意志。'

好比这里有一个人，他的儿子凶暴、强横，不成器，所以他父亲鞭打他。邻居家的父亲，也举起木棒击打他，说：‘我打他，是顺应了他父亲的意志。’这难道不是很荒谬吗！”

※ 原文

子墨子谓鲁阳文君曰：“攻其邻国，杀其民人，取其牛马、粟米、货财，则书之于竹帛，镂之于金石，以为铭于钟鼎，传遗后世子孙曰：‘莫若我多！’今贱人也，亦攻其邻家，杀其人民，取其狗豕食粮衣裘，亦书之竹帛，以为铭于席豆[1]，以遗后世子孙曰：‘莫若我多。’亓可乎？”鲁阳文君曰：“然吾以子之言观之，则天下之所谓可者，未必然也。”

子墨子为[2]鲁阳文君曰：“世俗之君子，皆知小物而不知大物。今有人于此，窃一犬一彘则谓之不仁，窃一国一都，则以为义。譬犹小视白谓之白，大视白则谓之黑。是故世俗之君子，知小物而不知大物者，此若言之谓也。”

※ 注释

1 席豆：当为“度豆”。度，指杖；豆：食器。2 为：通“谓”。

※ 译文

墨子对鲁阳文君说：“诸侯攻打邻国，杀害邻国的人民，掠取邻国的牛马、粟米、货财，把这些事书写在竹帛上，镂刻在金石上，铭刻在钟鼎上，用来传给后世子孙，说：‘没有人比我的战果多！’现在如果那些地位低下的人也去攻打他的邻家，杀害邻家的人口，掠取邻家的狗猪、食粮、衣服、被子，也书写在竹帛上，铭刻在席子、食器上，留传给后世子孙，说：‘没有人比我的成果多！’这样做难道可以吗？”鲁阳文君说：“您说的对。我用您的话去观察，那么天下人所谓可行的事，未必就是对的了。”

墨子对鲁阳文君说：“世俗所谓的君子，都是只知道小事却不知道大事。现在这里有一个人，假如偷了人家的一只狗、一只猪，就被称作不仁，如果窃取了一个国家、一座都城，就被称作义。这就如同看一小点白说是白，看一大片白则说是黑。因此，世俗的君子只知道小事却不知道大事的情况，就是这句话所要说的。”

※ 原文

鲁阳文君语子墨子曰：“楚之南有啖人之国者桥，其国之长子生，则鲜[1]而食之，谓之宜弟。美，则以遗其君，君喜则赏其父。岂不恶俗哉？”子墨子曰：“虽中国之俗，亦犹是也。杀其父而赏其子，何以异食其子而赏其父者哉？苟不用仁义，何以非夷人食其子也？”

鲁君之嬖人死，鲁君为之诔，鲁人因说而用之[2]。子墨子闻之曰：“诔者，道死人之志也。今因说而用之，是犹以来[3]首从服也。”

鲁阳文君谓子墨子曰：“有语我以忠臣者，令之俯则俯，令之仰则仰，处则静，呼则应，可谓忠臣乎？”子墨子曰：“令之俯则俯，令之仰则仰，是似景[4]也；处则静，呼则应，是似响也。君将何得于景与响哉？若以翟之所谓忠臣者，上有过，则微[5]之以谏；己有善，则访之上，而无敢以告。外匡其邪，而入其善。尚同而无下比，是以美善在上，而怨雠在下，安乐在上，而忧戚在臣。此翟之所谓忠臣者也。”

※ 注释

1 鲜：“解”字之形误。2 这两句当作：“鲁人为之诔，鲁君因说而用之。”说：通“悦”。3 来：即犛，牦牛。4 景：通“影”。5 微：伺察。

※ 译文

鲁阳文君告诉墨子说：“楚国的南面有个有吃人风俗的国家，名叫‘桥’，在这个国家里，长子一出生就被杀死吃掉，叫作‘宜弟’。如果味美就献给国君，国君喜欢了就奖赏他的父亲。这难道不是极恶劣的风俗吗？”墨子说：“即便是中原国的风俗也是这样，父亲因攻战而死，就奖赏他的儿子，这与吃儿子奖赏他的父亲有何不同呢？如果不践行仁义，凭什么去指责夷人吃他们儿子的恶劣风俗呢？”

鲁国国君的爱妾死了，鲁国人写了一篇哀悼的诔文，鲁国国君看了很高兴，就提拔这个人做官。墨子知道了这件事，说：“诔文，是用来表现死者心志的。现在只凭高兴就用人做官，这如同用牦牛的头来做衣服一样。”

鲁阳文君对墨子说：“有人把‘忠臣’的样子告诉我：叫他低下头就低下头，叫他抬起来就抬起来，日常居住很平静，呼叫他才答应，这可以叫作忠臣吗？”墨子答道：“叫他低下头就低下头，叫他抬起来就抬起来，这就像影子一样；日常居住很平常，呼叫他才答应，这就好像回声。你将从像影子和回声那样的臣子那里得到什么呢？我所说的忠臣却像这样，国君有过错，则伺察机会加以劝谏；自己有好的见解，则上告国君，不敢告诉别人。匡正国君的偏邪，使他纳入正道。崇尚统一，不在下面结党营私，因此，美善存在于上级，怨仇存在于下面，安乐归于国君，忧戚归于臣下。这才是我所说的忠臣。”

※ 原文

鲁君谓子墨子曰：“我有二子，一人者好学，一人者好分人财，孰以为太子而可？”子墨子曰：“未可知也。或所为赏与为是也。钓者之恭，非为鱼赐也；饵鼠以虫，非爱之也。吾愿主君之合其志功[1]而观焉。”

鲁人有因子墨子而学[2]其子者，其子战而死，其父让[3]子墨子。子墨子曰：“子欲学子之子，今学成矣，战而死，而子愠，而犹欲粜，籴雠，则愠也。岂不费[4]哉！”

※ 注释

1 志功：动机和效果。2 学：读作“敩（xiáo）”，教的意思。3 让：责备。4 费：为“悖”之借字。

※ 译文

鲁国国君对墨子说：“我有两个儿子，一个爱好学习，一个喜欢将财物分给人家，谁可以作为太子？”墨子答道：“这还不能知道。二子也许是为了赏赐和名誉而这样做的。钓鱼人弓着身子，并不是对鱼表示恭敬；用虫子作为捕鼠的诱饵，并不是喜爱老鼠。我希望君主把他们的动机和效果结合起来进行观察。”

有个鲁国人让自己的儿子跟随墨子学习，他的儿子战死了，他就责备墨子。墨子说：“你要让我教你的儿子，现在学成了，因战而死，你却怨恨我，这就像卖出买进粮食，粮食卖出去了，反而怨恨一样，这难道不是很荒谬吗！”

※ 原文

鲁之南鄙人，有吴虑者，冬陶夏耕，自比于舜。子墨子闻而见之。吴虑谓子墨子：“义耳义耳，焉用言之哉？”子墨子曰：“子之所谓义者，亦有力以劳人，有财以分人乎？”吴虑曰：“有。”子墨子曰：“翟尝计之矣。翟虑耕而食天下之人矣。盛，然后当一农之耕，分诸天下，不能人得一升粟。籍[1]而以为得一升粟，其不能饱天下之饥者，既可睹矣。翟虑织而衣天下之人矣，盛，然后当一妇人之织，分诸天下，不能人得尺布。籍而以为得尺布，其不能暖天下之寒者，既可睹矣。翟虑被[2]坚执锐，救诸侯之患，盛，然后当一夫之战，一夫之战，其不御三军，既可睹矣。翟以为不若诵先王之道，而求其说，通圣人之言，而察其辞，上说王公大人，次匹夫徒步之士。王公大人用吾言，国必治，匹夫徒步之士用吾言，行必修。故翟以为虽不耕而食饥，不织而衣寒，功贤于耕而食之、织而衣之者也。故翟以为虽不耕织乎，而功贤于耕织也。”吴虑谓子墨子曰：“义耳义耳，焉用言之哉？”子墨子曰：“籍设而天下不知耕，教人耕，与不教人耕而独耕者，其功孰多？”吴虑曰：“教人耕者，其功多。”

子墨子曰："籍设而攻不义之国，鼓而使众进战，与不鼓而使众进战，而独进战者，其功孰多？"吴虑曰："鼓而进众者，其功多。"子墨子曰："天下匹夫徒步之士少知义，而教天下以义者，功亦多，何故弗言也？若得鼓而进于义，则吾义岂不益进哉！"

※ 注释

1 籍：通"藉"，假使。2 被：通"披"。

※ 译文

鲁国的南郊有一个叫吴虑的人，冬天制陶器，夏天耕作，拿自己与舜相比。墨子听说了就去见他。吴虑对墨子说："义啊义啊，责在切实之行，何必空言！"墨子说："你所谓的义，也有以力量帮人操劳，有财物分配给人的方面吗？"吴虑回答说："有。"墨子说："我曾经思考过：我想自己耕作给天下人饭吃，十分努力，这才相当于一个农民的耕作，把收获分配给天下人，每一个人得不到一升粟。假设一个人能得一升粟，这不足以喂饱天下饥饿的人，是显而易见的。我想自己纺织给天下的人穿，十分努力，这才相当于一名妇人的纺织，把布匹分配给天下人，每一个人得不到一尺布。假设一个人能得一尺布，这不足以温暖天下寒冷的人，是显而易见的。我想身披坚固的铠甲，手执锐利的武器，解救诸侯的患难，十分努力，这才相当于一位战士作战。一位战士的作战，不能抵挡三军的进攻，是显而易见的。我认为不如诵读与研究先王的学说，通晓与考察圣人的言辞，在上劝说王公大人，在下劝说平民百姓。王公大人采用了我的学说，国家一定能得到治理，平民百姓采用了我的学说，品行必有修养。所以我认为即使不耕作，这样也可以给饥饿的人饭吃，不纺织也可以给寒冷的人衣服穿，功劳胜过耕作了才给人饭吃、纺织了才给人衣穿的人。所以，我认为即使不耕作、不纺织，而功劳胜过耕作与纺织。"吴虑对墨子说："义啊义啊，贵在切实之行，何必空言！"墨子问道："假设天下的人不知道耕作，教人耕作的人与不教人耕作却独自耕作的人，他们功劳谁的多？"吴虑答道："教人耕作的人功劳多。"墨子又问："假设进攻不义的国家，击鼓使大家作战的人与不击鼓使大家作战，却独自作战的人。他们的功劳谁的多？"吴虑答道："击鼓使大家作战的人功劳多。"墨子说："天下平民百姓少有人知道仁义，用仁义教天下人的人功劳也多，为什么不劝说呢？假若我能鼓动大家达到仁义的要求，那么，我的仁义岂不是更加发扬光大了吗！"

※ 原文

子墨子游公尚过于越。公尚过说越王，越王大说，谓公尚过曰："先生苟能使子墨子于越而教寡人，请裂[1]故吴之地，方五百里，以封子墨子。"公尚过许诺。遂为公尚过束车五十乘，以迎子墨子于鲁。曰："吾以夫子之道说越王，越王大说，谓过曰：'苟能使子墨子至于越，而教寡人，请裂故吴之地，方五百里，以封子。'"子墨子谓公尚过曰："子观越王之志何若？意越王将听吾言，用吾道，则翟将往，量腹而食，度身而衣，自比[2]于群臣，奚能以封为哉！抑越不听吾言，不用吾道，而吾往焉，则是我以义粜[3]也。钧之粜，亦于中国耳，何必于越哉！"

※ 注释

1 裂：分。请裂：愿分割。2 比：列。3 粜：出卖。

※ 译文

墨子让弟子公尚过前往越国出仕做官。公尚过游说越王。越王非常高兴，对公尚过说："先生如果能让墨子到越国教导我，我愿意分出过去吴国的五百里封给墨子。"公尚过答应了。于是越王为公尚过备了五十辆车，去鲁国迎接墨子。公尚过对墨子说："我用老师的学说劝说越王，越王非常高兴，对我说：'假如你能让墨子到越国教导我，我愿意分出来过去吴国的五百里封给墨子。'"墨子对公尚过说："你观察越王的心志怎么样？假如越王将听我的言论，采纳我的学说，那么我将前往。或者越国不听我的言论，不采纳我的学说，如果我去了，那是我把'义'出卖了。同样是出卖'义'，在中原国家好了，何必跑到越国呢！"

※ 原文

子墨子游，魏越曰："既得见四方之君子，则将先语[1]？"子墨子曰："凡入国，必择务而从事焉。国家昏乱，则语之尚贤、尚同；国家贫，则语之节用、节葬；国家憙[2]音湛湎，则语之非乐、非命；国家淫僻无礼，则语之尊天、事鬼；国家务夺侵凌，即语之兼爱、非攻。故曰择务而从事焉。"

子墨子出曹公子而于宋，三年而反，睹子墨子曰："始吾游于子之门，短褐之衣，藜藿之羹，朝得之，则夕弗得祭祀鬼神。今而以夫子之教，家厚于始也。有家厚，谨祭祀鬼神。然而人徒多死，六畜不蕃，身湛于病，吾未知夫子之道之可用也。"子墨子曰："不然。夫鬼神之所欲于人者多，欲人之处高爵禄则以让贤也，多财则以分贫也。夫鬼神岂唯擢季拑肺之为欲哉？[3]今子处高爵禄而不以让贤，一不祥也；多财而不以分贫，二不祥也。今子事鬼神唯祭而已矣，而曰：'病何自至哉？'是犹百门而闭一门焉，曰'盗何从入？'若是而求福于有怪之鬼，岂可哉？"

※ 注释

1 先："奚"之讹。先语："奚语"，说什么话。2 憙：同"喜"。3 擢："擢"之形误，擢，用手取；季："黍"之形误；拑："拑"之形误，担，取。

※ 译文

墨子出外游历，魏越问他："如果能见各地的诸侯，您将说什么呢？"墨子说："到了一个国家，一定要选择紧迫的事情进行劝导：如果国家昏乱，就告诉他们尚贤尚同的道理；如果国家贫穷，就告诉他们节用、节葬；如果国家喜好声乐、沉迷于酒，就告诉他们非乐、非命的好处；如果国家荒淫、怪僻、不讲究礼节，就告诉他们尊天事鬼；如果国家以欺侮、掠夺、侵略、凌辱别国为事，就告诉他们兼爱、非攻的益处。所以说'选择最重要的事情进行劝导'。"

墨子让曹公子到宋国做官，三年后曹公子返了回来，见了墨子说："当初我在您门下学习的时候，穿着粗布短衣，吃着野菜一类粗劣的食物，早晨有吃的，晚上可能就没有了，没有东西来祭祀鬼神。现在因为听了您的教诲，家比以前富多了。有了富裕的家境，我恭敬地祭祀鬼神。但是家里的人却大多死亡，牲畜也不兴旺，自己也患了病。我还不知道老师的学说是不是可以用。"墨子说："不对。鬼神所希望人做的事很多：希望人处在高官厚禄时要让贤，财物多时可以分给穷人。鬼神难道仅仅是想拿走祭品吗？现在你处在高官厚禄的位置上却不让贤，这是第一种不吉祥；财物多了却不分给穷人，这是第二种不吉祥。现在你侍奉鬼神，只有祭祀罢了，却说：'病从哪里来？'这就像一百个门，只关了一个门一样，却问：'盗贼从哪里进来？'像这样去向对你有责怪的鬼神求福，难道可以吗？"

※ 原文

鲁祝[1]以一豚祭，而求百福于鬼神。子墨子闻之曰："是不可。今施人薄而望人厚，则人唯恐其有赐于己也。今以一豚祭，而求百福于鬼神，唯恐其以牛羊祀也。古者圣王事鬼神，祭而已矣。今以豚祭而求百福，则其富不如其贫也。"

彭轻生子曰："往者可知，来者不可知。"子墨子曰："籍设而亲在百里之外，则遇难焉，期以一日也，及[2]之则生，不及则死。今有固车良马于此，又有奴马[3]四隅之轮于此，使子择焉，子将何乘？"对曰："乘良马固车，可以速至。"子墨子曰："焉在矣来[4]！"

※ 注释

1 祝：司祭人。2 及：抵达。3 奴马：驽马。4 此句应作"焉在不知来"。

※ 译文

鲁国的司祭人用一头小猪祭祀，向鬼神求百福。墨子听到了说："这样做不行。现在你给人的东西很微薄，却希望从人家那得到很多，那么，别人就只怕你有东西再赐给他们了。现在用一头小猪祭祀，却向鬼神求百福，那么，鬼神就只怕你再用牛羊祭祀了。古代圣王侍奉鬼神，只是祭祀罢了。现在用小猪祭祀，却向鬼神求降百福，与其祭品丰富，还不如贫乏的好。"

彭轻生子说："过去的事情可以知道，未来的事情不可以知道。"墨子说："假设你的父母亲在百里之外的地方，即将遇到灾难，只有一天的期限，你要能赶到那里，他们就能活下来，赶不到，他们就会死。现在这里有坚固的车子和骏马，同时又有驽马和四方形轮子的车，让你选择，你将选择哪一种呢？"彭轻生子回答说："乘坐骏马拉的坚固的车子，可以很快到达。"墨子说："怎能断言未来的事不可知呢？"

※ 原文

孟山誉王子闾曰："昔白公之祸，执王子闾，斧钺钩要[1]，直兵当心，谓之曰：'为王则生，不为王则死！'王子闾曰：'何其侮我也！杀我亲，而喜[2]我以楚国，我得天下而不义，不为也，又况于楚国乎？'遂而不为。王子闾岂不仁哉？"子墨子曰："难则难矣，然而未仁也。若以王为无道，则何故不受而治也？若以白公为不义，何故不受王，诛白公然而反王？故曰：难则难矣，然而未仁也。"

子墨子使胜绰事项子牛。项子牛三侵鲁地，而胜绰三从。子墨子闻之，使高孙子请而退之，曰："我使绰也，将以济[3]骄而正嬖也。今绰也禄厚而谲夫子，夫子三侵鲁而绰三从，是鼓鞭于马靳[4]也。翟闻之：'言义而弗行，是犯明也。'绰非弗之知也，禄胜义也。"

※ 注释

1 要：古"腰"字。2 喜："嬉"之假借字，作弄。3 济：止；嬖：同"僻"。4 靳：马当胸的皮带，这里代指马胸。

※ 译文

孟山赞扬王子闾说："从前白公在楚国作乱，抓住了王子闾，用斧钺勾着他的腰，用直矛对着他的心窝，对他说：'做楚王就让你活，不做楚王就让你死。'王子闾回答道：'怎么这样侮辱我呢！杀害我的亲人，却用给予楚国来捉弄我，用不义得到天下，我都不做，又何况一个楚国呢？'他终究不做楚王。王子闾难道还不仁吗？"墨子说："王子闾守节不屈，难是够难的了，但还没有达到仁。如果他认为楚王昏聩无道，那么为什么不接受王位将楚国治理好呢？如果他认为白公不义，为什么不接受王位，诛杀了白公再把王位交还惠王呢？所以说：王子闾难是够难的了，但还没有达到仁。”

墨子让弟子胜绰去项子牛那里做官。项子牛三次侵犯鲁国的领土，胜绰三次都跟从了。墨子知道了这件事，派高孙子请项子牛辞退胜绰，高孙子转告墨子的话说：“我让胜绰去，是为了制止骄横，纠正邪僻。现在胜绰得了厚禄，却欺骗您，您三次侵犯鲁国，胜绰三次跟从，这是在战马的当胸鼓鞭。我听说：‘嘴里讲仁义却不实行，这是明知故犯。’胜绰不是不懂，他把俸禄看得比仁义还重罢了。”

※ 原文

昔者楚人与越人舟战于江，楚人顺流而进，迎流而退，见利而进，见不利则其退难。越人迎流而进，顺流而退，见利而进，见不利则其退速。越人因此若埶，亟[1]败楚人。公输子自鲁南游楚，焉始为舟战之器，作为钩强[2]之备，退者钩之，进者强之，量其钩强之长，而制为之兵，楚之兵节[3]，越之兵不节，楚人因此若埶，亟败越人。公输子善其巧，以语子墨子曰：“我舟战有钩强，不知子之义亦有钩强乎？”子墨子曰：“我义之钩强，贤于子舟战之钩强。我钩强，我[4]钩之以爱，揣[5]之以恭。弗钩以爱，则不亲；弗揣以恭，则速狎；狎而不亲则速离。故交相爱，交相恭，犹若相利也。今子钩而止人，人亦钩而止子，子强而距人，人亦强而距子，交相钩，交相强，犹若相害也。故我义之钩强，贤子舟战之钩强。”

※ 注释

1 亟：屡次。2 钩强：即钩、镶，古兵器。3 节：义同“适”。4 后一个“我”字，为“义”之假借字。5 揣：推拒之意。

※ 译文

从前楚国人与越国人在长江上进行船战，楚国人顺流而进，逆流而退，见有利就进攻，见不利想要退却，这就难了。越国人逆流而进，顺流而退，见有利就进攻，见不利想要退却，就能很快退却。越国人凭着这种水势，屡次打败楚国人。公输盘从鲁国南游到了楚国，于是开始制造船战用的武器，他造了钩、镶的设备，敌船后退就用钩钩住它，敌船进攻就用镶推拒它，计算钩与镶的长度，制造了合适的兵器，楚国人的兵器适用，越国人的兵器不适用，楚国人凭着这种优势，又屡次打败了越国人。公输盘夸赞他制造的钩、镶的灵巧，告诉墨子说：“我的船战有自己制造的钩、镶，不知道您的义是不是也有钩、镶？”墨子回答说：“我义的钩、镶，胜过你船战的钩、镶。我以'义'为钩、镶，以爱钩，以恭敬推拒。不用爱钩，就不会亲近；不用恭敬推拒，就容易轻慢；轻慢不亲近就会很快离散。所以，互相爱，互相恭敬，如此互相利。现在你用钩来阻止别人，别人也会用钩来阻止你，你用镶来推拒人，人也会用镶来推拒你，互相钩，互相推拒，如此互相残害。所以，我义的钩、镶，胜过你船战的钩、镶。"

※ 原文

公输子削竹木以为鹊，成而飞之，三日不下，公输子自以为至巧。子墨子谓公输子曰："子之为鹊也，不如匠之为车辖，须臾刘[1]三寸之木，而任[2]五十石之重。故所为功，利于人谓之巧，不利于人谓之拙。"

公输子谓子墨子曰："吾未得见之时，我欲得宋。自我得见之后，予我宋而不义，我不为。"子墨子曰："翟之未得见之时也，子欲得宋，自翟得见子之后，予子宋而不义，子弗为，是我予子宋也。子务为义[3]，翟又将予子天下。"

※ 注释

1 刘，"斲"之形误，砍削。2 任：担负。3 务为义：努力行使义事。

※ 译文

公输盘削竹、木做成鹊，做成了就让它飞起来，三天不从天上落下来，公输盘自认为很精巧。墨子对公输盘说："你制作竹鹊，还不如匠人做的车轴上的销子，一会儿削成一块三寸的木头，能载得起五十石重的东西。所以制作的器物，对人有用的就称为巧，对人没有用处的就称为拙。"

公输盘对墨子说："我没有见到你的时候，我想得到宋国。自从我见了你之后，如果送给我宋国而不符合义的原则，我就不要了。"墨子说："我没有见你的时候，你想得到宋国，自从我见到了你之后，如果送给你宋国而不符合义的原则，你就不要了，那么这是我把宋国送给你的。只要你致力行仁义，我又将会把天下送给你。"

※ 解读

本篇各段记载了墨子与诸侯、弟子等人的一些谈话，其中比较重要的内容，有墨子以"必择务而从事"的原则游说诸侯；文中多处申明"兼爱""非攻"的主张；也有几处专门申说"义"的重要性。所有这些内容，体现出墨子向往国家富强、天下安宁、人民安居乐业的理想。

子墨子游，魏越曰："既得见四方之君，子则将先语？"子墨子曰："凡入国，必择务而从事焉。”从这些话中我们可以看出：一是人生苦短，一定要选择重要的事先做。二是墨子作为一个游说之人，他知道怎样把握机会，知道怎样才能使国强，他能对症下药。这不仅对于一个国家很重要，对于我们每一个人都很重要，我们只有善于从重要的事情入手，把握住我们生命中的重点，我们才能有所成就。

在劝说不要战争时，他仍然站在“兼爱”的立场，也就是说只有“兼爱”，人与人之间和平相处，人们才不会攻打别的国家。战争对人对己都不利，因此他主张“非攻”。

曹公子以“人徒多死，六畜不蕃，身湛于病”来请教墨子，墨子以“今子处高爵禄而不以让贤，一不祥也；多财而不以分贫，二不祥也”“若是而求福于有怪之鬼，岂可哉”来解说原因。从中我们可以看出：一是墨子早期的明鬼学说，可能仅限于要求弟子和百姓笃信鬼神之有而虔诚祭祀，威于鬼神而不做坏事和亏心事。也就是说，明鬼学说的早期功能主要在于以此威慑内部、促使弟子严格要求自己。二是随着弟子学成而引发的社会政治地位特别是经济地位的变化，墨子在明鬼中加入了新的内容，即：“处高爵禄”而“让贤”“多财”而“以分贫”，从而“求福于有怪之鬼”，得到福佑而使自身和家人平安。

※ 事例

墨子说论功行赏，有多大能力就做什么官。他把他的学生分成了三类：论辩者、说书者、从事者。一个国家的治理最重要的是贤才，贤才是不允许有半点虚假的。

韩昭侯论法

韩昭侯任用申不害为国相。

申不害，原是郑国的一个芝麻小官，后来学习黄帝、老子和法家的学问，便向韩昭侯游说。韩昭侯拜他为相，对内全面整顿政治，对外积极展开外交。如此施政十五年，直到申不害去世，韩国一直国治兵强。

申不害曾经为他的堂兄求官职，韩昭侯没答应，申不害很不高兴。韩昭侯说：“我之所以向你请教，就是为了治理好国家。我现在是答应你的要求而破坏你定的法度呢，还是该推行你的法度而拒绝你的要求？你曾经教过我，要我以功劳大小来定封赏等级，现在却要我随便答应你这种私下的要求，我该听哪一种意见呢？”

申不害听了，便离开自己的正式居所，另居别处，以示请罪，并说：“像您这样的贤明君主，我愿意尽心效力！”

公输

※ 原文

公输盘为楚造云梯之械，成，将以攻宋。子墨子闻之，起于齐，行十日十夜而至于郢，见公输盘。

公输盘曰：“夫子何命焉为[1]？”子墨子曰：“北方有侮臣者，愿借子杀之。”公输盘不说。子墨子曰：“请献十金。”公输盘曰：“吾义固不杀人。”

子墨子起，再拜曰：“请说之。吾从北方，闻子为梯，将以攻宋。宋何罪之有？荆国有余于地，而不足于民，杀所不足，而争所有余，不可谓智。宋无罪而攻之，不可谓仁。知而不争，不可谓忠。争而不得，不可谓强。义不杀少而杀众，不可谓知类。”公输盘服。子墨子曰：“然，乎不已乎[2]？”公输盘曰：“不可，吾既已言之王矣。”子墨子曰：“胡不见我于王？”公输盘曰：“诺。”

※ 注释

1 何命焉为：有什么吩咐呢。2 第一个“乎”为“胡”之误，胡：何。

※ 译文

公输盘为楚国造了云梯这种攻城器械，已经制成了，准备用它攻打宋国。墨子听说了，就从齐国起身，走了十天十夜才到楚国的国都郢，见到公输盘。

公输盘说：“先生有什么见教？”墨子说：“北方有人欺侮了我，我想请你帮我杀了他。”公输盘很不高兴。墨子说：“我愿意献给你十两黄金。”公输盘说：“我奉行义，决不杀人。”

墨子站了起来，对公输盘拜了又拜，说：“请听我说。我在北方听说你造云梯，准备用它攻打宋国。宋国有什么罪呢？楚国有多余的土地，人口却不足，现在牺牲不足的人口，掠夺有余的土地，不能算是聪明。宋国无罪却去攻打它，不能算是仁。知道这些道理却不去争辩，不能算是忠。争辩却没有结果，不能算是强。你奉行义，不去杀那一个人，却去杀害宋国众多的百姓，这不能说你是懂得推理的。”公输盘被说服了。墨子又问他：“那么，为什么不取消进攻宋国这件事呢？”公输盘说：“不能。我已经对楚王说了。”墨子说：“为什么不把我介绍给楚王呢？”公输盘说：“好吧。”

※ 原文

子墨子见王，曰：“今有人于此，舍其文轩[1]，邻有敝舆[2]，而欲窃之；舍其锦绣，邻有短褐，而欲窃之；舍其粱肉，邻有糠糟，而欲窃之。此为何若人？”王曰：“必为窃疾矣。”子墨子曰：“荆之地，方五千里，宋之地，方五百里，此犹文轩之与敝舆也；荆有云梦，犀兕麋鹿满之，江汉之鱼鳖鼋鼍为天下富，宋所为无雉兔狐狸者也，此犹粱肉之与糠糟也；荆有长松、文梓、楩、楠、豫章，宋无长木，此犹锦绣之与短褐也。臣以三事之攻宋也，为与此同类。臣见大王之必伤义[3]而不得。”王曰：“善哉！虽然，公输盘为我为云梯，必取宋。”

※ 注释

1 文轩：彩车。2 敝舆：破车。3 伤义：伤害道义。

※ 译文

墨子见了楚王，说：“现在这里有一个人，舍弃自己华贵的彩车，邻居有辆破车，却想去偷；舍弃自己的锦绣衣裳，邻居有粗布衣服，却想去偷；舍弃自己的美食佳肴，邻居只有糟糠，却想去偷。这是个怎样的人呢？”楚王回答说：“这人一定患了偷窃病。”墨子说：“楚国的地方，方圆五千里，宋国的地方，方圆五百里，这就像彩车与破车相比；楚国有云梦大泽，犀、兕、麋鹿满地都有，长江、汉水中有鱼鳖、鼋鼍，富甲天下，宋国却连野鸡、兔子、狐狸都没有，这就像美食佳肴与糟糠相比；楚国有巨松、梓树、楠、樟等名贵木材，宋国连棵大树都没有，这就像华丽的丝织品与粗布短衣相比。从这三方面的事情看，我认为楚国进攻宋国，与有偷窃病的人是同一种类型。我认为大王您如果这样做，一定会伤害了道义，却不能据有宋国。”楚王说：“说得好啊！即使这么说，但是公输盘已经给我造了云梯，还是一定要去攻取宋国的。”

※ 原文

于是见公输盘。子墨子解带为城，以牒为械，公输盘九设攻城之机变，子墨子九距[1]之，公输盘之攻械尽，子墨子之守圉[2]有余。公输盘诎[3]，而曰：“吾知所以距子矣，吾不言。”子墨子亦曰：“吾知子之所以距我，吾不言。”楚王问其故，子墨子曰：“公输子之意，不过欲杀臣。杀臣，宋莫能守，可攻也。然臣之弟子禽滑釐等三百人，已持臣守圉之器，在宋城上而待楚寇矣。虽杀臣，不能绝也。”楚王曰：“善哉！吾请无攻宋矣。”

子墨子归，过宋，天雨，庇其闾中，守闾者不内[4]也。故曰：“治于神者，众人不知其功；争于明者，众人知之。”

※ 注释

1 距：通“拒”。2 圉：御。3 诎：通“屈”。4 内：通“纳”。

※ 译文

于是召见公输盘。墨子解下腰带，围作一座城墙的样子，用小木片作为守备的器械。公输盘多次运用机巧多变的方法攻城，墨子一次次抵拒了他的进攻。公输盘攻城用的器械用尽了，墨子守城的方法还有余。公输盘败了，但是却说：“我知道用什么办法对付你了，但我不说。”墨子说：“我知道你怎么对付我，我也不说。”楚王莫名其妙，问是怎么回事？墨子回答说：“公输盘的意思，不过是杀了我。杀了我，宋国就没有人能防守了，楚国就可以进攻宋国了。但是，我的弟子禽滑釐等三百人，已经拿着我守御用的器械，正在宋国的都城上等待楚国侵犯呢。即使杀了我，但守御的人却是杀不尽的。”楚王说：“说得好啊！我认为可以取消攻打宋国的行动了。”

墨子从楚国归来，经过宋国，正遇天下大雨，想到城门下避雨，看守闾门的人却不让他进去。所以说：“费尽神思在下面做的工作再多，大家也不知道他的功劳；而在明处争辩的，大家却全知道。”

※ 解读

本篇记述公输盘制造云梯，准备帮助楚国进攻宋国，墨子从齐国起身，到楚国制止公输盘、楚王准备进攻宋国的故事。全文生动地表现了墨子“兼爱”“非攻”的主张。

“可是我的学生禽滑釐等三百人，已经拿了我的守御器械站在宋国城上”，从这句话中我们可以知道：一、禽滑釐是他的弟子中从事制造器械和守卫城堡的人，在墨子的学生中，不管是从事谈辩、说书还是从事守卫的都是一样重要的。他所谓的“兼爱”就是无等差之爱。二、禽滑釐是他众多弟子中最优秀的一个，从《公孟》中就可以看出。三、说明墨子之所以敢到这里来，早就把生死置之度外，而且他相信自己有这个能力使楚国退兵。

从故事中，我们也可以看到墨子不辞辛苦维护正义的品格和机智、果敢的才能。墨子并不是向侵略者乞求和平，他除了用正义的言辞跟侵略者辩论之外，还充分认识到要有保卫和平的力量，事实证明，在强有力的保卫和平的力量的支持下，宋国才免于遭受侵略。墨子这一伟大的行动，充分体现了中国人民一贯具有的反对侵略战争的民族精神，直到今天，它对我们仍有现实的教育意义，值得我们每一个爱祖国、爱和平的人记住。

※ 事例

墨子说："荆之地，方五千里，宋之地，方五百里，此犹文轩之与敝舆。"自己的国家是那么的地大物博，却偏偏要去攻打比自己弱小的国家。这是为什么呢？我们知道秦始皇统治时期国家的疆域也很广大，但却去攻打其他的国家，如韩国。这又是为什么呢？攻打韩国，是因为他爱惜人才。可最终韩非也没有逃脱死亡的命运。

韩非使秦

满腹韬略的韩非，有感于时势危难，他愤而疾书，进谏韩王。希望韩王能励精图治、富国强兵，重振韩国的声威。但韩王沉浸在声色犬马之中，置韩非的言语于不顾。在韩非的强国方略中，直接陈述了国家衰亡的主要原因。针砭时弊，对当时盛行的价值观及功利取向，确实是强劲无比的钟声，但在韩王的眼里，这些都是一钱不值的谰言狂说。但秦王在拜读了韩非的作品后，拍案叫绝。对韩非的理念大为激赏，爱才之心甚至让他不惜动用强大的兵力去攻打韩国。面对秦军的汹汹来势，韩王被吓得六神无主，这时才想起规劝自己富国强兵的韩非，就连忙派韩非出使秦国，希望能化解这次兵祸。

韩非以韩国使者的身份来到秦国后写信给嬴政，劝说道："现今秦国的疆域方圆数千里，军队号称百万，号令森严，赏罚公平，天下没有一个国家能比得上。而我鲁莽地冒死渴求见您一面，是想说一说破坏各国合纵联盟的计略。您若真能听从我的主张，却不能一举拆散天下的合纵联盟，占领赵国，灭亡韩国，使楚国、魏国臣服，齐国、燕国归顺，不能令秦国确立霸主的威名，使四周邻国的国君前来朝拜，就请您将我斩首示众，以此告诫那些为君主出谋划策的不忠诚的人。"嬴政读后，心中颇为喜悦，但一时还没有任用他。李斯很忌妒韩非，便对嬴政说："韩非是韩国的一个公子，如今您想吞并各国，韩非最终还是要为韩国的利益着想，而不会为秦国尽心效力，这也是人之常情。现在您不用他，而让他在秦国长期逗留后再放他回去，这不啻是自留后患啊。你还不如依法将他除掉。"秦王嬴政认为李斯说得有理，便把韩非交司法官吏治罪。李斯又派人送毒药给韩非，让他及早自杀。韩非试图亲自向秦王嬴政陈述冤情，但却无法见到秦王。不久，秦王嬴政有些后悔，便派人去赦免韩非，但为时已晚，韩非已经死了。

备高临[1]

※ 原文

禽子再拜再拜曰："敢问适人积土为高，以临吾城，薪土俱上，以为羊黔，蒙橹俱前，遂属[2]之城，兵弩俱上，为之奈何？"

子墨子曰：子问羊黔之守邪？羊黔者，将之拙者也，足以劳卒，不足以害城。守为台城，以临羊黔，左右出巨[3]，各二十尺，行城三十尺，强弩之，技机藉之，奇器口口之，然则羊黔之攻败矣。

※ 注释

1 《备高临》是墨子研究城池防守战术的篇章之一。主要阐述如何对付敌人采用居高临下攻城方法的战术。2 遂属：很快逼近。3 巨：大木编连。

※ 译文

禽滑鳌拜了再拜后说："请问，当敌人堆积土石，高出城头，对我城有居高临下之势，木头土石一齐向前推进，构筑成名叫'羊黔'的攻城设施，敌方兵士在大盾牌的掩护下，从高台土山上一齐攻来，于是很快就逼近了我方的城头，刀箭齐用，该怎么对付呢？"

墨子先生回答说：你问的是对付"羊黔"进攻的防守办法么？采用"羊黔"这种攻城办法的人，是最笨拙的将领，结果只是自己的士兵疲劳不堪，而不足以给守城一方造成威胁。守城的一方只要在城头上筑起始终高于对方"羊黔"高度的所谓"台城"，对羊黔保持居高临下之势，台城左右用大木编连起来，向两旁各横出二十尺，这种临时做成的台城又叫行城，高度为三十尺，这样就可以在上面用强劲的弓箭射击敌人，凭借"技机"和精妙的武器对付敌人，这样一来，用羊黔进攻的方法就失败了。

※ 原文

备临以连弩之车，材大方一方一尺[1]，长称城之薄厚。两轴三轮，轮居筐中，重下上筐。左右旁二植，左右有衡植，衡植左右皆圜内，内径四寸。左右缚弩[2]皆于植，以弦钩弦，至于大弦。弩臂前后与筐齐，筐高八尺，弩轴去下筐三尺五寸。连弩机郭同[3]铜，一石三十钧，引弦鹿长奴[4]。筐大三围半，左右有钩距，方三寸，轮厚尺二寸，钩距臂博尺四寸，厚七寸，长六尺。横臂齐筐外，蚤尺五寸，有距，搏六寸，厚三寸，长如筐有仪，有诎胜，可上下，为武重一石，以材大围五寸。矢长十尺，以绳□□矢端，如如戈[5]射，以磨鹿[6]卷收。矢高弩臂三尺，用弩无数，出人[7]六十枚，用小矢无留。十人主此车。

遂具寇，为高楼以射道[8]，城上以荅罗矢。

※ 注释

1 “尺”字前疑重“方一”二字。2 弩：弓箭。3 “同”字应作“用”。4 引弦鹿长奴：用辘轳收引弓弦。“长奴”应作“卢收”。5 “戈”应作“弋”。6 “磨”应作“磿”。7 “人”应作“入”。8 “道”应作“适”，敌人。

※ 译文

还可以使用一种连弩车来对付筑高台居高临下的进攻，制造这种车的木材，大小要一尺见方，长度与城墙厚度相当。两根车轴，三个轮子，轮子装在车厢当中，车厢上下两个，重心在车厢的下部，上边车厢只是个筐。车子的左右两旁各做两根立柱，左右还做有横梁两根，横梁的左右两头都是圆榫头，榫头直径四寸。把有柄的箭都捆在左右两边的柱子上，弓弦相钩，连到大弦上。弓把前后与车厢齐平，车厢高度为八尺，弓轴距下面的车厢三尺五寸。连弩的“机括”用铜做成，重一百五十斤，用辘轳收引弓弦。车厢周长为三围半，左右两边装有“钩距”，“钩距”三寸见方，车轮厚一尺二寸，钩距臂宽一尺四寸，厚七寸，长六尺。横臂与车厢外缘齐平，臂端一尺五寸的地方装有叫作“距”的横柄，柄宽六寸，厚三寸，长度与车厢相同，还装有一种瞄准仪，有出入时可以上下伸缩调整，再用大小一围五寸的木料做一个弩床，床重一百二十斤。箭长十尺，箭尾用绳子拴住，就像用细丝绳系住射空中飞鸟用的箭一样，便于将箭收回来，只是这里用辘轳卷收而已。箭比弩臂高出三尺，用箭没有固定数，但至少要保证出入有六十枚，小箭就不必收回了。像这样的连弩车，十个人掌管一辆。

为了顺利地抵御敌人的进攻，筑了高楼来射击敌人，还得在城上用草编织成厚厚的遮掩物来遮挡和收取敌方射来的箭。

※ 解读

《备高临》这篇讲述的就是墨子针对攻城者所采用的“羊黔”的攻城方法，也就是怎样对付敌人居高临下攻城的方法。首先墨子认为这种方法是最愚蠢的办法，他只能使自己的士兵疲惫不堪，而不能对守方构成威胁。另外，也可以通过制造一种连弩车来对付居高临下进攻的敌军。而且这种车子需要一定的技巧。从这里可以看出墨子是一个手工业制造者，他制造的东西非常精确，他知道怎样制造的东西最实用。

从《备高临》这篇文章中可以看出墨子不仅是一个成功的游说者，而且也是一个著名的军事家。他对战争中的所有战术都掌握得很清晰明，而且他很清楚地知道每种战术所对应的措施。

从“禽子再拜再拜”这句话中我们可以看出：一、禽子虚心好学，对老师敬重。二、禽子是墨子学生中从事机械制造和边城守卫的人。他急切地想从墨子那里学到关于守卫城堡的一些主要战略。

※ 事例

墨子讨厌战争，因此他所有关于战争的论述都是站在被攻打的一方，也就是教人民怎么守卫自己的城池，而不是攻打别人的城池。在《备高临》这篇文章中，他主要是针对攻城者所采用的“羊黔”的攻城方法。现在我们来看看“羊黔”这种攻城方法到底是怎样攻城的。

慕容恪智取段龛

前燕大司马慕容恪在广固包围了段龛，众将领请求马上攻打，慕容恪说：“用兵的方法，有应该缓慢的时候，也有应该急速的时候，不能不仔细审度。如果敌我力量相当，而敌人又在外边有强大的援军，这时恐怕有腹背受敌的危险，则攻打不能不急。如果我强敌弱，敌人在外边又无援军，我们的力量足以制服他的时候，就应该包围并守住他，等待着敌人坐以待毙。兵法中的十围五攻，说的正是这个道理。眼下段龛的兵力尚多，还没有出现离心倾向。济南之战时，段龛的军队不是不精锐，只是因为他用兵无术，所以才自取失败。如今他凭借险阻坚守城池，上下齐心，我们动用全部精锐部队去攻打他，大约几天就可以攻下来，然而我们士兵的伤亡也一定很多。自从中原发生战争以来，士卒们连短暂的休整也没有，每念及此，我便夜不能寐，怎么能轻易地使用让士卒们献身的战术呢！最重要的是把城池攻下，而不必要求迅速成功！”众将领都说：“这些不是我们所能想到的。”军中士兵听说后，人人感动喜悦，于是他们就筑高墙，挖深壕，用来坚守包围圈。齐地的人争先恐后地运来粮食送给前燕的军队。

段龛环城自守，连砍柴的小路也被切断，城里人自相残食。段龛调动全部兵力出城战斗，被慕容恪在包围圈里打败。慕容恪事先就分派骑兵控制了各个城门，段龛经过只身拼搏，仅得以逃回城内，其余的士兵全部覆没。从此，城里的兵众情绪沮丧，没人再有固守的斗志了。十一月十四日，段龛将两手反绑于身后出城投降，他和朱秃一起被押解送往蓟城。慕容恪抚慰安定新近归附的民众，而全部平定齐地后，他将三千多户鲜卑族、胡族、羯族人迁徙到蓟城。前燕国主慕容俊用墨、劓、宫、大辟等刑处死朱秃，任命段龛为伏顺将军。慕容恪留下慕容尘镇守广固。

备梯[1]

※ 原文

禽滑釐子事子墨子三年，手足胼胝，面目黧黑，役身给使，不敢问欲。子墨子其[2]哀之，乃管酒块[3]脯，寄于大山，昧菜坐之[4]，以樵[5]禽子。禽子再拜而叹。

子墨子曰："亦何欲乎？"禽子再拜再拜曰："敢问守道？"

子墨子曰："姑亡，姑亡。古有其术者，内不亲民，外不约治，以少间[6]众，以弱轻强，身死国亡，为天下笑。子其慎之，恐为身薑。"

禽子再拜顿首，愿遂问守道。曰："敢问客众而勇，烟资[7]吾池，军卒并进，云梯既施，攻备已具，武士又多，争上吾城，为之奈何？"

※ 注释

1 备梯：阐述对付敌人以云梯攻城的策略。2 "其"应作"甚"。3 "块"应作"槐"。4 昧菜坐之：垫茅草坐下。"菜"应作"茅"。5 樵：酬劳。6 间：离间，疏远。7 "烟资"应作"堙茨"，堵塞。

※ 译文

禽滑釐侍奉墨子三年，手脚都长起了老茧，面目黑黄，像仆人一样亲自干活，却不敢问自己想要知道的事情。墨子先生很可怜他，就备了酒和干肉，来到泰山，垫些茅草坐在上面，用酒菜来慰劳禽滑釐。禽滑釐行了再拜礼之后，叹了口气。

墨子问他："你有什么话要说吗？"禽滑厘又行了两次再拜之礼，小心翼翼地说道："请问守城的方法是什么。"

墨子回答说："守城的方法么，暂且不说这个。古代也曾有掌握守城方法的人，但对内不爱惜他的百姓，对外不与邻国缔结和平，自己是小国却疏远大国，自己是弱国却轻视强国，到最后身死国亡，被天下人耻笑。这历史的教训你可要小心对待，不然的话，懂得了守城的办法反倒成了自己的灾难。"

禽滑釐行再拜礼后，接着又伏地叩头行稽首礼，希望能弄清防守的方法，说："我还是冒昧地问问，如果来攻城一方的兵士众多又勇敢，堵塞了我方护城河，军士一齐进攻，攻城的云梯架起来了，进攻的武器已安排好，勇敢的士兵蜂拥而至，争先恐后爬上我方城墙，该如何对付呢？"

※ 原文

子墨子曰：问云梯之守邪？云梯者重器也，其动移甚难。守为行城，杂楼相见，以环[1]其中。以适广陕为度，环中藉幕，毋广其处。行城之法：高城二十尺，上加堞，广十尺，左右出巨各二十尺，高、广如行城之法。

为爵穴、煇鼠，施荅其外，机、冲、钱[2]、城，广与队等，杂其间以镌剑，持冲十人，执剑五人，皆以有力者。令案目者视适。以鼓发之，夹而射之，重而射[3]，披机[4]藉之，城上繁下矢、石、沙、炭[5]以雨之，薪火、水汤以济之。审赏行罚，以静为故，从之以急，毋使生虑。若此，则云梯之攻败矣。

※ 注释

1 环：环绕。2 “钱”应作“栈”，供出外救援的行栈。3 “射”字后疑漏一“之”字。4 “披”应作“技”。披机：应为“技机”。5 “炭”应作“灰”。

※ 译文

墨子回答说：你问的是对付云梯的防守办法吗？云梯是笨重的攻城器械，移动十分困难。守城一方可以在城墙上筑起“行城”和“杂楼”，将自己环绕起来。行城和杂楼之间要以敌人进攻的宽窄为标准，两者之间的部分要拉上防护用的遮幕，因此距度不要太宽。筑行城的方法是：行城高出原城墙二十尺，上面加上锯齿状的矫墙，这种矫墙称作“堞”，堞宽十尺，左右两边所编大木横出各二十尺，高度和宽度按行城处理。

矫墙的下部开名叫“爵穴”“鼠”的小孔洞，洞外用东西遮挡起来。供投掷的技机，抵挡冲撞的冲撞车，供出外救援用的行栈，临时用的行城等器械，它们排列的宽度应与敌人进攻的范围相等，器械与器械之间要挟进持镌和持剑的士兵，其中掌冲车的十人，拿剑的五人，都应挑选力气大的军士担任。用视力最好的士兵观察敌人，用鼓声发出抗击号令，或左右两边向敌人夹射，或重点集射一处，或借助技机向敌人掷械，从城上雨点般地将箭、砂石、灰土倾泻给城下之敌，再加上往下投掷火把、倾倒开水，赏罚严明，镇静处事，但又须当机立断，不使产生变故。这样的话，用云梯攻城的办法就被破解了。

※ 原文

守为行堞，堞高六尺而一等，施剑其面，以机发之，冲至则去之，不至则施之。爵穴，三尺而一[1]。蒺藜投必遂而立，以车推引之。裾城外[2]，去城十尺，裾厚十尺。伐裾[3]，小大尽本断之，以十尺为传[4]，杂而深埋之，坚筑，毋使可拔。

二十步一杀，杀有一鬲，鬲厚十尺。杀有两门，门广五尺。裾门一，施浅埋，弗筑，令易拔。城[5]希裾门而直桀。

※ 注释

1 三尺而一：每隔三尺挖一个。2 “裾城外”三字前疑漏一“置”字。3 “伐裾”后疑漏“之法”。4 “传”应作“断”。5 “城”后漏一“上”字。

※ 译文

守城的一方在“行城”上筑起临时用的矫墙“堞”，一律高六尺，在墙外安装上剑，用机械发射，敌方的冲撞器来了就撤发射机，没来就使用它。矫墙下部开的名叫“爵穴”的小洞，三尺远开一个。“蒺藜投”一定要对着敌方进攻的范围摆放，用车推下城墙后，用车再拉上来，便于反复使用。在离城墙外十尺远的地方堆积断树，这叫作“置裾”，裾的厚度为十尺。采伐断树的方法是，不分大小，一律连根拔起，锯成十尺长一段，间隔一段距离深埋于地中，筑牢实，不能让它被拔出来。

城墙上每隔二十步设置一个准备投掷敌人的场所叫“杀”，杀有一个储备投掷物品的“鬲”，鬲厚十尺。“杀”设有两个门，门宽五尺。裾也有一门，用断树浅埋而成，但不要筑牢实，要使它能容易被拔出来。城上对着裾门的地方放置供投掷的“桀石”。

※ 原文

县火，四尺一钩樴。五步一灶，灶门有炉炭。令适人尽入，煇火烧门，县火次之。出载而立，其广终队。两载之间一火，皆立而待鼓而然[1]火，即具发之。适人除火而复攻，县火复下，适人甚病，故引兵而去，则令我死士左右出穴门击遗[2]师，令贲士、主将皆听城鼓之音而出，又听城鼓之音而入。因素出兵施伏，夜半城上四面鼓噪，适人必或[3]，有此必破军杀将。以白衣为服，以号相得，若此，则云梯之攻败矣。

※ 注释

1 然：通“燃”。2 遗：读为“溃”，溃败。3 或：犹“惑”，惊惑。

※ 译文

城上悬挂的火，叫悬火，每隔四尺设置一个挂火具的钩樴。五步设一口灶，灶门堆放炉炭。等敌人全部进入就放火烧门，接着将悬火往下投。作战器具排列的宽度与敌人进攻的范围一致。两个作战器械之间设置一个悬火，管悬火的士兵，一律站在悬火旁等待出击的鼓声。鼓声一响，就点燃悬火，敌人接近随即投放。敌人如将悬火打灭，就再次进攻，如此反复多次，敌人必定疲惫不堪，因此就会领兵而去，敌人一旦退出，就命令敢死队从左右出穴门追击溃逃之敌，但勇士和主将务必依照城上的鼓声从城内出去或退入城内。又趁着多次出兵时布置埋伏，半夜三更时城上四面击鼓呐喊，敌人必定惊疑失措，伏兵乘机能攻破敌军军营，擒杀敌军首领。但要用白衣做军服，凭口令相互联络。这样一来，用云梯的攻城方法就被破解了。

※ 解读

《备梯》也是墨子研究城池防守战术的篇章之一。主要讲如何对付敌人以云梯攻城的战术方法。在此篇中，墨子在回答禽滑釐怎样对付敌人用云梯攻城的方法之前，先告诉他守城的战术方法固然重要，但更重要的还是外交战略。怎样才能守好城？首先必须使自己国家内部的人团结，也就是说作为一个将领，必须对内亲近百姓，对外缔结和平，如果自己兵力少就多亲近兵力众多的国家，在有敌人侵犯时，可获得邻近的邦国的帮助；如果自己国家的力量小，这就不可忽视力量强大的国家。只有这样才不会有那么多的敌人，即使有，也会得到别人的帮助。

但这篇《备梯》主要是讲怎样对付敌人以云梯攻城的方法，因此墨子用大篇幅介绍怎样对付云梯的方法，比如在城墙上面筑起“行城”和“杂楼”，来增加高度；他们之间的布局应该有一定的距离，相距的宽度以敌人进攻的宽窄为标准，而且两者要相间布局等。

※ 事例

墨子说：“古有其术者，内不亲民，外不约治，以少间众，以弱轻强，身死国亡。”也就是说守卫城池的方法固然很重要，但对内爱惜人民、对外与邻国缔结同盟也很重要。高丽是一个小国家，但却对内残暴地对待民众，对外侵略邻国，致使结怨甚多。最终导致灭亡。

唐太宗远征高丽

相里玄奖回到长安，向唐太宗禀报了出使高丽的情况。唐太宗说：“盖苏文弑高丽国君，迫害高丽大臣，残暴对待高丽民众，现在又不执行我的诏令，侵略邻国，必须讨伐他。”谏议大夫褚遂良说：“陛下麾旗一指，中原大地就平定；顾盼四方，异族就畏惧臣服；威望无人能比。现在却要劳师远征，去攻打小小的高丽，如若一举成功还可以；假如遭遇挫折，会毁损陛下威望；如若再引发百姓的愤怒反抗，那就难于预料朝廷的安危了。”李世绩说：“前不久薛延陀南下入侵，陛下打算出兵讨伐，因为魏徵强谏而未成行，使之到现在仍为祸患。当初如果实施陛下的策略，北方边陲就会没有战事了。”唐太宗说：“你说得对，这的确是魏徵的过错；朕不久之后就后悔了，只是因为怕阻塞谏言通道而没有说出来。”

唐太宗打算亲自率军去征伐高丽，褚遂良上疏劝阻说：“天下与人体相同，长安洛阳是心脏，各个州县如四肢，四方异族不过是身外的东西。高丽的确罪恶很大，当然应该讨伐，然而命令两三个强将，率领四五万兵卒，依仗陛下的威望，打败他们易如反掌。现在刚立太子，太子年龄尚小，国内藩镇的事，陛下非常清楚，一旦离开固若金汤的安全区域，跨越辽海的险境，身为万民之主，这样随意远行，万一有不测之事发生，那该怎么处理？这些是臣深深担忧的事啊！”唐太宗并没有采纳他的谏言。当时也有一些大臣劝阻唐太宗伐高丽，唐太宗说：“八个尧帝、九个舜帝，也无法在冬季播种；乡野村夫、儿童少年，在春季播种，农作物就生长，这是由于根据时令来播种的原因。天有时令节气，人有功劳效果，盖苏文上欺国君，下压百姓，民众翘首盼望我们去援救，这正是灭亡高丽的时候，人们议论不休，其原因就是没有看到这一点。”

贞观十九年二月十二日，唐太宗亲自率领军队从洛阳出发东征高丽，任命特进萧瑀为洛阳皇宫留守。十七日，唐太宗下诏：“朕率军从定州出发后，便由太子监国。”开府仪同三司致仕尉迟敬德向唐太宗上书说：“陛下亲征辽东，太子在定州，则长安、洛阳这些重要地方就空虚，臣担心会发生像杨玄感那样的变故。而且高丽不过是边陲小国，根本用不着陛下亲自去操劳，希望能派遣一支部队前去讨伐，很快就可平定高丽。”唐太宗仍旧不听从这一建议，任命尉迟敬德为左一马军总管，跟随他一同前往。

此次讨伐高丽，一共夺取了玄菟、横山、盖牟、磨米、辽东、白岩、卑沙、麦谷、银山、后黄十座城池，迁移辽东、盖牟、白岩三州户口入中原国境内的共七万人。新城、建安、驻骅三大战役共斩杀高丽兵卒四万人，唐朝死亡约两千人，战马损失了十分之七八。唐太宗认为，此次未能取得彻底胜利，非常后悔，他感叹说：“魏徵如果还在，不会让我此次出兵讨伐高丽的！”便命人乘驿马迅速赶到长安，用猪羊祭祀魏徵，重新竖立起贞观十七年推倒的魏徵碑，并召集魏徵的妻子儿女到皇上所在的地方，亲自加以慰问赏赐。

备水[1]

※ 原文

城内堑外，周道广八步。备水谨度四旁高下。城地中徧下[2]，令耳[3]其内，及下地，地深穿之，令漏泉。置则瓦[4]井中，视外水深丈以上，凿城内水耳。

并船以为十临，临三十人，人擅弩，计四有方，必善以船为轒辒。二十船为一队，选材士有力者三十人共船，其二十人擅有方，剑甲鞮瞀，十人人擅苗。

先养材士，为异舍食其父母妻子以为质，视水可决，以临轒辒，决外堤，城上为射机，疾佐[5]之。

※ 注释

1《备水》是墨子研究城池防守战术的篇章之一。主要讲如何防备敌人以水攻城的战术方法。2 "地中"应作"中地"；"徧"应作"偏"。3 "耳"应作"巨"，即"渠"之省，开通渠道。4 则瓦：一种测量水位的仪器。5 佐：掩护。

※ 译文

城内深壕以外，环城大道宽八尺。为防备敌人引水灌城，首先要仔细地审视四周的地势情况。如果城内地势偏低，就要下令在城内挖渠，把水引向低凹的地方，让积水与地下水相通以便流走。井壁要用掏瓦保护，以免坍塌，观察到城外积水达到一丈以上，就马上挖开城内水渠，让水从地下排走。

每两只船连在一起为"一临"，将船只组成"十临"，每临共三十人，人人都擅长射箭，每十人中四个还须带有锄头，必须善于用这种船作冲毁敌方堤防的"轒辒"（撞车）。每二十只船为一队，挑选武艺高强、身强力壮的士兵，每船三十人，其中二十人每人备有一把锄头，穿戴盔甲皮靴，其余十人个个手拿长矛。

要事先养好勇武之人，并提供房子，安排供养他们的父母、妻子儿女，同时也把他们作为人质，当看到可以冲决敌人堤防的时机到来时，就把船队当作冲锋的战车一样去掘开敌人的外堤，城上守军要快速开动弓箭射击，以掩护决堤的船队。

※ 解读

墨子的《备水》篇主要是讲如何防备敌人以水进攻的战术方法。用水进攻的方法大概有两种：一是无水之地，则筑堤以堰水。二是有水之地，则决堤以泛水。本篇着重讲了第一种。在没有水的情况下，怎样引水灌溉？

除了观察四周的地形，进行挖井之外，挖井也需要一定的技能，不是随便挖成什么样子都行，而必须根据地理环境，所谓的具体环境具体分析，就是如此。另外，还要善于挑选勇武力大的兵士，他们是军队的主力，没有他们，战争不可能取得胜利。而要想让他们心甘情愿地为国家出力，首要的就是解除他们的后顾之忧，安排好他们的家眷。只有他们的家眷生活得好，他们就会因感激国君而效忠他。这体现了墨子善于用兵之道，他知道怎样才能抓住人心。

从这篇文章中我们可以看出墨子是一个优秀的政治家、军事家。

※ 事例

“水”可以富国，也可以亡国。我们怎样利用水，这是一个国家兴盛衰败的重要因素。

智瑶用水进攻

智瑶向韩康子提出割地要求，韩康子把一块有万户人家的土地割给了他。

智瑶大喜，果然又向魏桓子提出割地要求，魏桓子也把一块有万户人口的土地割给他。

紧接着，智瑶又向赵襄子索要蔡和皋狼两处土地。赵襄子不给。智瑶勃然大怒，率领韩、魏的军队进攻赵氏。

赵襄子逃到晋阳后，智瑶、韩康子、魏桓子三家便围住晋阳，引水灌城。城墙头只剩六尺露出水面，锅灶泡在水中，青蛙四处乱跳，但百姓都没有叛变之心。

智瑶巡视水势，魏桓子为他驾车，韩康子持矛居右。

智瑶说：“我今天才知道，水，可以亡国呀。”

这时，赵襄子派遣张孟谈秘密出城，来见韩、魏二人，说道：“我听说唇亡则齿寒。现在智瑶率领韩、魏两家进攻赵家，赵家一亡，就该轮到你们两家了。”

韩康子、魏桓子说：“我们也知道会这样。怕只怕事情还未办好而计谋先泄露了出去，那么大祸就要临头了。”

张孟谈说：“计谋出自两位主公之口，只进入我一人耳中，有什么妨害呢？”

于是两人秘密地与张孟谈商议，约定好起事的日子，然后便让他回城了。

夜里，赵襄子派人杀死智军守堤官吏，决开堤口，让大水倒灌入智瑶军营。智瑶军队为救水乱作一团，韩、魏两军乘机从两边杀来，赵襄子率兵从正面攻击，大败智瑶之军，杀了智瑶，又将智氏族人尽行诛灭。

备突[1]

※ 原文

城百步一突门，突门各为窑灶，窦入门四五尺，为其门上瓦屋，毋令水潦能入门中。吏主[2]塞突门，用车两轮，以木束之，涂其上，维[3]置突门内，使度[4]门广狭，令之入门中四五尺。置窑灶，门旁为橐，充灶伏[5]柴艾，寇[6]即入，下轮而塞之，鼓橐而熏之。

※ 注释

1《备突》是墨子研究城池防守战术的篇章之一。主要讲如何防备敌人从城墙"突门"攻入的战术方法。2 主：掌管。3 维：以绳悬挂。4 度：考虑，根据。5 "伏"应作"状"。6 寇：敌人。

※ 译文

城墙内每百步设置一处"突门"，每一"突门"都设有窑灶，灶的洞口进入突门四五尺的地方，突门顶部盖上瓦片，不让雨水流入门内。军吏掌管堵塞突门，方法是：用木头捆住两个车轮，上面涂上泥，用绳索将其悬挂在突门内，根据门的宽窄，使车轮挂在门中四五尺的地方。砌上窑灶，门旁设置皮风箱，灶中用柴火艾叶堆满，敌人攻进来时，就放下车轮堵塞住，点燃灶里的柴火，鼓动风箱，用烟火熏烤来犯的敌人。

※ 解读

《备突》这篇文章主要是讲如何防备敌人从城墙"突门"攻入的战术方法。我们知道一个国家的防守最重要的是城墙的防守，怎样才能防守好城墙呢？首先要先设置一个"突门"，突门顶部还盖上瓦片。其次要有军吏来掌管堵塞突门，并且详细地介绍了这个方法。

从"为其门上瓦屋，毋令水潦能入门中"这句话中我们可以看出这个"突门"主要是为了实用，甚至连下雨都被考虑进来，这也反映了墨子是一个思维缜密的人，也许是手工业出身的他，天生就对老百姓有一定的同情吧！他把一切可能的情况都考虑了进来。

在介绍堵塞突门的方法是，他介绍得如此清楚，首先这是他作为一个小生产者对生活的细致观察，另外也反映了他对各种知识的综合运用，比如说"使度门广狭，令之入门中四五尺”，这是利用了数学知识，他如果没有一定的数学基础，不可能做出如此精确的分析。

※ 事例

守城最重要的是思维缜密，墨子设置突门就是一个典型的例子，甚至连下雨都被考虑进来了。现在我们看看张巡是如何破敌的。

张巡破敌

叛军将领令狐潮带兵在雍丘围困张巡，张巡率众坚守了四十多天，与朝廷完全断绝了联系。令狐潮知道唐玄宗一行已逃往蜀中后，便又写信召张巡投降。张巡部下六员大将，官职都是开府、特进，他们劝张巡道："我军兵力不足，难以抵抗敌军，而且现在还不知道皇帝的生死情况，不如投降。张巡假装同意。第二天，张巡命人在堂上悬挂唐玄宗的画像，率领将士朝拜，大家都哭了起来。接着，张巡把那六位大将带到前面，责备他们想投降叛军，不忠不义，然后斩了他们。从此以后，军心更加坚定。

城中的箭已经用完，敌军攻城甚紧，张巡心生一计，命令士卒用稻草扎成一千多个草人，全部穿上黑色衣服，夜晚再将这些草人全部放到城下，令狐潮的军士以为官军出城偷袭，便万箭齐发。很久以后，他们才知道被射的全是草人。后来，张巡又用绳子把人放下城头，叛军大笑，还以为与上次一样是草人，便不加防范，于是张巡用绳子放下五百敢死军士，袭击叛军营帐，叛军顿时大乱，烧掉营帐逃命，张巡率兵追赶了十多里才返回。令狐潮败退之后，恼羞成怒，便增加兵力，又把雍丘团团围住。

张巡让郎将雷万春在城头跟令狐潮对话，话还没有说完，叛军乘机用箭射击雷万春，雷万春脸中六箭，仍然挺立不动。令狐潮怀疑是木头人，就派人去侦察，证实的确是雷万春，非常惊异，就远远地对张巡说："刚才看到雷将军，才知道您的军令是多么威严，然而上天要让唐灭，您这样又有何益呢？"张巡还击道："你已不懂人伦道德，怎么会知道上天的旨意呢！"不久，张巡又带兵出战，捉住敌将十四人，杀死士兵一百多人。于是令狐潮率军乘夜逃跑，退守陈留，不敢再来交战。

备穴[1]

※ 原文

禽子再拜再拜曰："敢问古人有善攻者，穴土而入，缚柱施火，以坏吾城，城坏，或[2]中人为之奈何？"

子墨子曰：问穴土之守邪？备穴者城内为高楼，以谨候望适人。适人为变筑垣聚土非常[3]者，若彭有水浊非常者，此穴土也。急堑城内，穴其土直之。穿井城内，五步一井，傅城足。高地，丈五尺，下地，得泉三尺而止。令陶者为罂，容四十斗以上，固顺[4]之以薄鞈革，置井中，使聪耳者伏罂而听之，审知穴之所在，凿穴迎之。

※ 注释

1《备穴》是墨子研究城池防守战术的重要篇章之一，主要讲述如何防备敌人通过隧道来攻城的战术方法。2 "或"应作"城"。3 非常：不同于常情。4 "顺"应作"幎"，蒙住。

※ 译文

禽滑釐行了两次再拜礼之后说："请问，古代有善于攻城的人，从地下挖隧道到城墙下，绕隧道里的支柱放火，隧道塌顶，以这种方法塌毁城墙，城墙毁坏了，城中人该怎么对付呢？"

墨子回答说：你问的是对付用打隧道来攻城的防守方法吗？对付打隧道的攻城方法是首先要在城内修建高楼，用来密切观察敌情。敌方改变了战术，修筑掩体墙而积聚土石就不同于一般情形，或者在四周有与平常不同的浑浊泥水，这便是敌人在地下挖隧道。如果知道敌人隧道的确切方位，就赶快在城内对着敌人隧道方向挖沟和隧道以防范它。如果还不能准确判断敌人挖隧道的方位，就在城内挖井，每隔五步挖一井，要靠近城墙墙基。地势高的地方掘深五尺，地势低的地方，打到出水，有三尺深就够了。命令陶匠烧制中间大口儿小的坛子，大小能容纳四十斗以上，用薄皮革蒙紧坛口，放入井内，派听觉灵敏的人伏在坛口上静听传自地下的声音，确切地弄清楚敌方隧道的方位，然后挖隧道与之相抗。

※ 原文

令陶者为月明[1]，长二尺五寸，六围，中判之，合而施之穴中，偃一，覆一。柱之外善周涂其傅柱者，勿烧。柱者勿烧。柱善涂其窦际，勿令泄。两旁皆如此，与穴俱前。下迫地，置康若灰其中，勿满。灰康长五[2]窦，左右俱杂，相如也。穴内口为灶令如窑，令容七八员艾，左右窦皆如此，灶用四橐。穴且遇，以颉皋冲之，疾鼓橐熏之。必令明习橐事者，勿令离灶口。连版，以穴高下，广陕为度，令穴者与版俱前，凿其版令容矛，参分其疏数[3]，令可以救窦。穴则遇，以版当[4]之，以矛救窦，勿令塞窦。窦则塞，引版而却，过一窦而塞之，凿其窦，通其烟，烟通，疾鼓橐以熏之。从穴内听穴之左右，急绝其前，勿令得行。若集客穴，塞之以柴，涂，令无可烧版也。然则穴土之攻败矣。

※ 注释

1 “月明”应作“瓦窦”，瓦管。2 “五”应作“亘”。3 参分其疏数：意为使其疏密相间。4 当：犹“挡”，抵挡。

※ 译文

命令陶器匠烧制瓦管，每根长二尺五寸，粗六围，从中剖开为两块，合起来安装在隧道里，两块上下合成圆柱。在圆柱的外面妥善地用泥涂好缝隙，那些已合成圆柱的暂不要点火。圆柱连成长管后还要在接口处四面涂泥，不要使它漏烟。在隧道的两边都安装这样的瓦管，随隧道而延伸。瓦管还要紧贴地面，在瓦管中备有糠头和炭末，不要装满堵死。但要沿管道一路装去，不可中断，同时要调放均匀。隧道口砌灶，须使灶的形状与烧陶器的窑差不多，使它能装下七八把艾草团，左右两边的瓦管道口都是如此。灶用四个皮风箱送风。敌我双方隧道将要相接时，就用叫“颉皋”的武器冲破土层，立即鼓动风箱薰敌。一定要派能非常熟练操作风箱者掌用风箱，也不要让他们离开灶口。拼连木板，以隧道的高度和宽度为标准，命令打隧道的兵士带着拼板一起往前，在拼板上打有孔眼，孔眼大小能使长矛通过，还要有稀有密，以便能用它抢救敌人对瓦管的破坏。敌我双方隧道一旦打通，就用拼板阻挡敌人，从孔中伸出长矛抢救瓦管，不让敌人堵塞管道。假若管道被敌人堵塞，就拉着拼板退后一节瓦管阻挡敌人，凿开被堵的瓦管，使烟气畅通。烟一通，就加速鼓动风箱熏敌。同时在隧道内还要注意仔细审听左右两边传来的声响，一旦发现情况，立即设法断绝阻挡敌人向前。如若冲到敌方隧道，就用涂了泥的木柴堵住敌人，不让敌人烧我拼板。这样一来，敌人用打隧道的方法来攻城就被破解了。

※ 原文

寇至吾城，急非常也，谨备穴。穴疑有，应寇，急穴。穴未得，慎毋追。凡杀以穴攻者，二十步一置穴，穴高十尺，凿十尺，凿如前，步下三尺，十步拥穴，左右横行，高广各十尺。

杀，俚[1]两罂，深平城，置板其上，册板以井听。五步一密，用揄若松为穴户，户穴[2]有两蒺藜，皆长极其户。户为环，垒石外埻[3]，高七尺，加堞其上。勿为陛与石，以县陛上下出入，具炉橐，橐以牛皮，炉有两甀，以桥鼓之，百十[4]每亦熏四十什[5]。然炭杜之，满炉而盖之，毋令气出。适人疾近五百[6]穴，穴高若下，不至吾穴，即以伯[7]凿而求通之。穴中与适人遇，则皆圉而毋逐，且战北，以须炉火之然也，即去而入壅穴。

※ 注释

1 俚：犹“埋”。2 “穴”应作“内”。3 “埻”应作“垺”，围墙。4 “百”字前漏一“重”字；“十”应作“斤”。5 “每亦熏”应作“毋下重”；“什”应作“斤”。6 “五百”应作“吾”。7 “伯”应作“倚”。

※ 译文

如果敌人已兵临城下，军情紧急已非同寻常，要谨防敌人挖隧道攻城。敌人一有挖隧道的迹象，就应赶紧打隧道来与之相对抗。如还没有确切弄清敌人隧道的方位，我方隧道就要慎挖，不要盲目往前打。凡是对付以隧道进攻的敌人，就每隔二十步挖一隧道，隧道高十尺、宽十尺。向前开挖时，每步向下低三尺，深入十步就向两边横向开挖支道，名叫“拥穴”，高和宽也分别为十尺。

破敌的隧道，埋下两个坛子，深度使坛口与地面平齐，用木板盖在坛口，用来听取地下传来的声响。察听敌人打隧道用的井，每五步挖一个，每条隧道口都装有用柗和松两种木材做成的隧道门，门内安上两个蒺藜，蒺藜的长度与门的高度一致。门上装上铁环，门外用石头垒成围墙，高七尺，围墙上加砌锯齿状矮墙。围墙内不要修筑阶梯和垒石块，用吊梯上下出入，筑炉灶和安置风箱，风箱用牛皮制作，采用杠杆鼓动风箱，炉中置备有煤，重四十斤。用燃烧着的木炭给煤助燃，装满炉灶就盖起来，不使烟气外泄。敌人隧道快要与我方接通时，根据敌方隧道与我隧道上下方位的情况，分别向上或向下开挖以求开通。在隧道中与敌人相遇，只抵抗而不要驱赶敌人，甚至还可以假装败退，等待炉火燃烧，炉火一燃，就立即离开敌人进入壅穴中。

※ 原文

杀，有鄤䍜[1]，为之户及关籥独顺[2]，得往来行其中，穴垒之中各一狗，狗吠即有人也。

斩艾与柴长尺，乃置窯灶中，先垒窑壁，迎穴为连[3]。凿井傅城足，三丈一，视外之广陕而为凿井，慎勿失。城卑穴高从穴难。凿井城上[4]，为三四井，内新甐井中[5]，伏而听之。审之知穴之所在[6]，穴而迎之。穴且遇，为颉皋，必以坚材为夫，以利斧施之，命有力者三人用颉皋冲之，灌以不洁十余石。趣伏此井中，置艾其上，七分[7]，盆盖井口，毋令烟上泄，旁其[8]橐口，疾鼓之。

以车轮辒[9]。一束樵，染麻索涂中以束之。铁锁，县正当寇穴口。铁锁长三丈，端环，一端钩。

※ 注释

1 “閵”应作“窜”。2 “独顺”应作“绳幎”，指机关。3 “连”字后疑漏一“版”字。4 “上”应作“下”。5 “甐”应作“瓾”，蒙皮的坛子。6 “审”后疑漏一“之”字。7 “分”应作“八员”，七分，当为“七八员”。8 “其”应作“立”。9 “辒”前疑漏一“为”字。

※ 译文

在隧道中建构“偃穴”，设置门和关锁的机关，要让狗能够在其中往来行走，每个隧道中放一条狗，狗一叫就说明有人。

在炉灶中，放置砍切成一尺为一段的艾草与木柴，先垒石砌成灶壁，对着隧道把木板拼接好。紧靠城墙的基础部位打井，每三丈远掘一口井，要根据地形的宽窄打井，要谨慎不可大意。城基深而洞口位置高，那么隧道开凿就很困难。在城墙下掘井三四口，把蒙了皮的坛子装入井内，将耳朵贴在坛口静听地下传来的声响。确切弄清了敌人隧道的方位后，就从城内打隧道与之相对。敌我两方隧道快要接通时，一定要用坚硬的材料做成冲杆，做成颉皋，冲杆上装有锋刺的斧头，命令三个勇猛有力的人使用颉皋冲击敌方隧道土层，一旦打通，就将十几担糠、屎之类不干不净的东西灌入敌方隧道。把人员紧急埋伏在隧道井中，在上面堆放七八捆艾草，用大盆盖上井口，不要叫烟火上冒旁出，在旁边装有风箱，迅疾地向敌方隧道鼓烟。

用车轮扎成“轒辒”。用木头连成一体，将麻索浸湿涂上泥捆扎车轮。用铁链将轒辒悬挂在敌人进攻的隧道口。铁链长三丈，一端结成环，一端安上挂钩。

※ 原文

偃穴高七尺五寸，广柱间也[1]尺，二尺一柱，柱下傅舄[2]，二柱共一员十一[3]。两柱同质，横员士。柱大二围半，必固其员士[4]，无柱与柱交者。

穴二窯，皆为穴月屋[5]，为置吏、舍人各一人，必置水。塞穴门，以车两走为蒀，涂其上，以穴高下广陕为度，令人穴中四五尺，维置之。当穴者客争伏门，转而塞之。

为窯容三员艾者，令其突入伏[6]。伏傅突一旁，以二橐守之勿离。穴矛以铁，长四尺半，大如铁服说，即刃之二矛。内[7]去窦尺，邪凿之，上穴当心，其矛长七尺。穴中为环利率，穴二。

※ 注释

1 “也”应作“七”。2 傅舄：垫上垫块。3 “员十一”应作“员士”。4 “员士”应作“负土”。5 “月屋”应作“门上瓦屋”。6 “伏”后疑掉一“尺”字。7 “内”应作“穴”。

※ 译文

偃穴距离地面七尺高，口径五寸，洞穴两边各设支柱，支柱与支柱之间为七尺，每隔二尺设一对支柱，支柱下面垫上垫块，两个支柱上端共一个顶板，名叫“负土”。下面也都一样垫上垫块，顶板“负土”要横着安放。支柱粗二围半，一定要把顶板装牢固，也不要让柱与柱相交。

每条隧道口设两个灶，灶上都要盖上瓦顶，安排小吏和帮手各一人，一定要备足了水。阻塞隧道口的方法，是用两个车轮扎成轒辒涂上泥，以隧道的宽窄情形为依据，让它在隧道中四五尺处的地方用绳索悬挂起来。当攻打隧道的敌人抢入我方伏门时，就转动悬挂轒辒的辘轳，放下轒辒堵住敌人。砌筑能容下三大团艾草的炉灶，使敌方的突击队员进入我方伏击圈，我方隐伏在突门一边，守住风箱不可离开。用铁铸造隧道中使用的短矛，长四尺半，大小与“铁服说”相同，“铁服说”就是古代兵器中的“酋矛”和“夷矛”两种矛。在离隧道口一尺的地方，要倾斜着掘进，隧道向下打到地心，所用矛长七尺。隧道中安置上下牵引用的环索，每条隧道安装两种这样的环索。

※ 原文

凿井城上[1]，俟其身[2]井且通，居版上，而凿其一徧，已而移版，凿一徧。颉皋为两夫，而旁貍其植，而数[3]钩其两端。诸作穴者五十人，男女相半。五十人。攻内为传士之口[4]，受六参，约枲绳以牛[5]其下，可提而与[6]投。已则穴七人守退垒之中，为大庑一，藏穴具其中。难穴，取城外池唇木月散之什[7]，斩其穴[8]，深到泉，难近穴，为铁鈇，金与扶林长四尺，财自足[9]。客即穴，亦穴而应之。

为铁钩钜长四尺者，财自足，穴徹，以钩客穴者。为短矛、短戟短弩、矢，财自足，穴彻以斗。以金剑为难，长五尺，为銎、木尿；尿有虑枚，以左客穴。

戒持罂，容三十斗以上，貍穴中，丈一[10]，以听穴者声。

※ 注释

1 “上”应作“下”。2 “身”应作“穿”。3 “数”应作“敷”，安装。4 “内”应作“穴”；“士”应作“土”；“口”应作“具”。5 “牛”应作“绊”。6 “与”应作“举”。7 “月”应作“瓦”；“什”应作“外”。8 “穴”应作“内”。9 财自足：意为适用即可。10 “丈一”前疑掉一“三”字。

※ 译文

在城墙下掘井，等到靠近身边快要穿通时，就在版上斜凿一边，凿完就移动坐版开凿另一边。颉皋做成两端，旁边栽上立柱，把钩子安装在两端。打隧道者每队五十人，男女各半。打隧道要用能装土石六竹箕的传运工具，用绳子兜住底部，可以提起将土倒出去。隧道工程中止后，每条隧道里凿有供休养的洞垒，由七人在其中守护，建大屋一间，将打隧道的各种工具收藏在里面。要阻止敌人打隧道，先捡取护城河边的木石瓦砾撒散在城墙外，城内开挖壕沟，深度打到冒出地下水，在接近敌方还未打通的隧道狙击敌人，要制造铁斧，斧头连同斧柄共长四尺，这种斧的数量不必过多，只要够用即可。如果敌人挖隧道，我方就以相对的隧道应战敌人。

还要制作长度为四尺的铁钩钜巨，也只要够用即可，不要多造，隧道与敌方接通时，用这种武器钩打敌方兵士。制造短矛、短戟、短弓、短箭也都只求够用不必多造，敌我隧道一接通，打隧道的人就可以拿它们与敌人战斗。在隧道里还可以使用一种叫“金剑”的武器，因在隧道中使用，只长五尺，要有装柄的孔眼，用木做柄；木柄上手握的部位刻上浅槽与齿纹，用这种武器狙击敌人打隧道。

再备制大瓦坛，容量在三十斗以上，埋放在井洞中，每三丈一个，用来听取敌人挖隧道的声音。

※ 原文

为穴，高八尺，广[1]，善为傅置。具全、牛交稾皮及坊[2]，卫穴二，盖陈靃及艾，穴彻熏[3]之。

斧金[4]为斫，杘长三尺，卫穴四。为垒，卫穴四十，属四。为斤、斧、锯、凿、钁[5]，财自足。为铁校，卫穴四。

为中橹，高十丈[6]半，广四尺。为横穴八橹盖[7]。具稾枲，财自足，以烛穴中。

盖持醯[8]，客即熏，以救目。救目分方凿穴，以益[9]盛醯置穴中，文盆毋少四斗。即熏，以自临醯上及以洒目[10]。”

※ 注释

1 “广”字后漏了“八尺”二字。2 “仝”应作“炉”；“交”应作“皮”；“橐”应作“橐”；“皮及”应作“及瓦缶”。3 “熏”前疑漏一“以”字。4 “金”前疑漏一“以”字。5 “鑺”应作“钁”，大锄。6 “丈”应作“尺”。7 “八”应作“大”；“盖”应作“苣”。8 “盖”应作“益”；“醢”应作“醯”，酒。9 “益”应作“盆”。10 “自”应作“目”；“洒”应作“酒”。

※ 译文

挖掘隧道，高宽各八尺，妥善立好支柱，安置好炉灶、牛皮风箱以及瓦钵等物，每条隧道都备有两套。灶中装满藿香、艾草等，敌我隧道一接通，就立刻烧烟熏敌。

用金属制作斧头，木柄三尺长，每条隧道备上四把。制备盛土用的竹笼，每条隧道要备四十个，锄头之类四把。配备斧头、锯子、凿子、大锄等工具，数量只求够用，不需多。配备大剪刀，每个隧道四把。

制作中等大小的盾牌，高十尺半，宽四尺。制备横放在隧道中阻挡敌人的大拼板。预备禾秆、麻梗，不必贪多，够用即可，用来在隧道中照明。

还要配备一种名叫“醯”的酒，敌人一攻来就要用烟熏，这种酒用来救护自己兵士的眼睛。我方战士眼睛的熏伤一解除，就赶紧向各方开挖隧道，用盆装上“醯”放置在隧道里，大盆不要少于四斗的容量。如果烟一熏，就低头看着盆中的“醯”酒，用来保护好眼睛。

※ 解读

《备穴》这篇文章主要是讲怎样对付敌人用打隧道来攻城的方法，这里主要讲了备穴中挖隧道和听音两种。怎样挖隧道？怎样听音？挖隧道需要具备哪些条件？听音需要具备什么？这些东西看似简单，其实很困难，而墨子却能做到，这需要多种知识的总和。也就是说墨子不仅是一个政治家、军事家，而且应该是一个全才，他什么都很精通。

从“盖持，客即熏，以救目”这句话中我们可以知道他甚至连医学都通晓。在春秋繁露郊语篇中说：“人之言，醯去烟。”我们知道醯是一种易挥发的酒类，如果它不易挥发，那么对眼睛就不利。

※ 事例

《备穴》这篇主要是针对敌人挖隧道的方法而采取的防守之术。现在我们来看看韦孝宽是怎么守城的。

韦孝宽守城

公元546年十月，东魏丞相高欢征讨玉壁，日夜不停，西魏韦孝宽只是随机应变而已。高欢在城的南面堆起土山，想趁机攻入城中。城上本来就有二层，韦孝宽绑起木材接在楼上，常保持比土山高的高度来防卫。他还挖地道十条，又用术士李业兴的《孤虚法》，集中进攻他们的北面。北面，是天设地造的险要地段。

韦孝宽便让人挖掘很长的深坑，选精锐战士驻守在深坑上。每次敌人的军队穿过深坑，上边的战士就杀死他们。又在深坑外面堆积木柴备好火种，敌人有留在地道内的，就塞下火柴投下火把，并用皮囊吹气，烟火进入地道，在中间的敌人都被烧死了。敌人又用冲车来撞城门，车一撞上，城墙没有不被撞坏的，韦孝宽便让人用布缝成大帷幔，冲车到哪，帷幔便到哪，由于它是悬空的，所以撞不坏。敌人又在竹竿上绑上松枝、麻骨等易燃的东西。灌上油点火去烧布幔，并且想把城楼烧毁。韦孝宽于是做了一些长钩子，用尖利的刀刃做钩刀，敌人的火竿快来时，就用利钩远远地把它割断，松薪、麻骨便都掉落下来了。敌人又在城的四面凿了二十条地道，中间立有梁柱，然后放火烧它，梁柱折断，城墙便崩毁。他便在崩塌的地方竖立木栅来抵御，敌人仍然不能攻进城。外面用尽了进攻之能事，而城中仍有余力来守住。

接着，他又抢占了高欢的土山。高欢无奈，只好派仓曹参军祖珽去向他们规劝，说："你独守孤城，而西边也没有人来救援你们，恐怕终究无法保全，为何不早点投降呢？"他回答说："我们的城池严密坚固，军队粮食也绰绰有余。你们进攻是自找苦吃，我们守城的倒是安逸自如，哪里有十天半个月就已经需要援救的道理！倒是担心你们部队有不能返回的危险。韦孝宽是关西的男子汉，绝不会做投降的懦夫！"祖珽又对城中的人说："韦城主受到朝廷丰厚的俸禄，或许还可能有如此的忠心，你们是从外面来的，有什么必要跟随受苦受难，牺牲生命？"于是用箭射招募人的赏格到城中，说："能杀掉城主来归降的，让他做太尉，并且封做开国郡公，赏良布一万匹。"

东魏总共进攻了五十天，士卒作战牺牲和病死的总共有七万人。十一月初一，高欢撤退。

迎敌祠[1]

※ 原文

敌以东方来，迎之东坛，坛高八尺，堂密八[2]；年八十者八人，主祭青旗；青神长八尺者八，弩八，八发而止；将服必青，其牲以鸡。敌以南方来，迎之南坛，坛高七尺，堂密七；年七十者七人，主祭；赤旗、赤神长七尺者七，弩七，七发而止；将服必赤，其牲以狗。敌以西方来，迎之西坛，坛高九尺，堂密九；年九十者九人，主祭；白旗、素神长九尺者九，弩九，九发而止；将服必白，其牲以羊。敌以北方来，迎之北坛，坛高六尺，堂密六；年六十者六人，主祭；墨旗、黑神长六尺者六，弩六，六发而止；将服必黑，其牲以彘。从外宅诸名大祠，灵巫或祷焉，给祷牲[3]。

※ 注释

1 《迎敌祠》是墨子探讨城池防守方法的篇章之一。它主要讲述迎敌前的各种祭祀规则，对巫师卜师的态度，誓师形式以及各级官吏、将士的职守和有关布防问题。2 堂密八：宽深也为八尺。3 祷牲：祭祀祈祷的祭品。

※ 译文

敌人从东方来，就在东方的祭坛上迎祭神灵，坛高八尺，宽深也各八尺；年龄八十岁的老人八个，主持祭青旗的仪式，安排八位八尺高的东方神，弓箭手八个，每个弓箭手射出八支箭；将领的服装一定要是青色的，用鸡作祭品。敌人从南方来，就在南方的祭坛上迎祭神灵，坛高七尺，宽深也各七尺；安排七个年龄七十的人主持祭赤旗的仪式；准备七尺高的南方赤神七尊，弓箭手七个，每人发射七支箭；将领的军服一定要是赤色的，用狗作祭品。敌人从西方来，就在西边的祭坛迎祭神坛高九尺，宽深也各为九尺；九个年龄九十岁的人主持祭白旗的仪式；九尺高的西方白神九尊，九个弓箭手每人发射九支箭；将领的军服一定要是白色的，用羊作祭品。敌人从北方来，就在北方的祭坛上迎祭神灵，祭坛高六尺，宽深各为六尺；由六位年龄六十岁的人主持祭黑旗的仪式；高六尺的北方黑神六尊，六个弓箭手每人各发六支箭；将领的军服一律为黑色，用猪作祭品。从外面所有有名的大祠堂起，灵验的巫师可能在那里祈祷神灵，要供给他们祭品。

※ 原文

凡望[1]气，有大将气，有小将气，有往气，有来气，有败气，能得明此者可知成败、吉凶。举巫、医、卜有所长，具药，宫之[2]，善为舍。巫必近公社，必敬神之。巫、卜以请守[3]，守独智巫、卜望气之请而已。其出入为流言，惊骇恐吏民，谨微察之，断罪不赦。

牧[4]贤大夫及有方技者若工，弟之。举屠、酤者置厨给事，弟之。凡守城之法，县师受事，出葆[5]，循沟防，筑荐通途，修城，百官共财，百工即事，司马视城修卒伍。

设守门，二人掌右阉，二人掌左阉，四人掌闭，百甲坐之。

城上步一甲、一戟，其赞三人。五步有五长，十步有什长，百步有百长，旁有大率，中有大将，皆有司吏卒长。城上当阶，有司守之。移中中处，泽急而奏之。士皆有职。

※ 注释

1 望：占望。2 宫之：提供住房。3 “请”字后疑漏一“报”字，将实情报告守将。请：读为“情”。4 “牧”应作“收”。5 出葆：视察堡垒。

※ 译文

以气占望，有大将气，有小将气，有往气，有来气，有败气等种类的区别，能明白这些“气”的分别的人可以预先知道成功、失败，吉祥和凶险。所有有专长的巫师、医师和占卜的人，要根据他们的特长，置备药物，供给住房，妥善安排居处。巫师住的地方一定要靠近祭土地神的地方，一定要把神灵当神灵来敬重。巫师和卜师将实情报告给守将，只能让守城主将知道其占望的结果，不要让其他人知道。如果巫师卜师出入制造传播流言，弄得官民惊恐不安，就要谨慎地暗中侦察，处罚那些制造传言的巫师卜师，不要赦免他们的罪过。

将贤大夫和有专长的种种技师集中起来，给予相应的第等。挑选屠夫，酿酒人安排到厨房供职，也要给予职务等级。一般守城的法规，县师负责视察堡垒，巡视河沟城防，阻塞敌人的道路，修缮城墙，所有大小官吏要供应战争所需的钱财粮饷，所有有手艺的人都要各施所长，司马根据城防情况布派兵士守门，二人掌管城门右边门扇，二人掌左边门扇，四人共同掌管开关城门的职责，百名带甲的兵士坐守城门。

城墙上每一步派一个带甲的兵士，一个拿戟的兵士，另加三个帮手。每五步安排一个伍长，每十步安排一名什长，百步任命一名佰长。在城的四面，每面有一个大帅，城的中央有大将指挥。这样逐级都有首领和各自的职责。在上城墙的阶梯处，城上有专职的官兵把守。将文书簿籍转移到合适的地方，选取紧急重要的部分上报。军士也都有各自的职守。

※ 原文

城之外，矢之所逮，坏其墙，无以为客菌。三十里之内，薪蒸、水[1]皆入内。狗、彘、豚、鸡食其肉，敛其骸以为醢，腹病者以起。城之内，薪蒸庐室，矢之所逮，皆为之涂菌。令命昏纬狗纂马，掔纬。静夜闻鼓声而噪，所以阉客之气也，所以固民之意也，故时噪则民不疾矣。祝、史乃告于四望、山川、社稷，先于戎，乃退。公素服誓于太庙，曰：“其人为不道，不修义详，唯乃是王[2]，曰：‘予必怀亡尔社稷，灭尔百姓。’

二参子尚夜自厦[3]，以勤寡人，和心比力兼左右，各死而守。”既誓，公乃退食。舍于中太庙之右，祝、史舍于社。百官具御，乃斗[4]，鼓于门，右置旂，左置旌于隅练名。射参发，告胜，五兵咸备，乃下，出挨[5]，升望我郊。乃命鼓，俄升，役司马射自门右，蓬矢射之，茅[6]参发，弓弩继之；校自门左，先以挥，木石继之。祝、史、宗人告社，覆之以甑。

※ 注释

1 “水”应作“木”，前疑有一“材”字。2 “乃”应作“力”；“王”应作“上”。“唯乃是王”：唯力是尚。3 “厦”应作“历”。4 “斗”应作“升”，于是上庙。5 “挨”应作“俟”。6 “茅”应作“矛”。

※ 译文

在城外，箭能射到的地方，要把墙统统推倒，以免成为敌人的防御工事。三十里以内，所有柴草树木一律运进城内。狗、猪、鸡，吃掉其肉，将其骨头收集起来制成酱，肠胃有病的可以用它治病。在城内，凡是柴草堆和房屋，只要从城外，箭能射到的地方，都要抹上一层泥。命令在黄昏之后，城内人拴住狗，套住马，务必拴套牢实。夜深人静之时一听到鼓声就一齐呐喊，用来压制敌人的气焰，同时也用来稳定自己的民心，这样老百姓就不会惊扰不安了。太祝和太史官在战前要祭告四周的山川和宗庙，然后才退出。诸侯穿着白祭服在太庙誓师。誓词说：“某人干不合道义的事情，不修仁义，一味崇尚武力，还说：‘我一定要灭掉你的国家，消灭你的百姓万民。’我的几位大臣尚自我勉励，勤力辅助我，率领部下齐心协力，誓死保守国土。”誓师结束，诸侯才退下用餐。临时住在中太庙的右边房舍中，太祝和太史临时住在社庙。其他百官各奉其职，上庙，在庙门击鼓，门的右边插上旗，左边插上旌旗，在门的左右角布置铭识。兵士们发射三箭，祈祷胜利，各军兵种一应齐备，仪式结束后下太庙，出外等候登上城门台观望城郊的情景。接着命令击鼓，一会儿登上门台，役司马从门的右边向天地四方发射用蓬蒿制成的箭，拿矛的兵士则用矛向空中刺三下，接着弓箭手向空发射；军校从门的左边先进行一种制胜的巫术“挥”，然后木头擂石齐下。太祝、太史，礼官向社庙祭告，然后将祭品用做饭的陶器甑盖起来。

※ 解读

《迎敌祠》是墨子探讨城池防守方法的篇章之一。它主要讲述迎敌前的各种祭祀规则，对巫师卜师的态度，誓师形式以及各级官吏、将士的职守和有关布防问题。

墨子的一个主要观点是天志、明鬼，也就是对鬼神的敬重，他认为鬼神是确实存在的，因此他主张在战争之前，要进行各种祭祀活动，希望鬼神能帮助他们取得成功，祭祀必须有诚意，因此在对待巫师卜师时，要尽量满足他们的各种要求，让他们尽心尽力为国家办事，而且祭祀要虔诚，一定要对鬼神持敬重的态度。祭祀的虔诚度直接影响战争的胜败。

※ 事例

祭祀要虔诚，对待国家的大事小事都要尽心尽力。不能不管百姓的死活，最终积怨太多，必遭杀戮。秦二世为什么会被杀？就因为他从来不关心国事，不管百姓的死活，任由赵高胡作非为，最终恶有恶报，被赵高所杀。

秦二世胡亥之死

自函谷关以东，大致上都背叛秦朝官吏，回应诸侯；诸侯也都各自统率部众向西进攻。八月，刘邦率几万人攻打武关，屠灭了全城。赵高恐怕秦二世为此发怒，招致杀身之祸，就托病不出，不再朝见二世。

二世有一天梦见一只白虎咬死他的左骖马，于是心中闷闷不乐，便询问占梦的人。解梦人卜测说："是泾水神在作祟。"二世于是就在望夷宫实行斋戒，想祭祀泾水神，还将四匹白马沉入河中。而赵高则暗中与女婿咸阳县令阎乐、弟弟赵成商议说："我打算更换天子，改立二世兄长的儿子子婴为皇帝。子婴为人仁爱俭朴，百姓们都尊重他说的话。"于是派阎乐率领官兵一千多人来到望夷宫殿门前，将卫令仆射捆绑起来，说："大盗进里面去了，为什么不拦住？"卫令说："宫殿四周设有卫兵，怎么会有盗贼敢溜入宫中啊！"阎乐于是斩杀卫令，带兵径自闯进宫去，边走边射杀郎官和宦官。郎官、宦官惊恐万状，有的逃跑，有的抵抗，而反抗者即被杀死，结果死了几十人。郎中令和阎乐一同入内，箭射二世的帐篷、帷帐。二世怒不可遏，召唤侍候左右的卫士，但近侍卫士都慌乱不堪，不敢上前格斗。如今二世身旁只有一名宦官服侍着，二世遂入内对这名宦官说："你为什么不早告诉我呀，事情已经演变到步田地了！"宦官道："我不敢说，所以才能保全性命；倘若我早说了，已经被您杀掉了，哪还能活到今日！"阎乐这时走到二世面前，数落他说："您骄横放纵，滥杀无辜，天下人都背叛了您，您自己看着办吧！"二世说："可以见见丞相吗？"阎乐说："不可以！"二世说："我希望得到一个郡来称王。"阎乐也不准许。二世又道："我愿意做万户侯。"阎乐仍不答应。二世于是说："那么我甘愿与妻子儿女去做平民百姓，像各位公子的结局那样。"阎乐道："我奉丞相的命令，为天下百姓诛杀您，您再多说，我也不敢禀告！"随即指挥他的兵士上前。二世于是自杀了。阎乐回报赵高，赵高便召集全体大臣、公子，告诉他们诛杀二世的经过情形，并说道："秦从前本是个王国，始皇统治了天下，因此称帝。现在六国重又各自独立，秦朝的地盘越来越小，而仍然以一个空名称帝，这个样子是不行的。应还像过去那样称王才合适。”便立子婴为秦王，并用平民百姓的礼仪将二世葬在杜县南面的宜春苑中。

号令[1]

※ 原文

安国之道，道任地始，地得其任则功成，地不得其任则劳而无功。人亦如此，备不先具者无以安主，吏卒民多心不一者，皆在其将长，诸行赏罚及有治者，必出于王公。数使人行劳赐守边城关塞、备蛮夷之劳苦者，举[2]其守卒之财用有余、不足，地形之当守边者，其器备常多者。边县邑视其树木恶则少用，田不辟，少食，无大屋草盖，少用桑。多财，民好食。为内牒[3]，内行栈，置器备其上，城上吏、卒、养，皆为舍道内，各当其隔部。养什二人，为符者曰养吏一人，辨护诸门。门者及有守禁者皆无令无事者得稽留止其旁，不从令者戮。敌人但至，千丈之城，必郭迎之，主人利。不尽千丈者勿迎也，视敌之居曲众少而应之，此守城之大体也。其不在此中者，皆心术与人事参之。凡守城者以亟伤敌为上，其延日持久以待救之至，明[4]于守者也，不[5]能此，乃能守城。

※ 注释

1《号令》是墨子研究城池防守方法的重要篇章之一。全篇带有综合性质，但主要讲述种种军纪、法规、禁令、人员布防和处置的种种具体原则和方法。2 举：汇报，报告。3 “牒”应作“堞”，矮墙。4 “明”前衍出一“不”字。5 “不”应作“必”。

※ 译文

保卫国家安全的途径从利用地理条件开始，地理条件能充分利用就能成功，地理条件不能得到充分利用就会劳而无功。人也是如此，不预先准备好就无法使国主安定，官吏、士兵和百姓不能齐心协力，责任在于将领和官长，所有的赏赐和处罚以及治罪，都应以王公的名义来确定。要多派人慰劳赏赐那些镇守边城、边关和边塞防备蛮夷而又劳苦的将士，视察后报告哪些镇守将帅的军费是有余或者不足，哪些地形应该派兵据守，他们的武器装备应经常保持充足。对于边境地区的州县城市，树木生长不好就要少用木材，土地没有开垦就要节约粮食，没有大屋和草屋的地方就要少砍桑树。经济富裕的地区，老百姓讲究吃喝。城内要构筑矮墙和行栈，城墙上要装置武器装备，守城的头目、士兵、炊事人员都要在城内各自的所属营区安排住宅，每十个人一个炊事员，掌管符信凭证的养吏一人，监察守护各城门，不要让无公事的人在守门人以及担任警察任务的人的旁边逗留，不听从命令的人可以杀掉。每当敌人攻来，城邑在千丈以上的大城，一定要在城市郊区迎战敌人，守城一方才有利；城邑不够千丈的中小城市，不要出城迎敌，但要根据敌人的多少灵活应战，这些都是防守城池的大体原则。以上没有提到的，就根据心术智谋和人事策划两方面的情况权衡处理。所有守城的一方都以迅速歼灭敌人为上策，如果拖延持久，等到敌人的援兵到来，这是不懂得守城的方法，能懂得这些道理才能守城。

※ 原文

守城之法，敌去邑百里以上，城将如今尽召五官及百长，以富人重室之亲，舍之官府，谨令信人守卫之，谨密为故。

及傅城，守城将营无下三百人。四面四门之将，必选择之有功劳之臣及死事之后重者，从卒各百人。门将并守他门，他门之上，必夹为高楼，使善射者居焉。女郭、冯垣一人。一人守之，使重室子。

※ 译文

守城的方法还有：敌人在离城百里之外的时候，守城将领就要把所有的官吏、小军官以及富人、贵戚的亲眷全部集中起来，让他们住到官府里，谨慎地派自己可靠的部下保卫他们，越谨慎机密越好。

等到敌人开始爬城墙强攻的时候，守城将领所在兵营的士兵不得少于三百人。东西南北四个城门的将领一定要选择立过军功，以及为君王和国事效过死力而获得较高荣誉和官职的人担任，每人可带兵一百人。每一方城门的将领如果兼守其他城门，就必须在另一城门上建立起高楼，派善于射箭的士兵守在里面。城上矮墙、冯垣一个一个排列起士兵守护着。让贵家子弟来守。

※ 原文

五十步一击[1]。因城中里为八部，部一吏，吏各从四人，以行冲术及里中。里中父老[2]小不举守之事及会计者，分里以为四部，部一长，以苛往来不以时行、行而不他异者，以得其奸。吏从卒四人以上有分者[3]，大将必与为信符；大将使人行守操信符，信不合及号不相应者，伯长以上辄止[4]之，以闻大将。当止不止及从吏卒纵之，皆斩。

诸有罪自死罪以上，皆逮父母、妻子同产。

※ 注释

1 “击”应作“隔”。2 “父老”后衍一“小”字。3 “者”前疑脱“守”字。4 止：扣押。

※ 译文

每五十步建一个贮藏兵器的“隔”，按照城中街巷分为八部，每部设置一个兵吏，让每个兵吏带领四个人，在城中要道和街巷中巡逻。街巷没有参与守城的人和管理财物出入的中老年人、少年人等人，按街巷分为四部，每部设一首领，让他们盘查来往行人中那些不按规定时间来往或有异常举动的人，以便及时发现和捉拿奸细。带士兵四人以上的兵吏去执行守城任务，大将一定要给予信件作为凭证；大将派人巡查守卫情况，拿有大将给的凭证，凭证不合及口号不相应的人，伯和长以上官吏就一律把这种人扣押起来，报告大将。应当扣押而不扣押，以及兵吏或士兵把人放跑了的，一律斩首。凡是触犯刑律犯有死罪以上的人，他们的父母、妻子儿女和兄弟都要抓起来。

※ 原文

诸男女[1]有守于城上者，什六弩、四兵。丁女子、老少，人一矛。卒有惊事，中军疾击鼓者三，城上道路、里中巷街，皆无得行，行者斩。女子到大军，令行者男子行左，女子行右，无并行。皆就其守[2]，不从令者斩。离守者三日而一徇，而所以备奸也。里正与[3]皆守宿里门，吏行其部，至里门，正与开门内吏，与行父老之守及穷巷幽间无人之处。奸民之所谋为外心，罪车裂。正与父老及吏主部者，不得，皆斩；得之，除，又赏之黄金，人二镒。大将使使人行守[4]，长夜五循行，短夜三循行。四面之吏亦皆自行其守，如大将之行，不从令者斩。

※ 注释

1 “女”应作“子”。2 就其守：坚守自己的岗位。3 “与”后脱“父老”二字。4 “使”应作“信”，使使人：应为“使信人”，派遣亲信。

※ 译文

在城上防守的男子，每十人中，六人拿弓箭，其余四人拿其他兵器。参加防卫的女子、老人和少年每人执一矛。突然间有紧急事情，中军赶快击鼓三次，城上道路、城内大街小巷都要禁止通行，擅自行动的斩掉。女子参与大军行动时，男子走左边，女子走右边，不许并排一起行走。所有军民都要坚守各自的岗位，不听从命令的要杀掉。对擅自离开防守岗位的要三天查询一次，以防止作弊。里长和居民中年长的人都要日夜守护各街巷进出口，部吏巡行到他们划分的地方，到进出口，头人开门接待部吏，陪同巡查各居民父老所守的岗位和小巷中偏僻无人的地方。生有外心、图谋通敌的奸民，处以车裂刑法杀掉。里长和负责守护街巷的居民以及负责这一地方的部吏，没有预先发觉和抓获图谋通敌的人，一律处以死刑；如果能及时发现和抓获，免罪之外，每人还得到赏金四十八两。大将派亲信巡查每一个防守区域，夜长时每晚巡查五次，夜短时每晚巡查三次。防守四方的将领都要像大将一样巡查各自的区域，不执行命令的斩首。

※ 原文

诸灶必为屏，火突高出屋四尺。慎无敢失火，失火者斩其端，失火以为事[1]者车裂。伍人不得，斩；得之，除。救火者无敢喧哗，及离守绝巷救火者斩。其正及父老有守此巷中部吏，皆得救之，部吏亟令人谒[2]之大将，大将使信人将左右救之，部吏失不言者斩。诸女子有死罪及坐失火皆无有所失，逮其以火为乱事者如法。

围城之重禁，敌人卒[3]而至，严令吏命[4]无敢喧嚣、三最[5]、并行、相视坐泣、流涕若视、举手相探、相指、相呼、相麾、相踵、相投、相击、相靡以身及衣、讼驳言语。及非令也而视敌动移者，斩。伍人不得，斩；得之，除。伍人踰城归敌，伍人不得，斩；与伯归敌，队吏斩；与吏归敌，队将斩。归敌者父母、妻子同产，皆车裂。先觉之，除；当术需敌。离地，斩；伍人不得，斩；得之，除。

※ 注释

1 “事”前脱一“乱”字。2 谒：报告。3 卒：犹“猝”，突然。4 “命”应作“民”。5 “最”应作“聚”，“三最”，应为“三聚”，三人聚成一堆。

※ 译文

所有炉灶一定要砌上防火的屏围，烟囱要高出屋顶四尺。小心慎重不要失火，要杀掉第一次失火的人，故意失火捣乱的人，用车裂的刑法处死，在一起的人不举报或不抓住纵火的人也要杀掉；如果能抓住就免于处罚。救火的人不许大声喊叫，如果故意大声喊叫以及擅自离开防守岗位去街巷救火的人，也要杀掉。失火地区的里长和居民，以及防守这一地方的部吏都要救火，部吏应迅速派人报告大将，大将派遣亲信率领部下去救火，部吏隐瞒不向大将报告，也要杀掉。女子犯有死罪，因失火犯罪但并没有损害他人，以纵火捣乱罪论处。

城邑被敌人围困，最重要的禁令是，敌人突然来到，要严厉禁止官吏和百姓大声喊叫，不准三人以上聚集一堆，或两人以上一起奔跑、相视哭泣、对面流泪、打手势探问、互相指手画脚、互相喊叫、你拉我扯、互相斗殴厮打、互相争辩，以及擅自察看敌人动静，否则一律处以死刑。同在一起的人不能及时制止和报告的，斩首；能及时报告和制止的，免罪。同伴中有人翻越城墙投敌，同伴没有及时抓住，斩首；伯长投敌叛变，他的上级队吏要被斩首；队吏叛变投敌，队将要被斩首。叛变投敌的人，他的父母、妻子、儿女、兄弟都要被处以车裂死刑。如果事先发觉而未投敌的，免罪；临阵害怕敌人而离开防地的，斩首；同在一起的人不能发现制止的，斩首；能及时发现和制止的，免罪。

※ 原文

其疾斗却敌于术，敌下终不能复上，疾斗者队二人，赐上奉。而胜围，城周里以上，封城将三十里地为关内侯，辅将如令赐上卿，丞及吏比于丞者，赐爵五大夫，官吏、豪杰与计坚守者，十人[1]及城上吏比五官者，皆赐公乘。男子有守者爵，人二级，女子赐钱五千，男女老小先[2]分守者，人赐钱千，复之三岁，无有所与，不租税[3]。此所以劝吏民坚守胜围也。卒侍大门中者，曹无过二人。勇敢为前行，伍坐，令各知其左右前后。擅离署，戮。门尉昼三阅之，莫，鼓击门闭一阅，守时令人参之，上逋者名。铺食皆于署，不得外食。守必谨微察视谒者、执盾、中涓及妇人侍前者志意、颜色、使令、言语之请。及上饮食，必令人尝，皆[4]非请也，击[5]而请故。守有所不说谒者、执盾、中涓及妇人侍前者，守曰断之、冲之若缚之，不如令及后缚者，皆断。必时素诫之。诸门下朝夕立若坐，各令以年少长相次，旦夕就位，先佑有功有能，其余皆以次立。五日，官各上喜戏、居处不庄、好侵侮人者一。

※ 注释

1 “十”应作“士”，十人，应为“士人”。2 “先”应作“无”。3 此句有争议，“无有所与，不租税”似为多余，“复”字即有“免除赋税”之意。4 “皆”应作“若”。5 “击”应作“系”，抓住。

※ 译文

那些在主要战线激战打退了敌人，并使敌人败退后不能再次组织进攻的队伍，每队选出二名勇猛杀敌的士兵，给予最高的奖赏。而打败敌人，冲破敌人围城的队伍，使敌人离开城邑一里以上，封守城将为关内侯，赏赐土地三十里，副将按规定赐给上卿的官职，丞、吏以及原来官职相当于丞的人赐给五大夫的官爵，其他官吏、豪杰参与谋划坚守城邑的、士人和城上那些原来官职相当于五官的，都赐给公乘官位。参与守城的男子赐给爵位，每人升二级，女子赏钱五千，其余不分男女老少参与防守的，每人赏钱一千，免除三年赋税。这些是用以鼓励官吏和百姓坚守城池，打败敌人解除围困的措施。守卫守城主将官署大门的士兵，每班岗不要多于两人。卫兵中勇敢的派在前行，依队伍排列，让他们知道各自的左右前后是谁。擅自离开官署的人，杀掉。门尉每天白天点名三次，晚上击鼓关门后再点名一次，守将随时派人检查巡察，记上擅自离开岗位人的姓名。早晚两餐都在官署，不许在外面吃饭。守将一定要谨慎、细致地暗中观察侍从中的谒者、执盾、中涓以及料理日常生活的妇人等人的思想、心理、脸色、动作和言语的情况。每次端上食物，一定要先叫人尝一尝再吃，若有异常情况，就立即抓起来盘问原因。守城主将对身边侍从中的谒者、执盾、中涓及料理日常生活的妇人有不满意的，就可下令杀掉，殴打或者捆绑他们，而其他侍从不执行命令的或行动迟缓的，都要给予处罚。这些一定要时时告诫他们。所有官署门前早晚负责警卫的人员，有的站有的坐，分别以年龄大小为次序，早晚值勤。有功劳和能耐的，居先站上位或坐上座，其余则按次序站坐。官长每隔五天，将那些嬉戏不庄重，喜欢侵犯欺侮别人的卫兵的情况分别予以上报。

※ 原文

诸人士外使者来，必令有以执。将出而还若行县，必使信人先戒舍，室乃出迎，门[1]守，乃入舍。为人下者常司上之，随而行，松上不随下。必须□□随。

客卒[2]守主人，及以为守卫，主人亦守客卒。城中戍卒，其邑或以下寇，谨备之，数录其署，同邑者弗令共所守。与阶门吏为符，符合入，劳；符不合，牧[3]，守言[4]。若城上者，衣服，他不如令者。宿鼓在守大门中。莫令骑若使者操节闭城者，皆以执毚。昏鼓，鼓十，诸门亭皆闭之。行者断，必击问行故，乃行其罪。晨见，掌文鼓，纵行者，诸城门吏各入请籥，开门已，辄复上籥。有符节不用此令。寇至，楼鼓五，有周鼓，杂小鼓乃应之。小鼓五后众军，断。命必足畏，赏必足利，令必行，令出辄人随，省其可行、不行。号，夕有号，失号，断。为守备程而署之曰某程，置署街街[5]衢阶若门，令往来者皆视而放。诸吏卒民有谋杀伤其将长者，与谋反同罪，有能捕告，赐黄金二十斤，谨罪。非其分职而擅取之，若非其所当治而擅治为之，断。诸吏卒民非其部界而擅入他部界，辄收以属都司空若侯，侯以闻守，不收而擅纵之，断。能捕得谋反、卖城、逾城敌[6]者一人。以令为除死罪二人，城旦四人。反城事[7]父母去者，去者之父母妻子。

※ 注释

1 “门”应作“闻”。2 客卒：外来士卒。3 “牧”应作“收”。4 “守言”应作“言守”。5 “術”应作“术”。街術：应为“街术”，街道。6 “敌”前脱一“归”字。7 “事”应作“弃”。

※ 译文

所有人士、外来使者入城，一定要拿出凭证。将领外出归来和巡行回来，一定要先派人告知他的家属，家属才出来迎接，先向守城主将报告后才返回自家。作为下级要经常体察上级，上级须去哪里，都要跟随一起去。下级要跟从上级，上级不必跟从下级。

外来士卒为主人防守以及为主人担任守卫，主人也要防备外来士兵。担负城中防卫任务的外来士兵，如果他们原来所在的城邑已被敌人攻陷，尤其要戒备他们，要反复核查他们的名册，同属一个城的人不要让他们共同防守一处地方。城上掌查台阶的守卫军吏要严格检查凭证，凭证相合才能进入，并慰劳之；凭证不合者，就将其扣留，并报知守城主将。晚上时，大鼓设置在主将的大门之内。黄昏，派出骑兵和使者拿着命符去传令关闭城门，使者必须手执令牌。黄昏时刻以鼓为号令，击十下鼓，所有城门路亭一律关闭。对要通行者要先抓起来问明要通行的原因后再按罪行事。早晨，打响大鼓放行，所有管城门的官吏各自入官署拿取钥匙，开完门后，再交还钥匙。有特别凭信的人不按照这个禁令。敌人前来进攻，城楼上击鼓五次，又向四周击鼓，有小鼓应和。表示各营队已响应城鼓。小鼓响了五下之后才集合的，斩首。号令一定要使人畏惧，赏赐一定要使人觉得是大利益，号令一出就一定要实行。号令一发出，立即派人随着省察号令可行与否。口号要注意，夜晚有联络的口号，口号不合的，处斩。制定戒严章程标上标题就称“某某章程”，公布在街道，大路台阶和城门上，使往来行人都能看到从而照章行事。所有那些谋杀和伤害自己上级的官兵和百姓，一律按谋反罪处置，若能捉拿到谋杀长官之人者，赏金二十斤，免除处罚。越出职权范围擅自乱拿乱取，和滥用职权办非法之事的，砍头。所有擅自闯入其他区域的官吏、士兵和百姓，都要由所在的都司空和侯将其拘留，由侯报告守将，不将其拘留而擅自放人的，杀头。能捉拿一个谋反、出卖本城军政机密或越墙投敌的人，给予特权凭证。将来可以赦免两次死罪或判城旦罪四次。翻越城墙抛弃父母离开的，离开的这个人的父母、妻子、儿女。

※ 原文

悉举民室材木、瓦若蔺石数，署长短小大。当举不举，吏有罪。诸卒民[1]居城上者各葆其左右，左右有罪而不智也，其次伍有罪。若能身捕罪人若告之吏，皆构之。若非伍而先知他伍之罪，皆倍其构赏。

城外令任，城内守任。令、丞、尉亡得入当[2]；满十人以上，令、丞、尉夺爵各二级；百人以上，令、丞、尉免，以卒戍。诸取当者，必取寇虏，乃听之。

募民欲财物粟米以贸易凡器者[3]，卒以[4]贾予。邑人知识[5]、昆弟有罪，虽不在县中而欲为赎，若以粟米、钱金、布帛、他财物免出者，令许之。传言者十步一人，稽留言及乏传者，断。诸可以便事者，亟以疏传言守。吏卒民欲言事者，亟为传言请之吏，稽留不言诸[6]者，断。县各上其县中豪杰若谋士、居大夫重厚，口数多少。

※ 注释

1 “卒民”前脱字“吏”。2 亡得入当：逃兵数与抓回俘虏数相当。3 “欲”字后脱“以”字；“粟米”衍出一个“以”字。4 “卒以”应作“以平”。5 知识：知交，朋友。6 “诸”应作“请”。请，通“情”。

※ 译文

普遍查报百姓家的木材、砖瓦、石头等物的数目，登记其长短和大小。应查报而没有查报的，官吏获罪。所有在城里居住的官吏、士兵和百姓，要同他们的左右邻居结成联保联防，左右邻居犯罪却不知道，那么同他相邻的人也有罪。如果能亲自捉拿住犯罪人或将其报告给官府，都给予奖赏。如果不是他们的联保联防内部的却事先知道该联保组的犯罪活动而报告给有关官吏，都加倍给予奖赏。

城外守卫任务由“令”负责，城内的防守由守城主将担任。令、丞、尉等官，他们的部下有人逃跑，只要抓回俘虏的人数与逃兵数相当，那么功劳与罪过可以相抵消；逃兵人数超过十个的，令、丞、尉各减爵位两级；逃兵人数超过一百的，令、丞、尉就须被撤职罢官，充作兵士，担负防守。所有抓来抵挡罪过的一定要是从敌军抓来的俘虏才能按规定免罪。

征集百姓的钱财和粮食的，如果百姓想交换各种日常用品，可按平价予以交换。城里居民的朋友或相识、兄弟有罪的，即便他们不在本城内但想用粮食、物财赎罪出去的，法令都许可。上下传话的人员如此安排：每隔十步派一人，滞留或失职没传达到话的，要杀头。凡是可以便利办的事情应赶紧以书面报告向守城主将报告。官吏、兵士和百姓想要向上进言的，紧急通过传言人传达，官吏滞留或不代为传达的，要问杀罪。各县的豪杰、谋士、在家居住的大夫官员及人品忠厚的百姓人数，各县都要统计上报。

※ 原文

官府城下吏、卒、民家[1]前后左右相传保火。火发自燔，燔曼延燔人，断。诸以众强凌弱少及强奸人妇女，以喧哗者，皆断。

诸城门若亭，谨侯[2]视往来行者符。符传疑若无符，皆诣县廷言，请问其所使；其有符传者，善舍官府。其有知识、兄弟欲见之，为召，勿令里巷[3]中。三老、守闾令厉缮夫[4]为答。若他以事者、微者，不得入里中。三老不得入家人。传令里中有[5]以羽，羽在三所差[6]，家人各令其官[7]中，失令若稽留令者，断。家有守者治食。吏、卒、民无符节而擅入里巷、官府，吏、三老、守闾者失苛[8]止。皆断。

※ 注释

1 "家"应作"皆"。2 "侯"应作"候"。3 "里巷"前脱一"入"字。4 "厉缮夫"应作"缮厉矢"。5 "有"应作"者"。6 "者"应作"在"；"三"后脱一"老"字；"所"后衍一"差"字。7 "官"应作"家"。8 苛：盘问。

※ 译文

官府、城下官吏、士兵和百姓都要参加左邻右舍的火灾联防。失火烧了自家或蔓延到了别人的家，都要判罪。凡是仗势以强凌弱和强奸妇女的，以及喧哗打闹的，或擅自跑上城墙以及不按规定着装的，都一律交官府定罪惩罚。

所有城门和路亭，都要谨慎检查来往行人的凭证。凭证有疑问和没有凭证的，都要送到县廷，询问他们是谁派来的；往来人中有凭证的妥善安排其住在官府。他们想要会见兄弟朋友，就替他们传呼召来，不能让他们自己进入城中街巷。如果他们想见城中三老、守闾等有身份的人，可以让三老、守闾先委托家中仆役代替应召来官舍相见。其他有事的人及职位低下者都不得擅自进入街巷之中。三老不能进入一般民众家里。须向街巷传令就用羽书，羽书收在三老家中。向一般民众传令就直接传到他们家去，失职没有传送或延迟命令的，要砍头。三老家中有看家的备办吃的。对于官吏、兵士和百姓没有凭证而擅自进入里巷和官府的，官吏、三老以及守门者没有及时盘问和制止。都要定罪。

※ 原文

诸盗守器械、财物及相盗者，直一钱以上，皆断。吏、卒、民各自大书于杰，著之其署同[1]，守案其署，擅入者，断。城上日壹废[2]席蓐，令相错[3]发。有匿不言人所挟藏在禁中者，断。

吏、卒民死者，辄召其人，与次司空葬之，勿令得坐泣。伤甚者令归治病家善养，予医给药，赐酒日二升、肉二斤，令吏数行闾，视病有瘳[4]，辄造事上。诈为自贼伤以辟事者，族之。事已，守使吏身行死伤家，临户而悲哀之。

寇去事已，塞祷[5]。守以令益邑中豪杰力斗诸有功者，必身行死伤者家以吊哀之，身见死事之后。城围罢，主亟发使者往劳，举有功及死伤者数使爵禄，守身尊宠，明白贵之，令其怨结于敌。

※ 注释

1 “同”应作“隔”。2 “废”应作“发”。3 错：交换。4 瘳：好转。5 塞祷：举行赛神仪式。塞：同“赛”。

※ 译文

凡是偷盗守城器械、财物以及私人财物的，价值在一钱以上就要判罪。官员、兵士和百姓要将自己的姓名写在帖上，并张贴在各自办事的墙头上，守城主将视察各办事处，如发现有擅自进入别人办事地方的，要问罪。城上每天都换发席子垫铺，规定可以彼此互相交换使用。若有知道他人私藏禁令中不准挟带的物品却隐瞒不报者，也要判罪。

官员、兵士和百姓战死，要赶紧召来死者家属，与司空一道将死者埋葬，不得久坐哭泣。受伤很重的让他回家疗养，妥善照料，供医送药，每天赏其两升酒，两斤肉，并经常派官员前往探慰，若病情好转，就赶紧归队为官长效力。若是自己故意致伤欺骗官府以求逃避战斗的，罪连三族。埋葬战死者以后，守城主将要派官员亲自到死者家中，表示悲伤和哀悼。

敌人退走，战争结束，全城举行赛神仪式，守城主将下令奖赏城中豪杰拼死战斗的所有有功之人，论功行赏，并亲自到死伤者家中慰问家人，哀悼死者，亲自接见为守城而牺牲的遗属。城邑解除围困之后，守城主将应迅速派使者前往一线慰劳将士，所有有战功的和死伤的要多升爵加禄，守城主将本人要以身示范，敬重和爱护他们，使人人懂得尊重他们，从而使其对敌人结下仇恨。

※ 原文

城上卒若吏各保其左右。若欲以城为外谋[1]者，父母、妻子、同产皆断。左右知不捕告，皆与同罪。城下里中家人皆相葆，若城上之数。有能捕告之者，封之以千家之邑；若非其左右及他伍捕告者，封之二千家之邑。

城禁：使[2]、卒、民不欲[3]寇微职和旌者，断。不从令者，断。非擅[4]出令者，断。失令者，断。倚戟县下城，上下不与众等者，断。无应而妄喧呼者，断。总[5]失者，断。誉客内毁者，断。离署而聚语者，断。闻城鼓声而伍后上署者，断。人自大书版[6]，著之其署隔，守必自谋[7]其先后，非其署而妄人之者，断。离署左右，共入他署，左右不捕，挟私书，行请谒及为行书者，释守事而治私家事，卒民相盗家室、婴儿，皆断，无赦；人举而藉之。无符节而横行军中者，断。客在城下，因数易其署而无易其养。誉敌：少以为众，乱以为治，敌攻拙以为巧者，断。客、主人无得相与言及相藉，客射以书，无得誉[8]，外示内以善，无得应，不从令者，皆断。禁无得举矢书若以书射寇，犯令者父母、妻子皆断，身枭城上。有能捕告之者，赏之黄金二十斤。非时而行者，唯守及操太守之节而使者。

※ 注释

1 外谋：为敌人出谋划策。2 “使”应作“吏”。3 “不欲”应作“下效”。4 “非擅”应作“擅非”。5 “总”应作“纵”。6 人自大书版：每人把自己的姓名写在板上。7 “谋”应作“课”。8 “誉”作“举”。

※ 译文

城上兵士和官吏也组成联保联防。如果有在城内替敌人出谋划策的，他的父母、妻子、儿女、兄弟都要杀头。左邻右舍知情不捉不报者，就和犯罪人一样判罪。在城内的街巷居民也都要如此，处罚和奖赏按城上规定。能够捉拿罪犯并向上报告的人，封给他一千家的食邑；如果不是罪犯的联保联防组而是其他联防区的人将罪犯捉拿上报的，就封给他二千家的食邑。

守城的禁令：官吏、兵士和百姓仿效制作敌人的服饰标志和军门旗帜的，杀头。不服从命令的，杀头。擅自发布号令的，杀头。延误军令的，杀头。靠着战戟悬身下城，上城下城不与众人配合的，杀头。不是响应号令而胡叫乱喊的，杀头。放走罪犯，遗失公物的，杀头。长他人威风灭我志气的，杀头。擅离职守，聚众瞎谈的，杀头。听到城墙鼓声却在应鼓击过五次之后才赶往办事地点的，杀头。每个人都要将自己的姓名写在板上，挂在各自的办事处墙头，守城主将必须亲自验查他们所到先后，对不在某办事点却擅自进入的，杀头。带领手下人离开自己的办事处进入别人的办事处，而该处办事人员不予捉拿，挟拿私人书信，替人请托成私的，放弃守城事务而去干私事的，偷取他人妻子婴儿的，这些人统统杀头，不予赦免；被偷取的妻子和婴儿经人举报按法籍没。没有凭证却在军中乱走的，杀头。故意赞美敌人。敌人兵将少却说成多，军纪混乱却说整肃，敌人进攻办法愚蠢却说巧妙的，杀头。对于陌生人，主人不得同他交谈以及借东西给他，敌人用箭射来书信，不得去捡拿，敌人从城外向城内故示伪善，不得有人表示响应，不从禁令的，杀头。禁令规定不得捡拿敌人射来的信物，城内也不得将书信射给敌人，触犯这条禁令的，其父母，妻儿都要杀头，尸体还要挂城示众。抓获并报告有人向敌人射信或捡取敌人信物情况的人，赏金二十斤。只有守城主将和他发给了凭证干公差的人，才能在禁止通行的时间行走。

※ 原文

守入临城，必谨问父老、吏大夫、请[1]有怨仇雠不相解者，召其人，明白为之解之。守必自异其人而藉之，孤之，有以私怨害城若吏事者，父母、妻子皆断。其以城为外谋者，三族。有能得若捕告者，以其所守邑小大封之，守还授印，尊宠官之，令吏大夫及卒民皆明知之。豪杰之外多交诸侯者，常请之，令上通知之，善属之，所居之吏上数选具之，令无得擅出入，连质之[2]。术乡长者、父老、豪杰之亲戚父母、妻子，必尊宠之，若贫人[3]食不能自给食者，上食之。及勇士父母、亲戚、妻子，皆时酒肉[4]，必敬之，舍之必近太守。守楼临质宫而善周，必密涂楼，令下无见上，上见下，下无知上有人无人。

※ 注释

1 “请”应作“诸”。2 连质之：取为人质。3 “人”后衍出一“食”字。4 “酒肉”前漏脱一“赐”字。

※ 译文

守城主将守城，务必谨慎查询城中父老、官吏和大夫，以及互相有仇怨并无法消除的人，召见他们双方，讲明道理和利害，消除怨恨，一致对外。守城主将同时定要将他们的名字专门记下，不让其居住在一起或安排在一起共事，如果因私仇私怨而妨碍守城公务的，其父母、妻子和儿女统统杀掉。那些身在城内却为城外敌军出谋划策的，灭三族。对于那些事先发觉或捉拿罪人上报的，赏封他同该城邑一样大小的城邑，守城主将还要授他官印，给他尊宠的官职，并广喻人知。要经常召请那些与诸侯有广泛结交的豪杰之士，使上级官吏都认识他们，妥善存恤他们，所在地方官要经常安排宴请他们，叫他们不得擅自出入并取他们作为人质。乡镇中的长老、父老、豪杰之士的亲戚、妻儿一定要给予尊重和爱护，假若他们属贫苦人，难以维持生活，官长要给予吃的。对于那些勇士的父母、亲戚、妻子、儿女，要经常赐给酒肉，敬重他们，将他们的住宿安排在靠近守城主将官署的地方。守城主将的官署楼居高临下对着人质居住的房舍，要周密防卫，楼务必密密地涂上泥，使得署楼上看得清署楼下，而署楼下却看不见楼上，不知道楼上是否有人。

※ 原文

守之所亲，举吏贞廉、忠信、无害、可任事者，其饮食酒肉勿禁，钱金、布帛、财物各自守之，慎勿相盗。葆宫之墙必三重，墙之垣，守者皆累瓦釜墙上。门有吏，主者门里，筦闭，必须太守之节。葆卫必取戍卒有重厚者。请[1]择吏之忠信者、无害可任事者。

令将卫，自筑十尺之垣，周还墙[2]，门、闺者非[3]令卫司马门。望气者舍必近太守，巫舍必近公社，必敬神之。巫祝史与望气者必以善言告民，以请上报守，守独知其请而已。无[4]与望气妄为不善言惊恐民，断弗赦。度食不足，食[5]民各自占家五种石升数，为期，其在蕁害[6]，吏与杂訾。期尽匿不占，占不悉，令吏卒微得，皆断。有能捕告，赐什三。收粟米、布帛、钱金，出内畜产，皆为平直其贾，与主券人书之。事已，皆各以其贾[7]倍偿之。又用其贾贵贱、多少赐爵，欲为吏者许之，其不欲为吏而欲以受赐赏爵禄，若赎出亲戚、所知罪人者，以令许之。其受构赏者令葆宫见，以与其亲[8]。欲以复佐上者，皆倍其爵赏，某县某里某子家食口二人，积粟六百石，某里某子家食口十人，积粟百石。出粟米有期日，过期不出者王公有之。有能得若告之，赏之什三。慎无令民知吾粟米多少。

※ 注释

1 “请”应作“谨”。2 还墙：犹“环墙”，环绕的围墙。3 “非”应作“并”。4 “无”应作“巫”。5 “食”应作“令”。6 “蕁害”应作“簿书”。7 贾：通“价”。8 以与其亲：以示亲信爱护。

※ 译文

守城主将身边的人：被选用在主将身边工作的官员一定要正派廉洁，忠诚可靠，正直无私，并且有能力承担事务。不要限制他们的饮食酒肉，金钱、布匹等财物各自保管，谨防盗窃。葆宫的围墙一定要修三道，在围墙的外垣上守卫应堆上破瓦烂锅之类的东西。城门设主管官员，负责城门和里巷的门，开锁和上锁都必须有守城主将所给的凭证。葆宫的守卫一定要选拔忠厚的卫兵担当，官吏也须挑选忠诚可靠、公正而又有能力胜任的人。

像令、将一级的官长要自行护卫，在官署和住处四周要环绕十尺高的围墙，守上大门和闺门，卫兵要一并守卫司马门。占望吉凶的巫师卜师居住的地方务必要靠近守城主将的住所，巫师的住处一定要靠近神社，必须将神灵当神灵敬重。他们必须将吉利的话告诉全城百姓，把占得的实际情形报告给守城主将，让守城主将一人知道就可以了。如果巫师和卜师胡编不吉利的话使百姓惊恐不安，就杀掉他们，不得赦免。

估计到粮食不够，就让百姓自己估算能缴纳用作军粮的五谷数量，确定缴纳日期，登簿记账、官吏偿付相当价格的钱物。如果过了期限还隐藏不缴纳，或者还未全部交清，就派官员和兵士暗中搜求，如果搜出隐藏的粮食不缴者，给予判罪。有能抓住隐藏粮食的人报告给官府的，官府赏给所藏粮食的十分之三。征收好的粮食、布帛、金钱、牲畜，都要公正估价，给主人开具征收证明，写清征收的数量和价值。战事结束，一律按原价值双倍偿付。还可根据应征财物当时的价格和数量赐给官爵，不愿做官的人，依法还可准允其接受爵位，或赎出犯罪的亲戚、朋友。那些接受赏赐的人，让他们进葆宫接受接见，表示同他们亲密。能偿付征收品的财物再捐献出来帮助官长的，就加倍赐予爵禄，缴纳单的格式如下：某县某里某人家里人口两个，存积粟米六百担，或某里某人人口十个，积存粟米百担。缴纳粟米财物有确定的日期，过期没有缴纳的没收为王公所有。有查出隐藏不交的粮食把实情上报给官府的，将查出隐粮的十分之三赏给他。要谨慎，不让百姓弄清我军存积了多少粮食。

※ 原文

守入城，先以侯[1]为始，得辄宫养之，勿令知吾守卫之备。侯者为异宫，父母妻子皆同其宫，赐衣食酒肉，信吏善待之。侯来若复，就间[2]。守宫三难[3]，外环隅为之楼，内环为楼，楼入葆宫丈五尺为复道。葆不得有室，三日一发席蓐，略视之，布茅宫中，厚三尺以上。发侯，必使乡邑忠信、善重士，有亲戚、妻子，厚奉资之。必重发侯，为养其亲若妻子，为异舍，无与员同所，给食之酒肉。遣他侯，奉资之如前侯，反，相参审信，厚赐之，侯三发三信，重赐之，不欲受赐而欲为吏者，许之二百石之吏。守珮授之印。其不欲为吏而欲受构赏，禄[4]皆如前。有能入深至主国者，问之审信，赏之倍他侯。其不欲受赏而欲为吏者，许之三百石之吏者。扞士受赏赐者，守必身自致之其亲之其亲之所[5]，见其见[6]守之任。其次[7]复以佐上者，其构赏、爵禄、罪人[8]倍之。

※ 注释

1 “侯”应作“候”，候，侦探。2 就间：接受问询。3 “难”应作“杂”，三杂，三层。4 “禄”前疑脱一“爵”字。5 “其亲之”为衍文在此。6 “见”应作“令”。7 “次”应作“欲”。8 “罪人”前脱“赎出”二字。

※ 译文

守城主将一入城，就要开始挑选侦探。物色到了充当侦探之人就把他接到宫里养起来，但千万不可让他知道我方守卫的设施和装备。侦探要互相隔离居住，他们的父母、妻儿同他们本人住在一块，赐给衣服、食物、酒肉，派人好好招待他们。侦探回来交差，要接受询问。守城主将的住房有三层，外围墙的四角筑楼，内围墙也建楼，楼与葆宫相接一丈五尺修成上下复道。葆宫不砌内室。每隔三天发放一次垫席垫草，大略检查一下，把茅草铺在宫中，厚三尺以上。派侦探出城，一定要派乡镇中忠实可靠的厚重之士，其家中必须有父母妻儿，侦探出城要供给足够的钱。一定要反复地派遣侦探，安排供养好他们的家人，对于侦探要隔离居住，不要与众人同住一屋，同时供给他们好吃的食物。派遣别处的侦探，所给予的钱物须与前一个侦探相同，侦探回来后，对前后二人提供的情报参照核实，如果确实可信，要优厚地奖赐他们。如果三次派出侦察，所获情报无出入，都确实可信，就加重奖赏他，不愿受赏而愿做官的，给予二百石的官阶。守城主将授给官印。不愿做官而愿受赏的，爵禄同前一样。能够有能力深入敌人国都，去探察情报的，如果确系确实可信，对于该侦探的赏赐要加倍，若他不愿受赏而愿做官，赐三百石的官阶。保卫城池功劳卓著的勇士，守城主将一定要亲自将赏赐品送往勇士父母住的地方，叫他们看得见守城主将对他的恩宠。对那些把赏赐再度捐献给国家辅助长官的，所给奖赏、爵禄或赎出罪人的数量分别加倍。

※ 原文

出候无过十里，居高便所树表，表三人守之，比至城者三表，与城上烽燧相望，昼则举烽，夜则举火。闻寇所从来，审知寇形必攻，论小城不自守通者，尽葆其老弱、粟米、畜产遣卒候者无过五十人，客至堞，去之，慎无厌建[1]。候者曹无过三百人，日暮出之，为微职。空队、要塞之人[2]所往来者，令可口[3]迹者无下里三人，平[4]而迹；各立其表，城上应之。候出越陈表，遮坐郭门之外内，立其表，令卒之半居门内，令其少多无可知也。即有惊，见寇越陈去[5]，城上以麾指之，迹坐击正期[6]，以战备从麾所指。望见寇，举一垂；入竟，举二垂；狎郭，举三垂；入郭，举四垂；狎城；举五垂。夜以火，皆如此。

※ 注释

1 “建”应作“逮”。2 “之人”应作“人之”。3 “口”应作“以”。4 “平”后脱一“明”字。5 “去”应作“表”。6 “迹”应作“遮”；“击”后脱一“鼓”字。

※ 译文

派出警戒兵，不要超出十里之外，在地势较高而又方便的地方树立标志，派三人看守标记，从最远的地方到城邑共树立三处标志，与城上烽火遥遥相望，白天就烧烟，晚上就点火。得知了敌人来的方向和时间后，周密分析敌我形势可战与否，若考虑到城小难以守住交通要道，就要将老人、小孩、粟米、牲畜等全部护送进城，一次派出警戒兵不要超过五十人，当敌兵攻到外城短墙地段时，警戒兵就马上撤入城中，不要滞留城外。警戒兵总数不必超过三百人，天黑时派他们出城，戴上军徽标记。要派人到行人经常路过的道路和重要关塞去察看路上所留下的踪迹，每人都树立向城上报点情况的标志，而城上对他们会做出相应的反应。出城侦察的警戒兵用标记向城内报告情况，城内的警戒兵坐守在郭门内外，也树立联络标记，命令兵士一半在郭门内，一半在郭门外，使敌人无法知晓人数多少。一旦有紧急情况，见敌兵越过田表，城上就以旗号指挥警戒兵，于是击鼓，整旗，预备战斗，一切都按城上指挥行事。看得见敌人，城上就点一堆烽烟；敌人进入我方境界，点两堆烽烟；当敌人接近外城时就点三堆烽烟；一旦敌军进入外城内，就点燃四堆烽烟；敌人接近我方大城墙，就点五堆烽烟。夜晚时就点烽火，敌情和相应的烽火数目与白天烽烟相同。

※ 原文

去郭百步，墙垣、树木小大尽伐除之。外空[1]井尽窒之，无令可得汲也。外空室尽发之，木尽伐之。诸可以攻城者尽内城中，令其人各有以记之，事以，各以其记取之。事[2]为之券，书其枚数。当遂材木不能尽内，即烧之，无令客得而用之。

人自大书版，著之其署忠[3]。有司出其所治，则从淫之法，其罪射。务色谩正，淫嚣不静，当路尼众舍事后就，逾时不宁，其罪射。喧嚣骇众，其罪杀。非上不谏，次主凶言，其罪杀。无敢有乐器、弊骐军中，有则其罪射。非有司之令，无敢有车驰、人趋，有则其罪射。无敢散牛马军中，有则其罪射。饮食不时，其罪射。无敢歌哭于军中，有则其罪射。令各执罚尽杀，有司见有罪而不诛，同罚，若或逃之，亦杀。凡将率斗其众失法，杀。凡有司不使去[4]卒、吏民闻誓令，代之服罪。凡戮人于市，死上目行[5]。谒者侍令门外，为二曹，夹门坐，铺[6]食更，无空。门下谒者一长[7]，守数令入中，视其亡者，以督门尉与其官长，及亡者入中报。四人夹令门内坐，二人夹散门外坐。客见，持兵立前，铺食更，上侍者名。守室[8]下高楼候者，望见乘车若骑卒道外来者，及城中非常者，辄言之守。守以须城上候城门及邑吏来告其事者以验之，楼下人受候者言，以报守。

※ 注释

1 “空”应作“宅”字。2 “事”应作“吏”。3 “忠”应作“中”。4 “去”应作“士”。5 “上目行”应作“三日徇”，三日示众。6 “铺”应作“铺”。7 “长”后疑脱一“者”字。8 “室”应作“堂”。

※ 译文

离城外百步范围之内的所有墙和树木，不分高低大小全部拆除或砍掉。城外的井也要全部填塞，使敌人无法打水。城外的空屋子全部拆毁，树木尽伐。一切可以用作攻城的东西都运进城内，命令人登记在册，战事结束后，各自按所记数目领取。官员给他们发收条，写清件数。那些不能全部运进城的挡路木材，就地烧掉，不让敌军得到和使用。

每个人都要将自己的姓名写好，贴在办公的地方。官吏公布处罚条规：凡纵淫欲的，用箭射穿他的耳朵。蛮骄无理欺凌正派人的，吵闹不休不止的，在道路中阻碍过往行人的，分派工作拖拖拉拉的，不按时就班又不请假的，也用箭射穿他的耳朵来惩罚他。狂呼乱叫惊扰百姓，其犯罪要杀头。不向上官进谏却背后非议，任意发表不利言论，罪行该杀头。军伍中不准奏乐下棋，违令者判罚用箭穿耳。除了上级的命令之外，不准驾车奔跑，若有违背，用箭射穿耳朵。军中不准放纵牛马，如有违背，判以箭穿耳。有不按时饮食的，判以箭穿耳。不准在军中唱歌、号哭，违令者判以箭穿耳。传令各级官吏切实执行刑罚条规，该杀的一律杀掉，官吏见有罪却不处罚，官吏连同罪犯一起处罚。如果使罪犯逃走，就杀掉放走罪犯之人。凡是不能使兵士按规定作战的将官，都要杀头。如果官吏没有使兵士和百姓知道军中禁令，有人犯了法，官吏应代犯法的服罪。凡是因犯罪在街上被处死的，要陈尸三天示众。守城主将的门外的士兵，安排两排，让他们夹门而坐，早晚用餐时轮班接换，不能有空缺。门卫设一领头人，守城主将要经常派他检查逃离的士兵，以此督促门尉和官长，并报告逃离者的姓名。安排四个士兵分两边夹守城主将门内坐，二人夹散门外坐，有人来见主将，卫兵应立即拿起武器迎上前去盘查。早晚开饭时换人接替，报告卫兵的姓名。在守城主将堂下或高楼中观察情况的人，望见有乘车和骑兵从道外到来，以及城中有异常情况，立即报告给守城主将知道，守城主将等候城门上观察兵和县邑官吏的报告互相参考验证，守城主将楼下的人将楼上观察人的话报告给守城主将。

※ 原文

中涓二人，夹散门内坐，门常闭，铺食更；中涓一长者。环守宫之术衢，置屯道，各垣其两旁，高丈，为埤，立初[1]鸡足置，夹挟视葆食。而札书得必谨案视参食[2]者，节[3]不法，正请[4]之。屯陈、垣外术衢街皆楼[5]，高临里中，楼一鼓，聋灶；即有物故，鼓，吏至而止夜以火指鼓所。

城下五十步一厕，厕与上同圂，请[6]有罪过而可无断者，令杼厕利之[7]。

※ 注释

1 “初”应作“勿”。2 “食”应作“验”。即：参食，应为“参验”。3 “节”应作“即”。4 “请”应作“诘”。5 “楼”前疑脱一“为”字。6 “请”应作“诸”。7 “杼”应作“抒”；“利”应作“罚”。

※ 译文

两名负责传话给守城主将的侍从称“中涓”，夹散门内坐，平时关着门，早晚开饭时轮换；中涓中要有一位年长之人。环绕守城主将宫室的大道要修筑夹道，在两边分别筑起墙，墙有一丈高，设置观察台，不要像安鸡脚架一样，以便监视葆舍。收到文书信件都一定要谨慎地与其他情报参考验证，如有不合军法之处就要询问或修正。夹道、墙外大路、街道都要建有高楼，居高临下立在城巷中，楼上备有一鼓和垒灶；如有事故就击鼓，等官吏赶到时才停止，夜晚用火光指示事故地点。

城下每五十步建一个厕所，上下厕所共用一个茅坑，凡是有过过失却又不能依法判死罪的，就派遣其去打扫厕所表示惩罚。

※ 解读

《号令》是墨子研究城池防守方法的重要篇章之一。全篇带有综合性质，但主要讲述种种军纪、法规、禁令、人员布防和处置的种种具体原则和方法。前面已经说过守城需要具备的各种防御装备，以及在遇到危机时所使用的旗帜，迎敌之前要进行祭祀等，这篇文章从另一个方面说明了守城所需要的最重要的武器，那就是号令。

一支军队要想取得胜利，将领的领导最为重要，也就是说他们的号令最为重要。从“安国之道，道任地始，地得其任则功成，地不得其任则劳而无功”这句话中我们可以知道，一个国家的安全最重要的是利用好自己的地理条件，而作为人呢？在战争时，战争装备不完善，就无法使主上安定，小官吏、士兵和百姓不能齐心协力，这些责任全在于将领。如果将领的号令正确，大家都齐心协力，共同对付敌人。那么还会担心战争的失败吗？

※ 事例

墨子说：“数使人行劳赐守边城关塞、备蛮夷之劳苦者。”多派人去慰问赏赐守护边疆的战士，真心对待他们，同样地，他们也会这样对待你的。韩璞就是这样一个人，为什么只有他守卫的凉州安然无恙，没有被攻陷呢？就是因为他对待将士用了真心。

韩璞力保凉州

张寔派遣太府司马韩璞、抚戎将军张阆等率领步兵和骑兵共一万人向东攻击汉军，命令讨虏将军陈安、安故太守贾骞、陇西太守吴绍各自统领本郡兵马为前驱。又送信给相国司马保说："晋王室遇有灾祸，我没有忘记投身报效。以前曾派遣贾骞听命于先生，后来接受符命，敕令贾骞回军。不久听说敌寇进逼长安，胡崧屯兵不前，曲允带着五百金向他求救，所以我决定派遣贾骞等翻山越岭进军赴援，刚好听说朝廷已经倾覆，未能实现尽忠的愿望，我的心情悲痛沉重，虽死也有余责。现在重新派遣韩璞等率军前往，一切听从您的命令。"不料，韩璞等人的军队始终不能东进，只好退军。

军队行至南安，被多支羌人部族截断退路，双方相持一百多天，韩璞等人的军队箭尽粮绝。韩璞杀掉拉车之牛犒饷士卒，流着眼泪对他们说："你们思念父母吗？"士卒回答："思念。""思念妻子儿女吗？"士卒回答说："思念。""想活着回家吗？"士卒回答说："想。"韩璞又问："愿意听从我的号令吗？"士卒回答说："愿意。"于是擂鼓呐喊，进击搏战。适逢张阆率金城士兵随后赶到，夹击羌人，大破敌军，斩首数千。

长安失陷以前，曾有民谣说："秦川之中，血流没腕，唯有凉州倚柱旁观。"等到汉军攻陷关中，氐族、羌族攻掠拢右，雍州、秦州的人民十有八九死亡，唯独凉州安然无恙。

杂守[1]

※ 原文

禽子问曰："客众而勇，轻意见威，以骇主人；薪土俱上，以为羊玲[2]，积土为高，以临民[3]，蒙橹俱前，遂属之城，兵弩俱上，为之奈何？"

子墨子曰：子问羊玲之守邪？羊玲者，攻之拙者也，足以劳卒，不足以害城。羊玲之政[4]，远攻则远害，近城[5]则近害，不至城[6]。矢石无休，左右趣射，兰[7]为柱后，□望以固。厉吾锐卒，慎无使顾，守者重下，攻者轻去。养勇高奋，民心百倍，多执数少[8]，卒乃不怠。

※ 注释

1《杂守》是墨子研究城池防守战术的篇章之一。它主要说明前文所述各种具体防守战术之外的其他方法和注意事项，比较复杂，但也具有综论性质。2 羊玲，土山名。3 “民”前疑脱一“吾”字。4 “政”应作“攻”。5 “城”应作“攻”。6 不至城：不至害城。7 “兰”应作“蔺”。8 “少”应作“赏”。

※ 译文

禽滑釐问道：“敌人人多势众而勇猛，耀武扬威，以恐吓我方军兵；木头土石一起往上推，筑成名叫‘羊玲’的土山，堆积土石，筑成高台，对我方构成居高临下之势，敌兵以大盾牌作掩护从高台猛攻下来，一下子就接近了我方城头，刀箭一齐用上，这时候该怎么对付呢？”

墨子先生回答说：你问的是对付“羊玲”进攻的防守措施吗？羊玲这种攻城方法，是进攻的蠢方法，只会使进攻一方的士兵疲劳，不足以给守城一方造成危害。敌人用羊玲进攻，远攻时，就以对付远攻的办法对付它，近攻时，就以对抗近攻的方法对付它，不会对守城一方造成危害。箭和擂石不停地从左右西边急速地发射，擂石接后，予以巩固。激励我方精兵，谨慎而又不产生顾虑，守城的兵士个个敬重打退敌人的人，攻击敌人的兵士鄙视离开战斗岗位的人，培养兵士高昂的勇气，民心百倍加强，多捉拿敌人就多奖赏，这样兵士就不会懈怠。

※ 原文

作士[1]不休，不能禁御，遂属之城，以御云梯之法应之。凡待烟[2]冲、云梯、临之法，必应[3]城以御之，曰不足，则以木椁之。左百步，右百步，繁下矢、石、沙、炭[4]，以雨之，薪火、水汤以济之。选厉锐卒，慎无使顾，审赏行罚，以静为故，从之以急，无使生虑。恚瘪[5]高愤，民心百倍，多执数赏，卒乃不怠。冲、临、梯皆以冲冲之。

※ 注释

1 “士”应作“土”，“作士”，筑土堆。2 “烟”应作“堙”，填塞。3 “应”应作“广”。4 炭：应为“灰”。5 “恚”应作“恙”；“瘪”应作“恿”。

※ 译文

敌人如果不断筑土堆造成高台以便爬攻城墙，不能被有效地禁止和抵抗，一下子就接近了我方城头，这时我方就用防御云梯攻城的办法予以对付。对于敌人填塞护城河，冲车攻城、云梯爬城、筑高台爬城的方法，一定要加筑台城对付他们，如果台城加筑不够高厚或时间来不及，就用木材加高加固。木橔尺寸为左边百步，右边百步，频繁地用弓箭、石头、沙子、土灰像雨点一样地往下攻击敌兵，又用火把、开水助战。再挑选、激励兵士，增强锐气，千万注意不要使士兵有所顾虑，赏罚要分明，以镇静为上，但又须当机立断，不使发生变故。培养高昂的士气，增强民心，多抓俘虏多给奖赏，兵士不致懈怠。冲车、高临、云梯都可以用冲机撞击它们。

※ 原文

渠长丈五尺，其埋者三尺，矢[1]长丈二尺。渠广丈六尺，其弟[2]丈二尺，渠之垂者四尺。树渠无傅叶[3]五寸，梯渠十丈一梯，渠、荅大数，里二百五十八[4]，渠、荅百二十九。诸外道可要塞以难寇，其甚害者为筑三亭，亭三隅，织女之，令能相救。诸距阜、山林、沟渎、丘陵、阡陌、郭门若阎术[5]，可要塞及为微职，可以迹知往来者少多即所伏藏之处。

葆[6]民，先举城中官府、民宅、室署，大小调处，葆者或欲从兄弟、知识者许之。外宅粟米、畜产、财物诸可以佐城者，送入城中，事即急，则使积门内。民献粟米、布帛、金钱、牛马、畜产，皆为置平贾，与主券[7]书之。使人各得其所长，天下事当；钧其分职，天下事得；皆其所喜，天下事备；强弱有数，天下事具矣。

※ 注释

1“矢”应伯“夫”。2“弟”应作“梯”。3“叶”应作“堞”。4“二百五十八”后脱一“步”字。5 阎术：里门要道。术，道。6 葆：疏散。7 券：收据。

※ 译文

渠柱长一丈五尺，埋三尺在地下，上端长一丈二尺。渠宽一丈六尺，梯长一丈二尺，渠下垂部分四尺。将渠竖立时不要靠在矫墙上，要离开五寸，梯渠十丈一梯，渠和荅大约是一里二百五十八步，渠、荅共一百二十九具。凡是城外各种交通路口，都要筑起要塞阻挡敌人，在极为要害的地方可筑三个瞭望亭，三个亭的位置按织女三星构成三角形，能使三个亭之间可以互相救援。在各种大土山、山林、河沟、丘陵田野、城郭门户和里门要道，可以筑要塞和树立标志，根据敌人留下的踪迹推知往来人数的多寡和敌兵埋伏的地方，来了解敌情。

疏散民众，先取城中官府、民房、内室外厅，按大小分派居住，被疏散的人准许兄弟朋友住在一起，外面的粮食、牲畜等所有可以帮助守城的财物，统统都送入城里，如情况紧急，就堆在城门内。对于百姓所缴纳的粮食、布匹、金钱、牛马牲畜，都一律要公平核价，给予收据，写清数量价值。使人们各尽所能，天下的事情就能办得妥当；各负其责，职责均衡，天下的事情就办得合理；分派的工作都是各自所喜爱，天下的事情就完备了；强弱有定数，天下的事情就没有遗漏了。

※ 原文

筑邮亭者圜之，高三丈以上，令侍[1]杀。为辟梯，梯两臂，长三尺，连门[2]三尺，报以绳连之。槧[3]再杂，为县梁。聋[4]灶，亭一鼓。寇烽、惊烽、乱烽，传火以次应之，至主国止，其事急者引而上下之。烽火以举，辄五鼓传，又以火属之，言寇所从来者少多，旦弇还去来属次[5]，烽勿罢。望见寇，举一烽；入境，举二烽；射妻，举三烽一蓝；郭会，举四烽二蓝；城会，举五烽五蓝；夜以火，如此数。守烽者事急。

※ 注释

1 “侍”应作“倚”。2 “门”应作“版”。3 “槧”应作“堑”，壕沟。4 “聋”应作“垄”。5 “旦”应作“毋”；“还”应作“逮”。

※ 译文

修筑供守望敌人用的邮亭要做成圆形的，高三丈以上，顶部呈斜尖形状。设置双柱梯子，宽三尺，梯板每级相距三尺，用绳子将梯板和双柱扎起来。壕沟要修成内外两圈，架上悬梁。安置垄灶，每个亭子备一个鼓。敌人来进攻时点燃的烽火，情况十分紧急时的烽火，混战的烽火，情况不一，要依次传火，直至传到国都为止，假如军情紧急异常，还要上下牵引烽火。烽火已经点燃，就先用鼓击五次传报，接着以烧烽火报告敌人来的方向和人数的多少，切不可延滞误事，敌人来了又去，去了又来，烽火也不要熄灭。刚望得见敌兵，燃一堆烽烟；敌人已入境，烧两堆烽烟；敌人距离外城只一箭之地了，烧三堆烽烟再加烧一个大柴筐；敌人都聚集在外城，烧四堆加烧两个大柴筐；敌人若聚集到城墙下，则烧五堆烽烟加上五个大柴筐；夜晚时就用烽火代替烽烟，数目同上数相同。

※ 原文

候无过五十，寇至叶[1]，随去之，唯弇逮[2]。日暮出之，令皆为微职。距阜、山林皆令可以迹，平明而迹，无[3]，迹[4]各立其表，下城之应[5]。候出置田表，斥坐郭内外，立旗帜。卒半在内，令多少无可知。即有惊，举孔[6]表，见寇，举牧[7]表。城上以麾指之，斥步鼓整旗，旗以备战从麾所指[8]。田者男子以战备从斥，女子亟走入。即见放，到[9]，传到城止。守表者三人，更立捶表而望，守数令骑若吏行旁视，有以知为所为[10]。其曹一鼓。望见寇，鼓，传到城止。

※ 注释

1 “叶”应作“堞”。2 “唯”应作“无”。唯弇逮：即不要停留。3 “无”前疑脱“迹者”；“无”后疑脱“下里三人”。4 “迹”衍误在此。5 “下城”应作“城上”；“之应”应作“应之”；“下城之应”：当为“城上应之”。6 “孔”应作“外”。7 “牧”应作“次表”。8 “旗”衍误在此；“备战”应为“战备”。9 “放”应作“冠”。“到”应作“鼓”。10 “为”应作“其”；“知为所为”，当为“知其所为”。

※ 译文

每次派出的警戒兵，不要超过五十名，敌人到达外面矮墙，赶紧离开入城，不要滞留。天黑派遣出城，都要佩戴徽章标志。一切可以探察敌人踪迹的地方如大土山、山林等地，天亮时都要派人探察，要探察的地段，每里路派出者不能少于三人，他们各自都要树立标志向城上报告，城上看到标记则做出相应的反应。警戒兵出城立田表，城内警戒兵令其坐在郭内外，竖起旗帜。城内的警戒兵一半在郭内，使警戒兵的数目外人无法得知。一旦有紧急情况，就举“外表”，看得见敌人就举“次表”。城上用旗号指挥，警戒兵击鼓竖旗、预备战斗，都要按城上的指挥行动。在城外田野里劳动的男子应跟随警戒兵一起作战，女人便赶紧入城。如果见到敌人就击鼓，传到城上为止。守联络标志的三个人，还要立烽火、烽烟标志和观望别的地方的标志，守城主将要不断地派出骑兵和官吏到处巡视，了解他们的行动。守标志的警戒兵掌管一鼓，望见敌人，依次击鼓，直到传到城上时为止。

※ 原文

斗食[1]，终岁三十六石；参食，终岁二十四石；四食，终岁十八石；五食，终岁十四石四斗；六食，终岁十二石；斗食食五升；参食食参升小半；四食食二升半；五食食二升；六食食一升大半；日再食。救死之时，日二升者二十日，日三升者三十日，日四升者四十日，如是而民免于九十日之约矣。寇近，亟收诸杂[2]乡金器若铜铁及他可以左守事者。先举县官室居、官府不急者，材之大小长短及凡数，即急先发。寇薄，发屋[3]，伐木，虽有请谒，勿听。入柴，勿积鱼鳞簪，当队[4]，令易取也。材木不能尽入者，燔之，无令寇得用之。积木，各以长短、大小、恶美形相从。城四面外各积其内，诸木大者皆以为关鼻，乃积聚之。

※ 注释

1 斗食：每天吃一斗的粮食。2 “杂”应作“离”。3 发屋：摧毁房屋。4 当队：放在当路之处。

※ 译文

每天吃粮一斗，一年则吃三十六担；每天吃三分之二斗，一年则吃二十四担四斗；每天吃四分之二斗，则一年吃十八担；每天吃五分之二斗，则一年吃十四担四斗；每天吃六分之二斗，则一年吃十二担；每天吃一斗，则每餐吃五升；每天吃三分之二斗，则每餐吃三升又一小半升；每天吃四分之二斗，则每餐吃二升半；每天吃五分之二斗，则每餐吃二升；每天吃六分之二斗，则每餐吃一升加大半升；每日吃两餐。粮食十分紧缺的救命时期，每人每天按二升吃二十天，每天三升吃三十天，每天四升的吃四十天，照这样推算和实施，每人只要节约九十天，就有一个老百姓不致被饿死。敌兵逼近，就赶快收集偏远地区的金器、铜铁及其他可以用来帮助守城用的物品。先调查登记县中官吏、官府中不急需用的物品、木材大小、长短及总数，赶紧先发送进城。敌人一接近，就摧毁房舍，砍伐树木，即使有人求情也不能依从。运进城里的柴草，不要像鱼鳞一样一片压一片地堆放，要堆到当路的地方，以便于拿取。木材不能全数运进城的，就就地烧掉，不要让敌人得到和使用。堆放木材，分别按长短、大小、好坏和曲直堆放。城外四面运来的财物仍各按四面堆放在城内，所有大木头都要凿好孔穴，以便搬运到一起。

※ 原文

城守，司马以上父母、昆弟、妻子有质在主所，乃可以坚守。署都司空，大城四人，候二人，县候面一，亭尉、次司空、亭一人。吏侍守所者财足廉信，父母、昆弟、妻子有在葆宫中者，乃得为侍吏。诸吏必有质，乃得任事。守大门者二人，夹门而立，令行者趣其外。各四戟，夹门立，而其人坐其下。吏日五阅之，上逋者[1]名。

池外廉有要有害，必为疑人，令往来行夜者射之，谋[2]其疏者。墙外水中为竹箭，箭尺广二步，箭下于水五寸，杂长短，前外廉三行，外外乡，内亦内乡。三十步一弩庐[3]，庐广十尺，袤丈二尺。

※ 注释

1 逋者：逃离者。2 “谋”应作“诛”。3 弩庐：藏弓箭的地方。

※ 译文

守卫城池的官吏，职位在司马以上的，父母、兄弟、妻子和儿女有人质在主帅府，才可以坚守。任命都司空、大城四人，候二人，县候，城四面各有一人，亭尉，次司空，每亭一人。在守城主将衙署中任职的官吏，要选择有才能足以任事的。廉洁而诚实、父母兄弟妻子儿女有在葆宫中的人，才能担任侍吏。所有官吏都一定要留有人质，才能让他承担任务。守卫城防大门的两个卫士，夹门站着，使行人快步走开。每个城门有四把戟、夹门放着，卫兵坐在戟下面。每天有头目巡检五次，报告逃离卫兵的姓名。

在壕池外边岸上的要害之处，如果确有可疑的人，则命令往来巡夜的士兵向可疑的人射箭，对疏忽大意者，应处死。城墙外的水中插上竹箭，插竹箭的地方宽一丈二尺，箭插入水中要比水面低五寸以上，长短错杂，前排外边三行，外边的竹箭尖向外斜，内边的竹箭尖向内斜。每隔三十步修座房子，收藏弓箭，房子宽十尺，长一丈二尺。

※ 原文

队有急，极发其近者往佐，其次袭其处。

守节[1]：出入使，主节必疏书，署其情，令若其事，而须其还报以剑[2]验之。节出：使所出门者，辄言节出时操者名。

百步一队。

閤通守舍，相错穿室。治复道，为筑墉[3]，墉善其上。

取疏：令民家有三年畜蔬食，以备湛旱、岁不为。常令边县豫种畜芫、芸[4]、乌喙、祩[5]叶，外宅沟井可填塞，不可，置此其中安则示以危，危示以安。

※ 注释

1 守节：守城将官下发的符节凭证。2 “剑”应作“参”。3 墉：墙。4 “芸”应作“芒”，莽草。5 “祩”应作“椒”。

※ 译文

某部队有紧急情况，立即派就近的其他部队前去增援，又拨出次近的部队去接替防务。

守城主将调遣兵将的凭证：凡是派出使者或使者返回，掌管凭证的官吏一定要书写记录在案，记载的情况要和所办的公务相符，等他回报时互相参验。凭证发出：使者拿凭证出门，无论从某门经过，一律要向上报告凭证出门的时间和拿凭证人的姓名。

每一百步远布置一支队。

主将衙门的边门与守城主将的房舍相通，旁门互相交错穿插。修建上下复道，筑好墙，在墙上垒放破瓦等物。

贮存蔬菜食物：使百姓家贮存够三年吃的蔬菜粮食，以防备水旱天灾和没有收成的年景。经常要在边远县预种一些芫华、莽草、乌头、椒叶等毒性植物，外宅的水沟水井可以填塞掉，不能填掉的就将上述毒性植物投进去，在和平安定的时期，要向百姓说明战争存在的危险，战乱期间则要向百姓讲明从杀敌中求取和平安定。

※ 原文

寇至，诸门户令皆凿而类窍之，各为二类，一凿而属绳，绳长四尺，大如指。寇至，先杀牛、羊、鸡、狗、乌[1]、雁，收其皮革、筋、角、脂、脑、羽。彘皆剥之。吏樿[2]桐，为铁錍，厚简为衡枉[3]。事急，卒不可远，令掘外宅林。谋[4]多少，若治城□为击，三隅之。重五斤已上，诸林[5]木，渥水中，无过一茷。涂茅屋若积薪者，厚五寸已上。吏各举其步界中财物可以左[6]守备者上。

※ 注释

1 “乌”应作“凫”。2 “樿”应作“栗”。3 “枉”应作“柱”。4 “谋”应作“课”，征收。5 “林”应作“材”。6 左：犹“佐”，辅佐。

※ 译文

敌人打来时，所有的门户都要凿上两种孔，一种孔是用来穿绳子用的。绳子长四尺，指头大小。敌人打来了，就先杀掉牛、羊、鸡、狗、凫、雁等家畜家禽，并收集这些牲畜的皮革、筋骨、角、油脂、脑、羽毛。猪都要剥下皮。官吏们选取樿木、桐木、栗木制成铁錍，厚的木料就选做横柱。如情况紧急仓促之间不能从远地弄来，就命令就地取材、挖掘外宅的林木。按修缮城墙和攻击敌人所需的三倍量征收。重五斤以上的木材浸入水中，数量不可超过一排。用泥涂抹房屋顶和堆积的柴草，泥巴厚度要有五寸以上。各级地方官吏都要调查和征收自己所管辖地区内可以用来辅助打仗的财物并上交官府。

※ 原文

有谗人，有利人，有恶人，有善人，有长人，有谋士，有勇士，有巧士，有使士，有内人[1]者，外人[2]者，有善人者，有善门人者，守必察其所以然者，应名乃内之。

民相恶若议吏，吏所解，皆札书藏之，以须告[3]之至以参验之。睨者小五尺，不可卒者，为署吏，令给事官府若舍。

蔺石、厉矢诸材器用皆谨部，各有积分数。为解[4]车以枱，城矣[5]以轺车，轮軲广十尺，辕长丈，为三辐，广三尺。为板箱，长与辕等，高四尺，善盖上治，令可载矢。

子墨子曰：凡不守者有五：城大人少，一不守也；城小人众，二不守也；人众食寡，三不守也；市去城远，四不守也；畜积在外，富人在虚，五不守也。率[6]万家而城方三里。

※ 注释

1 内人：容人。内，通“纳”。2 外人：排斥他人。3 “告”字后脱一“者”字。4 “解”应作“轺”。5 “城矣”应作“城矢”。6 率：大致，大概。

※ 译文

世上有谗间之人，有好利之人，有恶人，有善人，有具有专长的人，有谋士，有勇士，有巧士，有使士，有能容人者，有不能容人者，有善于待人的人，有善于守门的人，守城主将一定要考察他们为什么具备那种品性或特长，名副其实的才接纳任用。百姓们互相仇恨或对官吏提出控告及被告的辩护，都要一起书写记录在案收存，以等候控告人到来时用以参考验证。身高仅五尺不能当兵的人，就让其他在官府中当差或者让他们在官府和个人家里服务尽责。

所有防守用的军事器材如擂石、锋利的箭等，都要小心谨慎地部署，并且分别要有存放的固定数目。用枱木制造装载弓箭的轺车，车辕长一丈，有轮子三个，轮与轮之间宽六尺。拼造车厢，车厢长度和车辕一样长，高度为四尺，要妥善给车厢加上盖子，并把车厢里面修治整齐，使它能够盛装弓箭。

墨子说，有五种情形不便防守：城太大而守城人数少，这是第一种不便防守的情形；城太小而城内军民却太多，这是第二种不便防守的情形；人多而粮食少，这是第三种不便防守的情形；集市离城太远，这是第四种不便防守的情形；储备的守城物质在城外，富裕的百姓也不在城中，这是第五种不便防守的情形。大概说起来，城中居民一万家，城邑方圆三里，这种情形可以坚守。

※ 解读

这是墨子守城篇的最后一篇，他系统地总结了守城中还会出现的各种问题。我们知道墨家的防御系统是一个无所不包的巨大军事体系：他以全民动员作为最深厚的力量，以纵深立体防守构成固若金汤的堡垒，以高科技器械作为抗敌的强大力量，以全方位的后勤保障为前线提供可靠的支持，以“旗帜”“号令”作为协调作战的指挥通讯手段，以严明的军纪与赏罚分明的措施作为执行命令的保证。

我们作为一个爱好和平的民族，当然不会主动挑起战争，但外来的威胁却是一个不争的事实，某些曾经还给我们带来了深重的灾难，为此我们不能不保持高度的警惕。

墨子作为一个军事家、政治家，他的众多战略思想对我们现在仍有启发意义。但他之所以只研究守城，而不研究攻城，这与他的“非攻”思想有着直接的关系，他认为战争是残忍的，是劳民伤财的，而在他生活的时期，大国兼并小国已成为一种必然的趋势。因此，他主张“非攻”，处处为小国家着想，也就只研究守城，而不研究攻城，他认为攻打别人的城池就是错误的。

※ 事例

墨子反对战争，他认为战争劳民伤财，战争的最后受害者是人民。而很多君主却不明白这个道理，隋炀帝就是这样一个人。他为了征讨高丽，完全不管百姓的死活，甚至让民工浸泡在水中，这是多么的残忍呀！这也就是隋朝最后会灭亡的原因吧！

隋炀帝讨伐高丽

二月二十六日，隋炀帝下诏讨伐高丽。他命令幽州总管元弘嗣前往东莱海口监督造三百艘战船，官吏严酷地监督工作进度，民工昼夜都浸泡在水中，一会儿也不准休息，许多人腰部以下都生了蛆，十个人当中就死掉三四个。

四月十五日，炀帝的车驾到达位于涿郡的临朔宫，随从的九品以上文武百官都下令配给宅院安置。在这之前，炀帝下诏征调全天下的军队，无论远近，都聚集在涿郡。另外还征调一万名江淮以南的水手、三万名弓弩手、三万名岭南排镩手，于是从四面八方奔赴涿郡的军队如流水一般涌来。

五月，炀帝命令黄河以南、淮南、江南一带负责制造五万辆战车送往高阳，用于装载甲衣、幔幕等军用物资，令兵士自己拉挽，并大量征发黄河沿岸的民工以供军需。

七月，炀帝又征发江南、淮南地区的民夫及船只，运送黎阳及洛口两地仓库中储存的粮食到涿郡，运送的船队首尾长一千余里，装载兵器、铠甲及其他各种攻城用的器械，往来在道路上搬运货物的人有十万之多，把道路都阻塞了，昼夜不绝，死者相枕，臭气冲天。如此劳民伤财，必然会引起天下骚动。